Der Wert der Arbeit

Annäherungen an ein kulturelles Paradigma in Mittelalter, Neuzeit und Moderne

d|u|p

Studia Humaniora

Düsseldorfer Studien zu Mittelalter und Renaissance

Band 47

Der Wert der Arbeit

Annäherungen an ein kulturelles Paradigma in Mittelalter, Neuzeit und Moderne

Jürgen Wiener (Hrsg.)

d|u|p

Über den Herausgeber:
Jürgen Wiener lehrt seit 1990 am Institut für Kunstgeschichte der Heinrich-Heine-Universität. Seine Forschungsschwerpunkte liegen in der mittelalterlichen Architekturplastik, Bauornamentik und Architektur Italiens und Frankreichs, in der europäischen Gartenskulptur der Frühen Neuzeit, in der Modernen Architektur des Rheinlands sowie in der Sakralkunst des 20. und 21. Jahrhunderts. Er ist Mitglied des Graduiertenkollegs ‚Materialität und Produktion', des Instituts ‚Moderne im Rheinland' und der Niederrhein-Akademie / Academie Nederrijn.

Bibliografische Information der Deutschen Nationalbibliothek
Die Deutsche Nationalbibliothek verzeichnet diese Publikation in der Deutschen Nationalbibliografie; detaillierte bibliografische Daten sind im Internet über http://dnb.dnb.de abrufbar.

http://www.dupress.de
Einbandgestaltung: düsseldorf university press
Titelbild: Das Opfer von Kain und Abel in Modena
Satz: Friedhelm Sowa, LaTeX
Herstellung: Ruhrstadt Medien AG, Castrop-Rauxel
Gesetzt aus der Linux Libertine und der URW Classico
ISBN 978-3-943460-83-4

Inhaltsverzeichnis

Einleitung

Von der lange zurückliegenden Lektüre eines Textes über die ökonomisch autarke Lebens-, Besitz- und Arbeitsgemeinschaft einer US-amerikanischen Landkommune um 1970 ist mir nur ihr radikales Lohnsystem in Erinnerung geblieben. In der Transformation einer Utopie in eine Heterotopie entwarf die Kommune ihre Mikroparallelwelt zu dem als zerstörerisch und entfremdend wahrgenommenen Kapitalismus nicht darüber, dass sie die scheinbar natürliche Zirkulation von Arbeit und Wertschöpfung in ihrer wechselseitigen Bedingtheit – Arbeit sorgt für Wertschöpfung und diese für Arbeit – außer Kraft setzte, sondern dass sie den aus der Wertschöpfung der Arbeit finanzierten gerechten Lohn zur symbolischen Form schlechthin ihrer egalitären Gemeinschaft machte.

Dafür ging ihr ein übliches Egalitätskonzept wie der gleiche Lohn für alle nicht weit genug. Die Kommune regelte ihr Gleichheits- und Gerechtigkeitskonzept über ein reziprokes Verhältnis von Arbeitszeit und Genuss, und damit doch wieder über ein System kultureller Differenzen. Je höher der tradierte ideelle oder soziale Rang der Arbeit (z. B. Produktion von Kunst, Unterricht), desto länger muss sie ausgeübt werden, bzw. um so kürzer, je geringer der Genuss ist (z. B. Entsorgung der Klärgrube). Indem das Modell eine Gerechtigkeitslücke zu füllen versuchte, setzte es zwar materielle, nicht aber immaterielle Wertparameter außer Kraft. Es affirmierte vielmehr ein seit Jahrtausenden mal mehr, mal weniger praktiziertes Wertmodell, das den Wert der Arbeit über Nicht-Arbeit und die Differenz zum Genuss und damit letztlich negativ bestimmt. Das Quantum an Freizeit wird durch ein Koordinatensystem festgelegt, dessen eine – tendenziell mit geistigen Tätigkeiten bzw. dem Immateriellen korrelierende – Achse die steigende Höhe der kulturellen und intellektuellen Werte in sinkende Stundenlöhne übersetzt, und dessen andere – tendenziell mit der körperlichen Arbeit bzw. dem Materiellen korrelierende – Achse die Hierarchie der als unangenehm empfundenen Arbeit in steigende Stundenlöhne. Immerhin schloss es Dynamiken der Werteproduktion nicht aus, bei der möglicherweise die Beseitigung von Fäkalien die Abfassung eines Essays überflügeln konnte. In jedem Fall scheint außer Frage zu stehen, dass Arbeit, da sie materiell wie ideell systematisch bewertet wird, ihren Wert hat.

Andererseits klingt in dieser Gerechtigkeitspraxis, die Wertmaßstäbe eines ökonomischen Systems zugrunde legt, das mit dem neuen Lohnsystem überwunden werden sollte, bereits die neoliberale Vorstellung an, dass die ‚kreativen', ‚flexiblen' Kopfarbeiter in der *New Economy* nicht mehr auf vertraglich festgelegten Arbeitszeiten basieren. Den größten Teil des individuellen Zeitkontingents zehrt die weitgehend selbstbestimmte Entfaltung der Arbeit innerhalb einer ‚flachen Hierarchie' aus. Anders als deutsche Universitäten, wo nicht einmal Dienstreisespesen für akademische Dauerarbeiter selbstverständlich sind, bezahlt die *New Economy* dafür wenigstens hoch.

Und der Rest? Es scheint dieser Rest gewesen zu sein, auf den der vor gut vier Jahren erfolgreiche Wahlkampfslogan von der Arbeit, die sich wieder lohnen müsse, gemünzt war. Er impliziert, dass der Wert der Arbeit selbst prekär sein kann und entsprechend prekäre Verhältnisse generiert. Zwar sagte die Ressentiments bedienende Phrase weder aus, welche von wem geleistete Arbeit sich für wen lohnen soll, noch spezifiziert er die darin aufgeworfene historische Dimension, wann sich Arbeit lohnte, noch ist die Negation inkludiert, dass sich Nicht-Arbeiten (z. B. auf der Basis von Renditen realer oder virtueller Vermögen) nicht lohnen soll. Er legt aber nahe, dass Sich-Lohnen mit Lohn zu tun hat. Doch welchen Wertbegriff von Arbeit setzt er voraus? Lohnt sich die körperlich und/oder geistig geleistete Arbeit, wenn, weil es ‚Gesetze des Marktes' diktieren, von ihr nicht der Lebensunterhalt bestritten werden kann, wenn es nicht einmal zu dem reicht, was die soziologisch argumentierende Architekturtheorie der Moderne ebenso vage wie zynisch „Existenz-Minimum" nannte und dabei wie das gegenwärtige ‚Mindesteinkommen' die psycho-soziale und analytische Dimension des ebenfalls unscharfen Begriffs ‚Prekariat' unterschlägt? Repräsentiert ferner Arbeit für Kollektive einen Wert, wenn sie die Negativdifferenz zum Existenzminimum auffüllen müssen, wenn politisch gesteuerte Transferleistungen die Ausbeutung von Arbeit steuerlich subventionieren? Die globalen Finanzkrisen der jüngsten Vergangenheit machen deutlich, dass die in der Finanzspekulation des ‚postfordistischen Kapitalismus' erfolgte Entkoppelung der Gewinne von der Produktion (mit ihrer tendenziell gering bezahlten materiellen Arbeit) auf einer Wertvirtualisierung beruhte, die bei einem durch Steuerzahler sozialisiertem Risiko Renditen brachte weit oberhalb dessen, was üblicherweise menschliche Arbeit erwirtschaftet.

Antworten auf die Fragen, ob und unter welchen Bedingungen sich Arbeit lohnt, fallen je nach Prämisse und Effekt sehr unterschiedlich aus. In jedem Fall fallen sie differenzierter aus als in der liberalistischen Komplexitätsreduktion schlechthin, der zufolge der Wert von Arbeit durch das über die Relation von Angebot und Nachfrage bestimmte ,freie Spiel der Kräfte' austariert wird. Diese Prämisse schließt ein, dass in der Bestimmung dieses Wertes die geleistete Arbeit im keineswegs seltenen Extremfall ohne Relevanz sein kann. Er ist von kontingenten Faktoren abhängig, unter denen die Verfügbarkeit bzw. Substituierung von Arbeit und Arbeitern nur einer von vielen ist. Sie ist beispielsweise dem politisch und ökonomisch gesteuerten Zugang zu einer selektiven und selektierenden Bildung – die Selektion schließt aktuell nicht gefragte, gleichwohl erarbeitete Fähigkeiten aus – geschuldet, die aber gerade im Fall des politisch gewollten massenhaften Zugangs zu Bildung wiederum in Gefahr gerät, ihre soziale Exklusivität einzubüßen. Sie hängt des weiteren nicht zuletzt vom Geschlecht ab, sodann von der physischen, psychischen und geistigen Konstitution oder von der Herkunft. Sie hängt von politischen Prozessen ab, wenn wie aktuell in Griechenland dieselbe Arbeit in den öffentlichen Diensten bei gleichbleibender Nachfrage und verknapptem Personalstand per Dekret deutlich weniger entlohnt wird. Sie basiert ferner auf den vorläufigen hegemonialen Festschreibungen, wofür man zu bezahlen bereit ist oder worauf man glaubt, kostenlosen Anspruch (z. B. den Zugang zum *www* und dort angebotenen Produkten) zu haben, sodann von der Relation zwischen der Unsichtbarkeit von Arbeit und der Sichtbarkeit und Materialität ihrer Produkte, von der flottierenden Statusbestimmung von immaterieller oder konzeptioneller Arbeit auf der einen Seite und der harten (auch im Sinne von *hard ware*) Arbeit in Industrie und Handwerk auf der anderen Seite, wo Facharbeiter mit Hauptschulabschluss bei geringerer Arbeitszeit oft mehr verdienen als Promovierte in öffentlichen Einrichtungen.

Der Wert von Arbeit ist wesentlich ein Produkt von Zuschreibungen, in dem sich Machtverhältnisse – und nicht zuletzt die Macht über die Repräsentationsmedien – abbilden. Die eigenen Leistungen als höherwertig gegenüber den Leistungen anderer zu definieren, ist keine Strategie, der sich nur die sozialen und ökonomischen Eliten bedienen. Doch nur ihnen gelingt es, mit ihr ihren Status und die darin begründete materielle Differenz zu legitimieren und zu prolongieren. Beruht der Status nicht auf dem, was je Arbeit genannt wird, nimmt Arbeit innerhalb der von ihnen propagierten und produzierten Werte nur einen marginalen Rang ein. Wenn wie im Mittelalter die vom Stand der *laboratores* ausgeführten körperlichen Tätigkeiten der *artes mechanicae* den geistigen Tätigkeiten der *artes liberales* nachgeordnet werden, so werden sich systemisch folgerichtig virtuose Vertreter mechanischer Künste den Status von Kunst zuzuschreiben versuchen. Und wenn in der Gegenwart für bestimmte Produkte das Wort *Design* bemüht wird, folgt das noch immer demselben Muster, mit dem Handwerker der Frühen Neuzeit über den Begriff *disegno* zu Künstlern mit Anspruch auf hohe Entlohnung wurden.

Auf der anderen Seite wird das unterstellte Plus an Freude/Genuss an bestimmten Arbeiten als immaterieller Lohn verrechnet bzw. soll eine unbezahlte Mehrarbeit gegenüber vertraglich festgelegten Sätzen rechtfertigen. Produkte von Arbeit können aber auch in einem Maße zu individuellen oder kollektiven Identitätssymbolen werden, dass sie jeglicher Wertbezifferung entzogen werden. Sie sind da, wo Geld – vorläufig – nicht hinreicht. Offensichtlich ist dem auf immateriellen wie materiellen Reziprozitäten basierenden, immer wieder neu auszuhandelnden und die Strukturen von Macht ebenso spiegelnden wie erzeugenden Zusammenhang von Lohn und Wert nicht zu entkommen. Gerade die viel verdienen, fühlen sich bemüßigt, der Mitwelt zu erklären, dass das ‚verdiente' Geld in besonderer Weise verdient ist, dass es also gerecht oder wenigstens gerechtfertigt sei.

Der Rechtfertigungszwang setzt immer schon eine immaterielle Wertgröße voraus, die auf ein religiös oder aufgeklärt immanent oder grundrechtlich etc. gesetztes Gleich- und/oder Ganzheitspostulat rekurriert. Ihm gegenüber sind Ungleichheiten zu begründen, und sei es nur, dass sie durch die Wertentropie eines „wealth of nations" (Adam Smith) aufgehoben werden. Der kapitalistische Fundamentalmythos individueller Wertschöpfung als Bedingung allgemeiner Wertschöpfung zeigt, wie widersprüchlich und zugleich unabdingbar der Wert der Arbeit auch für denjenigen ist, der das Vielfache eines sogenannten Normalverdieners verdient, dessen – ohnehin gegenüber der Kaufkraft, dem Vermögen, der Anzahl der davon Lebenden und deren Bedürfnissen zu relativierende – Durchschnittslohn (derzeit in Deutschland ca. 2.200 € brutto) der politischen Vernebelung dessen dient, was Armut und Reichtum durch Arbeit heißt. Wer halb so viel verdient, fällt deutlich unter die Armutsgrenze, wer doppelt so viel verdient, firmiert in dieser amtlichen Arbeitsbewertung zweiter Ordnung bereits unter reich – wie Spitzenmanager und -sportler mit dem 500-fachen Satz des Normalverdieners. Der Wert der Arbeit und Arbeit als Wert oszillieren fortwährend zwischen relativer und absoluter Wertbestimmung. Jede Relativierung rekurriert zumindest implizit auf ein absolutes Verständnis, in dem Leben und Arbeit unabdingbar aneinander gebunden sind. Der Wert der Arbeit ist grundsätzlicher Natur, da Arbeit nicht nur die materiellen Grundlagen von Existenz (auch derer, die nicht arbeiten können oder müssen) sichert, sondern wesentlich auch den Sinn (und Nicht-Sinn) menschlichen Seins zwischen Notwendigkeit, Mühsal und schöpferischer Überhöhung begründet. Arbeit ist eine der anthropologischen Konstanten schlechthin, daher unausgesetzter Gegenstand textlicher und bildlicher Mythisierung zwischen Vergötterung und Dämonisierung. Zur Ambivalenz von Arbeit gehört auch, dass ihre Repräsentation in Bild und Text quantitativ nicht mit anderen anthropologischen Fundamentalthemen (Liebe, Sex, Macht) konkurrieren kann.

In besonderer Weise gilt die Ambivalenz, wenn Arbeit unter jüdisch-christlichen Vorzeichen organisiert wird. Das scheint für das Mittelalter eine Selbstverständlichkeit. Und als sich in der Frühen Neuzeit ein protestantisch gefärbter Arbeitsbegriff herauskristallisierte und Max Weber zufolge den „Geist des Kapitalismus“ gebar,[1] war dieser biblisch rückversichert. Damit ist weder gesagt, dass christlich legitimierte vormoderne Gesellschaften trotz ihres Anspruchs auf gerechten Lohn für einen solchen gesorgt hätten, noch, dass seit der Moderne christliche Arbeitsvorstellungen bedeutungslos wurden. In der Globalisierungsenzyklika *Caritas in veritate*, die eine Sozial- und Arbeitsenzyklika ist, perspektiviert der „Arbeiter im Weinberg des Herrn“ Benedikt XVI. das Wort von der Arbeit, die sich zu lohnen habe, ganz anders und grundsätzlich, indem er es in einen Zusammenhang stellt, den bereits sein Name signalisiert. Wie die Enzyklika

---

[1] Max Weber, *Die protestantische Ethik und der Geist des Kapitalismus*. Vollständige Ausgabe, hg. und eingeleitet von Dirk Kaesler, München 2010[3].

war er in einem umfassenden kulturhistorischen Sinn ein Bekenntnis zum benediktinischen *ora et labora*.[2] In ihm ist die materielle und spirituelle Dimension von Arbeit und die Einheit von Glauben und Werk des Jakobusbriefs (Jak 2, 17) ebenso inbegriffen wie die fundamental ambivalente existentielle Dimension, wie sie die Genesis und das Buch Hiob formulierten. Arbeit ist die Strafe für den Sündenfall, mit dem aus der kosmologischen Zeit die Zeit des Lebens und des Arbeitens in der Welt wurde. Zugleich ist hier der Imperativ an die zur Arbeit geborenen Menschheit,[3] sich die Welt anzueignen und sie gleichsam in einem zweiten Schöpfungsakt zu gestalten, verankert. Arbeit ist, wie es ein Skulpturentraktat im französisches Barock formulierte, ein demiurgisches Vorgehen, das tote Materie zum Leben erweckt: „Aussi peut-on dire, s'il est permis de parler ainsi, que la figure fait vivre la matière que nous regardons comme morte avant qu'elle ait passé par les mains de l'ouvrier."[4] Arbeit ist nach dem Sündenfall zugleich auch das, was gleich macht – „When Adam delved and Eve span, Who was then the gentleman?", sollte es an der Schwelle zur Neuzeit John Ball formulieren und in der deutschen Übersetzung zum Kampflied des Bauernkriegs werden – und doch erfuhr sie bereits mit Beginn ihrer arbeitsteiligen Ausdifferenzierung im Opfer von Abel und Kain eine ungleiche (und ungerechte) Bewertung, welche die relationale Spirale von Kreativität und Gewalt in Gang setzte.

Gleichwohl überwiegt in der christlichen Idee von Arbeit die emanzipatorische und heilsgeschichtliche Dimension. Die arbeitstheologische Grundfrage von Paulus bis Thomas von Aquin lautete: Wie viel kann der Mensch, das Ebenbild Gottes, durch Arbeit als Ausdruck seines freien Willens zum Gnadenerwerb und damit zu seinem temporalen wie finalen Seelenheil beitragen? Damit war der Gnadenbegriff umfassend in die kulturelle Dimension von Produktion einbezogen. In Benedikts XVI.

---

2 Joseph Ratzinger, *Gott und die Welt. Glauben und Leben in unserer Welt. Ein Gespräch mit Peter Seewald*, Köln 2000, S. 420 f.

3 „Homo ad laborem nascitur" (Ijob 5,7). Diese Stelle wurde vor allem über die *Moralia in Iob* Gregors des Großen zu einem der häufigsten Topoi einer arbeitsethisch perspektivierten christlichen Existenzbestimmung. Zum existentiellen Verständnis von Arbeit in der mittelalterlichen Theologie umfassend: Verena Postel, *Arbeit und Willensfreiheit im Mittelalter*, Stuttgart 2009.

4 François Lemée, *Traité des statues*, Paris 1688, S. 63.

Verständnis von Arbeit unter den Vorzeichen der Globalisierung ist Gnade eine nachgeordnete Größe, zumal er sie eher augustinisch als thomistisch begreift. Entscheidend bei seinem Rückgriff auf das frühmittelalterlich-mönchische Arbeitsverständnis ist ihm vielmehr die kulturgeschichtlich elementare Ausbildung eines neuen Verständnisses von Menschenwürde.[5] Nicht nur in der Menschenwürde der Arbeit gibt es Schnittmengen mit Karl Marx. Jean-Luc Nancy erläutert in seinem Buch *Die Erschaffung der Welt oder Die Globalisierung*, wie Marx in seiner Theorie des „Weltmarktes" Arbeit über den Bedingungszusammenhang von Schöpfung, Arbeit und Genuss als absoluten Wert an sich entwarf.[6] Nicht entfremdete Arbeit sei die Möglichkeitsbedingung schlechthin für den Genuss des Geschaffenen. Im Genuss als „geteilte Aneignung oder aneignendes Teilen" gelangten Menschen in ein Jenseits von Produktion.[7] Die Semantik des Marx'schen Genusses und des für Benedikt XVI. zentralen Begriffs der *caritas* als Bedingung existentiellen Glücks sind in vielfacher Hinsicht deckungsgleich.

Die das Weltweite des Marktes schaffende Arbeit kommt, so Nancys Marxlektüre, mit der Revolution, die den Sinn von Herrschaft umkehrt, gleichsam zu sich über die Teilhabe an der Schöpfung als einer Selbstproduktion von Mensch und Natur. Arbeit ist so das Medium einer innerweltlichen Erlösung für den von Marx eschatologisch entworfenen Menschen. „Der absolute Wert ist in der Tat die Menschheit, wie sie im Werk *[ouvrage]* durch die Arbeit als menschliche Tätigkeit wird. Es handelt sich also um die Menschheit, die [...] sich erschafft, indem sie produziert."[8] Nicht erst an diesem Punkt rekurriert Nancy auf den Mythos der bereits im Buchtitel alludierten ersten Genesiskapitel. Dort heißt es, dass der Mensch sich die Erde untertan mache, sie bebauen und hüten soll (Gen 1, 28; 2, 15) – nach dem Sündenfall unter erschwerten Bedingungen. Die Welt ist eine Aneignung der Welt durch den Menschen, indem er sie in der Arbeit letztlich neu erschafft.[9]

5 Aus dem „neuen Ethos ‚Gottesdienst und Arbeit', ora et labora, [entstand] dann wirklich eine neue, die europäische Kultur." Ratzinger, Gott und die Welt (wie Anm. 2), S. 421.

6 Jean-Luc Nancy, *Die Erschaffung der Welt oder Die Globalisierung*, Zürich/Berlin 2003, S. 18.

7 Ebd., S. 38.

8 Ebd., S. 24; vgl. auch S. 20: „Der Mensch erschafft die Welt, die den Menschen produziert, der sich als absoluten Wert und dessen Genuß erschafft."

9 Ebd. S. 26: „Es sei bemerkt, daß diese Frage [nach dem „menschlichen Wert" im Werk]

Eine Konvergenz sozialistischer und jüdisch-christlicher Ideen im Wert von Arbeit begegnet auch bei Richard Sennett. Gegenüber dem Gespenst, das einst in Europa umging, macht er auf das Gespenst aufmerksam, das aus der Kultur der *New Economy* aufstieg: das Gespenst der von Arbeitsämtern staatlich zertifizierten Nutzlosigkeit.[10] Sennett meint damit das Identität destabilisierende Gefühl, gesellschaftlich nicht gebraucht zu werden, weil spezifische Fähigkeiten von der ökonomischen Elite, die arbeitsmoralisch die Definitionshoheit für sich reklamiert und dafür die Politik mobilisiert, immer weniger und nur befristet – Befristung als Destrukturierung des Daseins ist für Pierre Bourdieu das Kriterium schlechthin für Prekariat[11] – gebraucht werden. Ihnen fehlen die aktuell gefragten Talente. Diejenige Arbeit, die sie zu leisten verstehen, wird durch Automatisierung ersetzt und damit immer weniger als Arbeit anerkannt. Zugleich wird Arbeit zu einem „raren Gut“ stilisiert, das die einen großzügig geben, und die anderen demütig nehmen dürfen, ohne andererseits einen Wert an sich zu markieren.

Die Produktion der „Nutzlosen“ verweist auf eine globale Krise nicht so sehr des Faktors Arbeit, wie Apologeten des flexiblen Globalarbeiters behaupten,[12] als vielmehr auf eine globale Krise der ideellen und materiellen Bewertung von Arbeit. Sennett begreift diese Krise als die Krise verlorener Handwerklichkeit – eine eigenwillig verklärende, von ihm als eine spezifisch mittelalterliche verstandene, tatsächlich eher ganzheitliche Mittelalterphantasien der Romantik aufrufende Kategorie, die, so seine Hoffnung, die Rettung der Moderne (oder von der Moderne?) sein könnte. Die mittelalterliche, auf Körperwissen basierende Handwerklichkeit, die „etwas um seiner selbst willen gut zu tun“ beabsichtigt habe,[13] setzt er gegen die neuzeitliche „Meritokratie“ ab, in der Begriffe wie Talent, Invention oder Intelligenz soziale Ungleichheit rechtfertigen. In Wirklichkeit erfuhr der

---

strenggenommen gleichbedeutend ist mit der Frage, was der menschliche Wert sei, und zwar auf einer Höhe gedacht, die der »Humanismus« nicht erreichen kann.“ Nancy betitelt bezeichnenderweise das erste Kapitel des Buchs mit dem päpstlichen Segen ‚Urbi et orbi‘.

[10] Vgl. Richard Sennett, *Die Kultur des neuen Kapitalismus*, Berlin 2008³.

[11] Vgl. Pierre Bourdieu, Prekariat ist überall, in: ders. (Hg.), *Gegenfeuer, Wortmeldungen im Dienste des Widerstands gegen die neoliberale Invasion*, Konstanz 1998, S. 96–102, hier S. 97.

[12] Vgl. Richard Sennett, *Der flexible Mensch. Die Kultur des neuen Kapitalismus*, Berlin 2010⁸.

[13] Sennett, Kultur (wie Anm. 10), S. 87; vgl. auch ders., *Handwerk*, Berlin 2008.

Prozess der sozialen und ökonomischen Ausdifferenzierung gerade in der hochmittelalterlichen Stadt eine neue Dynamik.[14] Dennoch lässt sich das in dem Begriff gefasste Produktionsethos in Diskursen um den Wert von Arbeit als operative Größe, die Nancys Begriff des Genusses nahe kommt, einsetzen.

Mit dem Ethos/Genuss kontrastiert zwar das Laster der Faulheit, für den Müßiggang als aller Laster Anfang gilt dies jedoch nur bedingt. Die bürgerliche wie sozialistische Kritik am Müßiggang rührte daher, dass er als Privileg der parasitären Stände (Adel, Klerus) galt. Entsprechend teilte Henri de Saint-Simon in seinem christlichen Sozialismuskonzept die Gesellschaft in die Klasse der Müßiggänger und die Klasse der „Industriels." Diese umfasst von den Industriellen und Bankiers über Wissenschaftler, Ingenieure bis hin zum Arbeiter alle durch Arbeit nützlichen Glieder einer Gesellschaft.

Wie schon im Sündenfall korrespondiert mit dem Wert der Arbeit immer auch dessen Infragestellung – sogar im engsten Umfeld von Marx. Das bekannteste Werk seines Schwiegersohns Paul Lafargue lautet *Das Recht auf Faulheit,* das dem Untertitel zufolge eine „Widerlegung" des Rechts auf Arbeit, wie es die Pariser Februarrevolution 1848 gefordert hatte, war.[15] Und es ließen sich noch viele, unter ihnen Gotthold Ephraim Lessing, Joseph Haydn, Bertrand Russel, Bert Brecht, Heinrich Böll, anführen, die – alle äußerst produktiv – in den Lobgesang der Faulheit einstimmten. Zur gleichen Zeit wie Lafargue schrieb Friedrich Nietzsche: „Die Arbeit bekommt immer mehr alles gute Gewissen auf ihre Seite: der Hang zur Freude nennt sich bereits ‚Bedürfniss der Erholung' und fängt an, sich vor sich selber zu schämen. [...] Ja, es könnte bald so weit kommen, dass man einem Hange zur vita contemplativa (das heisst zum Spazierengehen mit Gedanken und

[14] Bei der Ausdifferenzierung der Löhne an italienischen Kathedralbaustellen ist nicht zu entscheiden, ob die Ausdifferenzierung zu einer Verbesserung der Künste führte (so die liberalistische Interpretation) oder ob die Verbesserung der Künste durch ein Tun-um-ihrerselbst-willen die Kunsthöhe neu bestimmte und für höhere Löhne in dem Moment sorgte, als ein neues Bewusstsein für die Schönheit des Artefakts das Selbstbewusstsein steigerte. In diesem Fall trüge die Handwerklichkeit den Keim der eigenen Überwindung in sich; vgl. Jürgen Wiener, Geld und Geltung. Zur Monetarisierung des Künstlerbewusstseins um 1300, in: Christoph Kann (Hg.), *Isti Moderni. Erneuerungskonzepte und Erneuerungskonflikte in Mittelalter und Renaissance,* Düsseldorf 2009, S. 153–184.

[15] Paul Lafargue, *Das Recht auf Faulheit: Widerlegung des „Rechts auf Arbeit"*, Hottingen-Zürich 1887 (*Le droit à la paresse. Refitation du droit au travail de 1848,* Paris 1883).

Freunden) nicht ohne Selbstverachtung und schlechtes Gewissen nachgäbe."[16] Damit deutet Nietzsche einen Konflikt an, bei dem je nach Blickwinkel Tätigkeiten ober- oder unterhalb der Werthöhe von Arbeit situiert werden. Müßiggang – von Muße, lateinisch *otium* (dessen Negation das *negotium* ist) – meint zunächst eine Bewegung hin zur Muße, meint eine von körperlicher Anstrengung weitgehend freie, entspannende wie anregende Freizeitbeschäftigung insbesondere mit geistigen Dingen. Sie rückt damit in die Nähe der *operae liberales.* Die Freiheit in diesen Tätigkeiten des freien Mannes definiert sich auch dadurch, dass er sein Tun nicht als Arbeit definiert. Die *artes liberales* des Mittelalters stehen fest in dieser auch biblisch legitimierten Tradition: „Wer frei ist von Arbeit, kann sich der Weisheit widmen" (Sir 38, 24). Über Muße im Sinn von *otium* ist Müßiggang weniger negativ akzentuiert als das Laster (oder gar Todsünde) der Trägheit (*acedia*). Das *requiescat in pace* schließlich begreift den Tod als die ersehnte Ruhe von aller Arbeit.

Dass die Wirklichkeit der Ökonomie nie nur eine ökonomische ist, sondern ein komplexes System an Normen und Werten sowohl voraussetzt als produziert, und folglich die Begriffe Lohn/Preis und Wert der Arbeit niemals semantisch kongruent waren, ist ein Leitmotiv vieler Texte dieses Bands. Die Produktion des Wertes, der ein spezifisches Arbeitsethos fördert oder verhindert, hat ihre Geschichte und macht Geschichte. Daher sind die Argumentarien der Gegenwart immer schon auf die Vergangenheit verwiesen – wenn sich etwa Arbeit „wieder" lohnen soll. Viele Muster tauchen in den Aushandlungsprozessen in immer wieder neuen Verkleidungen auf, weil unter ihnen ein unhintergehbarer und zunächst einmal (und gegebenenfalls immer noch) theologisch begründeter Wertkern besteht: die menschliche Existenz, die unabdingbar an Arbeit gebunden ist, und ihre unveräußerliche Würde – Würde und Wert hängen etymologisch eng zusammen.

Arbeit als Lohn, Arbeit als Strafe, Not und Mühsal, Arbeit als Weltaneignung, Arbeit als Erlösung, Arbeit als Nicht-Arbeit:[17] All dies verweist auf

---

[16] Friedrich Nietzsche, Aphorismus 329 „Musse und Müssiggang" in: *Die fröhliche Wissenschaft.*

[17] Vgl. Gerrit Herlyn u. a. (Hg.), *Arbeit und Nicht-Arbeit. Entgrenzungen und Begrenzungen von Lebensbereichen und Praxen*, München/Mering 2009.

ein immer schon dynamisches Wertverständnis von Arbeit. Die in diesem Band vorgestellten Beiträge aus den Literatur- und Sprachwissenschaften, aus Kunstgeschichte, Geschichte und Medien- und Kulturwissenschaft beleuchten diese Dynamiken. Der Gattung des interdisziplinären Sammelbandes gemäß tun sie dies eher in historisch exemplarischer als in systematischer Weise anhand von Themen, die vom frühen Mittelalter bis zur Gegenwart reichen. Sie beziehen gleichwohl systematische Fragen etwa der Definition von Arbeit und der Semantik von Arbeit und verwandter Begriffe ein. Sie stellen etwa die Frage, wie real oder fiktiv Arbeit ist, oder wie sich das Verhältnis von Arbeit und Nicht-Arbeit darstellte (Arbeit vs. Arbeitslosigkeit, *otium* vs. *Negotium*, Zeiten der Arbeit vs. Zeiten des Arbeitsverbots, Arbeit vs. Freizeit). Mit welchen Werten wird der Wert der Arbeit vernetzt? Was nehmen die einen als Arbeit wahr, das andere nicht so nennen? Wie konkretisiert sich unter dieser Prämisse ein gerechter Lohn? Wie differenzieren sich Hierarchien von Arbeit aus und auf welche Ausdifferenzierung von zeitlicher und räumlicher Strukturierung von Arbeit verweisen sie? Wie und was arbeitet jemand, der Geld bzw. Waren zirkulieren lässt?

Für jede Gesellschaft war und ist es fundamental, welche Tätigkeiten sie als Arbeit akzeptiert oder als Arbeit abqualifiziert. Man denke aktuell an die Erziehung der Kleinkinder. Ob sie ein Anrecht auf eine angemessene Bezahlung durch die Gesellschaft nur dort hat, wenn sie außerhalb der Familie erfolgt, und ob nicht so viel Eltern wie möglich (und insbesondere der unterrepräsentierte weibliche Teil) dem sogenannten Arbeitsmarkt zur Verfügung stehen sollen, führt in politischen Debatten der Gegenwart zu eigenartigen Fraternisierungen zwischen scheinbar weit auseinanderliegenden Lagern. Das Beispiel zeigt, welche ideelle Bedeutung Arbeit für die Konstruktion und das Bestehen von Kollektiven hat. Wie ändern sich diese, wenn sich die Bewertung der Arbeit ändert? Und wie definiert sie derart die individuelle Existenz? Wie stellt sich dieser Zusammenhang in der Repräsentation dar? Ist das Produzierte nur funktional oder überhöht es bereits die Leistungsfähigkeit und formiert Stolz und Identität? Ist Architektur, Infrastruktur etc. nur die Notwendigkeit eines besseren Funktionierens von Arbeitsabläufen oder bereits Ausdruck für das bessere Funktionieren, der auch ein künftiges Funktionieren motivieren soll? Über das

Produzierte hinaus, das immer schon eine Ästhetisierung von Arbeit einschließt, gibt es auch eine explizite Ästhetisierung: Wie wird Arbeit in Bildern und Texten repräsentiert und dabei bewertet und welche Rolle spielt dabei die Medialität und Materialität der Darstellung? Was bedeutet es generell, wenn Arbeit zum Thema von Kunst und Literatur wird?

Darüber hinaus bzw. zu allererst ist die Arbeit selbst ein Medium in der Begründung bzw. Nivellierung gesellschaftlicher, ökonomischer und politischer Hierarchien, ein schöpferisches und zerstörerisches Medium für Partizipation oder Unterdrückung bis hin zur Sklaverei, der die Unterscheidung zwischen körperlicher und geistiger Tätigkeit grundlegend war, wie generell die Dynamiken in der Relation von körperlicher und geistiger Arbeit eine kulturgeschichtlich wirksame Konstante in den Diskursen um den Wert der Arbeit ist. Ihnen gelang beispielsweise die Verwandlung von Tagelöhnern, die Steine bearbeiten oder Wände bemalen, zu Ideatoren in Gestalt unbefristeter Hofkünstler.

Den Beginn macht Ricarda Bauschke-Hartung mit einer sprachgeschichtlichen, über ihr Textcorpus literaturwissenschaftlich rückgebundenen Untersuchung zum semantischen Spannungsfeld von *arebeit, lôn, dienest* und *wirde*, indem sie die sprachgeschichtliche Seite des Signifikanten und den semantischen Wandel des Signifikats beleuchtet: Der Weg von *arebeit* zu *Arbeit* als einer neuhochdeutschen Begriffsverengung auf die heute noch gültige Bedeutung bezeichnet einen formalen und semantischen Differenzierungsprozess, in dem sich zugleich ein kulturgeschichtlich relevanter Wandel abbildet. Der Verlust eines lebensfüllenden existentiellen und damit auch ethisch-heilsgeschichtlich wegweisenden Dimension setzt in der Frühen Neuzeit ein, versucht im kapitalistischen Industriezeitalter total zu werden und möchte doch beispielsweise durch Marx ebenso gerettet werden wie durch die katholische Soziallehre. Im Mittelalter hingegen standen ‚Wert und Arbeit' dem Begriffspaar *‚lôn* und *dienest'* näher als *‚arebeit* und *wirde'*. Einerseits ist im Wort *arebeit* immer auch die Konnotation von Mühsal und ein ethisch korrekter Frondienst enthalten, da es historisch ohne das soziale Bild einer Knechtung nicht zu denken ist. Andererseits meint es nicht nur eine je aktuell abrufbare Leistung, sondern kann ein Lebenswerk bezeichnen und damit eine heilsgeschichtlich-existentielle Dimension erhalten, zumal *arebeit* auch als Tugend (und Heilmittel gegen das korrespondierende Laster der *acedia*) begriffen wird. Da *arebeit* im Minnekontext eine ethische Dimension enthält, darf sie einen Gegenwert nur erhoffen, aber nicht erwarten. Der Gegenwert wäre eher für den in der höfischen Kultur zentralen Begriff des *dienest* anzunehmen, für den ein konkreter *lôn* erwartet werden darf, mindestens im *trôst*. Auch *dienest* umschreibt nicht nur eine Tätigkeit, sondern enthält die existentielle, ideelle und habituelle Dimension einer Lebensform, ist also ganzheitlich und ganzzeitlich gedacht. Da höfische Literatur Ritterliteratur ist, meint das für das Selbstverständnis des Standes zentrale Wort *dienest* in erster Linie Waffen- und Frauendienst.

Der gerechte Lohn, wie er etwa in der Bibel gefordert, wenn auch kaum für das Diesseits konkretisiert wird, ist als eine zeitlose topische Forderung eine offene diskursive Größe, die dennoch nicht allein in relativistischen interessensgeleiteten Macht- und Marktkonstellationen mit den diesen inhärenten Kontingenzen ausgehandelt wird. Sie bedarf vielmehr begründeter objektivierender Aussagen zu einer Definition eines ‚vernünftigen', wenn auch immer nur vorläufigen Wertverhältnisses zwischen Leistung und Lohn. In der Gegenwart orientieren sich solche Aussagen an der Vorstellung von sozialer Gerechtigkeit in Abhängigkeit von Qualifikation, Anforderungskomplexität und Partizipation an der Wertschöpfung. Wie Wilhelm Busse für das Hoch- und Spätmittelalter (insbesondere in England) zeigt, bedurfte auch die Vergangenheit solcher Rahmungen durch eine Gerechtigkeitsrhetorik. Zu einem gerechten wird ein Tauschgeschäft über den angemessenen Preis für den Sach(- und Arbeits)wert, korreliert daher unmittelbar mit dem Lohn, der als ein gerechter an der Sicherung des standesgemäßen Lebensunterhalts genormt ist. Mit der gottgewollten Identität von Lohn und Preis, die nicht gleichen Lohn für alle meinte, wird zugleich die Akkumulation von Mehrwert und folglich die Möglichkeit sozialer Mobilität und ihrer einhergehenden symbolischen Formen gering gehalten. Deutlich wird dies, als die systemstabilisierende Normalität durch ein ebenso zufälliges wie einschneidendes Ereignis wie die Pest von 1348 aus den Fugen geriet. Als nun Preise wie Löhne stiegen, wurde zu autoritären – wenn auch nur bedingt erfolgreichen – Mitteln der Marktregulation gegriffen, die die Interessen der Eliten schützen sollten. Die Krise wurde vielmehr zu einem Katalysator für die gesteigerte ökonomische Wertschätzung individueller Fähigkeiten an der Schwelle zur Neuzeit.

Wie Arbeit durch Nicht-Arbeit determiniert ist, zeigt Josef Semmler über diejenigen Tage im frühmittelalterlichen Kirchenjahr, in denen die Arbeit ruhte, ja verboten war. Gerade im Ruhen der Arbeit ist ein Wert markiert, der denjenigen der Arbeit sogar überstieg. Entsprechend des siebten Tages nach dem Sechstagewerk im biblischen Schöpfungsmythos wird die durch das Ausruhen mögliche geistige Tätigkeit der Besinnung als Wert besonders hoch veranschlagt. Wenn in der Liturgiefeier als der höchstrangigen Tätigkeit die körperliche Arbeit außer Kraft gesetzt ist, ist die Begründung dennoch nur mittelbar die biblische. Der Vorrang der Liturgie vor jeder anderen Tätigkeit spiegelt nicht zuletzt die klerikale Macht. Daher wird in der frühmittelalterlichen Rezeption dieser in der Schöpfung zugleich auch kosmologisch begründeten Rhythmisierung von Zeit die Arbeitsruhe auch auf die dreiteilige Ständeordnung der *oratores*, *bellatores* und *laboratores* hin entworfen. Denn körperliche Arbeit, von der die beiden ersten Stände weit mehr entbunden waren als der dritte Stand, wurde mit den an Sonn- und Feiertagen verbotenen *opera servilia* (Knechtsarbeit) gleichgesetzt. Insofern sind diese Tage Ausdruck der ständischen Ordnung, zumal sie seit Konstantin auch rechtlich mit Freiheit verbunden sind. Denn an diesen Tagen konnten Unfreie/*servi* in die rechtliche Freiheit entlassen werden.

Zu den Tätigkeiten der *oratores* zählte die Produktion von Büchern, in denen zugleich, wie Albert Dietl vorführt, mehr als in anderen körperlichen Tätigkeitsbereichen des Mittelalters über die Produktion anspielungsreich Rechenschaft abgelegt wird. Indem sich Tätige in besonders herausgehobener Weise als Tätige inszenieren, betreiben sie eine Apologie ihrer Kunst, die lange vor den inschriftlich eingeforderten akademischen Ansprüchen eines gelehrten *magister* und noch länger vor dem angeblichen „Zeitalter der Kunst“ (Hans Belting) den Status eines mühseligen Handwerks transzendierte. Der produzierte bzw. zu kopierende Text und seine komplexe Verschränkung mit Text und Ornament wurden zum Ausgangspunkt für die Emanzipation des Bildes als Kunst. Zu den diesbezüglichen Strategien der Buchmaler als *artifices docti* gehörte es, sich als Akteure in Bilder mit ihren biblischen und liturgischen Inhalten einzuschreiben. Solche Selbstinszenierung über Arbeit ist daher wesentlich auch Produktion des Wertes Arbeit, insofern der Einschluss des Produzierenden in die Produktion diesen als besonders bewunderungswürdig und begnadet (und daher mit einer hohen Aussicht auf Seelenheil) ausweist. Die Selbstdarstellung des Buchmalers, der die Mühsal seiner Tätigkeit und die Konsequenz für Leib und Seele kommentiert, reicht hin bis zu einer Analogie zum *deus artifex*. Sie hebt folglich die Arbeit im Skriptorium über sich hinaus und weist dieser einen überragenden Rang im Felde menschlicher Tätigkeiten zu, der mit dem Begriff Kunst geschützt wird.

Wie sich auf der Seite der *bellatores* Arbeit definiert, untersucht Hans Hecker anhand von Fürstenspiegeln aus der Feder der russischen Monarchen Vladimir II. Monomach und Ivan IV. („der Schreckliche"), die damit für ihre Nachkommen Rechenschaft über ihre Herrschaftsprinzipien ablegten. Hecker wirft die grundsätzliche Frage auf, ob in vormodernen Gesellschaften, die nicht ausschließlich vom kapitalistischen Prinzip des Warenwertes der Arbeit bestimmt waren, Herrscher auch unter den Begriff der Arbeit gefasst werden können bzw. ob Herrschen, Regieren und generell das Ausüben von Macht als Arbeit verstanden wurde, ob also die *bellatores* gleichsam zu *laboratores* wurden oder immer schon waren. Allein die Frage deutet an, dass auf begrifflicher Ebene die ständische Dreiteilung von jeher prekär war: Nicht nur dass Herrscher nicht tatenlos waren, sondern dass sie ihr Tun auch als mühselige Arbeit begriffen (und nicht nur als eine Tätigkeit), dass auch sie die Doppelbedeutung von *labor* als Arbeit und Mühsal auf sich anwandten. Diese Perspektive erklärt sich nicht zuletzt daraus, dass die Arbeit des Regierens den Anschein eines christlich begründeten Tuns haben musste. Oder anders gesprochen: Der Schein des Christlichen legitimierte überhaupt erst, dass monarchisches Regieren ein mit dem Christentum kompatibles Tun ist, das der Ungleichheit den Anschein von Sinn verleiht, den der Monarch insbesondere aus einem christlichen Tugendkanon bezieht.

Mit einem ähnlichen Grundtenor widmet sich auch Barbara Haupt dem Verhältnis von Herrschaft und Arbeit, nimmt es aber aus der Perspektive einer literarischen Fiktion, die auch Aspekte eines Fürstenspiegels einbettet, in den Blick. Schon der Gattung und ihrem Medium ist es geschuldet, dass die Semantik des Wortes *arebeit* als Mühsal, die erduldet werden muss, auch den aktiven Aspekt von Leistung einschließt. Sie kann eine existentielle, ja sogar eine charismatische Dimension annehmen. Die Faustinian-Erzählung der Kaiserchronik (um 1150) ist eine – die Relation von materiellem Aufstieg dieses Jahrhunderts und gestiegener sozialer Geltung abbildende – Fallstudie für die semantische Pluralität von *arebeit* gerade in unterschiedlichen sozialen Kontexten, die zugleich einen egalisierenden und distinguierenden Charakter haben. Erst in dieser Spannung zwischen Egalisierung – das *opus servile* der Handarbeit als gültiges Prinzip in der Erziehung, das die Gewalt gegenüber Zöglingen einschließt, ohne die Standesgrenzen aufzuheben – und Distinktion, in die auch das seit dem Frühchristentum virulente Spannungsverhältnis zwischen Gnade und Arbeit als Tugend eingeht, konstituiert sich Arbeit als Wert. Arbeit wird durch den Adel geadelt. Das Wissen (als persönliche Erfahrung) um schwere körperliche Arbeit erscheint als Herrschaftslegitimation, die das – zumindest dem christlich-kulturellen Anspruch nach – lange vor Stand und Besitz gültige Wertschätzungskriterium Arbeit für Individuen bemüht. Gerade darin, dass der durch Stand und Besitz definierte Adel nicht von einer christlichen Herrschaftsbegründung durch Arbeit (hier konkret im Rekurs auf die Arbeitsethik in Augustinus' *De opere monachorum*) absehen konnte, liegt der unaufgelöste und für das ständische Selbstverständnis konstitutive Grundwiderspruch des für ein adeliges Publikum konzipierten Faustiniantextes.

Den sozialen Aufstieg mittels Arbeit und Produktion seit dem 12. Jahrhundert ebenso wie die medienbedingte Perspektive auf die Arbeit beleuchtet Jürgen Wiener, der ihre Ikonographie nicht über die Methodenopposition einer klerikal-gelehrten Konzeption und einer handwerklichen Materialisierung eines Bilderrätsels erklärt, sondern über eine komplexe Konstellation mit einer Vielzahl von Agenten, in der dem ausführenden und sich in der Ausführung exponierenden Künstler in Auseinandersetzung mit dem Eigen-Sinn von Ort und Aufgabe ebenso ein konzeptioneller Part zukommt wie dem ornamentalen bauplastischen System der Ranke. Ranken mutieren in diesem teilweise autopoietischen Prozess immer stärker von einer Form des Raums zu einer Form der Zeit und helfen als Medium die Botschaft wesentlich erst zu formulieren, die sich nicht auf die Illustration von sozio-ökonomischer Realität beschränkt, die zudem die ekklesiologischen und heilsgeschichtlichen Prämissen für die Konstruktion des sozialen Werts von Arbeit unterschätzt. Dies schloss andererseits nicht den grundlegenden Perspektivwechsel aus der liturgischen Zeit des Kirchenjahres (das mediale Pendant ist die Buchmalerei), die Zeit als Weg zur zweiten Parusie versteht, in die weltbejahende Zeit einer florierenden Alltagsökonomie und des gemeinsamen Schaffens und Ordnens der Welt aus. Die Bauplastik zum Thema Arbeit, die den in neuer Weise öffentlichen und insbesondere auf das neue Selbstbewusstsein des dritten Standes hin definierten Wert von Arbeit ausdrückt und zugleich über ihn Realität produziert, ging genealogisch weder aus der Darstellung der Monatsarbeiten hervor noch erschöpfte sie sich jemals darin. Das Ergebnis war eine erste radikale Form der Säkularisierung von Zeit. Die hier entfaltete Entwicklungsgeschichte, die weder eine suprapersonale teleologische Stilgeschichte noch eine ikonographische Motivgeschichte ist, ergibt sich aus der diskursiven Auseinandersetzung mit und der Fortführung von einer bereits geleisteten Propagierung von Arbeit im Kontext prosperierender Kommunen, die sich über die Repräsentation von Arbeit als Gemeinschaft behaupten – im doppelten Wortsinn. Zugleich leisteten die in dieser Geschichte wirkenden – teilweise auch kontingenten – Kräfte, die als ein Lernen eines Systems an sich selbst beschrieben werden kann, der Ausdifferenzierung des Rangs von Arbeit und damit der sozialen Ausdifferenzierung Vorschub, die in der Überwindung von Arbeit durch Kunst kulminierte – ein Prozess, der nicht zufällig mit dem Ende des politischen, sozialen und ökonomischen Systems Kommune korreliert.

Auch der Beitrag von Andrea von Hülsen-Esch befasst sich mit dem Statusverständnis derjenigen, die im Hoch- und beginnenden Spätmittelalter unter den ökonomischen und sozialen Bedingungen reicher Städte Artefakte im Übergang von Handwerk zu Kunst hervorbringen. Im Zentrum steht dabei die mit dem Begriff ‚Werkstatt' umrissene Organisation der Arbeit, wie sie etwa für Tilman Riemenschneider oder Lucas Cranach d. Ä. untersucht ist, bei denen der Begriff Künstler als Wertbezeichnung für besondere Arbeit außer Frage steht. Ähnlich wie bei Künstlern der italienischen Frührenaissance firmierte ihr Name auch als Marke unabhängig ihres faktischen Anteils an der ideellen und materiellen Produktion. Während die Selbst- und Fremdzuschreibungen der Künstler als gebildete gut erforscht sind, mit denen verbal die Aufnahme anspruchsvollerer *artes mechanicae* in die *artes liberales* erzwungen werden soll, ist die materielle Seite in der Genealogie dieses Prozesses, der Arbeit in Kunst transformiert (nicht obwohl, sondern gerade weil er unter handwerklichen und arbeitsteilig organisierten Produktionsbedingungen zustande kam), wenig untersucht. Hierbei scheint der hochmittelalterlichen Elfenbeinschnitzerei und Buchmalerei mit ihren kostbaren Materialien und zumindest teilweise gebildeten, städtischen Werkstattcrews eine besondere Rolle zugefallen zu sein. Gerade die Buchmalerei konnte, als sie sich aufgrund einer sprunghaft gestiegenen Auftragslage für wissenschaftliche und liturgische Zwecke (Universitäten, Kirchenneubauten) aus dem klösterlichen Skriptorium löste und laikal städtische Produktionsstrukturen möglich machte, vom Künstleranspruch, wie er im klerikalen Kontext erhoben wurde, profitieren. Paradigmatisch gilt dies für die Universitätsstadt Paris, wo der Produktionsprozess noch weiter zergliedert wurde. Spezialisierung in einer arbeitsteiligen Produktion setzt ähnlich wie bei gotischen Großbauten ein neues Maß an Planung voraus, das dem Planenden bzw. Entwerfenden, der mehr Kopf- als Handarbeiter ist, eine herausragende Stellung sichert. Die im Rekurs auf die antike Rhetorik vollzogene Identität von Entwurf und Invention (basierend auf Imagination, Phantasie, Kreativität…), wie sie in der Renaissance etwa über Giorgio Vasaris Begriff *disegno* geläufig wurde, nahm hier einen ihrer Anfänge.

Mit der Relation von Arbeitsteilung und Entwurfspraxis befasst sich auch der Beitrag von Norbert Nußbaum, mit dem er im Rahmen der Errichtung gotischer Sakralbauten im mittel- und westeuropäischen Kontext die Aufmerksamkeit auf das nicht verschriftlichte Wissen der Baupraxis lenkt. Wenn Bauen als Arbeit am und für den Bau mit ihren konkreten Arbeitsbedingungen und -abläufen verstanden wird, ist Bauen mit Notwendigkeit prozessual zu begreifen. Dieser Prozess, der den materiellen Voraussetzungen – den Materialien, finanziellen Ressourcen und verfügbaren Technologien – geschuldet ist, wirkt sowohl auf die Gestalt des Baus als auch auf die materiell-administrative Organisation der Produktion ein. Die Organisation differenziert sich arbeitsteilig aus und bewertet – zunehmend hierarchisch – verschiedene Arbeitsbereiche verschieden. Die Ausdifferenzierung von Wertschätzung erfolgt in dem Maß, wie Arbeit neues (Technik-)Wissen als „technische Intelligenz" generiert. Arbeit, wenn sie Wissen jenseits von Schriftlichkeit hervorbringt, wird, wie die materielle und soziale Bewertung von Architekten beweist, honoriert. Mit dem Planungsparadigma wird jedoch die praktische materielle Arbeit am Bau nicht zum Verlierer. Es kommt vielmehr zu einem Spannungsverhältnis zwischen einer geometrisch bestimmten Entwurfspraxis und einer notwendig auf modularer Arithmetik angewiesenen technischen Umsetzung, die das Wissen als ein Durchführungswissen immer an die Baupraxis und damit an die Bauschaffenden als Medien des Wissenstransfers bindet. Erst die konkrete Arbeit ist das Experimentierfeld für die richtigen Lösungen, die der Arbeit eine über die bloße mechanische (Re-)Produktion hinausreichende Wertschätzung sicherte trotz des Plans als neues Medium des Architekten, der *via* Plan sozial aufsteigt. Geschützt wird der Eigenwert der Gewerke gegenüber der eher als immateriell aufgefassten Entwurfstätigkeit zudem über den asynchronen Verlauf in der Rezeption formaler und technischer Innovationen.

Befassen sich viele Beiträge mit der Bewertung von physischer Arbeit zwischen der biblischen Mühsal nach dem Sündenfall und der für den persönlichen Ort in der Heilsgeschichte basalen, kreativen und darin die Arbeit adelnden Mitwirkung an der Schöpfung, so befragt Vittoria Borsò die „Arbeit des Intellekts“ bzw. der Intellektuellen jenseits einer klar definierten Zugehörigkeit zu den Ständen Klerus und Adel. Sie fokussiert den Paradigmenwechsel eines gegenüber den Theologen zunehmend philosophisch bestimmten säkularen Intellektuellen über die semantische Genealogie von *virtus*, die nicht nur als generelle Bedingung von Glück erscheint, sondern die namentlich das Verhältnis der vitalen Kraft des Begehrens zur kreativen Praxis regelt. Deutlich wird dies in der intellektuellen Biographie Dantes (und seiner Selbstautorisierung als Dichter), der im Rekurs auf Aristoteles und Thomas von Aquin nicht nur einen neuen Typus von *virtus* verkörpert, sondern der diesen Paradigmenwechsel auch wesentlich vollzog über eine Philosophie des Begehrens, der eine sinnlich-materielle Dimension wesentlich eingeschrieben ist – ein Begehren, das zugleich zum materiellen Akt des Schreibens in Bezug gesetzt wird. Sie impliziert darin eine Kreuzbewegung, auf die sonst nicht aufmerksam gemacht wird, wenn bildende Künstler einen sozialen Aufstieg hinlegten, der üblicherweise als Aufstieg in die immateriellen Regionen der Kunstproduktion beschrieben wird. Implizit wird deutlich, dass der neoplatonische Habitus von Kunst den äußersten Punkt einer Immaterialitätskonzeption von Kunst über das entkörperte *ingenium* (und seine Komplementärbegriffe wie *idea, inventio, phantasia, disegno,* die die Materialität von Entwurfsprozessen sublimieren) markiert, ein ideengeschichtlicher Anachronismus aus einer Zeit vor dem Beginn der hochmittelalterlichen Emanzipation mechanischer Tätigkeiten ist. Im Übergang von Mittelalter zur Frühen Neuzeit wurde nicht nur die Grenze zwischen der materiell dominierten körperlichen Arbeit und den immateriellen freien geistigen Tätigkeiten von Seiten der manuell Schaffenden her aufgeweicht. Vielmehr positionierte sich auch der neue Typus des Intellektuellen in seinem spezifischen Tun als Intellektueller über die Sinne (insbesondere über den Blick) respektive den Körper – beide konvergieren im Begriff der Imagination mit ihrer die Wirklichkeit übersteigenden animierenden Re-Präsentation des Abwesenden. Die in ihrer Komplexität nicht auflösbaren Spannungen zwischen Geist- und Körperkonzepten, zwischen himmlischer und irdischer Liebe, zwischen Allegorie und *l'effet de réell* ziehen sich dabei durch das ganze Werk Dantes. Die – unfreiwillige? – Flankierung durch die „intellektuelle Arbeit" half in systemischer Rückkoppelung nicht nur den Künstlern, sondern der Intellektuelle profitierte möglicherweise auch von der Materialität des Denkens in den bildenden Künsten, wie sie bei Thomas von Aquin schon deutlich wird.

Roger Lüdeke stellt die Frage nach einer epochalen Neubestimmung von Arbeit im Rahmen einer arbiträr gewordenen, daher ständig (selbst)reflexiven Welt jenseits substantieller überzeitlich gültiger Werte. Mit der frühneuzeitlichen Neubestimmung kapitalistischer Praktiken, die den caritativen Imperativ christliche Sozialethik außer Kraft zu setzen begann, sei der christliche Wert von Leben selbst außer Kraft gesetzt worden. Die Logiken des riskanten Handelsgeschäftes und der (Liebes)Beziehungen ähneln sich und finden Ausdruck in einer neuen Ökonomisierung der Sprache. Sie zeitigen Effekte im Denken und Fühlen selbst solcher Systeme, die wie bei der Liebe den Techniken der Renditemaximierung fern zu stehen scheinen. Denn die Tauschwertlogik ergreift Besitz von ihren Anwendern. Der materielle Erfolg spiegelt sich nicht in einem glücklichen Leben wider und bringt eine historisch-soziale neue Asymmetrie zwischen den materiellen Werten und der psychischen Lebensqualität hervor. Melancholie erscheint folglich weniger als Ausdruck einer defizitären inneren Dynamik denn als Resultat und Bedingung einer ökonomischen Dynamik. Der Verlust in der Melancholie ist vielmehr der Verlust einer durch Schöpfertum und damit durch Sinnproduktion bestimmten Beziehung zu den Dingen, die nun durch blanke materielle Werthaftigkeit ersetzt wird, und zieht so den Verlust des Bewusstseins der eigenen Würde nach sich. Im diesem sozial egalisierenden System einer historisch neuen Selbstverausgabung des nicht nur handeltreibenden, sondern auch existentiell ökonomisch bestimmten neuen Typus' von Individuum, dessen Haltlosigkeit das psychologische Pendant zur frühkapitalistischen *différance* von Wucher und Handel ist, scheint eine Rekonzeptualisierung von Arbeit in der Frühen Neuzeit auf, die auch auf ihre künstlerische Repräsentation übergreift. Denn die Verausgabungsökonomie wird im neuen Shakespearschen Theater nicht nur inszeniert, sondern infiziert die ästhetischen Produktionsbedingungen des Theaters selbst.

In der Konsequenz dieser über die Preisgabe religiöser Rückversicherungen ermöglichten kapitalistischen Seinsentwürfe und Selbstprägungen wird der Kapitalismus selbst zur Religion. Timo Skrandies entwirft das Paradigma Arbeit unter dem Benjaminschen Vorzeichen einer verschuldenden Religion des Kapitalismus, in der die repetitive Arbeit als performatives, dauerhaftes Ins-Leben-Setzen der Schuld inszeniert wird. In dieser Perspektive inkludiert die Funktion von Arbeit in Subjektivierungsprozessen nicht nur die Objektivierung des Individuums mittels Arbeit, sondern die mediale Dimension der Mitteilbarkeit von Schuld. Über Produktions- und Konsumtionsdynamiken wird Moral nicht nur produziert und entfaltet, sondern auch inszeniert. Als Medium eines kulturellen Werts geht folglich Arbeit nicht im Begriff Preis auf. Skrandies' systematische Überlegungen zum Wert der Arbeit und zum Wert dieses Wertes in einer vernetzten Kommunikationsgesellschaft immaterieller Arbeit beinhalten daher philosophische, wirtschaftstheoretische und soziologische Aspekte ebenso wie kultur- und medienwissenschaftliche.

Wie aber äußert sich der Wert unter den Bedingungen eines Systems, das für sich den Begriff der Wertfreiheit ins Spiel bringt? Der so bezeichnete Verzicht auf eine Bewertung ist eine semantische Strategie des kapitalistischen Objektivitätsbegehrens, wie es nicht zuletzt im Preis formuliert ist. In ihm sind zwar ästhetische und ethische Aspekte erfasst, doch die Produktivität der Arbeit selbst, ihr gestisches und performatives Potential, ist im Wert des Produkts undarstellbar, dissimuliert und wird so wertlos, gehört doch die Inszenierung/Sichtbarkeit zu den historischen Bedingungen ihres Selbstverständnisses als Wert. Für eine Medialisierung der Arbeit werden daher tayloristische und postfordistische Medientechnologien der Körpervermessung und -verzeitlichung, mit denen die körperlich-sinnliche Arbeit dargestellt und für die kapitalistische Produktion fruchtbar gemacht werden, zu Kino, Fotosequenzen und Choreographie in Bezug gesetzt und auf diese Weise die Transformation von Arbeit als spezialisierte, wissensbasierte Praxis zugunsten von Messung, Evaluation und Kontrolle (Begriffe, die auch den akademischen Paradigmenwechsel bestimmen und legitimieren) anschaulich. Von dieser Gegenwart aus werden – den Kreis der Beiträge schließend – generelle, auch für das Mittelalter und die Frühe Neuzeit relevante Fragen nach der Funktion von Bildern der Arbeit gestellt.

Die Beiträge sind aus der von dem Forschungsinstitut für Mittelalter und Renaissance (Fimur) an der Heinrich-Heine-Universität Düsseldorf veranstalteten Ringvorlesung *Der Wert der Arbeit* im Wintersemester 2009/10 hervorgegangen. Enthalten ist darin der letzte Fimur-Vortrag, den Joseph Semmler, der von Anfang an Mitglied des Forschungsinstituts war, innerhalb der jährlichen Vorlesungsreihe hielt. Mit seinem dem Thema Arbeitsverbot gewidmeten Vortrag blieb Joseph Semmler seinem eigenen Ethos von akademischer Arbeit bis zuletzt treu. Seinem Andenken ist dieser Band gewidmet. Mein Dank geht an Matthias Schrör, der das maschinenschriftliche Manuskript Joseph Semmlers gründlich durchgesehen hat. Für die aufwendige redaktionelle Betreuung der Beiträge möchte ich Sarah Czirr ganz herzlich danken. Besonderer Dank gilt der Gesellschaft von Freunden und Förderern der Heinrich-Heine-Universität, die die Publikation dieses Bands durch eine großzügige finanzielle Unterstützung möglich gemacht hat. Schließlich sei der *düsseldorf university press*, namentlich Hans Süssmuth für die Aufnahme der Studia Humaniora in ihr Verlagsprogramm sowie Friedhelm Sowa für das Layout gedankt.

Jürgen Wiener

Düsseldorf, im Dezember 2014

Ricarda Bauschke

Der ‚Wert' der ‚Arbeit'
Zur historischen Semantik von mittelhochdeutsch *arebeit, dienest* und *lôn*

Eine Auseinandersetzung mit der historischen Semantik von mittelhochdeutsch *arebeit*[1] bedeutet unmittelbar, sich auf unterschiedliche Problemfelder einzulassen. Zum einen muss die sprachgeschichtliche Entwicklung skizziert werden, die sich sowohl auf phonetisch-phonologische Aspekte wie auch auf die Spekulation über potentielle Wortstämme und zusammengehörende Wortgruppen erstreckt. So ist der Wortstamm von ‚Arbeit', *arb*, mutmaßlich verwandt mit den Wurzeln *rab* und *lab*, was indes zur Konsequenz hätte, dass alle Wörter, die sich in den Einzelsprachen davon ableiten lassen, phonetisch und semantisch zusammenhingen, etwa gotisch *arbi*, slawisch *rabota*, aber vor allem lateinisch *labor*.[2] Ob es hier tatsächlich lauthistorische Filiationen gibt und wie sie zu bewerten sind, wird in der Forschung kontrovers diskutiert und soll in einem ersten Schritt interessieren. Zum anderen aber, und darin wird der Hauptteil der hier vorgelegten Skizze bestehen, gilt es, das größere Wortfeld von mittelhochdeutsch *arebeit* näher zu umreißen, um die spezifische Bedeutung des Wortes im Mittelalter und seine Entwicklungsoptionen bis in die Neuzeit zu profilieren. Die historische Semantik von mittelhochdeutsch *arebeit* ist deutlich zu unterscheiden von neuhochdeutsch ‚Arbeit'.[3]

1 Dialektal, etwa im Mitteldeutschen, auch *erbeit.*

2 Siehe hierzu grundlegend den Art. „Arbeit", in: Jacob und Wilhelm Grimm, *Deutsches Wörterbuch, Bd. 1: A-Biermolke*, Leipzig 1854, Nachdr. 1984, Sp. 538–541.

3 Vgl. den Artikel „arbeit", in: *Mittelhochdeutsches Wörterbuch*, hg. von Kurt Gärtner u. a., Bd. 1: Doppellieferung 1/2, bearb. in der Arbeitsstelle der Akademie der Wissenschaften zu Göttingen von Susanne Baumgarte, Gerhard Diehl und Bernhard Schnell, Stuttgart 2006, Sp. 341–343. Zur historischen Semantik als Forschungsfeld: Gerd Fritz, *Einführung in die historische Semantik* (= Germanistische Arbeitshefte 42), Tübingen 2005; Peter Koch, Bedeutungswandel und Bezeichnungswandel. Von der kognitiven Semasiologie zur kognitiven Onomasiologie, in: *LiLi* 121 (2001), S. 7–36; Dietrich Busse, *Historische Semantik. Analyse eines Programms* (= Sprache und Geschichte 13), Stuttgart 1987.

Wahlslogans wie „Arbeit muss sich wieder lohnen."[4] gehen von einer ursächlichen Beziehung zwischen Lohn und Arbeit aus und setzen eine Bedeutung von ‚Arbeit' im Sinne von ‚Tätigkeit' und ‚Leistung' voraus. Damit wird zugleich auf einen ‚Wert' von Arbeit angespielt, der sich in einem bestimmten ‚Lohn' niederschlagen soll. Es wird der Anspruch formuliert, die Mühe, die der Arbeitende sich gemacht habe, müsse durch angemessene Bezahlung ausgeglichen werden. Bei einer Rückübertragung der Frage nach dem ‚Wert' der ‚Arbeit' im Mittelalter muss daher auch der Semantik von mittelhochdeutsch *lôn* nachgegangen werden. Außerdem tritt zum Dreigestirn von ‚Arbeit', ‚Lohn' und ‚Wert' notwendig ein viertes Wort hinzu, welches das Feld von neuhochdeutsch ‚Arbeit' (zumindest in den Implikationen, die durch die Engführung mit ‚Wert' bzw. ‚Lohn' entstehen) partiell überlagert bzw. sogar überdeckt: der ‚Dienst'. Denn in den zeitgenössischen Belegen werden weniger ‚Arbeit' und ‚Wert' als vielmehr ‚Dienst' und ‚Lohn' aufeinander bezogen, wobei *dienest* und *lôn* durchaus das bezeichnen können, was im Neuhochdeutschen mit dem ‚Wert der Arbeit' gemeint ist. Insbesondere das Spannungsfeld der drei zentralen Wörter *arebeit, dienest* und *lôn* soll daher im Zentrum der folgenden Ausführungen stehen. Mittelhochdeutsch *wirde*, aus dem sich neuhochdeutsch sowohl ‚Würde' als auch ‚Wert' ableiten (s. u.), weist in eine andere Richtung, die im vorliegenden Band nur gestreift wird.[5]

Ein kurzer Blick auf die etymologischen Zusammenhänge zeigt mutmaßliche Korrespondenzen zu anderen Sprachen. Wird das Wort ‚Arbeit' in seine Bestandteile zerlegt, so splittet es sich in die Wurzel *arb-* und die Ableitung *-eit* auf. Gotisch *arbi*, althochdeutsch umgelautet zu *erbi*, entwickelt sich zum neuhochdeutschen *Erbe* und bezeichnet das Gut für den oder die Hinterbliebenen. Es entspricht damit zu einem bestimmten Teil griechisch *orphanos* bzw. lateinisch *orbus*, jeweils in der Bedeutung ‚verwaist'.[6] Semantisch ist die Nähe der Wörter ‚Erbe' und ‚Arbeit' evident:

[4] Mit diesem Wortlaut benutzt von der FDP bei der Bundestagswahl 2009.

[5] Zum impliziten Zusammenhang von Wert und Würde in diesem Band vgl. die Beiträge von Skrandies und Lüdeke.

[6] So in: Udo Gerdes/Gerhard Spellerberg, *Althochdeutsch – Mittelhochdeutsch. Grammatischer Grundkurs zur Einführung und Textlektüre*, 6., durchges. und erg. Aufl., Frankfurt a. M. 1986, hier S. 117. Siehe auch Siegmund Feist, *Vergleichendes Wörterbuch der gotischen Sprache mit Einschluss des Krimgotischen und sonstiger zerstreuter Überreste des Gotischen*, 3. neubearb. und verm. Aufl., Leiden 1939, S. 56.

das vermachte Erbgut ist Resultat lebenslanger Leistung, Arbeit einer Generation. Zugleich erhält der Erbe aber nicht allein die Erbschaft, sondern verspürt schmerzlichen Verlust, weil der Vorfahr verstorben ist.[7] In diesem Sinne wird *arebeit* zu der Not, die ein Mensch erleiden muss. Lautgeschichtlich allerdings stellen Jacob und Wilhelm Grimm einen Entstehungszusammenhang der lateinischen Wurzel *orb* und der germanischen Wurzel *arb* in Frage; sie postulieren vielmehr den Zusammenhang der bereits erwähnten Stämme *arb/rab/lab.*[8] Das davon abzuleitende althochdeutsche Femininum *arapeit* steht ebenso wie das altsächsische Neutrum *arbeÞi* sowohl für die Tätigkeit, dem lateinischen *labor* entsprechend, als auch für die damit verbundene Mühe, also lateinisch *molestia.*[9] Dieses Bedeutungsspektrum korrespondiert wiederum mit der Semantik des Wortes *rabota*, das in slawischen Sprachen wie dem Böhmischen oder Polnischen für ‚Arbeit' steht, und zwar gerade für ‚Knechtsarbeit' und ‚Frondienst'.[10] Ein *rab* ist nach Grimm demzufolge ein Knecht, Leibeigener oder Diener. Der sprachhistorisch damit zusammenhängende ‚Roboter' ist also ideengeschichtlich eine ganz alte Vorstellung, nämlich der Wunschtraum von einer genügsamen Arbeitsmaschine, für welche der Fronarbeiter in der Feudalgesellschaft stand. Sprachhistorisch handelt es sich bei *arb* und *rab* um eine Wurzel mit Metathese.[11] Vom *arb-* bzw. *rab*-Stamm zur lateinischen *lab*-Wurzel und damit *labor* kommen die Grimms, indem sie einen Wechsel von *l* und *r* postulieren, *rab-/lab-* oder *lab-/rab-*. Ein solcher Wandel ist für die beiden Liquidlaute nicht ungewöhnlich.[12] In jedem Fall ist die semantische Übereinstimmung evident: lateinisch *labor* steht für ‚Arbeit' im Sinne von ‚Tätigkeit', ‚Tagewerk', überschneidet sich aber zugleich mit lateinisch *molestia*, also ‚Mühe' und ‚Anstrengung'. Damit sind beide Bedeutungskomponenten von mittelhochdeutsch *arebeit* auch dem lateinischen *labor* eingeschrieben.

---

[7] Vgl. hier Friedrich Kluge, *Etymologisches Wörterbuch*, bearb. von Elmar Seebold, 23., erw. Aufl., Berlin/New York 1995, S. 50.

[8] Vgl. Grimm, Wörterbuch (wie Anm. 2).

[9] Vgl. ebd. Siehe auch: Feist, Wörterbuch (wie Anm. 6).

[10] Vgl. Grimm, Wörterbuch (wie Anm. 2); siehe auch: Kluge, Wörterbuch (wie Anm. 7).

[11] Über den *r*-Umsprung: Hermann Paul, *Mittelhochdeutsche Grammatik*, 22., durchges. Aufl. von Hugo Moser/Ingeborg Schröbler/Siegfried Grosse, Tübingen 1982, § 83. Dort auch weiterführende Literatur.

[12] Vgl. ebd., § 82.

Wesentlich für die Auffassung von *arebeit* als Not und Drangsal ist, dass die empfundene Mühe und Ermüdung, welche *arebeit* ausdrücken soll, eine aufgewandte Tätigkeit und Anstrengung voraussetzen. Walther von der Vogelweide etwa aktualisiert ein entsprechendes Verständnis von *arebeit*, wenn er in seiner Spruchdichtung, dort im sogenannten ‚Atzeton', die Tätigkeit des Gärtners beschreibt:[13]

> Sî bœse unkrût dar under,
> daz breche er ûz besunder
> – lât erz, daz ist ein wunder –
> und merke, ob sich ein dorn
> mit kündekeit dar breit*e*,
> daz er den furder leit*e*
> von sîner arbeit*e*:
> si ist anders gar verlorn!
> (*L* 103,21–28)

> ‚Falls schlechtes Unkraut darunter ist, das ziehe er einzeln heraus (wenn er es in der Erde lässt, wäre es verwunderlich), und passe auf, ob sich ein Dorn verstohlen dort breit macht, damit er den wegbringe vom Ort seiner Mühen. Die ist sonst ganz vergeblich!'

Mit Mühe *(arbeite)* wird ganz deutlich auf die bereits erbrachte Tätigkeit der Gartenpflege angespielt, deren Ertrag durch Unkraut gefährdet werden könnte.

Jacob und Wilhelm Grimm haben recht, wenn sie darauf aufmerksam machen, dass die Wortverwendung bei Walther von der Vogelweide an dieser Stelle einen ursächlichen Zusammenhang von körperlicher Tätigkeit und daraus resultierender Erschöpfung impliziert.[14] Dies trifft aber keinesfalls auf alle Gebrauchszusammenhänge von *arebeit* zu. Im deutschen Mittelalter dominiert eine andere semantische Füllung: *arebeit* steht für die Not, die jemand erleidet, für Mühsal und Bedrängnis. Aufgrund der Fülle entsprechender Belege plädierte Georg Friedrich Benecke dafür, ‚Not', ‚Leid' und ‚Bedrängnis' als einziges Bedeutungsspektrum von mittelhoch-

[13] Walther von der Vogelweide, *Leich, Lieder, Sangsprüche*, 14., völlig neubearb. Aufl. der Ausgabe Karl Lachmanns mit Beiträgen von Thomas Bein und Horst Brunner, hg. von Christoph Cormeau, Berlin/New York 1996. Kommentar der Stelle in: Walther von der Vogelweide, *Werke, Band 1: Spruchlyrik*, Mittelhochdeutsch/Neuhochdeutsch, hg., übers. und kommentiert von Günther Schweikle, 3., verb. und erw. Aufl., hg. von Ricarda Bauschke-Hartung, hier S. 485 f.

[14] Vgl. Grimm, Wörterbuch, (wie Anm. 2), speziell Sp. 539.

deutsch *arebeit* gelten zu lassen.[15] Dies ist allerdings ebenso problematisch; denn die Bedeutung von *arebeit* als einer zweckmäßigen, beruflichen Tätigkeit und deren Produkt gibt es seit dem Althochdeutschen. Die eher pragmatisch anmutende Bedeutung lebt im Mittelalter durchaus fort und zeigt sich immer wieder schemenhaft wie unter anderem in dem zitierten Beispiel Walthers von der Vogelweide. Wie bei Walther ist dabei in erster Linie die körperliche Tätigkeit gemeint, was auch das slawische *rabota* als Bezeichnung für ‚Fronarbeit', ‚Knechtsdienst' ausdrückt (s. o.). Im Zuge anwachsender Bildungsmöglichkeiten kann dann auch geistige Tätigkeit zunehmend als Drangsal, Last und Not wahrgenommen werden; dies geschieht allerdings erst im zweiten Schritt (s. u.).

Dass mittelhochdeutsch *arebeit* überhaupt für ‚Beschäftigung', ‚Betätigung' stehen kann, gerät für den Sprachhistoriker und den Kulturhistoriker gern aus dem Blick, und dafür gibt es einen doppelten Grund: Erstens schränkt sich das Wort zum Neuhochdeutschen hin auf den Bedeutungsbereich der beruflichen Tätigkeit ein, wobei sich diese Bezeichnung nicht nur mit der Veränderung von Produktionsweisen und ökonomischer Theorie wandelt, sondern zusätzlich noch ausdifferenziert.[16] Für den Sprachwissenschaftler wird damit das Andere der mittelhochdeutschen Semantik, also das Spektrum von Leid und Mühe, ungleich interessanter als das in der Gegenwartssprache Bekannte und Eingeübte. Zweitens klammert die höfische Literatur die Bedeutungsfacette ‚Tätigkeit' für *arebeit* weithin aus. In den literarischen Texten – und auf ihnen fußt primär die Belegsammlung, die Benecke seinem Wörterbuch zu Grunde legt,[17] – steht *arebeit* für Leid und Mühe, die man erdulden muss, aber auch für die Not, die man freiwillig übernimmt. Sich etwa in Kampfesnot zu bewähren, ist in der höfischen Kultur und ganz speziell im höfischen Roman der Weg des Ritters, um Ansehen in der Gesellschaft zu erlangen und sich dabei ethisch zu vervollkommnen und religiös zu läutern (s. u.). Solch eine Bewährung ist auch

[15] Vgl. dazu den Art. „arbeit, arebeit", in: *Mittelhochdeutsches Wörterbuch*, mit Benutzung des Nachlasses von Georg Friedrich Benecke ausgearbeitet von Wilhelm Müller (Bd. 1) bzw. Wilhelm Müller und Friedrich Zarncke (Bde. 2 u. 3), Leipzig 1854–61, Nachdr. Hildesheim u. a. 1986, hier Bd. 1, S. 53. Im Wörterbuch von Gärtner u. a. (wie Anm. 3) wird diese Bedeutung an erster Stelle aufgeführt, durch weitere Bedeutungsspektren dann jedoch ergänzt.

[16] Vgl. Gerdes/Spellerberg, Grundkurs (wie Anm. 6).

[17] Siehe zu diesem Punkt die Vorrede von Wilhelm Müller aus dem Jahr 1853. Vgl. Müller, Wörterbuch (wie Anm. 15), hier S. III–XIV.

eine ‚Tätigkeit', doch geht hier nicht die Leistung der Mühe voran, wie Jacob und Wilhelm Grimm es sehen,[18] sondern im Erdulden des Leides besteht ein Großteil der Leistung.

Steht indes *arebeit* eher für die im Rahmen einer Tätigkeit erlittene Mühe, braucht es eine andere Bezeichnung für die Tätigkeit selbst. Zu einem gewissen Teil füllt diese Leerstelle der ‚Dienst', mittelhochdeutsch *dienest.* Dienst wird geleistet im Hinblick auf eine zu erzielende positive Wirkung, nämlich den *lôn.* Werden allerdings *arebeit,* Drangsal und Mühe freiwillig übernommen, um eine moralische Erhöhung zu befördern, tritt auch hier der Lohngedanke hinzu – nicht unbedingt perspektiviert auf ein materielles Entgelt, wohl aber auf eine Belohnung in ethischer Hinsicht, steigert doch *arebeit* den moralischen ‚Wert' desjenigen, der Leid erduldet. In diesen Rahmen fügt sich ein, dass auch mittelhochdeutsch *wert* neben der pekunären Bedeutung eine metaphorische Ebene besitzt, welche die innere Qualität eines Menschen anspricht. Dies zeigt sich insbesondere in den Wörtern, die von *wert* abgeleitet sind und in der höfischen Kultur eine zentrale Rolle spielen, nämlich ‚Würde' (mhd. *wirde*) und ‚würdig' (mhd. *wirdec*).[19]

Das semantische Profil von mittelhochdeutsch *arebeit* in der höfischen Dichtung weicht also einerseits vom zeitgenössischen alltagssprachlichen Gebrauch sowie der neuhochdeutsch eingeschränkten Bedeutung von ‚Arbeit' ab, und es entfaltet sich andererseits nur in den Koordinaten von *dienest, lôn* und (sehr partiell) *wert,* die als zentrale Vorstellungen menschlicher Vervollkommnung die höfische Kultur des Mittelalters konstituieren.[20] Das komplexe Geflecht der Wörter *arebeit, dienest* und *lôn* gilt es daher im Folgenden zu skizzieren; es werden typische Gebrauchssituationen besprochen, wie sie die mittelhochdeutsche Dichtung vorschlägt. In diesem Sinn wird Literatur verstanden als zentraler Ausdruck der Kultur, die sie hervorbringt.[21]

---

[18] Vgl. Grimm, Wörterbuch (wie Anm. 2). Darauf, dass *arbeit* im Mittelhochdeutschen auch die Tätigkeit ohne den Aspekt mühsamen Leidens bezeichnen kann, verweisen Gärtner u. a., Wörterbuch (wie Anm. 3).

[19] Vgl. Gerdes/Spellerberg, Grundkurs (wie Anm. 6), S. 112.

[20] Siehe dazu grundlegend: Joachim Bumke, *Höfische Kultur. Literatur und Gesellschaft im hohen Mittelalter,* 2 Bde., München 1986 u. ö.

[21] Dies war der leitende Gedanke für das Handbuch von Bumke. Vgl. ebd.

Die andersartige Bedeutungsoption von *arebeit* im Mittelhochdeutschen zeigt sich prägnant an prominenter Stelle im *Nibelungenlied*:[22]

Uns ist in alten mæren wunders vil geseit
von helden lobebæren, von grôzer arebeit,
von fröuden, hôchgezîten, von weinen und von klagen,
von küener recken strîten muget ir nu wunder hœren sagen.
(*NL.* 1,1–4)

‚Uns ist in alten Geschichten viel Wunderbares berichtet worden, von ruhmreichen Helden, von großer Not, von Freude, von Festen, von Weinen und von Wehklagen, von den Kämpfen tapferer Recken werdet ihr nun Wunderbares erzählen hören.'

In zahlreichen Handschriften wird das *Nibelungenlied* mit dieser Meta-Strophe eingeleitet. Sie soll Neugierde auf das zu Erzählende wecken und benennt darum ganz pauschal solche Eckpunkte der Handlung, die sich auf Affekte beziehen und damit auch eine empathische Einlassung des Zuhörers begünstigen.[23] Gerade indem Weinen und Wehklagen einerseits sowie die Ruhmestaten der Helden andererseits in einen kausal zu verstehenden Konnex gestellt werden, zielt die Verwendung von *grôzer arebeit* in speziell diesem Zusammenhang nicht auf die gleichsam ‚berufliche' Tätigkeit eines Ritters, sondern auf Not und Bedrängnis; sie kennzeichnen die Kriegshandlungen und schließlich den Untergang der Burgunden. Entsprechend ist der Phrase *grôzer arebeit* plakativ *weinen* und *klagen* im folgenden Abvers zugeordnet.

Deutlicher noch wird diese Facette von *arebeit* anhand von Belegstellen aus Hartmanns Artusroman *Iwein*.[24] In dieser höfischen Dichtung vergisst der Protagonist seine Pflichten als Herrscher und Ehemann und wird deswegen von seiner Frau Laudine verstoßen. Er verfällt darüber in Wahnsinn, kann dann aber durch eine Wundersalbe gegen Hirnkrankheit geheilt werden und wieder seinem ritterlichen Leben nachgehen. Bis er allerdings die Gunst Laudines zurückerobert, ist ihm alle Freude versagt. Begleitet wird

[22] *Das Nibelungenlied*, nach der Ausgabe von Karl Bartsch hg. von Helmut de Boor, 21. rev. und von Roswitha Wisniewski erg. Aufl., Wiesbaden 1979.

[23] Grundlegende Informationen bietet Ursula Schulze, *Das Nibelungenlied*, Stuttgart 1997, durchges. und bibliographisch erg. Ausgabe 2003.

[24] Alle Zitate aus diesem Text folgen der Ausgabe: Hartmann von Aue, *Iwein*, Text der 7. Ausgabe von G[eorg] F[riedrich] Benecke, K[arl] Lachmann und L[udwig] Wolff, Übers. und Anm. von Thomas Cramer, 3., durchges. Aufl., Berlin/New York 1981.

Iwein auf seiner Bewährungsfahrt von einem Löwen, den er vor einem Drachen gerettet hat:

> nû was der lewe sô starke wunt
> daz er michel arbeit
> ûf dem wege mit im leit.
> (*Iw.* 5564–66)
>
> ‚Der Löwe war so schwer verwundet, dass er große Mühsal auf dem Weg mit ihm erlitt.'

Einige Verse später wird der Begriff in ähnlicher Weise auf Iwein selbst angewendet:

> daz leben was gnuoc kumberlich.
> sus leit er arbeit genuoc,
> unz daz in der wec truoc
> dâ er eine burc sach.
> (*Iw.* 5574–77)
>
> ‚Dieses Leben war wahrlich jämmerlich. So litt er [d. h. Iwein] übergroße Mühsal, bis der Weg ihn dorthin führte, wo er eine Burg sah.'

Im ersten Beispiel werden die Schmerzen, welche der Löwe aufgrund seiner Verletzung verspürt, und die sich daraus ergebenden Beschwernisse der Wegfahrt mit *arebeit* bezeichnet.[25] In Hartmanns *Iwein* allerdings liegt der Fokus nicht auf der Bewältigung einer Wegstrecke, sondern der Verwundung. Unterstrichen wird dies mit dem benutzten Verb ‚leiden', mittelhochdeutsch *lîden.*[26] Auch im zweiten Beispiel rücken ‚leiden' und *arebeit* zusammen, wobei die Beschreibung von Iweins Dasein als ‚jämmerlich', *kumberlich,* die Aspekte von Not und Bedrückung noch verstärkt.

Steht *arebeit* für physischen Schmerz, so drängt dies die aktive Bedeutungskomponente, die der Tätigkeit ‚Arbeit' innewohnt, zurück und betont den passiven Aspekt des Erduldens, Erleidens. Die Konnotation von Schmerz tritt besonders deutlich hervor in einem Beispiel aus *Barlaam und Josaphat,* einem Legendenroman des Rudolf von Ems:[27]

---

[25] Die alte Vorstellung von einer Reise als ‚Arbeit', als ‚gefährlicher Mühsal', wo der Mensch leicht in fremder Umgebung in Bedrängnis geraten kann, schwingt hier ebenso mit wie ganz grundsätzlich noch im englischen *travel,* das ein Lehnwort von französisch *travail* ist.

[26] Zum Bedeutungsspektrum vgl. Matthias Lexer, *Mittelhochdeutsches Handwörterbuch. Zugleich als Supplement und alphabetischer Index zum Mittelhochdeutschen Wörterbuche von Benecke-Müller-Zarncke,* 3 Bde., Leipzig 1872–78, hier Bd. 1, Sp. 1900.

[27] Rudolf von Ems, *Barlaam und Josaphat* (= Dichtungen des deutschen Mittelalters 3), hg. von Franz Pfeiffer, Leipzig 1843, Nachdr. mit einem Anhang von Heinz Rupp, Berlin 1965.

in hâte ein tier sô sêre verwunt,
daz im was daz gân verseit
von der wunden arbeit.
(*Barl.* 462–64)

‚Ihn hatte ein Tier so stark verwundet, dass er vor lauter Schmerzen nicht mehr laufen konnte.'

In diesem Fall hat *arebeit* nichts mit dem Bedeutungsfeld von ‚Tätigkeit' gemein, sondern zielt auf eine sehr konkrete physische Not.

Wenn *arebeit* allerdings ganz allgemein auf empfundene Mühsal zielt, die aus einer bestimmten Haltung des Einzelnen gegenüber der Welt resultiert, kann die andere Bedeutung von ‚Tätigkeit' und ‚Leistung' wieder mitschwingen, so etwa in Wolframs *Parzival*, wo von vergeblicher Mühe die Rede ist: *daz was verlorniu arbeit* (*Pz.* 481,27).[28] Es wird auf eine Tätigkeit angespielt, die ihren Zweck verfehlt hat, so dass die aufgewandte Mühe ins Leere läuft.

Auch für den ‚Arbeitssüchtigen' kennt das Mittelalter ein Wort; von Tristan heißt es in Gottfrieds Roman *wan er leider arbeitsælic was* (*Trist.* 2128).[29] – Tristan ist durch oder bei der Mühsal beglückt, *arbeitsælic*, und der Erzähler formuliert ausdrückliches Bedauern über diesen Zustand, indem auch hier eine Verbindung von *arebeit* und *leit* hergestellt wird. Allerdings folgt die Beschreibung Tristans als *arbeitsælic* unmittelbar auf die Schilderung seiner fächerreichen Ausbildung:

dâ kêrte er spâte unde fruo
sîn emzekeit sô sêre zuo,
biz er es wunder kunde.
(*Trist.* 2095–97)

‚Darauf legte er von morgens bis abends so viel Fleiß, bis er es in überragendem Maße beherrschte.'

[28] Wolfram von Eschenbach, *Parzival.* Studienausgabe, Mittelhochdeutscher Text nach der 6. Ausgabe von Karl Lachmann, Übersetzung von Peter Knecht, Einführung zum Text von Bernd Schirok, Berlin/New York 1998.

[29] Alle Zitate aus diesem Werk nach: Gottfried von Straßburg, *Tristan*, nach der Ausgabe von Reinhold Bechstein hg. von Peter Ganz, 2 Bde., Wiesbaden 1978. Krohn übersetzt (hier V. 2130) „er war mit Kummer gesegnet" und unterschlägt damit die Komponente der Tätigkeit, die aber speziell in dieser Passage eine wesentliche Rolle spielt; denn die Verwendung von *arbeitsælic* schließt eine Aufzählung ab, in der Tristans vielfältige Betätigungsfelder aufgelistet werden; vgl. Gottfried von Straßburg, *Tristan*, nach dem Text von Friedrich Ranke neu hg., ins Neuhochdeutsche übers., mit einem Stellenkommentar und einem Nachwort von Rüdiger Krohn, 2 Bde., 2., durchges. Aufl. Stuttgart 1981, hier Bd. 1, S. 135.

Das Bedeutungsspektrum von ‚Betätigung' und ‚Leistung' tritt hier mindestens so stark hervor wie die liebe Not, die Tristan mit seinem Lernpensum hat, bzw. die Mühe, die ihm seine Ausbildung macht. Er nimmt sie in seinem Ehrgeiz gern auf sich.

Es ist evident, dass Georg Friedrich Benecke mit gutem Grund die besondere mittelhochdeutsche Semantik von *arebeit* stark gemacht hat: ‚Mühsal', ‚Not', ‚Bedrängnis'.[30] Gleichwohl geht er über das Ziel hinaus, wenn er das Bedeutungsspektrum nur auf diese Option reduzieren möchte. Jacob und Wilhelm Grimm ist durchaus zuzustimmen, dass mittelhochdeutsch *arebeit* auch das Feld von ‚Tätigkeit' und ‚Leistung' anklingen lässt,[31] und dies nicht allein in der Gebrauchsliteratur, sondern gerade auch in der höfischen Dichtung.

Dieser Befund wiederholt sich in den Fällen, wo *arebeit* eine religiöse Dimension erhält. Bruder David von Augsburg, ein deutscher Mystiker des 14. Jahrhunderts, benutzt ein Kompositum mit *arebeit*, um das irdische Jammertal vom paradiesischen Zustand abzugrenzen, aus welchem die Menschheit sich selbst mit dem Sündenfall vertrieben habe:[32]

> Dô wir uns dâ alsô verbranten, dô sluoc er uns dar zuo unde verwarf uns von dem êwigen horde zuo dem êwigen tôde unde ûz dem gemache unserr wonunge in ein arbeitsam leben unde stiez uns von den vreuden zuo sînen griulîchen vînden.
> (S. 400, Z. 15–18)
>
> ‚Als wir uns dort derart versündigten, da verstieß er uns und vertrieb uns vom ewigen Schatz zum ewigen Tod und jagte uns davon aus dem Wohlbehagen unseres Dasein in eine mühsame Not und verstieß uns von den Freuden zu seinen bösen Feinden.'

Das *arbeitsam leben* steht in explizitem Kontrast zum himmlischen Glück, *êwigen horde,* und der dort vorhandenen Bequemlichkeit, *gemache unserr wonunge.* Es trägt vorrangig die Bedeutung von ‚Not' und ‚Bedrängnis', stellt aber zugleich die Mühe von körperlicher Betätigung im irdischen Alltagsleben dem verlorenen paradiesischen Urzustand gegenüber. – Dennoch ist im religiösen Bereich eine Wendung von *arebeit* zum Guten mög-

[30] Vgl. Benecke, Wörterbuch (wie Anm. 15).

[31] Vgl. Grimm, Wörterbuch (wie Anm. 2). Siehe auch: Gärtner u. a., Wörterbuch (wie Anm. 3).

[32] Zitiert nach: *Deutsche Mystiker des vierzehnten Jahrhunderts,* hg. von Franz Pfeiffer, 2 Bde., *Bd. 1: Hermann von Fritzlar, Nikolaus von Straßburg, David von Augsburg,* Leipzig 1845, Neudr. Aalen 1962.

lich. In Strickers Erzählung von Karl dem Großen findet sich ein positives Verständnis von *arebeit* gerade im religiösen Kontext:[33]

wir geniezen ir heilekeit
und der vil lieben arbeit,
die si ze gote hânt getân,
daz si dez leben hânt verlân
in so reinem gemüete.
(*Karl* 10795-99)

‚Wir sind Nutznießer ihrer Heiligkeit und der freudigen Drangsal, die sie für Gott erlitten haben, dass sie nämlich ihr Leben hingegeben haben in derart reiner Absicht.'

arebeit steht hier für die Passion von Märtyrerheiligen, die in Nachahmung des Leidens Christi für ihren Glauben ihr irdisches Leben geopfert haben. Auf paradoxe Weise werden dabei aktive und passive Bedeutungskomponenten ineinander verschränkt. Das Martyrium der Heiligen besteht im Erdulden von Schmerz und Tod als *compassio*, Mitleiden bzw. Nachvollzug des Kreuzestodes Jesu Christi. Es ist aber zugleich aktive Leistung, zu welcher sich der Märtyrerheilige bekennt, wenn er die Passion annimmt. In dieser Perspektive wird die Mühsal zur ‚lieben Qual', die der Sanctus bereitwillig akzeptiert; und weil er damit den Himmelsschatz vermehrt, können von seiner Leistung gottgefällige Christen profitieren.[34] Auch der Lohngedanke ist also erhalten. Er bezieht sich unmittelbar auf den Heiligen selbst, der in den Himmelschor aufsteigen kann, wird aber im vorliegenden Zitat auch auf die Menschheit insgesamt übertragen, die Nutznießer sein darf.

Dem Assoziationsspektrum von *arebeit* kann damit die Vorstellung innewohnen, dass die Akzeptanz von Leid, aber auch die bereitwillige Über-

---

33 *Karl der Große von dem Stricker*, hg. von Karl Bartsch, Quedlinburg/Leipzig 1857, Wiederabdr. mit einem Nachw. von Dieter Kartschoke Berlin 1965.

34 Eine vergleichbare oxymorale Struktur liegt auch im *Rolandslied* Konrads vor, wo der Glaubenskrieg als *süeze arbeit* (V. 1791) bezeichnet wird, Unbill und Tod im Kampf also im Sinne eines Martyriums akzeptiert und sogar begrüßt werden, weil sie dem Heil der Seele dienen. Nöther, der für die Kreuzzugsdichtung ausschließlich einen dem Neuhochdeutschen ähnlichen *arbeit*-Begriff' postuliert, denkt an dieser Stelle eindimensional, weil er die religiösen Implikationen der *compassio* vernachlässigt. Vgl. Ingo Nöther, *Die geistlichen Grundgedanken im Rolandslied und in der Kaiserchronik* (= Geistes- und Sozialwissenschaftliche Dissertationen 2), Hamburg 1970, bes. S. 33–36. Das Zitat folgt: *Das Rolandslied des Pfaffen Konrad*, Mittelhochdeutsch/Neuhochdeutsch, hg., übers. und komm. von Dieter Kartschoke, Stuttgart 1993.

nahme einer mühseligen Tätigkeit Ausdruck von *compassio* ist und eine gottgefällige Lebenseinstellung abbildet. Überdeutlich tritt eine derart perspektivierte Bejahung von Arbeit bei Martin Luther hervor:[35]

> Denn Gott wil keine faule muessig genger haben, Sondern man sol trewlich und vleissig erbeiten, ein iglicher nach seinem beruff und ampt, So wil er den segen und das gedehen dazu geben.
> (WA 31, 437, 7–9)
>
> ‚Denn Gott will keine faulen Müßiggänger haben, sondern man soll treulich und fleißig arbeiten, ein jeglicher nach seinem Beruf und Amt, so will er den Segen und das Gedeihen dazu geben.'

Ohne Frage ist an dieser Stelle die Arbeit als Tätigkeit gemeint, als Lebensbeschäftigung, die der Mensch Gott zum Gefallen verrichten soll. Geboren ist der Gedanke aus der Vorstellung, dass jeder Einzelne die ihm von Gott auferlegte Last, *arebeit,* demütig annehmen soll und den ihm zugewiesenen Platz im göttlichen *ordo* ausfüllt. Zugleich fungiert die fleißige Tätigkeit als *remedium,* Heilmittel, gegen die lethargische Traurigkeit, lateinisch *acedia,* die in mittelalterlicher Vorstellung den Rang einer Hauptsünde einnimmt und seelische Gottesferne impliziert.[36] *arebeit* im Sinne von ‚Tätigkeit' avanciert damit zu einer grundlegenden Möglichkeit, Gott nahe zu sein. In diesem Denkmodell, und zwar gerade in seiner religiösen Konnotation, liegt das Scharnier zwischen der metaphorischen Gebrauchsoption von *arebeit* im Mittelhochdeutschen und der beginnenden Einschränkung des Wortes auf den ökonomischen Bereich ab der Frühen Neuzeit.[37]

Dies wirft unmittelbar die Frage auf, welchen Gegenwert gerade der Mensch im Mittelalter für seine Arbeit erhält, was also der ‚Wert' der ‚Arbeit' ist. Dass eine ‚berufliche' Tätigkeit mehr oder weniger angemessen entlohnt wird oder werden sollte, steht außer Frage. Dennoch bleibt grundsätzlich zu bedenken, dass die neuzeitliche Trennung in ‚Beruf' einerseits und ‚Privatleben' andererseits für das Mittelalter nicht in vergleichbarer Form anzusetzen ist. Eine die Existenz sichernde Tätigkeit ist

---

[35] Zitiert nach *D. Martin Luthers Werke, 120 Bände,* Weimar 1883–2009.

[36] Hierüber handelt Michael Theunissen, *Vorentwürfe der Moderne. Antike Melancholie und die Acedia des Mittelalters,* Berlin 1996.

[37] Zum komplexen Bedeutungsspektrum und Bedeutungswandel in der Frühen Neuzeit vgl. den Art. „arbeit", in: *Frühneuhochdeutsches Wörterbuch,* begr. von Robert R. Anderson, Ulrich Goebel und Oskar Reichmann, hg. von Ulrich Goebel, Anja Lobenstein-Reichmann und Oskar Reichmann, Berlin/New York 1989–2010, hier Bd. 2 (1994), Sp. 32–39.

damals mehr als heute zugleich eine die Existenz bestimmende Lebensform. Für die Dichtkunst verschärft sich dieses alteritäre Phänomen noch, denn die Protagonisten erzählender Texte oder Akteure etwa im Minnesang sollen nicht in ihrem ‚beruflichen' Umfeld abgebildet werden, sondern als Idealfiguren Projektionsfläche für einen utopischen Gesellschaftsentwurf bieten; sie fungieren als ethische Vorbilder oder abschreckende Beispiele. Es bleibt damit ein gewisser Spielraum offen, auf welchen Gegenwert oder zumindest Ausgleich die spezifische Art von *arebeit* im mittelhochdeutschen Sinne zielt, also Mühsal und Not, welche ein Artusritter auf sich nimmt, um ethische Vervollkommnung zu erlangen. Schlägt dieser Ritter zum Beispiel anstelle eines leichten Weges die schwierige *aventiure*-Fahrt ein, an deren Ende Frauenliebe und Herrschaft stehen,[38] führt ihn *arebeit* tatsächlich zum Erfolg. Einen Automatismus von Arbeit und Gegenwert allerdings gibt es nicht. Für die konkrete Leistung im Hinblick auf einen reziproken Ausgleich steht im Mittelhochdeutschen ein anderer Begriff bereit – der Dienst. *dienest* wird erbracht, um *lôn* zu erhalten.[39] Dass die anvisierte Gegenleistung dann tatsächlich eintritt, ist zwar nicht zwingend; dass der Dienende sie aber hoffend erwarten kann, gehört – anders als bei *arebeit* – zum semantischen Spektrum von *dienest.*

In der höfischen Kultur ist mittelhochdeutsch *dienest* ein zentrales Wort des feudalen Gesellschaftssystems, da der Lehnsmann dem Lehnsherrn zu Dienst verpflichtet ist, zum Waffendienst (*auxilium*) und zur unterstützenden Ratgeberschaft (*consilium*).[40] Der *dienestman*, ein ursprünglich persönlich unfreier Ministeriale, steht in der Hierarchie stufenweiser Belehnungen, der sog. ‚Heerschildordnung', ganz unten.[41] Seine Abhängigkeitssitua-

[38] Zu diesem Strukturprinzip des Artusromans vgl. Volker Mertens, *Der deutsche Artusroman*, Stuttgart 1998. Die poetologischen Implikationen bespricht Walter Haug, *Literaturtheorie im deutschen Mittelalter. Von den Anfängen bis zum Ende des 13. Jahrhunderts. Eine Einführung*, Darmstadt 1985, bes. S. 91–130.

[39] Nach Fertigstellung des Manuskripts erschien Katharina Philipowski, Aporien von ‚dienst' und ‚lôn' in lyrischen und narrativen Texten am Beispiel von ‚Mauritius von Craûn' und ‚Heidin', in: *Germanisch-Romanische Monatsschrift* 59 (2009), Heft 2, S. 211–238.

[40] Allgemeine Informationen bietet Bumke, Kultur (wie Anm. 20).

[41] Siehe als zeitgenössisches Rechtszeugnis zum Beispiel den *Sachsenspiegel* des Eike von Repgow – Karl August Eckhardt, *Sachsenspiegel Landrecht*, 3. Aufl., Göttingen 1973; ders., *Sachsenspiegel Lehnrecht* (= MGH Font.iur.Germ.ant.n.s. I,1/ n.a. I,2), 3. Aufl., Göttingen 1973.

tion von einem Herrn, für den er weisungsgebundene Tätigkeiten ausüben soll, drückt sich im Kompositum *dienstman* aus. Als Gegenleistung gehört der Ministeriale zur *familia* des adeligen Herrn, er erhält die notwendigen Lebensgrundlagen und rechtlichen Schutz. Der *dienest* erfolgt damit zwar im Rahmen persönlicher Abhängigkeit, wird aber im Ausgleich mit konkretem Lohn geleistet. In dieser Hinsicht nähert sich der mittelalterliche Dienstbegriff dem neuzeitlichen Verständnis von ‚Arbeit' an. Der Unterschied allerdings liegt darin, dass *dienest* nicht zeitlich begrenzt stattfindet, etwa als ‚Frühdienst', ‚Spätdienst' oder ‚Nachtdienst', sondern seine Ausübung genuiner Bestandteil der gesellschaftlichen Position ist, über die sich das Dasein des Ministerialen in der Welt konstituiert. *dienen* wird damit zum Habitus und zur Qualität, über welche einerseits der *dienstman* sich selbst und das soziale Umfeld andererseits seine Existenz ganz grundsätzlich definieren. *dienest* ist nicht Beruf, sondern Lebensform.

Trotz der persönlichen Unfreiheit eines Ministerialen können dessen lebensweltliche Machtmöglichkeiten groß gewesen sein. Friedrich von Hausen etwa, bekannt als Minnesänger, der auf der Grundlage provenzalischer und französischer Lyrik dem deutschen Minnesang inhaltlich und formal eine neue Wendung gibt, war Sohn eines freien Herren (*homo liber*) Walter von Hausen. Friedrich scheint, so legen es die urkundlichen Belege nahe, willentlich in die persönliche Unfreiheit übergetreten zu sein, um als Ministeriale am Stauferhof politisch Einfluss zu nehmen. Ebenso wie sein Herr, Kaiser Friedrich I. Barbarossa, verliert Hausen als Kreuzfahrer auf dem Weg ins Heilige Land sein Leben.[42] – Auch der vielseitige Dichter Hartmann von Aue, mutmaßlich Ministeriale des Fürstengeschlechts der Zähringer,[43] formuliert in seiner höfischen Legende *Der arme Heinrich* eine ganz positive Sicht auf seinen *dienstman*-Status:[44]

[42] Günther Schweikle, Art. „Friedrich von Hausen", in: *Die deutsche Literatur des Mittelalters. Verfasserlexikon*, begr. von Wolfgang Stammler, fortgef. von Karl Langosch, 2., völlig neu bearb. Aufl. hg. von Kurt Ruh und Burghart Wachinger, Berlin/New York 1971 ff., Bd. 2 (1980), Sp. 935–947.

[43] Die verschiedenen Thesen lokaler und dynastischer Zuordnung stellen zusammen Christoph Cormeau/Wilhelm Störmer, *Hartmann von Aue. Epoche, Werk, Wirkung*, München 1985, 2., neu bearb. Aufl. 1993.

[44] Zitiert nach Hartmann von Aue, *Der arme Heinrich*, hg. von Hermann Paul (= Altdeutsche Textbibliothek 3), neu bearb. von Kurt Gärtner, 17. Aufl., Tübingen 2001.

Ein ritter sô gelêret was,
daz er an den buochen las,
swaz er dar an geschriben vant;
der was Hartman genant.
dienstman was er ze Ouwe.
(*AH.* 1–5)

‚Ein Ritter war so gebildet, dass er lesen und schreiben konnte. Er wurde Hartmann genannt und war Ministeriale in dem Ort Au.'

dienstman bezeichnet den sozialen Status Hartmanns und in der Kombination mit der geographischen Konkretisierung auch die Anbindung an ein bestimmtes Fürstengeschlecht, mit dem sich der Ministeriale hier rühmen kann. Auffällig, weil eher ungewöhnlich, bleibt gleichwohl die Koppelung von *dienest* und geistiger Tätigkeit. Denn in erster Linie spielt *dienest* ebenso wie *ritter* auf den Waffendienst an, während Hartmann offensichtlich auch Dienstpflichten im Alltagsgeschäft der Zähringischen Hofkanzlei ausübt bzw. ein Teil seiner Aufgaben wohl aus dem Herstellen von Dichtkunst bestand.

Der Dienstgedanke findet auf besondere Weise Eingang in die höfische Dichtkunst. Spätestens mit Friedrich von Hausen wird Minnesang als Frauendienst inszeniert.[45] In den Liedern wirbt ein inferiores männliches Ich um die Gunst der höherstehenden Dame und fordert Lohn in einem Spektrum, das von freundlicher Zuwendung bis hin zu körperlicher *unio* reicht. Die Herrin kann zwar wohlwollend grüßen und sogar ein Liebespfand verschenken, doch eine tatsächliche Erhörung sparen die Lieder aus. Sie verharren im Stadium der Werbung, und die Unnahbarkeit der *frouwe* gehört zu den Konstitutionsbedingungen der Rolle, die ihr im Minnesang zugeschrieben ist. Die soziologisch orientierte Literaturwissenschaft der 70er Jahre sah sich aufgrund dieser Abhängigkeits- und Dienstkonstellation dazu veranlasst, im Minnesang einen literarischen Reflex der historischen Situation unfreier Ministerialen zu sehen.[46] Die besungene Dame hätte dann eine Stellvertreterfunktion und repräsentierte den Herrn des Hofes. Neuere Forschungen deuten die Aufwertung der Frau im Minnesang dagegen

---

[45] Vgl. Ricarda Bauschke, Art. „Mittelalter", in: Dieter Lamping, *Handbuch Lyrik. Theorie, Analyse, Geschichte*, Stuttgart/Weimar 2011, S. 306–334.

[46] Dazu maßgeblich Erich Köhler, *Trobadorlyrik und höfischer Roman. Aufsätze zur französischen und provenzalischen Literatur des Mittelalters*, Berlin 1962.

eher als Ausgleichsstrategie für ihre untergeordnete Position in der mittelalterlichen Alltagswelt und betonen die Nähe zur Marienpreislyrik, wo Frauenverehrung im religiösen Kontext formulierbar ist.[47]

Die Vorstellung vom Minnedienst, wie sie in der Lyrik begegnet, findet sich in narrativer Ausgestaltung in der höfischen Erzähldichtung wieder. Ritter ziehen dort aus, um mit ihren Ruhmestaten Frauen zu beeindrucken und sich als Liebespartner oder Ehemänner zu qualifizieren. Im *Nibelungenlied* verwechselt Siegfried seinen freiwillig geleisteten Kriegsdienst für Gunther mit dem eigentlich beabsichtigten Minnedienst für Kriemhild; seine nur vorgeschobene inferiore Stellung, mit der Brünhild getäuscht und ihre Interesse auf Gunther umgelenkt werden soll, wird ihm zum mörderischen Verhängnis.[48] Hartmanns Artusritter Iwein leistet einer ganzen Reihe von bedrängten Damen Waffenhilfe und (v)erdient sich damit die neuerliche Zuwendung seiner Frau Laudine.[49] Frauen- bzw. Minnedienst im höfischen Roman kann tödlich enden, zum Beispiel wenn der Minneritter Isenhart für seine Dame Belakane ohne Rüstung in den Kampf zieht;[50] Minnedienst wird aber, wenn der Liebesdiener überlebt – und dies ist in der Erzähldichtung der übliche Fall –, nicht ohne Lohn bleiben. Parzival artikuliert dies ganz deutlich, als er zum ersten Mal neben Condwiramurs im Bett liegt, deren Stadt er von der Belagerung befreit hat:

> ‚ich hân gedienet mîniu jâr
> nâch lône disem wîbe,
> diu hât mîme lîbe
> erboten trôst: nu lige ich hie.‘
> (*Pz.* 202,6–9)

> ‚Ich habe so lange auf den Lohn dieser Frau hin gedient. Sie hat mir Trost versprochen, nun liege ich hier [an ihrer Seite, in ihrem Bett].‘

---

[47] Überschau bei Günther Schweikle, *Minnesang*, Stuttgart 1989, 2., korr. Aufl., Stuttgart/Weimar 1995.

[48] Siehe hierzu Ursula Schulze, ‚Gunther sî mîn herre, und ich sî sîn man‘. Bedeutung und Deutung der Standeslüge und die Interpretierbarkeit des ‚Nibelungenliedes‘, in: *Zeitschrift für deutsches Altertum* 126 (1997), S. 32–52; Jens Haustein, Siegfrieds Schuld, in: *Zeitschrift für deutsches Altertum* 122 (1993), S. 373–387.

[49] Vgl. Volker Mertens, *Laudine. Soziale Problematik im ‚Iwein‘ Hartmanns von Aue* (= Beihefte zur ZfdPh 3), Berlin 1978.

[50] Vgl. Wolfram, *Parzival* (wie Anm. 28), hier V. 27,15 f.: *er gap durh mich sîn harnas / enwec.*

Anders als bei *arebeit*, deren Wert vor allem im ethischen Bereich liegt, darf bei *dienest* ein *gegendienest*[51] oder konkreter *lôn* zumindest erwartet, wenn auch nicht unbedingt eingefordert werden. Dass für diesen Lohn ausgerechnet das Wort *trôst* benutzt wird, impliziert auch für *dienest* Aspekte von Leid und Mühe, wie sie mittelhochdeutsch *arebeit* innewohnen.

Neben den weltlichen *dienest* tritt der *dienest* für Gott, in der Gegenwartssprache noch gebräuchlich für das Ritual des Gottes*dienstes*. Gedenkende Zuneigung und demütige Hingabe sind dabei die Komponenten, durch die sich das Verhältnis des Einzelnen zu Gott auszeichnen soll, wie eine Formulierung aus dem *Alten Passional*, einer Zusammenstellung von Heiligenviten, belegt:[52]

daz du in salt erkennen
vnde zeime gote nennen
im dienen vnde in minnen
vz alle dinen sinnen.
(*Pass.* 80–83)

‚Du sollst ihn [als deinen Schöpfer] anerkennen und einen Gott heißen, ihm dienen und ihn anbeten mit all deinen Gedanken.'

Die Verwendung von *dienen* entspricht dem skizzierten Bedeutungshorizont: Habitus, Lebenseinstellung, Weltanschauung. Diese Art von *dienest* kann irdischer und – wie im letzten Textbeispiel – religiöser Natur sein. Eine Verknüpfung weltlichen und geistlichen Dienens findet sich in jedem Fall im Kreuzzugsgedanken, wo der einzelne Ritter Militärdienst leistet, aber zugleich um himmlischen Lohn dient, wenn er in den Kampf gegen die Heiden nach Palästina zieht.[53] In der volkssprachigen Lyrik werden Frauendienst und Gottesdienst des Kreuzfahrers dann oft gegeneinander ausgespielt, etwa bei Friedrich von Hausen, Albrecht von Johannsdorf oder Hartmann von Aue, wobei trotz aller argumentativer Raffinesse am Ende stets die Entscheidung für Gott getroffen wird.[54] Möglich wird die literari-

[51] In Wolframs *Parzival* findet sich sogar eine Formulierung, dass ‚Dienst' vom Empfänger nur akzeptiert wird, wenn der Einsatz vergolten werden darf: *dîn dienst ich doch enpfâhen sol / niwan ûf gegendienstes gelt* (*Pz.* 304,6 f.).

[52] *Das alte Passional*, hg. von K[arl] A[ugust] Hahn, Frankfurt a. M. 1857, S. 205.

[53] Vgl. zum Beispiel Carl Erdmann, *Die Entstehung des Kreuzzugsgedankens*, Darmstadt 1974. Siehe dazu auch oben, insbes. Anm. 33.

[54] Besonders deutlich formuliert dies Hartmann von Aue, siehe dazu Eberhard Nellmann, *Saladin und die Minne. Zu Hartmanns drittem Kreuzlied*, in: Philologie als Kulturwissenschaft.

sche Verhandlung einer Konkurrenz von Minneherrin und Gott allerdings erst durch die Doppelbedeutungen von *dienest* und *lôn*, welche gleichermaßen das Verhältnis des Einzelnen zu Gott und zur Dame bestimmen.

Genau an dieser Schnittstelle ist der Denkfehler angesiedelt, den Wolframs Parzival sich zu Schulden kommen lässt. Nachdem ihn die Gralsbotin Kundrie über sein Versagen auf der Gralsburg aufgeklärt und böse verflucht hat, kündigt Parzival Gott den Dienst auf:

> ich was im diens undertân,
> sît ich genâden mich versan.
> nu wil i'm dienst widersagn:
> hât er haz, den wil ich tragn.
> friunt, an dînes kampfes zît
> dâ nem ein wîp vür dich den strît:
> diu müeze ziehen dîne hant.
> (*Pz.* 332,5-11)

> ‚Ich war ihm [d. h. Gott] stets ergeben und zu Diensten, als ich auf seine Gnade/seinen Lohn hoffte. Nun kündige ich ihm den Dienst auf: Hasst er mich, dann ertrage ich das. Freund, ziehst du in den Kampf, dann vertraue lieber auf eine Frau. Die soll dir zur Seite stehen.‘

Parzival hat in diesem Stadium ein ganz materiell-utilitaristisches Verständnis von ‚Dienst‘ und ‚Lohn‘, weil er bisher keine anderen Erfahrungen gesammelt hat. Schließlich hatte sein Minnedienst für Condwiramurs in Form von Waffenhilfe sofort zum Erfolg geführt, und nun nimmt der junge Ritter denselben Automatismus auch für das Verhältnis des Menschen zu Gott an. Dass aber Gottes Gnade keine einforderbare Belohnung für Dienstleistungen ist, sondern ein Geschenk, muss Parzival erst lernen.[55] Für Gottes Lohn kann der Mensch sich durch demütige Hingabe lediglich disponieren; die Entscheidung über den Akt der Gnade aber darf er nicht vorwegnehmen.

Ebenso wie bei mittelhochdeutsch *arebeit* kann also auch bei *dienest* der *lôn* ausbleiben, und zwar wenn er von der konkreten historischen Personenverbindung in ein metaphorisches Abhängigkeitsverhältnis überführt wird bzw. dieses dann als literarisches Thema auftritt. Mit einem konkre-

---

Studien zur Literatur und Geschichte des Mittelalters, Festschrift Karl Stackmann, Göttingen 1987, S. 136–148.

[55] Darüber handelt grundlegend: Helmut Brall, *Gralssuche und Adelsheil. Studien zu Wolframs Parzival*, Heidelberg 1983.

ten Lohn, etwa dem Botenlohn, den der Überbringer angenehmer Nachrichten erhält, hat diese Form von *lôn* nur noch das sprachliche Zeichen gemein.

Konfliktpotential entsteht indes dann, wenn auch im Frauendienst der Lohn auf sich warten lässt. Ulrich von Liechtenstein gestaltet unter diesem Motto ein ganzes Werk, das bezeichnenderweise *vrouwen dienest* heißt.[56] Das liebende Ich beschreibt in diesem Text, wie es sich stets vergeblich um die Gunst seiner Dame bemüht, alle möglichen Erniedrigungen auf sich nimmt, sich sogar den Finger abschneidet und ihn der Umworbenen als Geschenk übermittelt, bis es schließlich von selbst den Dienst abbricht, weil die Dame plötzlich seiner Idealvorstellung nicht mehr entspricht. Hier scheint die Aussicht auf Lohn den Lohn zu ersetzen, Dienst ohne Lohn wird zum literarischen Programm:

> Den guoten wîben sî genigen
> von mir, swie si mich doch verzigen
> nâch dienest ofte ir lônes hânt.
> (*Fr.* 1–3)
>
> ‚Ich verbeuge mich vor den edlen Damen, obwohl sie mir oft nach geleistetem Dienst den versprochenen Lohn versagt haben.'

Wie ein Motto leitet die Vorstellung vom lohnlosen Dienen, vom Arbeiten ohne Bezahlung, Ulrichs Erzählung ein. Dass auch jemand wie er einen Lohn erhält, einen Ausgleich anderer Art, findet sich als Gedanke bereits in einem Lied des Minnesängers Albrecht von Johansdorf. Der Text *Ich vant si âne huote* (MF 93,12)[57] ist als Dialoglied gestaltet und bildet ein fiktives Gespräch ab, in dem der Minnesänger und die umworbene Dame über das Verhältnis von Dienst und Lohn diskutieren. Die Schlussstrophe bietet eine Pointe, die als programmatisch für den Minnesang insgesamt gelten kann:

> „Sol mich dan mîn singen
> und mîn dienst gegen iu iht vervân?"
> ‚iu sol wol gelingen,
> âne lôn sô sult ir niht bestân.'

[56] Ulrich von Liechtenstein, *Frauendienst*, hg. von Franz Viktor Spechtler (= Göppinger Arbeiten zur Germanistik 485), 2., durchges. und erw. Aufl., Göppingen 2003. Zitat nach dieser Ausgabe.

[57] *Des Minnesangs Frühling* [MF], unter Benutzung der Ausgaben von Karl Lachmann und Moriz Haupt, Friedrich Vogt und Carl von Kraus, bearb. von Hugo Moser und Helmut Tervooren, *Bd. 1: Texte*, 38., erneut revidierte Aufl., Stuttgart 1977.

„Wie meinent ir daz, vrowe guot?"
,daz ir dest werder sint unde dâ bî hôchgemuot.'
(*MF* 94,9–14)

‚„Sollen dann mein Minnesang und all mein Dienst für Euch nutzlos gewesen sein?" ‚Euch soll es gut ergehen. Ohne Lohn sollt Ihr nicht bleiben.' „Wie meint Ihr das, edle Dame?" ‚Dass Ihr an Würde gewinnt und Euch darum gut fühlt.''

Der *lôn*, den die Dame in Aussicht stellt, besteht aus der ethischen Vervollkommnung des Dienenden qua Dienst. Der ‚Wert der Arbeit' ist also kein Leistungsbezug, sondern Selbstzweck, weil er in dem Dienenden, Arbeitenden eine innere Würde begründet und verstärkt.

In einer Formulierung Reinmars entfalten Leid und Mühsal sogar einen positiven Effekt:[58]

Alse eteswenne mir der lîp
durch sîne boese unstaete râtet, daz ich var
und mir gevriunde ein ander wîp,
sô wil iedoch daz herze niender wan dar.
Wol ime des, daz ez sô rehte welen kan
und mir der süezen arbeite gan!
doch hân ich mir ein liep erkorn,
deme ich ze dienst – und waer ez al der welte zorn –
wil sîn geborn.
(*MF* 159,19–27)

‚Wenn mir bisweilen mein Körper in seiner Schwäche und Unbeständigkeit rät, dass ich davonziehe und mir eine andere Dame suche, so will doch mein Herz nirgendwo anders hin als zu ihr. Wohl dem Herzen, dass es so angemessen wählen kann und mir die süße Mühsal gönnt! Ich habe mir nämlich allen zum Trotz eine Liebste erwählt, der ich zum Dienen geboren bin.'

Der *dienst* wird im Oxymoron der *süezen arbeite* näher bestimmt bzw. dessen emotionales Resultat genannt: das Paradoxon vom unerfüllten Werben, dessen Lohn sich im Dienen selbst generiert. Das zu erduldende Leid (*arbeite*), das durch den ausbleibenden Erfolg bei der Dame entsteht, wird damit als lieblich (*süeze*) wahrgenommen, weil schon der Werbungsdienst an sich Freude bringt.[59]

---

[58] Wie Anm. 57.

[59] Auf das Oxymoron der *süezen arebeite* im Minnesang verweisen auch Gärtner u. a., Wörterbuch (wie Anm. 3).

Die ganz vorläufige und verallgemeinernde Skizze hat gezeigt, dass die historische Semantik kulturgeschichtliche Umwälzungsprozesse abbilden kann und dass Sprach- wie Bedeutungswandel zugleich Ausdruck und Zeichen solcher Veränderungen sind. Für eine Annäherung an mentalitätsgeschichtliche Bedingungen um 1200 verweisen die stärker ethische Dimension und die metaphysische Bedeutungsoption von *arebeit, dienest* und *lôn* auf die grundlegende christliche Weltanschauung, die einen Gegenwert für diesseitige Leistung im Jenseits vorsieht. Dass die Semantik von *arebeit* sich im 16. Jahrhundert nachhaltig zu verändern beginnt, hängt entsprechend mit den religiösen Erneuerungsprozessen zusammen, die auf der Reformation gründen. Erst mit der Industrialisierung und der zunehmenden Ökonomisierung der Gesellschaft wird indes die Bedeutungseinschränkung wirklich vollzogen. Das historische Spektrum des Wortfeldes *arebeit* reflektiert damit kulturellen und gesellschaftlichen Wandel.

Wilhelm Busse

"... þat ylkon be gardoned resonabely": Gerechter Lohn

Das ist mein Thema. Aber erwarten Sie nun bitte nicht, dass ich für die zentrale Frage dieses Beitrags eine klare, geschliffene Antwort bereithielte. Dazu brauche ich Ihren geduldigen Beistand. Ich will mich mit Ihnen im ersten Teil auf die Suche machen nach Kriterien, die man sinnvollerweise zur Definition dessen verwenden kann, was denn „gerechter Lohn" sei. Mit diesen Kriterien schauen wir dann im zweiten Teil ins englische Mittelalter, um zu sehen, wie man dort mit dem Problem des gerechten Lohns umging. Im dritten Teil versuche ich dann einen einigermaßen zufriedenstellenden, jedoch sehr offenen Abschluss zu finden.

Bei der Suche nach den Kriterien (erster Teil) machen wir, Sie und ich, nur eine einzige Voraussetzung, nämlich die: Gerechter Lohn ist in irgendeiner Weise gebunden an eine Leistung, die entlohnt oder belohnt werden soll; dabei sollen Leistung und Lohn in einem Wertverhältnis zu einander stehen, das als „gerecht" beschrieben wird, oder auch als „angemessen"; oder, wie es in meinem Titelzitat aus dem 15. Jahrhundert heißt: als nachvollziehbar „vernünftig". Dabei will ich die Begriffe Lohn, Leistung und Gerechtigkeit zunächst als sehr offene Kategorien benutzen, um möglichst viele unterschiedliche Fälle als Beispiele heranziehen zu können – wir suchen ja noch. Sie sehen aber schon an der Formulierung dieser kleinen Eingangsbedingung, wie kompliziert die Sache wird; mit Komplikationen will ich uns jedoch jetzt nicht aufhalten, fangen wir einfach mit der Suche an – und das tun wir natürlich heute, hier bei uns. Denn in dieser Vorlesungsreihe über den Wert der Arbeit in Mittelalter und Renaissance scheint es geradezu unmöglich, den eigenen Blick in die Vergangenheit nicht mit Verweisen auf die Gegenwart zu garnieren – egal, ob als Begleitmusik das Versprechen „Mehr Netto vom Brutto" dient; oder die Anforderung, dass „Arbeit sich wieder lohnen müsse"; oder auch die Aussicht auf „Reichtum für alle". In mehr oder weniger direkter Weise sind alle diese Slogans mit der Frage nach der Arbeit und ihrer gerechten Belohnung verbunden. Lassen Sie mich also für Sie zunächst schauen, was dazu auf dem Markt so angeboten wird; auf dem Markt, habe ich gesagt, und nicht oder nicht gleich in den Schulen der Philosophen und Ökonomen.

Glaubt man einer Untersuchung der Berner Soziologen Thomas Gautschi und Dominik Hangartner von 2006, so können körperliche Faktoren der Arbeitnehmer erheblichen Einfluss auf die Entlohnung ihrer Arbeit haben.[1] In einer Einkommensanalyse haben sie herausgefunden, dass der Schweizer Durchschnittsmann 1,77 m groß ist, über 11,5 Jahre Schulbildung verfügt und bei 23 Jahren Berufserfahrung durchschnittlich 74.000 Schweizer Franken pro Jahr verdient. Misst der Schweizer aber 1,87 m, ist er also 10 cm größer, so trägt er bei sonst völlig gleichen Lohnfaktoren jährlich durchschnittlich 79.235 Fränkli nach Hause; und bei Frauen schlagen 10 cm mehr bei sonst völlig gleichen Lohnfaktoren mit einem jährlichen Plus von 3.350 Franken zu Buche. Nun glauben Sie bitte nicht, dass wir es bei dieser empirischen Studie individueller Einflussfaktoren mit einer Alpenkuriosität zu tun hätten. Der amerikanische Psychologe James Bruning aus Ohio, seit mehr als 20 Jahren Experte in der psychologischen Erforschung von Namen und ihrer Wirkungen, hat in einer groß angelegten Namensstudie von 2000 aufgezeigt, dass Berufskarrieren und somit Arbeit wie Lohn auch an Stereotype über bestimmte Namen gebunden sein können. Im Klartext: Heißen Frauen Susan, Elizabeth oder Sarah und Männer David, John oder Michael, so ist deren Berufserfolg in derselben Sparte sicherer als der für Bruno, Hank und Erwin oder Dagmar, Emma und Marta.[2] Ich will diese wissenschaftlichen Befunde nur zum Anlass für die Frage nach der Gerechtigkeit des solchermaßen gerechtfertigten Lohns nehmen: Denn ist ein auf der Basis von Körpergröße oder Name unterschiedener Lohn gerecht gezahlter Lohn? Ist es ‚gerecht', dass Frauen bei gleicher Arbeit, gleicher Leistung und auch sonst gleichen Lohnfaktoren durchschnittlich weniger verdienen als Männer (s. Schweizer Beispiel)? Ist es ‚gerecht', dass das Gehalt von Beschäftigten im öffentlichen Dienst alle zwei Jahre aus Altersgründen in Stufen steigt, die man schon vorher aus Tabellen ablesen kann? Womit haben sie das verdient? Abstrahiert man aber von den Einzelbedingungen und Kriterien, die in diesen Beispielen

---

1 Vgl. Thomas Gautschi/Dominik Hangartner, Size Does Matter. Körpergröße, Humankapital und Einkommen, in: *Soziale Welt* 3 (2006), S. 273–294.

2 Vgl. http://scienceblog.com/community/older/2000/D/200003397.html [29.05.2012]

bedeutsam werden, so kristallisiert sich ein Begriff von Gerechtigkeit heraus, den man als Individualgerechtigkeit bezeichnen könnte, da sich ja die Rechtfertigung eines Mehr an Lohn auf individuelle Merkmale bezieht. Da aber immer Gruppen von Individuen betroffen sind (der Schweizer Durchschnittsmann, der Beschäftigte im öffentlichen Dienst), ist es sicher besser, von sozialer Gerechtigkeit zu reden, und das ist auch der Begriff, den Soziologen und Ökonomen verwenden. Soziale Gerechtigkeit verstanden als die Berücksichtigung individueller Merkmale wie Alter, Familienstand, Engagement für den Betrieb oder die Zahl der Kinder sind fassbare und rechtfertigende Größen, die zur Definition dessen, was ein gerechter Lohn sei, beitragen können. Dazu gehören auch auf den Einzelfall applizierte Stereotype wie das, dass ein größerer Mann vielleicht stärker und leistungsfähiger sein könne als ein kleinerer.

Schön und gut. Solchermaßen sozial gerechtfertigt verdient ein Dreher, nach mehreren Fortbildungen Facharbeiter an einer Spezialmaschine, mit 34 Jahren Berufserfahrung, 52 Jahre alt, verheiratet, 2 Kinder, in seinem Betrieb rund 3.500 Euro brutto. Ist es dann noch sozial gerecht, wenn in demselben Betrieb die 29-jährige und ledige wie kinderlose Leiterin der Personalabteilung, die ihre Stelle mit einem Fachhochschul-Diplom in Betriebswirtschaft bekommen hat und erst vier Jahre dabei ist, genauso viel verdient? Sicher, werden Sie sagen, sie ist doch mit einer höheren Qualifikation eingestiegen, sie hat einen akademischen Abschluss, während der Dreher nur seine Mechanikerlehre und ein paar Fortbildungen vorweisen kann, die ihn erst im Verlauf des Berufslebens zum Spezialisten machten. Wollen Sie so argumentieren, dann weichen Sie damit aus in ein anderes Modell von Rechtfertigungen für ‚gerechten' Lohn; sie verlangen, dass ein ‚gerechter Lohn' an den Qualifikationen der Arbeitnehmer zu orientieren sei und nicht an den sozialen Faktoren. Diese qualifikationsgerechte Entlohnung darf ich daher als zweite Kategorie auf unserer Suche festhalten: Je mehr einer an Ausbildung mitbringt, desto gerechter wäre dann sein höherer Lohn.

Aber was, bitteschön, berechtigt denn zu der Annahme, dass einer mit einer höheren Ausbildung für den Betrieb mehr leiste und deswegen gerechterweise höher entlohnt werden müsse als jemand mit einer geringeren Qualifikation? Und nach welchen Kriterien ist eine Qualifikation eine höhere, dagegen eine andere eine niedrigere? Weiß denn und kann ein Dreher mit seiner Spezialisierung auf die Maschine und den Produktionsprozess für das zu fertigende Teil nicht einfach nur etwas anderes als die Personalchefin mit ihrem Grundwissen über und Können in Wirtschaftsrecht, Absatz-, Material-, Personal- und Produktionswirtschaft oder Investitionen und Finanzen, so dass sich eine Hierarchie der Qualifikationen aus diesem unterschiedlichen Wissen und Können a priori doch nicht ableiten ließe? Natürlich ist Ihnen und selbst mir klar, dass wir auch mit diesem Argument über den ‚gerechten' Lohn nicht weit kommen. Schließlich wird schnell einsichtig, dass von der Personalleiterin des Betriebs ein deutlich vielschichtigeres Wissen und Können verlangt wird als vom Dreher. Letzterer kann sich auf das eine zu fertigende Teil konzentrieren, muss es in immer gleicher Qualität und in angemessener Quantität produzieren, muss vielleicht nicht einmal wissen, welche Funktion das produzierte Teil in einem größeren Zusammenhang und in weiterführenden Arbeitsprozessen spielt. Erstere dagegen hat ein komplexeres Arbeitsfeld zu bewältigen, muss wesentlich mehr Entscheidungen fällen, hat dabei einen größeren Entscheidungsspielraum und muss deshalb mehr Kriterien beachten als nur das der exakten Maße und Passgenauigkeit. Personalwirtschaftler begründen daher den ‚gerechten' Lohn mit einer dritten Kategorie, die Anforderungsgerechtigkeit genannt ist und auf den unterschiedlichen Schwierigkeitsgrad von Arbeit abzielt. Höhere Komplexität der Aufgabe erfordere höhere Anforderungen hinsichtlich der Ausbildung und der Verantwortung. So hat die Personalleiterin eine längere und anspruchsvollere Ausbildung hinter sich und größere Verantwortung vor sich; wenn sie falsch handelt, so wird argumentiert, sei der Schaden größer. Demnach wäre der ‚gerechte' Lohn eine Funktion der Verantwortung: Je höher das Risiko falschen Handelns, desto höher der ‚gerechte' Lohn, und das vielleicht auch deshalb, weil bei hohem Risiko keine Versicherung mehr für Schadensbegrenzung einsteht.

Doch auch diese Gerechtigkeitskategorie führt uns nur in ein nächstes Dilemma. Die jüngere Vergangenheit lehrt uns, wie Menschen mit hoher Verantwortung und entsprechend hohem, ‚gerechten' Lohn den Karren in den Dreck fahren und sich dann mit enormen Abfindungen davon machen. An ihrer Stelle werden die Menschen, für die sie die Verantwortung trugen, in die Arbeitslosigkeit entlassen. Ist in solchen Fällen der gezahlte

Lohn ‚gerecht'? Es ist zwar rechtens, weil vertraglich vereinbart, dass nach nur einem halben Jahr Arbeit ein Topmanager 15 Mio. für seine Stippvisite bei Arcandor kassiert, aber ist das noch gerecht? Und wiewohl erneut rechtens: Ist es ‚gerecht', wenn trotz hoher Verluste und hochriskanter Finanzeskapaden der Bankchef der krisengeschüttelten HSH Nordbank eine millionenhohe Sonderzahlung kassiert? Es versteht sich, dass diese Fragen rhetorische sind; sie sind auch nur Anlass für die Einführung einer weiteren Gerechtigkeitskategorie. Wenn es als Gegenteil von Leistung angesehen werden kann, dass einer nach einem halben Jahr die Brocken hinwirft, dann ist naheliegend, einen „gerechten" Lohn an messbare Leistung zu binden. Leistungsgerechtigkeit als vierte Kategorie soll sich am Arbeitsergebnis messen lassen, für gleiche Leistung soll gleicher Lohn gezahlt werden. Die Menge dessen, was einer schafft, und die Qualität des Ergebnisses spielen hier eine entscheidende Rolle und machen einen Lohn dann gerecht, wenn er der Leistung des Entlohnten entspricht.

Es wird sofort offensichtlich, in welche Schwierigkeiten uns diese Kategorie führt. Die Vagheit ihrer Bestimmung dessen, was gerecht sei, lässt sich auch nicht durch aufwendige Stellenbeschreibungen (das ist die Formulierung der Ansprüche) und durch möglichst exakte Messung der Ausbringungsmenge und ihrer Qualität präzisieren (das ist die Leistung der Person). Denn wie wollen Sie die Ausbringungsmenge der Personalchefin oder die des Porsche-Managers quantifizieren, messen und entsprechend ‚gerecht' entlohnen? Natürlich, wenn ein Mensch den Ertrag seines Betriebes durch kluge Entscheidungen in signifikanter Weise steigert, das Schiff trotz schwierigen Wetters auf Kurs hält und damit für das Wohlergehen von Mannschaft und Frauschaft sorgt, so kann man das als Leistung ansehen, für die gerechterweise auch ein Bonus gezahlt wird.

Doch selbst diese unmittelbar einsichtige Kategorie für die Bemessung eines „gerechten" Lohns ist in der lebenspraktischen Anwendung nicht über jeden Zweifel erhaben. Es ist nicht jedem unmittelbar einsichtig, warum eine Managerleistung mit exorbitanten Zahlungen honoriert werden muss, vor allem natürlich dann nicht, wenn das Handeln der Belohnten nicht zu Gewinn, sondern in die Krise geführt hat. Für Deutschland ist errechnet worden, dass vor rund 30 Jahren das Verhältnis von Managerlohn und Arbeitslohn in etwa 20:1 war, ein Manager verdiente zwanzigmal so viel wie durchschnittlich bezahlte Angestellte. Heute ist das Verhältnis auf 200:1 angestiegen, wobei die Löhne ihrer Angestellten in der Regel stagnierten. Ist das ‚gerecht'? Ist dieses Verhältnis noch zu fassen als sinnvolle und deswegen gerechte Relation zwischen Lohn, Arbeitsergebnis und Stellenanforderungen? In dieser Rechtfertigungsnot für die gerechte Entlohnung hilft eine fünfte Kategorie weiter, nämlich die der Marktgerechtigkeit. Die freien Kräfte des Marktes regeln mit Angebot und Nachfrage die Höhe der Preise wie die der Löhne. Da hier die sogenannten freien Kräfte des Marktes bestimmen, kann man deswegen Produktionsstätten in Billiglohnländer verlagern, und hochbezahlte Manager können mit ihrer Abwanderung drohen, wenn ihnen nicht entsprechende Gehälter und Boni gezahlt werden. Zwar hat es einen solchen Exitus der Manager noch nicht gegeben, wohl aber die vielfältige Anwendung des Prinzips der sogenannten Marktgerechtigkeit, wenn etwa Nokia von Bochum nach Rumänien umlagert oder die mit unseren Steuergeldern gestützte HSH Nordbank ihren Spitzenleuten Extrazahlungen mit der Begründung gewährt, sie wären sonst in ihrem Institut nicht mehr zu halten.

Jetzt haben wir, meine Damen und Herren, fünf Kategorien von Gerechtigkeit, die das Reden vom „gerechten" Lohn systematisieren und Einblick geben in die unterschiedlichen Begründungen, die dabei herangezogen werden. Aber selbst diese kurze und pauschale Überschau enthüllt zugleich, dass es absolute Kategorien und objektive Rechtfertigungen in der Diskussion nicht gibt. Was wir als ‚gerecht' an der Lohngestaltung ansehen und was nicht, ist abhängig von unseren Einstellungen und Empfindungen, ist von unserer Betroffenheit beeinflusst und geleitet von unseren Interessen. So kann auch diese Systematik von Gerechtigkeiten nur eine Approximation sein, eine relative Bestimmung ohne Anspruch auf objektive Wahrheit. Und wenn Sie jetzt sagen, das hätten Sie schon vorher gewusst, so will ich dem gar nicht widersprechen, denn wie alle gesellschaftliche Wirklichkeit ist auch die Debatte über den „gerechten" Lohn gesellschaftlich konstruiert und damit ständigem historischen Wandel unterworfen.

Die gegenwärtige Debatte über den ‚gerechten' Lohn wird also von Gerechtigkeitsrhetorik beherrscht. Im Mittelalter dagegen (mein zweiter Teil) ist die Debatte über ‚gerechte' Löhne, wenn es denn wirklich je eine gegeben hat, eher eine Auseinandersetzung über Lohnbegrenzung. Zunächst gibt es auch keine umfassende ökonomische Theorie, in der schon ein Modell der Verhältnisse, Verhaltensweisen und Normen entwickelt wäre, innerhalb derer sich wirtschaftliches Handeln vollzieht. Wenn dann je von gerechtem Lohn geredet wird, so geschieht das fast immer im Zusammenhang mit Erörterungen des ‚gerechten' Preises, von dem der Lohn abhängt. Gerechte Preise sind definiert als solche, die dem Wert einer Sache entsprechen und daher Tauschgeschäfte prinzipiell dann zu gerechten machen, wenn sie von einer Gleichwertigkeit des Preises und des Lohnes ausgehen. Repräsentativ für solche scholastische Auffassung im 13. Jahrhundert ist natürlich Thomas von Aquin:

> Was nun [wie der Tausch] zum gemeinsamen Nutzen eingeführt wurde, darf den einen nicht mehr belasten als den anderen. Daher muß der Vertrag zwischen ihnen unter dem Gesichtspunkt des sachlichen Ausgleichs abgeschlossen werden. [...] Wenn daher der Preis den Sachwert übersteigt oder, umgekehrt, der Sachwert den Preis übersteigt, ist von ausgleichender Gerechtigkeit keine Rede mehr. Teurer verkaufen oder billiger einkaufen, als eine Sache wert ist, ist also an sich ungerecht und unerlaubt.[3]

Die Vorstellung vom gerechten Preis schließt die vom gerechten Lohn gleich mit ein, weil Thomas einem Kaufmann wohl zugesteht, eine Sache zu einem höheren Preis zu verkaufen, wenn er sie verbessert habe, denn „dann nimmt er damit einfach den Lohn für seine Arbeit entgegen".[4] Diese scholastische Gleichsetzung von Preis und Lohn hat wohl eine Ursache darin, dass Lohnarbeit im Früh- und Hochmittelalter noch relativ selten war. Zwar gibt es vereinzelt und verstreut Quellen über Lohnarbeit im Agrarbereich, beim Transport und vor allem beim Hausbau schon seit dem 8. Jahrhundert, aber im wesentlichen gilt die Einbindung von agrarischer Arbeit in die Grundherrschaft; Arbeitsleistung ist dann Dienstverpflichtung, die im Tausch mit Naturalien und gelegentlich mit Land belohnt wurde.

Das ändert sich erst mit der Entstehung der Märkte und Städte, zunächst langsam seit dem späten 11. und dann akzellerierend vor allem seit dem 12. und 13. Jahrhundert Thomas von Aquin ist wieder Repräsentant für die Auffassung, dass das Verhältnis von Arbeit und Lohn auch dann noch ein

---

[3] Thomas von Aquin, *Summa Theologiae,* II–II, q.77, a.1.

[4] Ebd., II–II, q.77, a.4.

Tauschgeschäft war, bei dem man Gleiches mit Gleichem vergalt. Exemplarisch verweist er auf die Handwerker in der Stadt: Der Lohn für ihre Arbeit ergebe sich direkt aus den Preisen der Produkte, die sie herstellen; und Preise bzw. Löhne sind dann gerecht, wenn ein Handwerker von dem Lohn, den er für seine Arbeit erziele, seinen Lebensunterhalt bestreiten könne. Zwar ist das alles, was sich bei Thomas über gerechten Lohn finden lässt; aber es schließt mit dem Verlangen, Lohn auch an den Lebensbedürfnissen der Belohnten zu orientieren, schon eine Bedingung ein, die noch in der heutigen Debatte unter der Kategorie der Sozialgerechtigkeit des Lohnes eine Rolle spielt: Vom Lohn muss man eine Familie ernähren können, dann ist er gerecht.

Bis ins 14. Jahrhundert geben die Quellen wenig Auskunft über Lohnstrukturen oder gar Lohndiskussionen. Wenn etwas überliefert ist, dann handelt es sich meist um Lohnlisten, die bezeichnenderweise hauptsächlich aus dem Baugewerbe und dem Bergbau stammen, das sind jene Gewerbebereiche, in denen wir es mit einer hohen Mobilität der Arbeitnehmer zu tun haben. Es scheint so, als ob allerorts Einverständnis über Entlohnungen geherrscht hätte, und Traditionen, die jeder kennt, müssen nicht unbedingt in die Schriftlichkeit geraten. Wenn dem so gewesen sein sollte, dann geriet diese relative Eintracht in der Folge der Pestzüge durch Europa nach 1348 gehörig durcheinander. Wegen der hohen Sterberaten wurden in ganz Europa Arbeitskräfte knapp, und mit der steigenden Nachfrage nach Arbeitskräften stieg auch deren Forderung nach höheren Löhnen. Ich will die der Pest folgenden Lohndiskussionen am Beispiel Englands erläutern; auf die Insel ziehe ich mich zurück, weil ich mich als Anglist dort am besten auskenne.

Im englischen Parlament wurde nach Ausweis der Protokolle wiederholt über das Thema steigender Löhne und Preise verhandelt. Beraten wurde unter den *Lords*, den weltlichen und geistlichen Aristokraten; zu solchen Beratungen wurden dann die *Commons*, das sind die meist von den Lords bestimmten Vertreter der Grafschaften und die Vertreter des Patriziats aus den wichtigsten Städten, hinzugezogen, um sie über die Entscheidungen der Lords und des Königs ins Benehmen zu setzen. Als Ergebnis dieser Verhandlungen hatte König Eduard III. schon 1349 die *Ordinance of Labourers* erlassen, eine Verordnung zur landesweiten Regelung des Marktes. Da die

Verordnung kaum Wirkung zeigte, wollte das Parlament sie rigoros durchsetzen und erließ ergänzend zur *Ordinance* zwei Jahre später, 1351, das *Statute of Labourers*, wobei Sie *labourers* bitte nicht als „Arbeiter" im modernen Sinne missverstehen. Man hat diese beiden Gesetze schon als erste Arbeitsmarktgesetzgebung charakterisieren wollen, und in der Tat greifen sie tief in das wirtschaftliche Handeln der Städter und der Lohnarbeiter ein. Denn betroffen sind nicht nur, wie man zunächst vermuten könnte, die Lohnarbeiter auf dem Land, deren Aussichten auf höhere Löhne durch den massiven Bevölkerungsrückgang erheblich gestiegen waren. Sie konnten sich jetzt dort verdingen, wo höhere Löhne geboten wurden. Nein, die beiden Gesetze wollen aufs Ganze gesehen Preise wie Löhne auf die Zeit vor der Pest zurückführen, „auf das zwanzigste Jahr unserer Regierung, oder vor fünf oder sechs Jahren", so wird in beiden Texten terminiert – also auf die Zeit um 1347 und davor. Die Regulierungen umfassen ein generelles Arbeitsgebot für alle Personen unter sechzig, die nicht schon irgendwo eine Arbeit haben; Arbeitsverweigerung (wie dann auch Betteln als Ersatz für den Erwerb von Lebensunterhalt) wird unter Strafe gestellt. Ich zitiere aus der *Ordinance* von 1349:

> Dass jeder Mann und jede Frau in unserem Königreich England, welchen Standes auch immer sie seien, ob frei oder unfrei, soweit sie körperlich dazu fähig und unter 60 Jahre alt sind, nicht von Handel leben oder von einem Handwerk oder vom eigenen Besitz oder von Land, mit dessen Bewirtschaftung sie beschäftigt sind, und die nicht in anderen Diensten stehen: Wenn diese angeheuert werden sollen, unter Berücksichtigung ihrer Lebensumstände in einen Dienst einzutreten, so sollen sie verpflichtet sein, dem zu dienen, der sie solchermaßen beschäftigen will; und sie sollen nur die Bezahlung, die Kleidung, das Geld oder den Lohn nehmen, die gewohnheitsrechtlich an den Orten bezahlt wurden, wo sie dienen sollen, [nach dem Stand] unseres 20. Regierungsjahres, oder fünf oder sechs Jahre zuvor [...] [und die Strafe für die, die nicht arbeiten wollen:] die sollen sofort von den Grafschaftsbeamten oder den Aufsichtsbeamten in den Städten gefangen genommen und ins nächste Gefängnis geworfen werden und dort bleiben und streng bewacht werden, bis sie bereit sind, in der vorerwähnten Form zu dienen.[5]

Dieser massive Zwang zur Arbeit und der Versuch, die Löhne auf dem Niveau von vor der Pest einzufrieren, findet aber seine Entsprechung in der

[5] Zitiert nach: Albert Beebe White/Wallace Notestein (Hg.), *Source Problems in English History*, New York 1915, S. 141–145; Übers. von mir.

Vorschrift für potentielle Arbeitgeber, auch ja keine höheren als die so definierten Löhne zu zahlen; Überschreitungen dieser Vorschrift stehen unter Androhung einer Geldstrafe, die sich auf das Doppelte oder Dreifache der Lohnzahlung belaufen kann. Mit dem Entgelt für Lohnarbeit werden dann aber auch die Preise für die Produkte der Handwerker auf das Niveau vor 1347 festgesetzt. Für einzelne Gewerbe wie für das Bauhandwerk sind Höchstlöhne angegeben, so z. B. 3 Pence [d] für den Zimmermeister, 2 d für die übrigen Zimmerleute, 4 d für den Baumeister, 1 d für seine Arbeiter, oder auch 3 d für Dachdecker, und das alles pro Tag. Andere Gewerbe werden pauschal auf das Niveau vor der Pest eingeschworen, so z. B. die Schuhmacher, die Goldschmiede, die Sattler, die Schmiede, die Sporenmacher, die Ledermacher, Gerber, Färber und Schneider, und mit ihnen gleich alle „Handwerker und Arbeiter und Diener, die hier nicht gesondert aufgeführt sind“[6]: Sie alle sollen ihr Handwerk ausüben und ihre Produkte verkaufen „wie sie es gewohnt waren in dem genannten zwanzigsten Jahr“[7]. Auch die Lebensmittelpreise werden in den Blick genommen, wenn auch den Fleischern, Fischhändlern, Gastwirten, Brauern, Bäckern und allen Lebensmittelhändlern keine Preisgrenze gesetzt ist, außer dem vagen „angemessenen“ Preis, plus einem kleinen Aufschlag für den Transport zum Markt. Was „angemessen“, „vernünftig“ ist, ergibt sich nur aus dem Preisvergleich mit den Nachbarmärkten.

Das liest sich alles wie eine strikte Regulierung, in der die Gesetze des Marktes, die moderne Marktgerechtigkeit, außer Kraft gesetzt werden. Denn dass die Gesetze des Marktes hier wirksam sind, um 1350 in England, erhellt ja gerade aus dem Versuch, sie zu unterbinden. Nach dem Prinzip von Angebot und Nachfrage müsste sich der meistbietende Dienstherr die besten Lohnarbeiter aussuchen dürfen, und die besten Lohnarbeiter würden ihre Dienste dort anbieten, wo der höchste Lohn gezahlt wird. Aber das scheint im Verständnis der Handelnden um 1350 und auch danach, im Verlauf des 14. und dann des 15. Jahrhunderts, noch keine Referenzgröße gewesen zu sein. Wiewohl das nirgendwo so artikuliert ist, wird offenbar von den Herrschenden das marktgerechte Verlangen nach höherem Lohn und höheren Preisen als zutiefst ungerecht empfunden, weil es das tradi-

[6] Ebd., *Statute of Labourers 1351*, S. 146–152, Zitat S. 150.

[7] Ebd.

tionelle, gewohnheitsrechtliche Tauschprinzip von Gleichem mit Gleichem stört. Natürlich stecken dahinter auch handfeste Machtinteressen; die neuen Möglichkeiten von mehr Lohn und höheren Preisen gingen vor allem zu Lasten der Großen und Reichen, die ihr Land mit Langzeitpachtverträgen gebunden hatten, die deshalb an neuen Verdienstmöglichkeiten etwa durch Schafzucht und Wollproduktion nicht leicht teilhaben konnten und dann natürlich kein Interesse daran hatten, ihren Pachtgewinn auch noch durch höhere Löhne geschmälert zu sehen. Doch nirgendwo taucht auch nur der leiseste Verdacht auf, dass ihr Beharren und das der Zünfte in den Städten auf alten Löhnen und Preisen als „ungerecht" angesehen wurde. Sicher, wie in vielen anderen Fällen ist die Quellenlage einseitig und parteiisch: Wir hören nur das, was die Beschwerdeführer auf der Seite der Herrschenden vorzubringen haben. Doch wiewohl dies ein Zerrspiegel sozialer Verhältnisse sein mag, lassen sowohl die Klagen wie auch gelegentlich aufblitzende Quellenaussagen vermuten, dass es in der Lohn- und Preisdebatte in England um 1350 nicht um „gerechte" Löhne ging. Vielmehr scheint die Triebfeder für die Nutzung der sich bietenden Möglichkeiten der Wunsch nach sozialem Aufstieg gewesen zu sein, der Wunsch nach einer Teilhabe am Reichtum der Besserverdienenden und Reichen. Moderne Ökonomen nennen das, wenn es systematisch für die Lohngestaltung eingesetzt wird, die Partizipationsgerechtigkeit; auf das englische Mittelalter im 14. und 15. Jahrhundert trifft diese Handlungskategorie schon allein deswegen nicht zu, weil eine solche Beteiligung an Kapital und Vermögen von den Herrschenden gar nicht gewollt war. Im Gegenteil: Ein Mehr an Verdienst wird aus ihrer Sicht von den Lohnarbeitern doch nur falsch genutzt. Mit dem Gesetz über den Kleidermissbrauch wollen König, Adlige und Patrizier verhindern, dass sich die niedrigeren Schichten wie die Herren gerieren. Sie können sich – das gemeinte Gesetz stammt von 1363 – inzwischen modische Gewänder wie die Herrschaft leisten, ihre Frauen tragen Schleier aus Seide, sie selbst tragen Pelz, Schuhe wie ein Edelmann und einen Dolch am Gürtel, mit Silber verziert.

> This pride schulle ther maistirs a-buye, whanne that thei schul paie his wages. For, there-as thei weren wont to serve for x or xii schillingis in a yer, now thei musten have xx oor thritti and his lyverei also therto; not for he wol do more werk, but for to meynten with that pride.[8]

[8] Zitiert nach: Gerald Robert Owst, Literature and Pulpit in Medieval England. A Neglected

‚Diesen Hochmut sollen ihre Herren bezahlen, wenn die ihren Lohn auszahlen. Denn wo sie früher für 10 oder 12 Shilling pro Jahr gedient haben, müssen sie jetzt 20 oder 30 haben und die Kleidung obendrauf; nicht, weil sie mehr arbeiten wollen, sondern nur, um solchen Hochmut zu paradieren.'

Ihr Mehr am Kreislauf von Lohn und Arbeit, so verdächtigen die Prediger die Lohnarbeiter, bringen sie also mit Verschwendung und sonst sowieso nur in der Kneipe durch, „sie vernachlässigen ihre Arbeit, weil sie zu viel Lohn in ihre Hände bekommen noch bevor ihre Arbeit getan ist. Und so geben sie sich dem Spiel und dem Trunk hin. [...] Mindestens einmal pro Woche, das heißt am Feiertag, betrinken sich Lohnarbeiter und Handwerker, wodurch sie ihren Besitz schmälern."[9] Dieses Zerrbild kann nicht verschleiern, was wir aus anderen Quellen an Aufstiegsmöglichkeiten und genutzten Aufstiegschancen rekonstruieren können. Die Lohn-Preis-Debatte von ca. 1350 wird also nicht als Gerechtigkeitsdebatte geführt, sondern ist Ausdruck eines Wunsches nach sozialer Mobilität. Was auf den ersten Blick also wie eine massive Regulierung des Marktes aussieht, entpuppt sich auf den zweiten als der auf lange Sicht allerdings scheiternde Versuch, sozialer Mobilität und sozialen Veränderungen einen Riegel vorzuschieben.

All das kann übrigens nicht verbergen, dass im Stillen, sozusagen im Verborgenen, noch andere Faktoren bei der Lohngestaltung nach der Pest wirksam sind, die sich durchaus den modernen Konzepten verschiedener Gerechtigkeiten an die Seite stellen oder mit ihnen vergleichen lassen. Klagen und Strafen für Lohnarbeiter wie für Herren belegen ja schon, dass auch die Gesetze des Marktes wenigstens ansatzweise befolgt wurden. Da ist der Fall der drei Braumeister, die ihren Gesellen mehr zahlten als die Zunft erlaubte, die deswegen ins Gefängnis wanderten, aber gegen eine geringe Geldstrafe nach drei Tagen wieder freikamen. Oder der Fall einer Vereinigung zum Zecke der Lohnabsprache zwischen Gesellen der Zimmermannszunft, deren Gilde solche Vereinigungen strikt verboten hatte; auch sie kamen mit einer kleinen Geldstrafe davon. Vermutlich könnte man eine stattliche Reihe solcher Gesetzesverletzungen aufführen, wenn nur die Quellenlage etwas besser wäre als sie ist. Testamente der Kaufleu-

Chapter in the History of English Letters and of the English People, Oxford 1961², S. 369; Übers. von mir.

9 Ebd., S. 363; Übers. von mir.

te, die ab ca. 1375 in dann immer größerer Zahl überliefert sind, enthüllen Lohnzahlungen als Boni für treue Dienste über eine lange Zeit, sind also Belege für das, was die Ökonomen heute als Lohn nach Sozialgerechtigkeit einstufen. An anderer Stelle erfahren wir, dass die Goldschmiedezunft einem ihrer Meister gestattet, neben Kost und Logis sowie einem Getränk auch ein Plus an Lohn zu zahlen, „in accordaunce to his skilles", also wegen seiner besonderen Fähigkeiten; auch Lohnzahlung auf der Basis von Leistungsgerechtigkeit ist also nicht unbekannt. Und wenn ein Zunftmeister der Weber seinen Gesellen entlässt, weil er den Ansprüchen des Berufs nicht genügt, so ist zumindest in der Begründung auf Anforderungsgerechtigkeit Bezug genommen, selbst wenn es so gewesen sein sollte, dass noch andere Gründe ausschlaggebend waren.

Im wirtschaftlichen Handeln der Menschen des englischen Mittelalters sind die denkbaren Rechtfertigungen dessen, was ein „gerechter" Lohn sei, definitiv anders sortiert als in der Neuzeit. Eine ausführliche, systematische oder gar theoretische Diskussion gibt es gar nicht, und auch die Kategorien des „gerechten" Lohns wie die des gerechten Preises sind eher vage als präzise definiert. Das mag enttäuschend sein. Aber daraus folgt nicht, dass Löhne und Preise nicht als „gerechte", angemessene oder vernünftige eingeschätzt worden wären, sie stehen nur in einem anderen Bezugssystem, nämlich dem der göttlichen Ordnung, in dem die von Thomas von Aquin propagierte Gleichheit von Preis und Lohn als gottgewollte fest verankert ist. Wenn sich diese Gleichheit zudem sozial rechtfertigt als die Möglichkeit, vom Lohn seinen Lebensunterhalt bestreiten zu können, dann ist dieser Lohn gerecht. Das heißt übrigens nicht, dass alle einen gleichen Lohn erhalten müssten, „gleicher Lohn für alle" ist keine Kategorie, nach der im englischen Mittelalter wirtschaftlich gehandelt wird. Denn wie Thomas gestehen die scholastischen Denker oder auch William Langland, der Autor des großartigen *Piers Plowman* aus der Zeit um 1375, zu, dass unterschiedliche Stände der Gesellschaft auch unterschiedlichen Besitz haben müssen; ihrem Stande angemessen sollen sie entlohnt sein. Solche Unterschiede des Besitzes sind nicht ungerecht. Ungerecht werden Löhne erst, wenn der Gewinn aus Lohn um des Gewinnstrebens Willen zum obersten Ziel des wirtschaftlichen Handelns wird und damit der Lohn in seiner Funktion als der Leistung äquivalentes Arbeitsentgelt aus dem Blick gerät.[10]

[10] Vgl. Thomas, Summa (wie Anm. 3), a.4.

Josef Semmler

Arbeit und Feiertagsheiligung in der agrarischen Gesellschaft des Frühmittelalters

I.

In religionsgeschichtlicher Sicht stehen Arbeitstag und Feiertag, von denen im Folgenden die Rede sein soll, in einem sich stets wiederholenden Zeitzyklus, der von kosmischen Gegebenheiten bestimmt wird und so das Leben aller Bewohner dieser Erde zu einer dem Wechsel angepassten Organisation zwingt, die nicht zuletzt der Kultus entscheidend prägt[1]: Eine Reihe von Werktagen wechselt zyklisch in der Zeiteinheit der Woche[2] mit dem Feiertag ab, heutzutage dem Sonntag. Dieser Zyklus wird jedoch durchbrochen von privaten und öffentlichen Gedenktagen, die gleichsam punktuell im Zyklus des Jahres aufgereiht sind. Den wöchentlichen Feiertag wie auch den jährlichen staatlichen Gedenktag sichert Artikel 140 unseres Grundgesetzes in Fortführung des Artikels 139 der Weimarer Verfassung als Tag der Ruhe, der seelischen Erhebung und Besinnung und verbietet alle öffentlich bemerkbaren Arbeitshandlungen, die die äußere Ruhe stören oder dem Wesen des Sonntags oder Gedenktages als eines tradierten Elements des sozialen Ausgleichs widersprechen. Erst vor kurzem wies das Bundesverfassungsgericht darauf hin, dass für mindestens 15 Sonntage im Jahr diese Verfassungsartikel Geltung beanspruchen. Die gleiche Sicherung gilt für kirchliche Feiertage nur, sofern sie gesetzliche Feiertage sind, welcher Status von den Bundesländern vergeben wird. Sonderregelungen darüber hinaus trifft das Arbeitsgesetz vom 6. Juni 1994.

Der Wortlaut genannter Paragraphen unserer Verfassung ebenso wie das deutsche Wort „Arbeit“[3] legen die Gründe offen, warum Philosophen,

[1] Vgl. Arnold Angenendt, *Geschichte der Religiosität im Mittelalter*, Darmstadt 2005³, S. 423 f.

[2] Vgl. Peter-Johannes Schuler, Art. „Woche“, in: *Lexikon des Mittelalters*, Bd. IX, Stuttgart/ Weimar 1999, Sp. 289 f.

[3] Vgl. Ricarda Bauschke-Hartung, *Der ‚Wert‘ der ‚Arbeit‘. Zur historischen Semantik von mittelhochdeutsch arbeit, dienes, und lôn*, in diesem Band.

Theologen, Soziologen und Historiker bei ihrem Versuch, „Arbeit" kurz zu definieren[4], faktisch die Definition der 21. Auflage der Brockhaus Enzyklopädie von 1996 umschreiben.[5] Die Stellungnahme dieser Wissenschaftsdisziplinen stellt überdies klar, dass die so sehr differenzierte „Arbeit" a priori verschieden bewertet wurde und wird, das Werturteil aber von der sozialen Stellung des Urteilenden in der jeweiligen Gesellschaft abhängt.[6]

Die agrarische Gesellschaft des okzidentalen Frühmittelalters präsentiert uns Bischof Adalbero von Laon († 1031),[7] in seinem Carmen, das er dem westfränkischen König Robert II., dem Frommen († 1031),[8] widmete.[9] Adalbero, dessen Diözese im Norden der Champagne lag, war ein scharfer Beobachter, dem ein ungewöhnlich langer Pontifikat (977–1031) ermöglichte, an Führung und Status des westfränkischen Reiches, das 987 – nicht ohne entscheidendes Zutun des Prälaten – die Dynastie der Karolinger ge-

4 Vgl. Martin Gessmann (Hg.), *Philosophisches Wörterbuch*, Stuttgart 2009[23], S. 48 f.; Werner Krämer, Art. „Arbeit/Freizeit", in: Peter Eichler (Hg.), *Neues Handbuch theologischer Grundbegriffe*, Bd. I, München 1991, S. 58; Günter Kehrer/Günter Brakelmann, Art. „Arbeit", in: Hans Dieter Betz u. a. (Hg.), *Religion in Geschichte und Gegenwart*, Bd. I, Tübingen 1998[4], S. 678 ff.; Karl-Heinz Hillmann, Art. „Arbeit", in: *Wörterbuch der Soziologie*, Stuttgart 2007[5], S. 37 f.; Manfred Riedel, Art. „Arbeit", in: Otto Brunner u. a. (Hg.), *Geschichtliche Grundbegriffe*, Bd. I, Stuttgart 1972, S. 154 f.

5 „Bewußter und zweckgerichteter Einsatz der körperlichen, geistigen und seelischen Kräfte des Menschen zur Befriedigung seiner materiellen und ideellen Bedürfnisse.", in: *Brockhaus Enzyklopädie*, Bd. II, Leipzig u. a. 2003[21], S. 38.

6 Vgl. Friedrich Ohly, Bemerkungen eines Philologen zur memoria, in: Karl Schmid/Joachim Wollasch (Hg.), *Memoria. Der geschichtliche Wert des liturgischen Gedenkens im Mittelalter* (Münstersche Mittelalter-Schriften 48), München 1984, S. 9–68, hier S. 10 f.; Jacques Le Goff, Travail. Techniques et artisans dans les systèmes de valeurs du haut moyen âge (V[e] – Xe siècles), in: *Artigianato e tecnica nella società dell'alto medioevo occidentale* (Settimane di studio del Centro Italiano di Studi sull'Alto Medioevo 18), Spoleto 1971, S. 243–266; Charles Verlinden, Art. „Arbeit und Arbeitsteilung im sozialen und wirtschaftlichen Wandel", in: *Lexikon des Mittelalters*, Bd. I, München/Zürich 1980, Sp. 871 f.

7 Über Bischof Adalbero von Laon (977–1030/31): Jean-François Lemarignier *Le gouvernement royal aux premiers temps capétiens (987–1108)*, Paris 1965, S. 80 ff.

8 Zu Robert II., dem Frommen, von Westfranken-Frankreich zuletzt: Hans-Henning Kortüm, Robert II. (996–1031), in: Joachim Ehlers u. a. (Hg.), *Die französischen Könige des Mittelalters von Odo bis Karl VIII. 888–1498*, München 1996, S. 87–96.

9 Claude Carozzi (Hg.), *Adalbéron de Laon, Carmen ad Rotbertum regem. Poème au Roi Robert* (= Les classiques de l'histoire de France au Moyen Age 32), Paris 1979; dazu: Carl Erdmann, *Die Entstehung des Kreuzzugsgedankens* (= Forschungen zur Kirchen- und Geistesgeschichte 6), Stuttgart 1935, besonders S. 338–347; zur Datierung des Carmen: Lemarignier, Le gouvernement royal (wie Anm. 7), Anm. 53, S. 79 ff.: 1025/27.

gen die der Kapetinger ausgetauscht hatte,[10] scharfe Kritik zu üben, in Hexametern gefasst und als Dialog mit dem jungen König gestaltet.

Der Bischof geht davon aus, dass nach der Hl. Schrift Gott die Menschen als Gleiche schuf. Unter den Christen, die der Gesellschaft seines Gesichtskreises angehören, gelten hinsichtlich der menschlichen Würde des Einzelnen keine Unterschiede: Dem Erben des Handwerkers eignet kein geringerer Wert als dem Erben des Königs.[11] Wenngleich das göttliche Gesetz keine Rangstufen unter den Gläubigen kennt, die Natur und die Weltordnung *(ordo)* schaffen ihrerseits Gesetze, die die Urteilsfähigkeit *(discretio)*, Grundlage aller Tugenden, auseinander zu halten weiß und die Bischöfe im Auftrag Gottes interpretieren. Eben diese Gesetze bestimmen den Status des Einzelnen auf Erden.[12] Kraft göttlichen Gebotes ist das Haus Gottes, die Gemeinschaft der Gläubigen, eine Einheit, eine *communio sanctorum*, wie es das Glaubensbekenntnis formuliert. Im beginnenden 11. Jahrhundert ist sie im westfränkisch-französischen Königreich dreigeteilt,[13] wie es nach der Lehre des Augustinus, des Pseudo-Areopagiten und Gregors des Großen die himmlischen Heerscharen auch sind.[14] In der irdischen *communio* kurz nach der ersten Jahrtausendwende im werdenden Frankreich beten die einen, andere kämpfen und andere arbeiten („Nunc orant, alii pugnant aliique laborant."[15]). Dennoch kennt diese *communio* keine Spaltung *(scissura)*: Auf der Funktion *(officium)* des einen beruht das Wirken der beiden anderen Stände *(ordines)*. Alle stützen sich gegenseitig; ihre Solidarität sichert den Frieden.[16]

Nicht einmal ein Jahrzehnt später entwarf ein Nachbarbischof Adalberos von Laon, Gerhard I. von Cambrai-Arras (1012–1051),[17] in synodaler Ver-

[10] Vgl. Joachim Ehlers, *Die Kapetinger*, Stuttgart u. a. 2000, S. 23–50.

[11] Vgl. Adalbero, Carmen (wie Anm. 9), vv. 232–243, S. 18.

[12] Vgl. Adalbero, Carmen (wie Anm. 9), vv. 228–239, S. 17 f.

[13] Vgl. Adalbero, Carmen (wie Anm. 9), v. 275, S. 20.

[14] Vgl. Adalbero, Carmen (wie Anm. 9), vv. 214–226; dazu die Belege bei: Otto G. Oexle, Die funktionale Dreiteilung der Gesellschaft bei Adalbero von Laon. Deutungsschemata der sozialen Wirklichkeit im Mittelalter, in: *Frühmittelalterliche Studien*, Bd. XII, Berlin/New York 1978, S. 1–54, hier S. 12 ff. und S. 24 f.

[15] Adalbero, Carmen (wie Anm. 9), vv. 295 f., S. 22.

[16] Vgl. Adalbero, Carmen (wie Anm. 9), vv. 297–302, S. 22.

[17] Über Bischof Gerhard I. von Cambrai-Arras zusammenfassend: Tilman Struve, Art. „Gerhard I., Bf. v. Cambrai", in: *Lexikon des Mittelalters*, Bd. IV, München/Zürich 1989, Sp. 1311 f. mit Literatur.

sammlung dasselbe Bild der Gesellschaft Nord-Westfrankreichs, das wohl erst 1035/36 aufgezeichnet und vom Biographen Bischof Gerhards schlagwortartig kommentiert wurde: „Genus humanum ab initio trifarium esse monstravit (sc. Gerhard) in oratoribus, agricultoribus, pugnatoribus."[18] Wie der Bischof von Laon fordert auch sein Amtsbruder aus Cambrai die Solidarität dieser drei *ordines* der Gesellschaft,[19] die in der Kirche, dem irdischen Ebenbild des Himmelreiches, zusammengefasst ist und zum Frieden des himmlischen Jerusalem gelangen soll.[20]

Beide Bischöfe gehörten der gleichen Kirchenprovinz an, der Provinz Belgica II mit der Metropole Reims, waren Oberhirten und Kirchenfürsten der gleichen nordwestfranzösischen Gesellschaft, standen aber in unterschiedlichen politischen Systemen: Adalbero im Gefüge des westfränkisch-französischen *regnum*, Gerhard I. war ottonischer Reichsbischof. Ihre gesellschaftskritische Stellungnahme löste indes die gleiche mit Sorgen betrachtete Entwicklung aus: Anstatt die gottgewollte Solidarität der drei *ordines* zu realisieren, kündigten Glieder des *ordo* der *oratores* in Nordfrankreich und Burgund sie auf, indem sie eigenmächtig Zuständigkeiten und Aufgaben des *ordo* der *bellatores/pugnatores* an sich zu ziehen suchten.[21]

Das Bild der dreigeteilten Gesellschaft, das bekanntlich die französische Monarchie prägte bis zur Großen Revolution von 1789, löste um 1000 die aus der christlichen Spätantike von der Kirche übernommene, in der Karolingerzeit besonders proklamierte Gegenüberstellung des *ordo clericorum* und des *ordo laicorum* ab, ein gleichfalls dreigeteiltes Gesellschaftsbild, das die Geistlichkeit, den *ordo oratorum* der beiden Reimser Suffraganbischöfe, in Kleriker und Mönche schied.[22]

[18] Ludwig Conrad Bethmann (Hg.), *Gesta episcoporum Cameracensium*, in: Monumenta Germaniae Historica SS 7, Hannover 1846, S. 485.

[19] Vgl. Gesta episcoporum Cameracensium (wie Anm. 18): „horumque singulos alterutrum dextra laevaque foveri, evidens documentum dedit.", S. 485.

[20] Vgl. Adalbero, Carmen (wie Anm. 9), v. 232, S. 18.

[21] Vgl. Adalbero, Carmen (wie Anm. 9), vv. 202 ff., S. 14; Gesta episcoporum Cameracensium (wie Anm. 18), S. 485.

[22] Vgl. Jonas von Orléans, *De institutione regia. Le métier de roi*, ed. & trans. Alain Dubreucq (Sources chrétiennes 407), Bd. XI, 13–20, Paris 1995, S. 238; ders., *Translatio s. Hucberti*, in: Lothar v. Heinemann (Hg.), Translatio S. Hucberti auctore Iona episcopo Aurelianensi, in: Monumenta Germaniae Historica, SS 15, 1, Hannover 1887, S. 235; ders., *De institutione laicali*, lib. II, in: Jacques Paul Migne (Hg.), Patrologia latina, Bd. 106, Paris 1851, Sp. 169 f.:

Der Bischof von Laon machte die Mönche als diejenigen aus, die den Zusammenhalt der Gesellschaft zu sprengen sich anschickten. Denn diese, bäuerisch ungebildet, fechten in ihrer militärisch exerzierten Liturgiefeier die Stellung der ihnen vorgesetzten Bischöfe an und versuchen die kanonische Ordnung, der sie den Gehorsam verweigern, in ihrem Sinne zu interpretieren. Mit anderen Worten, sie greifen in die Funktionen der anderen *ordines* ein, nicht zuletzt in die der bewaffneten Kämpfer, wenn sie fordern, unter dem Kommando des *princeps militiae*, des Abtes Odilo von Cluny, die Abwehr der kirchenschänderischen und mordenden Sarazenen im Süden Frankreichs zu übernehmen, wofür Abt Odilo in Rom betet.[23] Der Oberhirte von Cambrai-Arras sieht seine Amtsbrüder am Werk, die ihrerseits die Gesellschaftsordnung unterminieren. Sie berufen sich auf Himmelsbriefe,[24] wenn sie zum Frieden mahnen, dem *ordo* der Laien Bußübungen, Fast- und Abstinenztage vorschreiben und zum Eidschwur nötigen, den von ihnen ausgerufenen Frieden, die *treuga Dei*,[25] zu bewahren, exkommunizieren diejenigen, die den Eid ablehnen oder brechen und verweigern ihnen das christliche Begräbnis.[26] Sie selber ziehen das dem Klerus verbotene Schwert, um an der Spitze ihrer Milizen[27] die Friedensbrecher zu strafen.[28] Angesichts solcher *transformatio* der Weltordnung, solch revolutionären Umsturzes gottgegebener Herrschaftsordnung,[29] wies Bischof Gerhard I., als seine Amtskollegen der *Gallia superior* ihn drängten, ihre Maßnahmen zu billigen und sich ihrer Friedensbewegung anzuschließen,

„[...] tres sunt in Ecclesia ordines fidelium, doctorum, abstinentium, et conjugatorum."; vgl. auch: *Concilium Parisiense* (829) II, 9, hg. von Albert Werminghoff, in: Monumenta Germaniae Historica, Concilia 11, 2, Hannover/Leipzig 1908, S. 461.

[23] Vgl. Adalbero, Carmen (wie Anm. 9), vv. 37–42, S. 4.

[24] Vgl. Sabine Schmolinsky, Art. „Himmelsbrief", in: *Lexikon des Mittelalters*, Bd. V, München 1991, Sp. 26 f.

[25] Zur *Treuga Dei* zusammenfassend: Reinhold Kaiser, Art. „Gottesfrieden", in: *Lexikon des Mittelalters*, Bd. IV, München 1989, Sp. 1587 ff. mit Literatur.

[26] Vgl. Gesta episcoporum Cameracensium III, 52 (wie Anm. 18), S. 485.

[27] Über die bischöflichen Milizen: Hans-Werner Goetz, Kirchenschutz, Rechtswahrung und Reform. Zu den Zielen und zum Wesen der frühen Gottesfriedensbewegung in Frankreich, in: *Francia* 11 (1983), S. 193–239; vgl. auch: Hartmut Hoffmann, *Gottesfrieden und Treuga Dei* (Monumenta Germaniae Historica Schriften 20), Stuttgart 1964, S. 104–129.

[28] Vgl. Rodulfus Glaber, *Historiarum libri quinque IV*, 5, hg. von John France u. a., Oxford 1989, S. 194–198.

[29] Vgl. Adalbero, Carmen (wie Anm. 9), vv. 35 f., S. 4 und v. 170, S. 12.

dies als schädliches, ja konspiratives Ansinnen zurück. Es obliege den Königen, Aufstände mit Gewalt zu unterdrücken, Abwehrkriege zu führen und zu beenden, den Frieden auszuhandeln, den Bischöfen gezieme einzig, die Könige zum Kampf für das Land aufzufordern und für ihren Sieg zu beten.[30] Eben diese Aufgabenteilung zwischen dem *ordo bellatorum* und dem der bischöflichen Häupter des *ordo oratorum*, die Gerhard von Cambrai-Arras mit der Zwei-Gewalten-Lehre des Papstes Gelasius I. († 496)[31] begründete, hatte kurz zuvor Adalbero von Laon seinem König, der in legitimer Ehe für einen Thronfolger zu sorgen hat[32] und den nordfranzösische Bischöfe bald der Charakterschwäche zeihen sollten,[33] als Dienst an der gesamten Gesellschaft nahezubringen versucht.[34]

II.

In vergleichendem Detail beschreibt der Bischof von Laon die Funktionen der *ordines* in der dreigeteilten Gesellschaft. Die Bischöfe als die berufenen Vertreter der *oratores*, deren Haupt Christus ist, sollen das Wort und die Gebote Gottes nicht nur verkünden,[35] sondern in ihrer Befolgung allen, hoch und niedrig, leuchtendes Vorbild sein.[36] Mit der eucharistischen Feier,[37] dem Gotteslob und dem Gebet,[38] der gerechten Handhabung der geistlichen Gerichtsbarkeit[39] ist das ihre Arbeit, im Gegensatz zu der des Bauern, Hirten und Handwerkers,[40] eine Arbeit, die nach Paulus ihres Loh-

---

30 Vgl. Gesta episcoporum Cameracensium III, 27 (wie Anm. 18), S. 74; dazu: Theodor Schieffer, Ein deutscher Bischof des 11. Jahrhunderts: Gerhard I. von Cambrai (1012–105l), in: *Deutsches Archiv für Geschichte des Mittelalters* 1 (1937), S. 322–360, hier S. 344 ff.; zur Datierung: Georges Duby, *Les trois ordres ou l'imaginaire du féodalisme*, Paris 1978, S. 32–43 sowie S. 53–58.

31 Über die gelasianische Zwei-Gewalten-Lehre zusammenfassend: Rudolf Schieffer, Art. „Zweigewaltenlehre, Gelasianische", in: *Lexikon des Mittelalters*, Bd. IX, München 1998, Sp. 720 mit weiterführender Literatur.

32 Vgl. Adalbero, Carmen (wie Anm. 9), vv. 72–75, S. 6.

33 Vgl. Gesta episcoporum Cameracensium III, 27 (wie Anm. 18), S. 474, Z. 13.

34 Vgl. Adalbero, Carmen (wie Anm. 9), vv. 190–195, vv. 278–284 und vv. 390 f., S. 2, S. 14, S. 20 und S. 30.

35 Vgl. Adalbero, Carmen (wie Anm. 9), vv. 50–54, S. 4.

36 Vgl. Adalbero, Carmen (wie Anm. 9), vv. 252–273, S. 18 ff.

37 Vgl. Adalbero, Carmen (wie Anm. 9), v. 426, S. 32.

38 Vgl. Adalbero, Carmen (wie Anm. 9), v. 424, S. 32.

39 Vgl. Adalbero, Carmen (wie Anm. 9), vv. 416 ff., S. 32.

40 Vgl. Adalbero, Carmen (wie Anm. 9), vv. 414 f., S. 32.

nes wert ist.[41] Darüber dürfen sie jedoch nicht die Sorge für Arme, Elende und Witwen vergessen.[42] Die (cluniazensischen) Mönche, die Adalbero aufgrund ihres anmaßenden Auftretens aus der dreigeteilten Gesellschaft ausschließt,[43] sollen sich wenigstens an die Regeln der Mönchsväter Basilios und Benedikt halten.[44]

Die *bellatores (qui pugnant)* sind berufen, die Kirchen und ihre Diener zu schützen ohne Unterschied ihres Standes.[45] Ihnen hatte ein Jahrhundert zuvor Odo, damals Abt von Cluny (927–942) als Vorgänger des von Adalbero von Laon geschmähten ‚Königs' Odilo,[46] gleichsam in einem Spiegel durch seine Vita des Grafen Gerald von Aurillac († 909) zu demonstrieren versucht, dass Reichtum, Machtausübung und kriegerische Aktivität sich mit dem Streben nach Heiligkeit vereinbaren lassen:[47] Der Graf wusste seine Arbeit, seine Amtspflichten in Justiz und Polizeifunktionen sowie im Schutz seiner Rechte und der ihm anvertrauten Untergebenen mit einer persönlichen Lebensführung zu verbinden, die dem klösterlichen Tageslauf gleichkam. Musste er zum Schwert greifen, ließ er seine Leute mit stumpfen Waffen kämpfen.[48] Er selbst hütete sich, einen Gegner zu töten, eingedenk der von der Kirche erlassenen Satzung, die die Tötung eines Menschen selbst im gerechten Krieg[49] mit strenger Kirchenstrafe bewehrt hatte.[50] Bischof Gerhard I. von Cambrai blieb es vorbehalten, die Sündhaftigkeit der Tötung im Krieg zu bestreiten, wenn keine Absicht und kein

[41] Vgl. 1 Tim 5, 20.

[42] Vgl. Adalbero, Carmen (wie Anm. 9), v. 419, S. 32.

[43] Anders als Adalbero von Laon förderte Gerhard I. von Cambrai die Klosterreform, freilich in ihrer lotharingischen Ausprägung; vgl. Kassius Hallinger, *Gorze-Kluny* (Studia Anselmiana 22–25), Graz 1950, S. 288–295; Philippe George, Un réformateur de choc: l'abbé Poppon de Stavelot (978–1048), in: *Revue Mabillon N.S.* 10 (71) (1999), S. 89–111.

[44] Vgl. Adalbero, Carmen (wie Anm. 9), vv. 412 ff., S. 32.

[45] Vgl. Adalbero, Carmen (wie Anm. 9), vv. 282 ff., S. 20.

[46] Vgl. Adalbero, Carmen (wie Anm. 9), vv. 112 ff., S. 128–134 und vv. 155–159, S. 8–12.

[47] Vgl. Odo, Abt von Cluny, *Vita s. Geraldi Auriliacensis comitis I* in: Jacques Paul Migne (Hg.), Patrologia latina, Bd. 133, Paris 1881, Sp. 639–670.

[48] Vgl. Odo, Vita (wie Anm. 47), Sp. 646 f.; dazu: Friedrich Lotter, Das Idealbild adliger Laienfrömmigkeit in den Anfängen Clunys. Die Vita des Grafen Gerald von Aurillac, in: Willem Lourdaux/Daniel Verhelst (Hg.), *Benedictine culture 750–1050* (Miscellanea Lovaniensia, Series I, Studia 11), Löwen 1983, S. 76–95.

[49] Vgl. Josef Semmler, Bellum iustum, in: Hans Hecker (Hg.), *Krieg in Mittelalter und Renaissance* (Studia humaniora 39), Düsseldorf 2005, S. 41–64.

[50] Dazu: Raymund Kottje, Tötung im Krieg als rechtliches und moralisches Problem im früheren und hohen Mittelalter (7.–12. Jahrhundert), in: Hecker, Krieg (wie Anm. 49), S. 17–40;

Vorsatz dahinterstanden.[51] Den beiden *ordines* der *oratores* und der *bellatores* stellte der Bischof von Laon den *ordo* der *laboratores* gegenüber, das *genus afflictum*, das *nil possidet absque dolore*,[52] dessen Arbeitsleben in Widerwärtigkeiten *(labores)* besteht, die der geschuldete Diensteifer *(studium)* und die obligatorischen Dienstleistungen *(cursus)* verursachen.[53] Das *genus afflictum* dient allen anderen Gliedern der Gesellschaft, indem es ihnen Einkünfte *(thesauros)* und alles Lebensnotwendige *(vestes et victum)* liefert. Kann doch kein König, Bischof oder Adliger ohne seine *servi* leben, denn nach dem Wort der Schrift[54] lebt der Herr vom *servus*, dessen Weinen und Seufzen kein Ende nimmt.[55]

Unter den *laboratores* findet Bischof Adalbero Metzger, Kneipenwirte, Betreiber von Waschanlagen, Färber, Gerber, Viehtreiber, Schaf-, Ziegen- und Schweinehirten versammelt.[56] Arbeiter in Feld, Weinberg und Obstplantagen zählt er ebenfalls zu den *servi*[57] obzwar wir schon im 9. Jahrhundert unter ihnen gewisse soziale Differenzierungen beobachten, die sich aufgrund spezieller Kenntnisse und Fähigkeiten, nicht zuletzt durch Freilassung ergaben[58] und an Zuweisungen bestimmter Ländereien mit ‚Dienstwohnung', die die Möglichkeit zur Familiengründung bot, sowie an erworbenen Persönlichkeitsrechten erkennbar sind: Sie bezeichneten den Aufstieg von *servi* vom *mancipium* ohne solche Rechte[59] zu *coloni*[60] und *casati*[61], denen der Grundherr bestimmte Freiheitsrechte zumaß.[62]

David Bachrach, Confession in the Regnum Francorum (742–900), in: *Journal of Ecclesiastical History* 54 (2005), S. 5–22.

51 Vgl. Gesta episcoporum Cameracensium III, 52 (wie Anm. 18), S. 485, Z. 53.

52 Die Hand eines ‚Korrektors' änderte „dolore" in „labore", wohl kaum zu Recht.

53 Vgl. Adalbero, Carmen (wie Anm. 9), vv. 286 ff., S. 20 ff.

54 Vgl. Ecclesiastes 13, 25: „pascua divitum sunt pauperes".

55 Vgl. Adalbero, Carmen (wie Anm. 9), vv. 293 f., S. 22.

56 Vgl. Adalbero, Carmen (wie Anm. 9), vv. 245–251, S. 18.

57 Dieter Hägermann, Art. „Mancipia", in: *Lexikon des Mittelalters*, Bd. VI, München/Zürich 1993, Sp. 185 f.

58 Dazu zusammenfassend: Gabriele von Olberg-Haverkate, Art. „Freilassung", in: *Handwörterbuch zur deutschen Rechtsgeschichte*, Bd. I, Berlin 2008^2, Sp. 1768 ff.

59 Vgl. Hägermann, Mancipia (wie Anm. 57), Sp. 135 f.

60 Dieter Hägermann/Andreas Hedwig, Art. „Kolone", in: *Lexikon des Mittelalters*, Bd. V, München 1991, Sp. 1271 f.

61 Stéphane Lebecq, Art. „Sklave", in: *Lexikon des Mittelalters*, Bd. VII, München 1995, Sp. 1977–1980.

62 Vgl. Hartmut Hoffmann, Kirche und Sklaverei im Mittelalter, in: *Deutsches Archiv für Erforschung des Mittelalters* 42 (1986), S. 1–24, hier S. 15–24; Jacques Le Goff, Note sur la société

III.

Welche Arbeiten es waren, von denen die *oratores* und *bellatores/pugnatores* durch Satzung[63] und Tradition[64] ganz oder teilweise entbunden waren, deren Ertrag ihnen jedoch hauptanteilig zufloss, erfahren wir aus den staatlichen und kirchlichen Verordnungen, die seit der Spätantike die Arbeitsruhe an bestimmten Tagen des Jahres geboten.[65] Es waren fast ausnahmslos Arbeiten, die den Einsatz von körperlichen Kräften erforderten;[66] sie waren daher den *servi* vorbehalten[67] und galten als *opera servilia.*[68]

Am 8. Juli 321 erließ Kaiser Konstantin der Große ein Edikt, das den *dies solis* zum wöchentlich wiederkehrenden Feiertag erklärte, an dem Streitigkeiten und gerichtliche Auseinandersetzungen zu ruhen hätten; vielmehr sei es erwünscht *(gratum)* und förderlich *(iocundum)*, diesen Festtag dem Gebet zu widmen. Ausdrücklich erlaubt der Kaiser allen Rechtsfähigen, Unfreie am Tag des Sonnengottes in die rechtliche Freiheit zu entlassen.[69] Ein Lebensalter später erweiterte Theodosius I., der letzte Herrscher über das gesamte Imperium Romanum, den Erlass seiner Vorgänger *(maiores).* Hinfort waren am Sonntag Gerichtstermine verboten, die persönliche oder

tripartite, idéologie monastique et renouveau économique dans la chrétienté du IXe au XIIe siècle, in: ders., *Un autre moyen âge*, Paris 1999, S. 84 ff.; Adriaan E. Verhulst, The decline of slavery and the economic expansion of the early middle ages, in: *Past and Present* 133 (1991), S. 195–203; Hans-Werner Goetz, Serfdom and the beginning of the 'seigneurial system' in the Carolingian period. A survey of the evidence, in: Hans-Werner Goetz/Anna Aurast (Hg.), *Vorstellungsgeschichte. Gesammelte Schriften zu Wahrnehmungen, Deutungen und Vorstellungen im Mittelalter*, Bochum 2007, S. 155–172.

[63] Vgl. Adalbero, Carmen (wie Anm. 9), vv. 244–272 und v. 372, S. 18 und S. 28 (Bischöfe); Josef Semmler, Die Beschlüsse des Aachener Konzils vom Jahre 816, in: *Zeitschrift für Kirchengeschichte* 74 (1963), S. 15–82, hier S. 30–33 und S. 57 (Mönche).

[64] Vgl. Publius Cornelius Tacitus, *De origine et situ Germanorum*, cap.14 f., ed. Allan A. Lund, Heidelberg 1988, S. 80 ff.; vgl. Duby, Les trois ordres (wie Anm. 30), S. 58 f.

[65] Vgl. F. Steinmetzer, Art. „Arbeitsruhe", in: *Reallexikon für Antike und Christentum* (1950), Sp. 590–595.

[66] Vgl. Marcus Tullius Cicero, *Tusculanae disputationes II, 35*, neu übertragen von Karl Büchner (Die Bibliothek der alten Welt, Römische Reihe), Zürich 1952², S. 142.

[67] Vgl. Le Goff, Société tripartite (wie Anm. 62), S. 84 ff.

[68] Vgl. Le Goff, Métiers licites et illicites dans l'Occident médiéval, in: ders., Un autre moyen âge (wie Anm. 62), S. 89–97.

[69] *Vgl. Codex Theodosianus I, VIII, 8, 1*, edd. Theodor Mommsen/Paul Krüger, Theodosiani libri XVI, vol. I, pars 2, Berlin 1971⁴, S. 87; Eusebius von Caesarea, *De vita Constantini IV, 18 f.*, hg. von Friedhelm Winkelmann, Eusebius, Werke I, 1 (Die griechischen christlichen Schriftsteller der ersten drei Jahrhunderte), Leipzig 1975, S. 126 f.

geschäftliche Angelegenheiten betrafen, die Zwangseintreibung privater oder öffentlicher Schulden, die Revision von Körperstrafen und Todesurteilen. Dem Gericht bleibe jedoch verfallen, wer durch Sakrileg von der vom Staat angeordneten Gottesverehrung *(sanctae religionis instinctus)* und dem rechtgläubigen Ritus abweiche.[70] Dass in diesem Gesetz offiziell der *dies dominicus* (κυριακὴ ἡμέρα) bezeichnet wird, setzt voraus, dass das Christentum, inzwischen Mehrheitsreligion im Gesamtreich geworden, sich von der urkirchlichen Sabbatfeier gelöst hatte und den ersten Tag nach dem Sabbat nunmehr als Tag der Auferstehung Christi beging.[71]

Erst in den dreißiger Jahren des 6. Jahrhunderts befasste sich die kaiserlich römische Gesetzgebung ein letztes Mal mit der am Tag des Herrn einzuhaltenden Arbeitsruhe. Kraft eines Ediktes Kaiser Justinians I. betraf sie alle Gerichtstermine, alle Bürgerschaftsversammlungen, sämtliche Arbeiten in Feld, Weinberg und sonstigen Kulturen mit Ausnahme dringlicher Einbringung der Getreideernte.[72]

Vom 6. Jahrhundert an befasste sich die Gesetzgebung frühmittelalterlicher Staatswesen nur noch mit Delikten, die die sonn- und feiertägliche Arbeitsruhe stören konnten. Die Legislatoren folgten darin der Kirche, die sich bereits im 4. Jahrhundert darauf festgelegt hatte, dass die Arbeitsruhe an Sonn- und Feiertagen vom kirchlichen Abendgottesdienst (Vesper) des Sonnabends[73] bis zur Vesper des Sonntags einzuhalten sei,[74] wie dies bereits das Alte Testament für die Sabbatruhe vorschrieb.[75] Von daher rührt wohl der auch heute noch mancherorts übliche Brauch, am frühen Samstagabend den Sonntag einzuläuten.

---

[70] Vgl. Codex Theodosianus I, VIII, 8, 18 (wie Anm. 69), S. 87.

[71] Vgl. Thomas Bergholz, Art. „Sonntag", in: *Theologische Realenzyklopädie*, Bd. XXXI, Berlin u. a. 2000, S. 451 f.

[72] Vgl. *Codex Iustinianus*, hg. von Paul Krüger (Corpus iuris civilis), Berlin 1968^{9}, S. 127.

[73] Vgl. Plinius der Jüngere, *Epistula X, 96*, ed. Roger Aubrey Baskerville Mynors (C. Plini Caecili Secundi Epistularum libri X), Oxford 1963, S. 338; Hieronymus, *Epistula XX, 35*, ed. Jerôme Labour, Saint Jerôme, Lettres I, Paris 1949, S. 150.

[74] Vgl. Karl der Große, *Admonitio generalis (789) cap. 15*, hg. von Alfred Boretius, in: Monumenta Germaniae Historica, Capitularia I, Hannover 1883, S. 55; vgl. Rupert Berger, Art. „Vesper. I. Liturgisch" in: *Lexikon für Theologie und Kirche*, Bd. X, Freiburg u. a. 2001^{3}, Sp. 751 f.

[75] Vgl. Ex 20, 8–11 und Ex 23, 12.

Die Kirche war es auch, die für ihre durch feierliche Liturgie ausgezeichneten Feiertage die gleiche Arbeitsruhe wie für den Sonntag verlangte. Der *ordo* der Beter, Kleriker sowohl als auch Mönche sah in der liturgischen Gottesdienstfeier seine *raison d'être* und vornehmste Verpflichtung; nur bei dringenden Erntearbeiten gestattete die Regel den Mönchen von der justinianischen Ausnahmeregelung Gebrauch zu machen.[76] Dass die *bellatores* an Sonn- und Feiertagen ihre alltäglichen Tätigkeiten nicht ruhen ließen, bereitete den Bischöfen seit jeher Sorgen. Wer immer es sich leisten konnte, besuchte – wenn überhaupt – den Gottesdienst, den nicht selten ein Unfreier (Sklave oder *servus)* aus dem Personal der eigenen Grundherrschaft zelebrierte,[77] und versäumte die bischöfliche Gemeindefeier und Predigt. Andere gingen auf die Jagd oder verlegten die Ausübung ihrer Rechte und Pflichten in der Justizpflege auf Sonn- und Feiertage: Gerichtsverhandlungen, Urteilssprüche und Strafsentenzen und deren Vollstreckung.[78] Somit zielte das staatliche und biblisch-kirchliche Gebot der Arbeitsruhe der Bischöfe von Laon und Cambrai-Arras auf den dritten Stand und dessen Arbeiten.[79]

Alle von den *laboratores* zu verrichtenden Arbeiten in Feld, Weinberg, Garten, Wiese und Wald beschreiben unsere Quellen in Verben, die eine Fundgrube für die mittellateinische, die romanistische und germanistische Forschung bilden. Neben den als *opera ruralia* zusammengefassten Arbeiten galten als weitere *opera servilia* alle mit dem Marktgeschehen verbundenen Tätigkeiten sowie Transporte mit Wagen und überhaupt weite Rei-

[76] Vgl. *Regula Benedicti, cap. 48, 7ff.*, edd. Adalbert de Vogüé/Jean Neufville, La Règle de saint Benoît II (= SC 182), Paris 1972, S. 600.

[77] Vgl. Karl der Große, *Duplex legationis edictum (789), cap. 25* (wie Anm. 74), S. 64; vgl. Rudolf Schieffer, Art. „Eigenkirche, Eigenwesen", in: *Lexikon des Mittelalters*, Bd. III, München 1986, Sp. 1705 f.

[78] Vgl. *Concilium Aurelianense (5387), can. 31*, ed. Carlo de Clercq, Corpus Christianorum. Series latina, 148 A, Turnhout 1963, S. 125 (= Concilium Vernense 755), cap. 15, hg. von Alfred Boretius, in: Monumenta Germaniae Historica, Capitularia I, Hannover 1883, S. 36.

[79] Vgl. Karl der Große, *Capitulare generale (813), cap. 28*, hg. von Hubert Mordek/Gerhard Schmitz, Neue Kapitularien und Kapitulariensammlungen, in: Hubert Mordek, Studien zur fränkischen Herrschergesetzgebung. Aufsätze zu Kapitularien und Kapitulariensammlungen – ausgewählt zum 60. Geburtstag, Frankfurt a. M. u. a. 2000, S. 140; Concilium Attiniacense (822), can. 5, hg. von Albert Werminghoff, in: Monumenta Germaniae Historica, Concilia II, 2 (wie Anm. 22), S. 472. Concilium Aurelianense (511), can. 27 (wie Anm. 78), S. 11 f.

sen.[80] Karls des Großen *Admonitio generalis* von 789 lässt dabei nur drei Ausnahmen zu: Transporte für das königliche Heer *(carra ostilia)*, Lebensmitteltransporte und die Überführung Verstorbener zum Friedhof. Den Frauen verbietet der fränkische Herrscher, am Sonn- respektive Feiertag *opera textilia* zu verrichten: Kleidung auszuklopfen, Leinen zu schlagen, Schafe zu scheren, öffentlich Wäsche zu waschen; selbst Nähen, Stricken und Weben betrachtet er als Tätigkeiten, die der Achtung des heiligen Tages zuwiderlaufen und das von allen geforderte Dankgebet in der Messe behindern.[81] Karls des Großen Vater Pippin hatte 755 in synodaler Entscheidung ein weniger weitreichendes Verbot erlassen, wonach es am Sonntag, um sich von jüdischem Brauchtum abzusetzen, das, was der Bereitung der Mahlzeiten und der Sauberkeit im Hause dient, wie früher erlaubt sei.[82] Er griff damit auf die bereits von den merowingischen Königen Guntram und Childebert II. 585 bzw. 596 zugestandene Konzession zurück.[83]

Zeichnet der römische Kaiser bereits zu Beginn des 4. nachchristlichen Jahrhunderts den Sonntag durch Arbeitsruhe aus, so sollte er erst am Ende dieses Saeculum die Missachtung bzw. Übertretung dieses Arbeitsverbots mit Strafen bewehren: Kaiser Theodosius I. setzte 386 einen Sonntags- oder Feiertagsschänder mit einem Götzendiener *(sacrilegus)* gleich, der als solcher zu bestrafen sei.[84] Der fränkische König Childebert II. († 596) forderte von einem salfränkischen Freien, der die Sonn- oder Feiertagsruhe durch verbotene Arbeiten verletzte, 15 *solidi* als Strafgeld, von einem Romanus 7,5, von einem *servus* 3 als Äquivalent zur Auspeitschung.[85] Süddeutsche

[80] Solche Auflistungen finden sich u.a. in: Concilium Cabillonense (647/53), can. 18, ed. Carlo de Clercq (wie Anm. 78), S. 307 sowie im Capitulare de villis (ca. 800), capp. 5, 8, 14, 21, 31, 34, 43, 45, 47 und 49, ed. Alfred Boretius (wie Anm. 74), S. 83–87; zu diesen Texten: Carlrichard Brühl, Art. „Capitulare de villis“, in: *Lexikon des Mittelalters*, Bd. II, München 1983, Sp. 1482 f.; vgl. auch *Capitula Remedii (ca. 810), cap. 1*, hg. von Elisabeth Meyer-Marthaler, Die Rechtsquellen des Kantons Graubünden I, Aarau 1966[2], S. 645 f.; dazu: Elisabeth Meyer-Marthaler, Die Gesetze des Bischofs Remedius von Chur, in: *Zeitschrift für Schweizerische Kirchengeschichte* 94 (1950), S. 81–110 und S. 161–188, hier S. 93–96.

[81] Vgl. Karl der Große, Admonitio generalis (789), cap. 81, (wie Anm. 74), S. 61.

[82] Vgl. *Concilium Vernense (755), cap. 14*, hg. von Alfred Boretius (wie Anm. 74), S. 36.

[83] Vgl. *Guntchramni regis edictum (585), Childeberti II decretio (596), cap. 14*, hg. von Alfred Boretius (wie Anm. 74) S. 11 und S. 17.

[84] Vgl. Codex Theodosianus I, VIII, 8, 18 (wie Anm. 69), S. 87.

[85] Vgl. Childeberti II decretio (596), cap. 14, (wie Anm. 83), S. 17.

Volksrechte setzten für die Verrichtung von *opera servilia* an geheiligten Tagen spiegelbildliche Strafen aus: Ein Freier, der am Sonn- oder Feiertag Heu oder Getreide mähte und bündelte, erhielt nach zweimaliger erfolgloser Mahnung 50 Peitschenschläge auf den Rücken. Wenn ein Anwärter für die Freilassung am Sonntag es wagte zu arbeiten, büßte er ein Drittel seiner Habe ein, im Wiederholungsfall seine zugesagte Freiheit, wie die *Lex Bauariorum* bestimmte.[86] Die *Lex Alamannorum* sieht ähnliche Strafen für die gleichen Vergehen vor.[87] Remedius, Bischof von Chur und zugleich *rector* des *territorium Raetiarum* († nach 800), setzte auf die Schändung von Sonn- und Feiertagen in seinen *Capitula* die Strafe der Konfiskation des Ertrags der verbotenen Arbeitsleistung des Delinquenten durch einen staatlichen Unterbeamten und den zuständigen Ortspfarrer zugunsten der Armen. Spanne jemand am Sonn- oder Feiertag Ochsen an, so fielen diese den Armen zu.[88]

Die Kirche hingegen legte die Bestrafung verbotener Sonn- und Feiertagsarbeit in die Zuständigkeit des jeweiligen Ortsbischofs, der im Einzelfall auch die Exkommunikation des Sünders für sechs Monate aussprach und zugleich auf die zu erwartende göttliche Strafe verwies.[89] Die von Gott verhängte Strafe konnte nach dem Zeugnis zahlreicher sog. ‚Strafwunder' sowohl aus merowingischer als auch aus karolingischer Zeit bereits auf Erden eintreten und zu schweren physischen und psychischen Schädigungen führen.[90]

---

[86] Vgl. *Lex Baiuwariorum VII, 4*, hg. von Ernst Freiherr von Schwind, in: Monumenta Germaniae Historica, Leges nationum Germanicarum V, pars 2, Hannover 1926, S. 349 ff.; zur Datierung dieser Bestimmung – 1. Drittel des 8. Jahrhunderts – Peter Landau, Die Lex Baiuwariorum. Entstehungszeit, Entstehungsort und Charakter von Bayerns ältester Rechts- und Geschichtsquelle, in: *Sitzungsberichte der bayerischen Akademie der Wissenschaften, philosoph.-histor. Klasse*, Heft 3, 2004, hier S. 30–42.

[87] Vgl. *Lex Alamannorum § 38*, hg. von Karl August Eckhardt, in: Monumenta Germaniae Historica, Leges nationum Germanicarum V, pars 1, Hannover 1966², S. 98; zur Datierung dieser Bestimmung – Beginn des 8. Jahrhunderts – Claudieter Schott, Art. „Lex Alamannorum", in: *Lexikon des Mittelalters*, Bd. V, München 1991, Sp. 1927 f.

[88] Vgl. Capitula Remedii, cap. 1 (wie Anm. 81), S. 645 f.

[89] Vgl. Concilium Vernense (755), cap. 14, (wie Anm. 82), S. 36; Regino von Prüm, *Libri duo de synodalibus causis et disciplinis ecclesiasticis II, 420*, hg. von Wilfried Hartmann, Freiherr von Stein-Gedächtnisausgabe 42, 2004, S. 446 ff.: Mahnung des Ortspfarrers zum Besuch der Sonntagsmesse auch durch Viehhirten; ebd., I capp. 383–387, S. 194 ff.: Gesetzesvorschriften zur Sonn- und Feiertagsheiligung.

[90] Vgl. Concilium Parisiense (829), can. 50, (wie Anm. 22), S. 270; vgl. Georg Scheibelreiter,

Als staatlichen Feiertag beging das Imperium Romanum traditionsgemäß den Geburtstag der *Urbs Roma.*[91] Kaiser Theodosius I. fügte dem 389 den Gründungstag Konstantinopels und die Geburtstage der Kaiser hinzu.[92] Die christliche Gesellschaft feierte seit den Tagen des Urchristentums die Daten der Heilsgeschichte, wie sie das Neue Testament fixierte, seit den Verfolgungen die Tage des Martyriums, die *memoria* ihrer Blutzeugen und Bekenner, ihren jeweiligen *dies natalis*, den Eintritt in die Schau Gottes. Zu den sog. ‚Herrenfesten', unter denen bereits in Spätantike und Merowingerzeit Weihnachten, Epiphanie, Ostern, Christi Himmelfahrt und Pfingsten besonders hervortreten und rasch auf mehrere Tage, auf die sog. Oktav ausgedehnt wurden, traten bis ins 9. Jahrhundert drei bis vier Feste der Gottesmutter Maria, das Fest Johannes des Täufers, die auf die einzelnen Monate des Jahres verteilten Feste der zwölf Apostel, vor allem das Fest Peter und Paul als den Glaubensboten Europas, und die Gedenktage besonders verehrter Heiliger wie St. Martin. Jede Diözese, aber auch jedes Kloster durfte in ihrem Bereich die Festtage der Heiligen begehen, die in ihrer näheren Umgebung begraben waren und verehrt wurden, sowie die Kirchweihe ihrer Kathedrale bzw. Hauptkirche und die ihrer Ortspfarrkirchen.[93] Im Jahre 813 verzeichnet das Konzil zu Mainz neben den 52 Sonntagen im Jahreskreis über 30 Feiertage, für die das Verbot des *opus servile* ganz, in einigen Fällen teilweise galt.[94] Die modernen Feiertagsregelungen kann man demgegenüber kaum als Fortschritt bezeichnen.

Sonntagsruhe und Strafwunder, in: Rudolf Heiler (Hg.), *Der Tag des Herrn. Kulturgeschichte des Sonntags*, Wien/Köln 1998, S. 175–183.

91 Vgl. Karl Nicolai, Feiertage und Werktage im römischen Leben, besonders in der Zeit der ausgehenden Republik und der frühen Kaiserzeit, in: *Saeculum* 14 (1963), S. 194–220.

92 Vgl. Codex Theodosianus I, 11, 8, 19, edd. Theodor Mommsen/Paul Krüger (wie Anm. 69), S. 87 f.

93 Vgl. *Synode von Reisbach (ca. 800)*, hg. von Albert Werminghoff, in: Monumenta Germaniae Historica, Concilia II, 1, Hannover 1906, S. 208; *Supplex libellus monachorum Fuldensium Carolo imperatori porrectus (812/17), cap. 3*, hg. von Josef Semmler, Corpus consuetudinum monasticarum I, Siegburg 1963, S. 322; Bischof Haito von Basel, *Capitulare (ca. 820), cap. 8*, hg. von Peter Brommer, in: Monumenta Germaniae Historica, Capitula episcoporum I, Hannover 1984, S. 212; *Brevis Adalhardi abbatis Corbeiensis (822), I, 2*, hg. von Josef Semmler, Corpus consuetudinum, Siegburg 1963, S. 368 f.; vgl. den Überblick bei: Albrecht Graf Finck von Finckenstein, Fest- und Feiertage im Frankenreich der Karolinger, in: Rudolf Schieffer (Hg.), *Beiträge zur Geschichte des Regnum Francorum* (= Beihefte der Francia 22), Sigmaringen 1990, S. 121–130.

94 Vgl. Concilium Moguntinum (813), can. 36, hg. von Albert Werminghoff, in: Monumenta Germaniae Historica, Concilia II,1 (wie Anm. 22), S. 269 f.

ALBERT DIETL

Arbeit im Skriptorium
Buchmaler setzen sich ins Bild

Es gibt keine zweite handwerkliche Berufsgruppe des Mittelalters, die sich so häufig und so pointiert zu Wort meldete wie die Schreiber und – in geringerem Maß – die Buchmaler mittelalterlicher Codices.[1] Die sechsbändi-

[1] Für neuere Publikationen zur Selbstdarstellung und Bildpräsentation von Buchmalern bzw. Schreibern – ohne die Spezialliteratur zu den hier behandelten Beispielen, die an betreffender Stelle genannt ist – vgl. Jonathan James Graham Alexander, Scribes as artists: the arabesque initial in twelfth-century English manuscripts, in: Malcolm B. Parkes/Andrew G. Watson (Hg.), *Medieval Scribes, Manuscripts and Libraries. Essays presented to N. R. Ker*, London 1978, S. 87–116; Norbert Garborini, *Der Miniator Sawalo und seine Stellung innerhalb der Buchmalerei des Klosters Saint-Amand*, Köln 1978; George Zarnecki, The Eadwine Portrait, in: Sumner McK. Crosby/André Chastel (Hg.), *Études d'art médiéval offertes à Louis Grodecki*, Paris 1981, S. 93–98; Harald Keller, Künstlerstolz und Künstlerdemut im Mittelalter, in: *Festschrift der Wissenschaftlichen Gesellschaft an der Johann Wolfgang Goethe-Universität*, Wiesbaden 1981, S. 191–219, wiederabgedruckt in: ders., *Blick vom Monte Cavo. Kleine Schriften*, Frankfurt a. M. 1984, S. 439–464, hier S. 442 f.; Anton Legner, Illustres manus, in: Anton Legner (Hg.), *Ornamenta Ecclesiae. Kunst und Künstler der Romanik*, Bd. 1, Köln 1985, S. 187–230; Hartmut Hoffmann, *Buchkunst und Königtum im ottonischen und frühsalischen Reich* (= Schriften der Monumenta Germaniae Historica 30/1), Bd. 1, Stuttgart 1986, S. 42–102; Mireille Mentré, L'enlumineur selon les manuscrits hispaniques, in: Xavier Barral i Altet (Hg.), *Artistes, artisans et production artistique au Moyen Age*. Actes du colloque international (Rennes, 2–6 mai 1983), Bd. 1, Paris 1986, S. 295–309; Enrico Castelnuovo, Der Künstler, in: Jacques Le Goff (Hg.), *Der Mensch des Mittelalters*, Zürich/München 1989, S. 232–266, hier S. 245 ff. (ital. Originalausgabe *L'uomo medievale*, Rom 1987); Rolf Kuithan, Wernherus pictor und Reinhardus Mundrichingen. Anmerkungen zu einem Autorenbild aus der Abtei Zwiefalten, in: Franz Neiske u. a. (Hg.), *Vinculum societatis. Joachim Wollasch zum 60. Geburtstag*, Sigmaringen 1991, S. 68–82; Jonathan James Graham Alexander, *Medieval Illuminators and Their Methods of Work*, New Haven/London 1992, S. 4–34; Peter Cornelius Claussen, Nachrichten von den Antipoden oder der mittelalterliche Künstler über sich selbst, in: Matthias Winner (Hg.), *Der Künstler über sich selbst in seinem Werk*. Internationales Symposium der Bibliotheca Hertziana Rom 1989, Weinheim 1992, S. 19–54; Christopher De Hamel, *Medieval Craftsmen. Scribes and Illuminators*, London 1992; Mildred Budny/Timothy Graham, Dunstan as hagiographical subject or Osbern as author? The scribal portrait in an early copy of Osbern's Vita Sancti Dunstani, in: *Gesta* 32/2 (1993), S. 83–96; Heinrich Ulrich Algermissen/Gunter Schweickhart, *Malerei als Thema der Malerei*, Berlin 1994, S. 49 ff.; Nataša Golob, Obsecro te. Images of manuscript workers, in: *Arte Medievale* ser. 2, 8/2 (1994), S. 97–111; Vera Trost, „Drei Finger schreiben, aber der ganze Körper arbeitet…". Zur Buchherstellung im Mittelalter, in: Josef Kirmeier u. a. (Hg.), *Schreibkunst.*

ge Sammlung mittelalterlicher Kolophone, also der nicht selten metrischen Schreiber- und Buchmalervermerke am Schluss von Handschriften, die die Benediktiner des westschweizerischen Klosters Bouveret zusammengetragen haben, verzeichnet nicht weniger als 23 774 Einträge.[2] Wortreich machen sich hier die Schreiber und Maler, Mönche wie Laien, in wahren Stoßseufzern ihrer Erleichterung über das Ende der mühseligen, langwierigen Arbeit Luft. Sie danken Gott für den Abschluss ihres Werks, sie fordern die Leser zur Fürbitte zu ihren Gunsten auf, entschuldigen sich prophylaktisch

---

Mittelalterliche Buchmalerei aus dem Kloster Seeon (= Veröffentlichungen zur Bayerischen Geschichte und Kultur 28/94), Augsburg 1994, S. 111–122; Johann Konrad Eberlein, *Miniatur und Arbeit. Das Medium Buchmalerei*, Frankfurt a. M. 1995, S. 191–197; Wolfgang Milde, Christus verheißt das Reich des Lebens. Krönungsdarstellungen von Schreibern und Stiftern, in: Bernd Schneidmüller (Hg.), *Die Welfen und ihr Braunschweiger Hof im hohen Mittelalter* (= Wolfenbütteler Mittelalter-Studien 7), Wiesbaden 1995, S. 279–296; Stefanie Marschke, *Künstlerbildnisse und Selbstporträts. Studien zu ihren Funktionen von der Antike bis zur Renaissance*, Weimar 1998, S. 73–95; Gunter Schweikhart, Vom Signaturbildnis zum autonomen Selbstporträt, in: Klaus Arnold u. a. (Hg.), *Das dargestellte Ich. Studien zu Selbstzeugnissen des späten Mittelalters und der frühen Neuzeit* (= Selbstzeugnisse des Mittelalters und der beginnenden Neuzeit 1), Bochum 1999, S. 165–188, hier S. 165 ff.; Klaus Arnold, Da het ich die gestalt. Bildliche Selbstzeugnisse in Mittelalter und Renaissance, in: ebd., S. 201–221, hier S. 202 f.; Fridolin Dressler, *Scriptorum opus. Schreiber-Mönche am Werk. Zum Titelbild des Bamberger Codex Patr. 5*, Wiesbaden 1999[2]; Liana De Girolami Cheney u. a., *Self-Portraits by Women Painters*, Aldershot 2000, S. 15–26; Katrin Graf, *Bildnisse schreibender Frauen im Mittelalter. 9. bis Anfang 13. Jahrhundert*, Basel 2002; Gosbert Schüssler, Der symbolische Buchstabe. Ungewöhnliche Künstlerbildnisse des Mittelalters, in: Karl Brunner/Gerhard Jaritz (Hg.), *Text als Realie.* Internationaler Kongress Krems an der Donau (3. bis 6. Oktober 2000) (= Österreichische Akademie der Wissenschaften, Philosophisch-historische Klasse, Sitzungsberichte 704), Wien 2003, S. 359–386; Fabrizio Crivello, I miniatori nella Spagna cristiana dell'Alto Medioevo, in: Enrico Castelnuovo (Hg.), *Artifex bonus. Il mondo dell'artista medievale*, Rom/Bari 2004, S. 35–41; Michael Gullick, Self-referential Portraits of Artists and Scribes in Romanesque Manuscripts, in: Michael Gullick (Hg.), *Pen in Hand. Medieval Scribal Portraits, Colophons and Tools*, London 2006, S. 97–114; Tobias Burg, *Die Signatur. Formen und Funktionen vom Mittelalter bis zum 17. Jahrhundert* (= Kunstgeschichte 80), Berlin 2007, S. 82–130; Andreas Fingernagel, Die materiellen Aspekte der Schriftkultur, in: ders. (Hg.), *Geschichte der Buchkultur 4/1: Romanik*, Graz 2007, S. 19–56, hier S. 20 ff. bzw. Andreas Fingernagel, Das Skriptorium. Schreiben und Malen im 12. Jahrhundert, in: ebd., S. 57–87; Anton Legner, *Der artifex. Künstler im Mittelalter und ihre Selbstdarstellung. Eine illustrierte Anthologie*, Köln 2009; Anthony I. Doyle, The portrait of Laurence of Durham as scribe, in: James H. Marrow u. a. (Hg.), *The Medieval Book. Glosses from Friends and Collegues of Christopher de Hamel*, Houten 2010, S. 11–16; Roland Recht, *L'image médiévale. Le livre enluminé*, Paris 2010, S. 47–75.

2 Bénédictins du Bouveret (Hg.), *Colophons de manuscrits occidentaux des origines au XVIe siècle* (= Spicilegii Friburgensis Subsidia 2/1–6), 6 Bde., Fribourg 1965–1982.

für entstandene Schreibfehler, drohen den Bücherdieben Verfluchung und Höllenstrafen an, sie beklagen ihre erlahmenden Finger, ihre nachlassende Sehkraft oder ihre verkrümmten Rücken. Vers an Vers mit diesen ganz profanen Begleiterscheinungen ihres Alltagsgeschäfts stimmen sie das Lob Gottes an, bitten um jenseitigen Lohn und äußern die Erwartung, dereinst ihren Namen in das größere Buch des Ewigen Lebens eingeschrieben zu sehen.[3] Dabei konnten die Verse bewusst die christliche Forderung nach Demut und das absichtsvolle Verschweigen des eigenen Namens thematisieren, wie beispielsweise: „Meum nomen non pono, quia me laudare nolo" (‚Meinen Namen setzte ich nicht hierher, weil ich mich nicht rühmen will.').[4] Ein Teil der Kolophone unterlief das Demutsgebot dadurch, dass mit Formeln der Selbsterniedrigung die eigene künstlerische Arbeit herabgesetzt und dadurch die gleichzeitige, letztlich rühmende Nennung des eigenen Namens gleichsam abgefedert wurde. Die subversive Strategie, die Namensnennung mit so vielen Demutsfloskeln zu garnieren, dass der tatsächliche Anspruch auf Rühmung der eigenen Leistung evident war, katalogisierte der Romanist Ernst Robert Curtius als Topos der „affektierten Bescheidenheit".[5] Der Großteil der Schreiber- und Malerverse formulier-

[3] Zu Schreiberkolophonen und dem Spektrum ihrer Aussagen vgl. Wilhelm Wattenbach, *Das Schriftwesen im Mittelalter*, Graz 1958[4], S. 416–534; Emma Condello/Giuseppe De Gregorio (Hg.), *Scribi e colofoni. Le sottoscrizioni di copisti dalle origini all'avvento della stampa.* Atti del Seminario di Erice. X Colloquio del Comité International de Paléographie Latine (23–28 ottobre 1993) (= Biblioteca del „Centro per il Collegamento degli Studi Medievali e Umanistici nell'Università di Perugia" 14), Spoleto 1995; Eberlein, Miniatur (wie Anm. 1), S. 166–253; Hans E. Braun, Schreiberlob, in: Therese Bruggisser-Lanker/Bernhard Hangartner (Hg.), *Congaudent angelorum chori. P. Roman Bannwart OSB zum 80. Geburtstag. Festschrift* (= Schriftenreihe der Musikhochschule Luzern 1), Luzern 1999, S. 53–98; Martin J. Schubert, Der Schreiber im Mittelalter. Einleitung, in: *Das Mittelalter. Perspektiven mediävistischer Forschung* 7/2 (2002), S. 3–8; Kurt Otto Seidel, „Tres digiti scribunt totum corpusque laborat". Kolophone als Quelle für das Selbstverständnis mittelalterlicher Schreiber, in: ebd., S. 145–156; Burg, Signatur (wie Anm. 1), S. 20–81.

[4] Für Formeln der Demut und der Namensverschweigung vgl. Wattenbach, Schriftwesen (wie Anm. 3), S. 506 f.; Julius Schwietering, Die Demutsformel mittelhochdeutscher Dichter (= Abhandlungen der Königlichen Gesellschaft der Wissenschaften zu Göttingen. Philologisch-Historische Klasse N. F. 17, 3), Berlin 1921, wiederabgedr. in: Friedrich Ohly/Max Wehrli (Hg.), *Julius Schwietering. Philologische Schriften*, München 1969, S. 140–215; Eberlein, Miniatur (wie Anm. 1), S. 166–175; Burg, Signatur (wie Anm. 1), S. 72 f.

[5] Ernst Robert Curtius, *Europäische Literatur und Lateinisches Mittelalter*, Bern/München 1978[9], S. 93 ff., 410 ff., der diesen Terminus Eduard Norden, *Antike Kunstprosa vom VI. Jahrhundert bis in die Zeit der Renaissance*, Bd. 2, Darmstadt 1958[5], S. 595 entnahm und populari-

te aber die Aussicht auf irdischen oder himmlischen Lohn wie „Hic liber est scriptus, qui scripsit sit benedictus“ – (‚dieses Buch ist fertig geschrieben, der es geschrieben hat, sei gesegnet‘) – oder „scriptor qui scripsit, cum Christo vivere possit“ – (‚der Schreiber, der es geschrieben hat, möchte zusammen mit Christus im Himmel leben.‘).[6]

Die Schreiber und Buchmaler konnten mit umso größerem Recht ihre minutiöse, Wort für Wort in Rechnung stellendende Forderung an den Himmel aufmachen, als sie gedeckt war durch den italienischen Mönchsvaters Cassiodor († 580). Im 30. Kapitel des ersten, den geistlichen Wissenschaften gewidmeten Buches seiner *Institutiones*, einer „wissenschaftlichen Hausordnung“[7] für sein neugegründetes Kloster Vivarium, die zu einem Grundlagenwerk des abendländischen Mönchtums wurde, brachte Cassiodor das klösterliche Schreib- und Buchhandwerk zur Sprache. Von allen körperlichen Arbeiten der Mönche sei die Arbeit der Schreiber beim Kopieren der Texte der heiligen Schriften die wichtigste, würde sie doch das Wort Gottes über alle Lande verbreiten und den Teufel mit Feder und Tinte bekämpfen. Die Arbeit der Schreiber sei ein Gottesdienst, eine Form der Predigt, „mit der schreibenden Hand den Menschen zu predigen“; schließlich, so Cassiodor, würde der Teufel genau ebenso viele Wunden empfangen, wie viele Worte Gottes der Schreiber kopierte.[8] Cassiodors

sierte. Für Übertragungen in den Bereich des Künstlerlobs vgl. Hans Körner, Johannes arte secundus? Eine Randbemerkung zur Genter Altarinschrift, in: *Pantheon* 41 (1983), S. 40–44; Albert Dietl, In arte peritus. Zur Topik mittelalterlicher Künstlerinschriften in Italien bis zur Zeit Giovanni Pisanos, in: *Römische Historische Mitteilungen* 29 (1987), S. 75–125, hier S. 112–114.

6 Für Beispiele vgl. Wattenbach, Schriftwesen (wie Anm. 3), S. 503 f.; Burg, Signatur (wie Anm. 1), S. 57 ff., S. 71 f.

7 Franz Brunhölzl, *Geschichte der lateinischen Literatur des Mittelalters, Bd. 1: Von Cassiodor bis zum Ausklang der karolingischen Erneuerung*, München 1975, S. 37.

8 Cassiodor, *Institutiones divinarum et saecularium litterarum* I, 30, 1; übers. u. eingel. v. Wolfgang Bürsgens, Bd. 1 (= Fontes Christiani 39/1), Freiburg u. a. 2003, S. 266–268: „Ego tamen fateor votum meum, quod inter vos quaecumque possunt corporeo labori compleri, antiquiorum mihi studia, si tamen veraciter scribant, non immerito forsitan plus placere… Felix intentio, laudanda sedulitas, manu hominibus praedicare, digitis linguas aperire, salutem mortalibus tantum dare, et contra diaboli subreptiones illicitas calamo atramentoque pugnare. Tot enim vulneras Satanas accipit, quot antiquarius Domini verba describit.“ (‚Ich sage ganz offen, daß ich unter allen körperlichen Arbeiten, die für euch in Frage kommen, das Bemühen der Kopisten, sofern sie nur fehlerfrei schreiben, zu Recht wohl höher schätze […] Welch glückliches Unterfangen, welch lobenswerter Eifer, mit schreibender Hand zu

Bild des Schreibkünstlers, der mit der Feder den Teufel bekämpft und sich dadurch nach dem Tod einen Platz im Himmel sichert, fand einen Niederschlag in einer ganzen Reihe mittelalterlicher ‚Künstlerlegenden': Nach eigener Aussage, in den Versen seines Kolophons, war dem um 1050 tätigen Schreibermönch Radulf im nordfranzösischen Kloster Saint-Vaast in Arras der Klosterpatron, der heilige Vedastus, erschienen, der ihm beim Kopieren der heiligen Schrift vom Himmel aus über der Schulter zusah, um so nach dem Tod Radulfs Buchstabe für Buchstabe, Komma für Komma gegen das Sündenkonto des Mönches verrechnen zu können.[9] Dem Geschichtsschreiber Ordericus Vitalis († um 1142) aus dem normannischen Kloster Saint-Evroul zufolge, der eine ‚Künstleranekdote' des ersten Abtes seines Konvents, Teodericus (Thierry de Mathonville, 1050–1057), referierte, verklagten die Teufel einen ebenso eifrig schreibenden wie sündigenden Schreibermönch des Klosters nach dem Tod, doch schafften die Engel einen enormen, vom Mönch aus freien Stücken geschriebenen Folianten herbei, aus dem jeder einzelne Buchstabe der Seele des Schreibers beisprang; ein letzter, übriggebliebener Buchstabe, gegen den keine Sünde mehr aufzuwiegen war, gab den Ausschlag für das Seelenheil des Schreibermönchs.[10]

predigen und mit den Fingern die Worte fließen zu lassen, den Sterblichen schweigend das Heil zu reichen und gegen des Teufels Einflüsterungen mit Schreibrohr und Tinte zu kämpfen'). Zum Aspekt der (künstlerischen) Arbeit im Kloster und in den Ordensregeln vgl. John van Engen, Theophilus Presbyter and Rupert von Deutz. The manual arts and Benedictine theology in the early Twelfth-century, in: *Viator* 11 (1980), S. 147–163; Piotr Skubiszewski, L'intellectuel et l'artiste face à l'œuvre à l'époque romane, in: Jacqueline Hamesse/Colette Muraille-Samaran (Hg.), *Le travail au Moyen Âge. Une approche interdisciplinaire.* Actes du colloque international (Louvain-la-Neuve, 21–23 mai 1987) (= Publications de l'Institut d'Études Médiévales – Textes, Études, Congrès 10), Löwen 1990, S. 263–321; Bruno Reudenbach, „Ornatus materialis domus Dei". Die theologische Legitimation handwerklicher Künste bei Theophilus, in: Herbert Beck/Kerstin Hengevoss-Dürkop (Hg.), *Studien zur Geschichte der europäischen Skulptur im 12. /13. Jahrhundert* (= Schriften des Liebieghauses), Bd. 1, Frankfurt a. M. 1994, S. 1–16; Irmhild Schäfer, *Buchherstellung im frühen Mittelalter. Die Einbandtechnik in Freising* (= Wolfenbütteler Mittelalter-Studien 14), Wiesbaden 1999, S. 125–138.

9 „Grammate quot sulci quot sunt quot denique puncti / Inquit in hoc libro tot crimina iam tibi dono" (‚Wie viele Buchstaben, wieviele Zeilen, wieviele Punkte schließlich, sagte er (sc. der hl. Vedastus) in diesem Buch sind, soviele Sünden lasse ich Dir nach'); vgl. Wattenbach, Schriftwesen (wie Anm. 3), S. 433; Bénédictins du Bouveret, Colophons (wie Anm. 2), Nr. 16260.

10 Ordericus Vitalis, *Historia ecclesiastica* III, 49 f.; Marjorie Chibnall (Hg.), *The Ecclesiastical History of Orderic Vitalis*, Bd. 2, Oxford 1969, S. 50: „Qui postquam defunctus est, anima

Der Bezirk des klösterlichen Skriptoriums scheint für Schreiber und Buchmaler erstaunliche Freiräume der textierten oder bildlichen Selbstinszenierung geboten zu haben. In einem ganz anderen Ausmaß als andere künstlerisch-handwerkliche Berufszweige waren monastische wie laikale Buchkünstler gleichsam per definitionem schreib- und lesefähige, mit lateinischen Texten vertraute *artifices docti* – ‚gelehrte Künstler'. In der engen Verzahnung von Bild und Schrift, Ornament und Buchstabe eröffnete der mittelalterliche Codex wie kein zweites künstlerisches Medium ein breites Spektrum an Spielformen, den eigenen Namen, die eigene Arbeit, kurzum: das eigene künstlerische Ich zu inszenieren.[11]

Eine grundsätzliche Strategie buchmalerischer Selbstdarstellung war es, den Eigennamen in besonders neuralgische, bildkünstlerisch hervorgehobene Ausstattungsteile eines Codex einzuschleusen. In einem bald nach 800 entstandenen Evangeliar aus der Frühzeit des Skriptoriums des Martinsklosters in Tours beherbergt eine der Kanontafeln in der einleitenden Synopse der Evangelien den Namen eines Gedeon, aller Wahrscheinlichkeit nach des Buchmalers (Abb. 1).[12] Erst auf den zweiten Blick zu entdecken, hat sich Gedeon dem kunstvollen Flechtband auf der linken Seite des Arkadenbogens der Kanontafel einbuchstabiert und damit gezielt einen Ort im meistfrequentierten Handschriftenteil gewählt, der Auskunft über die Kapitelzählungen und Parallelen der Evangelien gab. Er nutzte zugleich die architektonische Würdeform der Arkade für die Präsentation des Eigennamens, der so in allernächste Nähe zu den ehrwürdigen Autorennamen der Evangelisten unter den Arkadenbögen geriet. Dieselbe Ehrenpo-

eius ante tribunal iusti iudicis ad examen adducta est. Cumque maligni spiritus eam acriter accusarent, et innumera eius peccata proferrent, sancti angeli e contra librum quem idem frater in domo Dei scripserat ostendabant, et singillatim litteras enormis libri contra singula peccata deligiter computabant. Ad postremum una solum littera numerum peccatorum excessit contra quam demonum conatus nullum obiecere peccatum praevaluit".

11 Für Beispiele aus anderen künstlerischen Bereichen vgl. Albert Dietl, Nomen sit benedictum. Namensspiele und Namensinszenierungen mittelalterlicher Künstlerinschriften, in: ders. u. a. (Hg.), *Roma quanta fuit. Beiträge zur Architektur-, Kunst- und Kulturgeschichte von der Antike bis zur Gegenwart. Festschrift für Hans-Christoph Dittscheid zum 60. Geburtstag*, Augsburg 2010, S. 423–450.

12 London, British Library, Harley 2790, fol. 23r; Wilhelm Koehler, *Die karolingischen Miniaturen 1: Die Schule von Tours 1. Die Ornamentik*, Berlin 1930, S. 39 (zur Signatur), S. 366 f. (zur Handschrift); Hoffmann, Buchkunst (wie Anm. 1), S. 64; Alexander, Illuminators (wie Anm. 1), S. 6 f.; Burg, Signatur (wie Anm. 1), S. 27.

Abb. 1: London, British Library, Harley 2790, fol. 23r

sition räumte sich um 860 in einem spätkarolingischen, der Hofschule Kaiser Karls des Kahlen (840–877) zugehörigen Evangeliar der Buchmaler und Schreiber Liuthard ein, der in der allerletzten Kanontafel unter der rechten Spalte mit dem Verzeichnis der letzten Kapitel des Johannes-Evangeliums in der stenographischen Schrift der sog. tironischen Noten signierte: „Liuthardus ornavit“ – ‚Liuthard hat es geschmückt‘ (Abb. 2).[13] Mit großer Wahrscheinlichkeit war es derselbe Liuthard, der vor 869 auch für einen an den westfränkischen König und späteren Kaiser adressierten Prachtpsalter verantwortlich zeichnete.[14] Und er war wohl mit dem Priester Li-

[13] Darmstadt, Hessische Landes- und Hochschulbibliothek, Cod. 746, fol. 14v; Leo Eizenhöfer/Hermann Knaus, *Die Handschriften der Hessischen Landes- und Hochschulbibliothek Darmstadt, Bd. 2: Die liturgischen Handschriften*, Wiesbaden 1968, S. 93–96, Nr. 24; Wilhelm Koehler/Florentine Mütherich, *Die karolingischen Miniaturen 5: Die Hofschule Karls des Kahlen*, Bd. 1, Berlin 1982, S. 88–99; Alexander, Illuminators (wie Anm. 1), S. 7; Burg, Signatur (wie Anm. 1), S. 26 f., mit weiteren Beispielen für die Verschränkung von Name und Ornament.

[14] „Hic calamus facto Liuthardi fine quievit“; Paris, Bibliothèque Nationale, Ms. lat. 1152, fol. 172v; Koehler/Mütherich, Hofschule Karls des Kahlen (wie Anm. 13), Bd. 1, S. 132–143; William J. Diebold, Verbal, visual and cultural literacy in Medieval art. Word and image in the Psalter of Charles the Bald, in: *Word and Image* 8 (1992), S. 89–99; Marie-Pierre Laffitte (Hg.), *Trésors carolingiens. Livres manuscrits de Charlemagne à Charles le Chauve.* Ausstellungskatalog, Paris 2007, S. 108–112, Nr. 15 (Marie-Pierre Laffitte); für das Kolophon vgl. Bénédictins du Bouveret, Colophons (wie Anm. 2), Nr. 12562.

Abb. 2: Darmstadt, Hessische Landes- und Hochschulbibliothek, Cod. 746, fol. 14v

uthard identisch, der im Jahr 870 zusammen mit seinem Bruder Berengar den Codex Aureus von St. Emmeram für Karl den Kahlen illuminierte, wie das ausführliche Kolophon am Ende der Handschrift bekannt gab.[15] Mit dem ungenannten Objekt seiner Signatur im Darmstädter Evangeliar hatte Liuthard wohl nicht allein die Handschrift im Auge, sondern auch seinen Eigennamen selbst, den er mit Goldtinte, dem hochrangigsten Schreibstoff, „schmückte".[16] Damit konnte er auf sich selbst jene Aussicht auf das Jenseits lenken, die ein anderer karolingischer Schreiber, Dagulf, im ebenfalls in Goldtinte geschriebenen, zweiten Widmungsgedicht seines zwischen 783–795 für Karl den Großen (768–814) als Geschenk für Papst Hadrian I. (772–795) geschriebenen Psalter formuliert hatte, nämlich dass die in Gold geschriebenen Worte die goldenen Reiche des Himmels evozierten.[17] Da-

---

[15] Vgl. München, Bayerische Staatsbibliothek, Clm 14000, fol. 125r; Koehler/Mütherich, Hofschule Karls des Kahlen (wie Anm. 13), Bd. 1, S. 175–198; Horst Fuhrmann/Florentine Mütherich (Hg.), *Das Evangeliar Heinrichs des Löwen und das mittelalterliche Herrscherbild*, Ausstellungskatalog der Bayerischen Staatsbibliothek, München 1986, S. 37 f., Nr. 2 (Florentine Mütherich); Katharina Bierbrauer, *Die vorkarolingischen und karolingischen Handschriften der Bayerischen Staatsbibliothek* (= Katalog der illuminierten Handschriften der Bayerischen Staatsbibliothek 1), Wiesbaden 1990, S. 127–131, Nr. 248; Elisabeth Wunderle, *Katalog der lateinischen Handschriften der Bayerischen Staatsbibliothek München. Clm 14000 – 14130* (= Katalog der lateinischen Handschriften der Bayerischen Staatsbibliothek München ser. nov. 4,2,1), Wiesbaden 1995, S. 3–7. Zum Kolophon vgl. Bénédictins du Bouveret, Colophons (wie Anm. 2), Nr. 1976; Paul Edward Dutton/Edouard Jeauneau, The verses of the „Codex Aureus" of Saint-Emmeram, in: *Studi Medievali* ser. 3, 24 (1983), S. 75–120.

[16] Vgl. Vera Trost, *Gold- und Silbertinten. Technologische Untersuchung zur abendländischen Chrysographie und Argyrographie von der Spätantike bis zum hohen Mittelalter*, Wiesbaden 1991; Beat Brenk, Schriftlichkeit und Bildlichkeit in der Hofschule Karls des Großen, in: *Testo e immagine nell'alto medioevo* (= Settimane di studio del Centro Italiano di Studi sull'Alto Medioevo 41/2), Bd. 2, Spoleto 1994, S. 631–682, hier S. 642 ff.

[17] Wien, Österreichische Nationalbibliothek, Cod. 1861, fol. 4v, Vers 1–4: „Aurea Daviticos en pingit littera cantus / Ornari decuit tam bene tam melos. / Aurea verba sonant, promittunt aurea regna / Mansurumque canunt et sine fine bonum." (‚Der goldene Buchstabe, sieh doch, malt die Gesänge Davids, es ist angemessen, so schön einen solchen Gesang zu schmücken. Gold tönen die Worte, versprechen göttliche Himmelreiche und besingen ein ohne Ende währendes Gut'); Ernst Dümmler (Hg.), *Poetae latini aevi carolini*, Bd. 1 (= Monumenta Germaniae Historica. Poetae latini medii aevi 1), Berlin 1881, S. 91 f., Nr. IV. Zum Dagulf-Psalter bzw. seinem Widmungsgedicht vgl. Wilhelm Koehler, *Die karolingischen Miniaturen 2: Die Hofschule Karls des Großen*, Bd. 1, Berlin 1958, S. 42–46; Anton von Euw, Studien zu den Elfenbeinarbeiten der Hofschule Karls des Großen, in: *Aachener Kunstblätter* 34 (1967), S. 36–60, hier S. 40–42 (Text und Übersetzung); Kurt Holter, *Der Goldene Psalter. Dagulf-Psalter*. Kommentar zur vollständigen Faksimile-Ausgabe im Originalformat von Codex Vindobonensis 1861 der Österreichischen Nationalbibliothek, Graz 1980, S. 47 f.

gulf paraphrasierte damit nur den Verweis vom Gold der Buchstaben auf das Gold des Gottesreichs, den die Anfangsverse im Widmungsgedicht des älteren, 780–781 entstandenen Evangelistars des Godescalc formulierten, seines Vorgängers als Leiter des Hofskriptoriums Karls.[18]

Kein anderer Buchmaler hat seinen Namen obsessiver inszeniert als der in über fünfzehn Urkunden und Handschriften von 937–978 fassbare berühmte Kalligraph und Illuminator Florentius aus dem kastilischen Kloster Valeránica, der diesem Zweck eine ganze Zierseite seiner 945 vollendeten Handschrift der *Moralia in Iob* Papst Gregors des Großen (590–604) einräumte (Abb. 3).[19] Auf der Seite zu Beginn der großformatigen Handschrift ist innerhalb eines prachtvollen Rahmens eine gleichsam aus diagonalen Kett- und Schussfäden gewebte, gewürfelte Teppichmusterung aufgespannt, der Florentius auf den insgesamt 13 × 20 pergamentgrundig belassenen Rauten in schier endloser, labyrinthartiger Reihung die Buchstaben seines Namens in Verbindung mit der Gedenkaufforderung an den Leser einbeschrieben hat: „Florentium indignum memorare" (‚Gedenke des unwürdigen Florentius') – ein geradezu obsessiver, manisch repetierter Appell, der sich, ausgehend von dem Anfangs-„F" des Namens in der zentralen Raute der ersten Zeile, in verschiedenen horizontalen und vertikalen Leserichtungen über die gesamte Buchseite erstreckt.[20] Das Demutspos-

[18] Paris, Bibliothèque Nationale, Nouv. acq. lat. 1203, fol. 126v–127r, Vers 1–2: „Aurea purpureis pinguntur grammata scedis / Regna poli roseo pate – sanguine – facta tonantis" (‚Goldene Buchstaben werden auf purpurfarbene Blätter gemalt, sie offenbaren das Himmelreich, das durch das rosenfarbige Blut Gottes zugänglich wurde'); Zum Godescalc-Evangelistar und seinem Widmungsgedicht vgl. Koehler, Hofschule Karls des Großen (wie Anm. 17), S. 22–28; Bruno Reudenbach, *Das Godescalc-Evangelistar. Ein Buch für die Reformpolitik Karls des Großen*, Frankfurt a. M. 1998, S. 98–101; Peter Orth, Das Widmungsgedicht, in: Fabrizio Crivello u. a., *Das Godescalc-Evangelistar. Eine Prachthandschrift für Karl den Großen*, Darmstadt 2011, S. 38–48, mit neuer Edition und Übersetzung.

[19] Zur Person und zum Œuvre des Florentius vgl. John Williams, A contribution to the history of the Castilian monastery of Valeránica and the scribe Florentius, in: *Madrider Mitteilungen* 11 (1970), S. 231–248; Justo Pérez de Urbel, Florencio, el miniaturista famoso del monasterio de Valeránica, in: Patrick T. Brennan (Hg.), *Classica et Ibérica. A Festschrift in Honor of the Reverend Joseph M.-F. Marique SJ*, Worcester 1975, S. 393–416.

[20] Madrid, Biblioteca Nacional Cod. 80, fol. 3r; zur Handschrift, die außerdem ein ausführliches Schlusskolophon (fol. 500r) und wohl, ohne Beischriften, Bilder des Florentius und seines Schülers Sanctius (fol. 501r) enthält, vgl. John Williams, The Moralia in Job of 945. Some iconographic sources, in: *Archivo Español de Arqueologia* 45–47 (1972–1974), S. 223–235; ders., *Frühe spanische Buchmalerei*, München 1977, S. 50–55; John P. O'Neill u. a. (Hg.), *The Art of Medieval Spain, A. D. 500–1200*, New York 1993, S. 161 f., Nr. 84 (John Williams);

Abb. 3: Madrid, Biblioteca Nacional, Cod. 80, fol. 3r

tulat des Florentius, der sich als *indignus* zurücknimmt, steht in einem ganz offenkundigen Kontrast zum konzeptuellen und ornamentalen Aufwand der Inszenierung des Namens. Sie ist umso bemerkenswerter, wenn man bedenkt, dass sie einer Zierseite mit dem Chi-Rho-Zeichen gegenüber steht, also dem Monogramm des Namens Christi. Mehr noch als an den Leser des Codex ist die Eigennamen- und Fürbittlitanei des „unwürdigen" Florentius also an Christus selbst adressiert. Ist bei geöffneter Handschrift der Name des Florentius das privilegierte Vis-à-vis des Namens Christi, geht er bei geschlossenem Codex buchstäblich im Monogramm des Namens Christi auf.

Wo sich die Buchmaler selbst als handelnde Akteure in die Bilder der biblisch-liturgischen Texte einschrieben, offenbarten sie bei der Platzierung ihres selbstreferentiellen Bild-Ichs nicht selten einen bewussten, höchst reflektierten Umgang mit ikonographischen Traditionen, die sie zur Zuspitzung ihrer Selbstaussage nutzten. Um 1030–1050 ist in einem südenglischen Skriptorium ein augenscheinlich stark vom sog. Winchester-Stil geprägter Psalter aus der Benediktinerabtei von Bury St. Edmunds mit bemerkenswerten Randminiaturen entstanden, der seinen Text mit der üblichen „B"-Initiale zu Psalm 1 eröffnet: „Beatus vir, qui non abiit in consilio impiorum" (Abb. 4).[21] Inmitten eines Medaillons in der Mitte des Buchstabenschafts sitzt über dem aufgeschlagenen Codex ein durch Tonsur und Habit als mönchisch gekennzeichneter Buchmaler bei der Arbeit, den die stark abgeriebene Umschrift des Runds ursprünglich wahrscheinlich namhaft gemacht hat – jetzt ist nur noch mit Sicherheit die Berufsangabe *pictor* zu entziffern.[22] So unscheinbar das arbeitende Maler-Ich innerhalb des überbordenden Ornamentreichtums der Initialseite erscheint, so raffiniert

Crivello, Miniatori (wie Anm. 1), S. 36 f.; Burg, Signatur (wie Anm. 1), S. 65 f.; Legner, Artifex (wie Anm. 1), S. 203. Für das Kolophon vgl. Bénédictins du Bouveret, Colophons (wie Anm. 2), Nr. 4115.

[21] Vatikanstadt, Biblioteca Apostolica Vaticana, Reg. lat. 12, fol. 21r; Elzbieta Temple, *Anglo-Saxon Manuscripts 900–1066* (= A Survey of Manuscripts Illuminated in the British Isles 2), London 1976, S. 100–102, Nr. 84; Joachim M. Plotzek/Katharina Winnekes (Hg.), *Biblioteca Apostolica Vaticana. Liturgie und Andacht im Mittelalter*, Stuttgart 1992, S. 104–107, Nr. 17 (Jonathan James Graham Alexander); Alexander, Illuminators (wie Anm. 1), S. 10; Burg, Signatur (wie Anm. 1), S. 111; Legner, Artifex (wie Anm. 1), S. 259.

[22] Vgl. Rainer Kahsnitz, *Der Werdener Psalter in Berlin Ms. theol. lat. fol. 358. Eine Untersuchung zu Problemen mittelalterlicher Psalterillustration* (= Beiträge zu den Bau- und Kunstdenkmälern im Rheinland 24), Düsseldorf 1979, S. 220, der den Inschriftenrest erstmals ausmachte,

Abb. 4: Vatikanstadt, Biblioteca Apostolica Vaticana, Reg. lat. 12, fol. 21r

ist tatsächlich seine Aussage: Indem der Miniator im buchstäblichem Sinn im Initial des Psalmanfangs aufgehoben ist, wird er unablösbarer Teil des Wortbildes „Beatus", wird er im Sinn der wortillustrativen Psalterbebilderung zu dem vom Psalmisten gepriesenen ‚gesegneten Mann, der nicht in die Ratsversammlung der Unfrommen weggeht', sondern der ganz im Gegenteil – so sein Arbeitsbild im Medaillon – in seiner gottgefälligen Schreib- und Illustrationsaktivität verharrt. Der englische Buchmaler stellte sich aber zugleich in eine weitere, nicht weniger nobilitierende Bildreihe, war doch die Beatus-Initiale am Anfang des Psalters seit langem der traditionelle Ort für das Autorenbild des Psalmendichters, des Königs David höchstpersönlich.[23] Wo also üblicherweise König David beherbergt wurde, wie im frühen 12. Jahrhundert in einer normannischen, kunstlandschaftlich engstens benachbarten Beatus-Initiale in einem Psalmenkommentar des Augustinus, hat sich der Buchmaler selbst niedergelassen, hat der zeitgenössische Autor der Bilder dem ehrwürdigen Autor des Textes den Platz streitig gemacht (Abb. 5).[24]

Nicht Mönch, sondern Laienkünstler war ein um 1160–1170 tätiger Schreiber und Buchmaler namens Engilbert, offenkundig ein Laie, der sich in einer Initiale seiner großformatigen, aus dem Kollegiatsstift Springiersbach an der Mosel stammenden Handschrift mit einer Predigtsammlung

---

transkribierte: „+ PICTOR HVIVS [...] TAH(?) MITIS", ebenso Plotzek/Winnekes, Biblioteca (wie Anm. 21), S. 104 f. (Jonathan James Graham Alexander).

[23] Zu Autorenbildern König Davids am Psalterbeginn bzw. zu Beatus-Seiten des Psalters vgl. Hugo Steger, *David Rex et Propheta. König David als vorbildliche Verkörperung des Herrschers und Dichters im Mittelalter, nach Bilddarstellungen des achten bis zwölften Jahrhunderts* (= Erlanger Beiträge zur Sprach- und Kunstwissenschaft 6), Nürnberg 1961; Howard Helsinger, Images on the „Beatus" Pages of some Medieval Psalters, in: *The Art Bulletin* 53 (1971), S. 161–176; Harald Wolter-von dem Knesebeck, Meaning in the 'Inhabited' Scrolls of some Beatus Pages. A Case Study, in: Nurith Kenaan-Kedar/Asher Ovadiah (Hg.), *The Metamorphosis of Marginal Images. From Antiquity to Present Time,* Tel Aviv 2001, S. 127–138; ders., Die Beatus-Seiten der sog. thüringisch-sächsischen Malerschule. Vom Bild für die Welt zum wahren Bild Christi bzw. Havey Stahl, Bathseba and the Kings. The Beatus Initial in the Psalter of Saint Louis (Paris, BNF, ms lat. 10525), in: Frank O. Büttner (Hg.), *The Illuminated Psalter. Studies in the Content, Purpose and Placement of its Images,* Turnhout 2004, S. 413–426 bzw. S. 427–434.

[24] Augustinus, Enarrationes in Psalmos I–L (aus Saint-Evroul), Rouen, Bibliothèque Municipale Ms. 456, fol. 1r; vgl. François Avril, *Manuscrits normands XI–XIIe siècles. Bibliothèque Municipale de Rouen,* Rouen 1975, S. 69 f., Nr. 73; Françoise Debaisieux/Elisabeth Chirol (Hg.), *Trésors des abbayes normandes,* Rouen 1979, S. 132 – 135, Nr. 156.

Abb. 5: Rouen, Bibliothèque Municipale, Ms. 456, fol. 1r

Abb. 6: Trier, Stadtbibliothek, Cod. 261/1140 2°, fol. 153v

des Paulus Diaconus (um 720–um 799) als immerwährender, demutsvoll auf den Boden niedergestreckter Fürbitter vor dem auferstehenden Christus inszeniert (Abb. 6). Er beschrieb unmittelbar seinem Körper die Signatur ein, die zugleich Selbstbezeichnung ist: „Engilbert(us) / pictor (et) / scriptor – ‚Engilbert, der Maler und Schreiber'.[25] Engilbert ist höchst über-

[25] Trier, Stadtbibliothek, Cod. 261/1140 2°, fol. 153v. Zu der Miniatur vgl. Joachim M. Plotzek, Zur rheinischen Buchmalerei im 12. Jahrhundert, in: Anton Legner (Hg.), *Rhein und Maas. Kunst und Kultur 800–1400*, Bd. 2: Berichte, Beiträge und Forschungen zum Themenkreis der Ausstellung und des Katalogs, Köln 1973, S. 305–332, hier S. 311 f.; Bischöfliches Ordinariat Trier (Hg.), *Schatzkunst Trier* (= Treviris Sacra 3), Trier 1984, S. 125, Nr. 63 (Franz J. Ronig); Alexander, Illuminators (wie Anm. 1), S. 15 f.; Schüssler, Buchstabe (wie Anm. 1), S. 373–380, der in einer ausführlichen, subtilen Interpretation nicht nur auf den Demutsgestus des Engilbert abhebt, sondern auch auf die Cauda des Q als Ort von Schreiber- bzw. Malerselbstdarstellung im Kontext der mittelalterlichen Diskussion um den besonderen Stellenwert dieses Buchstabens; Burg, Signatur (wie Anm. 1), S. 91 f.; Fingernagel,

legt bei der Auswahl von Initiale, Text und eigener Bildgestalt vorgegangen: Denn das Oval der „Q“-Initiale, die eine Lesung aus einer Predigt Papst Gregors des Großen (590–604) zur Auferstehung Christi eröffnet, umschließt den aus dem Grabe auferstehenden, zur Hand Gottes emporblickenden Christus mit der Kreuzesfahne, seinem Siegeszeichen über den Tod. Den Körper des Buchstabens vervollständigt erst der Körper des Künstlers, des in verehrender Proskynese hingestreckten Engilbert, der so den schrägen Abstrich, die Cauda des Q formt. In einem subtilen Spiel aus Nähe und Distanz, heilsgeschichtlichem Ereignis und liturgischer Vergegenwärtigung, hebt der Maler seinen Blick augenzeugenhaft über den Rahmen hinweg zum Auferstehenden und streckt bittend seine Hände empor, die die Nähe Christi suchen, aber nicht über den Buchstabenrahmen in den Existenzraum Christi hinein reichen. Auch ohne hinzugefügten Spruchtext macht der Buchmaler körpersprachlich das Anliegen seiner Fürbitte augenfällig, nämlich die Teilhabe an der Auferstehung und am ewigen Leben Christi. Als ausgewiesener Buchmaler konnte er mit der ikonographischen Erfahrung des Betrachters rechnen, der vor dem Sarkophag Christi mit den Figuren der abgewandten, ahnungslosen Wächter des Grabes Christi rechnete.[26] Indem er sich an Stelle der eigentlich zu erwartenden, schlafenden Grabwächter platzierte, stilisierte er sich zu ihrem positiven Gegenbild, zu einem aufmerksamen Beobachter der Auferstehung. Damit nicht genug, brachte sich Engilbert, der ja gleichzeitig auch der Schreiber war, in einen sprechenden Bezug zum Einleitungstext der päpstlichen Predigt: „Quod resurrectione(m) d(omi)nica(m) discipuli tarde credider(in)t, non tam illor(um) infirmitas quam n(ost)ra, ut ita dicam, futura firmitas fuit“ – (‚Dass die Jünger die Auferstehung des Herrn nur zögerlich geglaubt haben, war weniger ihre Schwäche als unsere, um es so zu formulieren, künftige Stärke‘).[27] Schöpfte die Predigt also einen Trost für die nachgeborenen Christen daraus, dass sich selbst die Apostel von der Auferstehung des Herrn

Skriptorium (wie Anm. 1), S. 60; Legner, Artifex (wie Anm. 1), S. 253.

[26] Zur Ikonographie der Auferstehung Christi im 12. Jahrhundert vgl. Franz Rademacher, Zu den frühesten Darstellungen der Auferstehung Christi, in: *Zeitschrift für Kunstgeschichte* 28 (1965), S. 195–224; Gertrud Schiller, *Ikonographie der christlichen Kunst 3: Die Auferstehung und Erhöhung Christi*, Gütersloh 1971, S. 71–77.

[27] Gregorius Magnus, *Homiliae in Evangelia* II, 29, 1, hg. von Raymond Étaix (= Corpus Christianorum. Series Latina 141), Turnhout 1999, S. 244.

nur allmählich und zögerlich überzeugen ließen, konterkarierte Engilbert mit seiner unmittelbaren, gläubigen Augenzeugenschaft des Geschehens die momentane Ungläubigkeit selbst der Jünger. Mit derselben Absicht, der Auferstehung Christi, dem Urbild menschlicher Erlösungshoffnung beizuwohnen, hat sich ein namentlich unbekannter Buchmaler in seinem reich illuminierten, um 1202 im Erfurter Peterskloster entstandenen Missale unter allen möglichen Buchstabengehäusen die „R"-Initiale der Antiphon des Osterintroitus für seine performative Selbstpräsentation reserviert.[28] Die Initiale markiert den Beginn des in der rechten Spalte fortgeführten Textes: „R/ESV/RRE/XI ET / ADHVC / TE/CVM / SVM / A(LL)E(L)/VIA" (‚Ich bin auferstanden und jetzt mit Dir, Alleluja'). Der Buchstabe, ein komplexes Gebilde aus organischen und unorganischen Teilen, aus Ranken, Blattwerk und Drachenleib, umschließt in seinem Bogen ein Bild des frontal aus dem Grab auferstehenden, nimbierten Christus, der die Rechte zum Segen hebt und in der Linken das Spruchband mit einem Text nach Ps 3, 6 präsentiert: „Ego dormivi (et) exurrexi" (‚Ich bin eingeschlafen und wieder aufgewacht'). Die beiden seitlichen, zu Christus emporblickenden Halbfiguren, wohl zwei Engel, umspielen mit den Texten ihrer Spruchbänder die ins Heilsgeschichtliche des Ostergeschehens gewendete Thematik des Schlafens und Erwachens: Die Figur zur Rechten Christi fordert nach Eph 5, 14: „Surge qui / dormes (sic!)" (‚Wache auf, der du schläfst'), diejenige zu seiner Linken mit einem Vers aus dem österlichen, mit dem Initium „Salve festa dies" einsetzenden Prozessionsgesang: „Tercia lux rediit / surge sepulte (meus)" (‚Der dritte Tag bricht an, erhebe dich, mein Bestatteter').[29] Diese Botschaften überhören die drei in Kettenpanzer gewandeten, schlafenden und abgewandten Grabwächter, anders als der tonsurierte, aber laikal mit knielangem, roten Gewand und dunkelblauen Strümpfen gekleidete Buchmaler, der unten links auf einem Blatt sitzend wacht, um mit Pinsel und Farbtöpfchen die letzten Striche an der Initiale zu ziehen.

[28] Vatikanstadt, Biblioteca Apostolica Vaticana, Ross. 181, fol. 22v; vgl. Beate Braun, Zur Lokalisierung und Datierung des Codex Vaticanus Rossianus 181 (ehem. Wien–Lainz, Bibliotheca Rossiana Cod. VIII, 120), in: *Codices manuscripti* 12 (1986), S. 53–75; Plotzek/Winnekes, Biblioteca (wie Anm. 21), S. 198–201, Nr. 40 (Beate Braun-Niehr); Beate Braun-Niehr, *Der Codex Vaticanus Rossianus 181. Studien zur Erfurter Buchmalerei um 1200*, Berlin 1996, S. 96–108 zur Auferstehungsminiatur.

[29] Zur Verankerung der Texte in der Osterliturgie vgl. Braun-Niehr, Codex (wie Anm. 28), S. 97 f.

In einer ganzen Reihe auch von anderen Beispielen heben Arbeitsbilder der Buchmaler prononciert auf den schöpferischen Vollzug desjenigen Werks ab, das dem Betrachter bereits vollendet vor Augen steht und so als Artefakt der Künstlerhand ausgewiesen wird, als fiktionale Bildwelt aus der Imagination des Künstlers. Der Paduaner Kalligraph und Buchmaler Isidor, der möglicherweise auch Domkanoniker war und 1170 für seine Heimatkirche ein kostbares, illuminiertes Epistolar vollendete, markierte sein Werk auf der Schlussseite mit seinem Bild und seinen Schreiberversen, mit einer visuellen und einer textierten Kolophon (Abb. 7).[30] Der wie die Tabula einer antiken Steininschrift von Leisten gerahmte Schriftblock, aus alternierend blau und rot geschriebenen Zeilen, schließt zwei Texteinheiten zusammen. Ein ausführlicher Prosatext referiert zunächst detailliert das exakte Datum der Vollendung des Codex, den Namen des Künstlers und der Amtshierarchie der Paduaner Ortskirche unter dem Bischof Gherardo Offreducci (1165–1213) und dem Archipresbyter Wifredus an der Spitze der Domkanoniker. Die vier abschließenden, nun metrisch nobilitierten Zeilen reservierte der Schreiber und Maler ausschließlich für seine textierte Eigenreferenz.[31] In seiner in den Textblock eingeblendeten, visuellen Signatur präsentiert sich der bärtige Isidor auf einem Kissen thro-

[30] Padua, Biblioteca Capitolare E 1, fol. 85v. Zur Handschrift und zum Isidorbild vgl. Bruno Katterbach, *La miniatura dell'evangeliario di Padova dell'anno 1170* (= Codices ex ecclesiasticis Italiae bybiothecis electi phototypice expressi 4), Rom 1931; Alexander, Illuminators (wie Anm. 1), S. 18; Irmgard Siede, *Zur Rezeption ottonischer Buchmalerei in Italien im 11. und 12. Jahrhundert* (= Studien und Mitteilungen zur Geschichte des Benediktiner-Ordens und seiner Zweige. Ergänzungsband 39), St. Ottilien 1997, S. 100–142, hier S. 123 f. zu Bild und Kolophon des Isidor; dies., Un contributo alla storia della Reichenau e al suo influsso sull'arte italiana. Artisti itineranti o libri viaggianti, in: *Annali della Scuola Normale Superiore di Pisa. Classe di Lettere e Filosofia* ser. 4, 2/2 (1997), S. 481–508, hier S. 490 f.; Giordana Mariani Canova (Hg.), *La miniatura a Padova dal Medioevo al Settecento*, Modena 1999, S. 37–39, Nr. 1 (Federica Toniolo); Silvio Bernardinello, *Catalogo dei codici della Biblioteca Capitolare di Padova* (= Fonti e ricerche di storia ecclesiastica padovana 32), Bd. 2, Padua 2007, S. 719–721, Nr. E 1; Burg, Signatur (wie Anm. 1), S. 70, S. 108.

[31] „Anno d(omi)ni n(ost)ri Ih(es)u / Chr(rist)i . M . C . LXX . In/ditione . III . XVII k(a)l(endas) / octubris . expletu(m) e(st) / ab Ysidoro hoc opus / in padua feliciter . / Gerardo ep(iscop)o p(re)side(n)te . / (et) Wifredo archip(res)b(ite)ro / cu(m) XXVIII can(onicis) co(m)mora(n)te . / Si vis sc(r)ipturas q(ui)s fec(it) / scire figuras . Ysidor(us) / finxit docto(r) bo/n(us) aurea pinx(it)." (‚Im Jahr unseres Herrn Jesu Christi 1170, in der dritten Indiktion, am 15. September, wurde von Isidorus glücklich dieses Werk in Padua zu Ende geführt, als Bischof Gerardus die Leitung inne hatte und der Archipresbyter Wifredus zusammen mit 28 Kanonikern an der Kathedrale weilte. Wenn Du wissen willst, wer die Texte, wer die Figuren

Abb. 7: Padua, Biblioteca Capitolare, Ms. E 1, fol. 85v

nend, das der scheinplastischen Rahmung aufliegt, frontal dem Betrachter, seine Füße ruhen auf einem ockerfarbenen Fußschemel außerhalb des Rahmens. Er erscheint tonsuriert, aber nicht in einem mönchischen Habit, sondern in laikaler Gewandung mit knielangem, blauen und gegürteten Rock, einem dunkelblauen, über der linken Schulter gefibelten Mantel und knallroten Schuhen über grünen Strümpfen. Der Widerspruch zwischen Tonsur und Gewandung deutet vielleicht auf einen Weltgeistlichen hin, der sich entsprechend des stolzen Tons seiner Inschrift bewusst eines nicht-klerikalen, der Profession seines Malerhandwerks angemessenen ‚Outlooks' bedient. Nicht weniger auffällig ist der Wortlaut seiner versifizierten Signatur, denn der Titel „doctor" und das rühmende Beiwort „bonus" gehören weniger zum Repertoire der Schreiberkolophone als zu den Versatzstücken des Künstlerlobs in monumentalen Steininschriften, die gerade in den oberitalienischen Kommunen des 12. Jahrhunderts die Leistungen der Bildhauer und Architekten in der Öffentlichkeit rühmten.[32] Isidor zeigt sich im momentanen Akt der Niederschrift seiner Signatur, um zweifach, im aktiven Schreibprozess und im Wortlaut des Textes, seine Autorschaft vor Augen zu führen. Wie überlegt er dabei vorging, gibt das Bild-Text-Gefüge zu erkennen: Nicht nur, dass er mit seinem Rasurmesser demonstrativ auf das Wort „aurea" deutet, um seinen Künstleranspruch an den goldgrundigen Miniaturen der Handschrift zu demonstrieren. Indem Isidor nämlich sein Bild-Ich mit der Schreibfeder in der rechten Hand gerade im Begriff sein lässt, den Buchstaben „x" des Wortes „finxit" auszuziehen, wird gerade dasjenige Schlüsselwort in den Mittelpunkt der Aufmerksamkeit gerückt, das die formgebende, bildschöpferische Qualität des Figurenbildners auf den Begriff bringt.[33]

---

gemacht hat: Isidorus, der tüchtige ‚doctor' hat die goldenen Miniaturen erdacht und gemalt'); Bénédictins du Bouveret, Colophons (wie Anm. 2), Nr. 12036.

[32] Zum Titel *doctor* in Künstlerinschriften vgl. Peter Cornelius Claussen, Früher Künstlerstolz. Mittelalterliche Signaturen als Quelle der Kunstsoziologie, in: Karl Clausberg u. a. (Hg.), *Bauwerk und Bildwerk im Hochmittelalter. Anschauliche Beiträge zur Kultur- und Sozialgeschichte* (= Kunstwissenschaftliche Untersuchungen des Ulmer Vereins für Kunstwissenschaft 11), Gießen 1981, S. 7–34, hier S. 26 f.; Dietl, Topik (wie Anm. 5), S. 87–89; zum rühmenden Beiwort *bonus* vgl. ders., *Die Sprache der Signatur. Die mittelalterlichen Künstlerinschriften Italiens*, Bd. 1 (= Italienische Forschungen 4. Folge, VI/1), Berlin/München 2009, S. 103 f. mit S. 261–264, Tab. V.

[33] Auf diese visuelle Hervorhebung des bedeutungsträchtigen Verbs machten u. a. Gullick,

Gleich zwei Arbeitsbilder des Schreibers und Buchmalers Rufillus aus der Zeit um 1190 sind in bebilderten Handschriften des oberschwäbischen Prämonstratenser-Klosters Weissenau bei Ravensburg erhalten, dem er aller Wahrscheinlichkeit nach selbst angehörte.[34] In einem sehr kleinformatigen Initialbild hat er sich im Gehäuse eines „D“-Bauchs im üblichen Habitus des Schreibers mit Messer und Feder vor einem Pergamentblatt breit gemacht – auffälligerweise in einer Handschrift mit dem *Hexaëmeron* des Kirchenvaters Ambrosius (um 333–397), eines Kommentars zum Sechstagewerk der biblischen Kosmogonie, der die unbeschränkte Schöpferpotenz Gottes verherrlichte. Rufillus setzte sich damit assoziativ, was Künstler des Mittelalters vielfach praktizierten, in einen inneren Bezug zur Vorstellung des *deus artifex*, der Denkform Gottes als Demiurgen und Formenbildners.[35] Eine weitaus eindrucksvollere, großformatige Selbstinszenierung hat Rufillus in einem Passionale, einer Sammlung von Märtyrerviten hinterlassen, in der er – wie der Paduaner Buchmaler und Schreiber Isidor – vorgibt, eben an dem Werk zu arbeiten, das dem Betrachter bereits vollendet vor Augen steht (Abb. 8).[36] Den Raum seines Künstlerateliers gibt

Portraits of artists (wie Anm. 1), S. 105 und Legner, Artifex (wie Anm. 1), S. 269–271 aufmerksam.

34 Für Überblicke über seine Selbstdarstellungen und sein Œuvre vgl. Solange Michon, Un moine enlumineur du XIIe siècle. Frère Rufillus de Weissenau, in: *Zeitschrift für Schweizerische Archäologie und Kunstgeschichte* 44 (1987), S. 1–7; Solange Michon, *Le Grande Passionaire enluminé de Weissenau et son scriptorium autour de 1200*, Genf 1990, S. 106–108, S. 111–114; Walter Berschin, Rufillus von Weißenau. Ein Buchkünstler um 1200, in: Ulrich Gaier u. a. (Hg.), *Schwabenspiegel. Literatur vom Neckar bis zum Bodensee 1000–1800*, Bd. 2, Ulm 2003, S. 305 f.

35 Zur Vorstellung des „deus artifex“ vgl. Curtius, Literatur (wie Anm. 5), S. 527–529; Joachim Gaus, Weltbaumeister und Architekt. Zur Ikonographie des mittelalterlichen Baumeisterbildes und seiner Wirkungsgeschichte, in: Günther Binding (Hg.), *Beiträge über Bauführung und Baufinanzierung im Mittelalter* (= Veröffentlichungen der Abteilung Architektur des Kunsthistorischen Institutes der Universität zu Köln 6), Köln 1974, S. 38–67; Johannes Zahlten, *Creatio mundi. Darstellungen der sechs Schöpfungstage und naturwissenschaftliches Weltbild im Mittelalter*, Stuttgart 1979, S. 153–156; Friedrich Ohly, Deus Geometra. Skizzen zur Geschichte einer Vorstellung von Gott, in: Norbert Kamp/Joachim Wollasch (Hg.), *Tradition als historische Kraft*, Berlin/New York 1982, S. 1–42; George Ovitt, *The Restoration of Perfection. Labor and Technology in Medieval Culture*, New Brunswick/London 1987, S. 57 ff.; Eyself Østrem, Homo creator and deus artifex. Art between the Human and the Divine, in: Sven Rune Havsteen u. a. (Hg.), *Creations. Medieval Rituals, the Arts and the Concept of Creation* (= Ritus et artes 2), Turnhout 2007, S. 15–48.

36 Genf, Biblioteca Bodmeriana, Ms. 127, fol. 244r; Zum Bild des Rufillus vgl. Michon, Moine

Abb. 8: Genf, Biblioteca Bodmeriana, Ms. 127, fol. 244r

der Buchstabe „R“ ab, der grüngrundige Bereich zwischen Schaft und Cauda des Buchstabens, die als geschlängelter, in einen hybriden Monsterkopf auslaufender Leib eines in den „R“-Bauch verbissenen Drachens erscheint. Die Namensnennung FR(ATER) RVFILLVS ist in Weiß über Kopf und Hand gesetzt, über Sitz der Erfindungsgabe und ausführendem Organ des Malers. Der bartlose und tonsurierte Prämonstratenser sitzt wie sprungbereit auf einer Bank, das unvermeidliche Rasurmesser und ein Farbtöpfchen neben sich, um in ziemlich unbequemer Haltung seiner Arbeit nachzugehen:

(wie Anm. 34), S. 2–4; Michon, Passionaire (wie Anm. 34), S. 106–108; Alexander, Illuminators (wie Anm. 1), S. 16–18; Gullick, Portraits (wie Anm. 1), S. 107 f. (mit falscher Identifizierung des Texts als Passio des hl. Martin); Burg, Signatur (wie Anm. 1), S. 112; Fingernagel, Skriptorium (wie Anm. 1), S. 60 f.; Walter Berschin, Rufillus von Weißenau (um 1200) in seiner Buchmalerwerkstatt, in: ders., *Mittellateinische Studien*, Bd. 2, Heidelberg 2010, S. 353–356.

Die Rechte des Malers schwingt den Pinsel, drei Finger der auf einen Malstock gestützten Linken halten eine Farbschale direkt darunter, im Rücken ragt der einstützige Paletttisch samt vier Hörnern mit weiteren, an den jeweiligen Rührstäbchen kenntlich gemachten Farben auf. Wahrscheinlich hat sich Rufillus nicht zuletzt gerade diese Initiale als Ort seiner *mise-en-scène* ausgesucht, weil der Buchstabe als die Initiale seines Eigennamens und damit als ein monumentalisiertes Namensmonogramm mitzubenutzen war. Die Initiale leitet, wie das darüber gesetzte, rubrizierte Incipit eindeutig macht, den Text der Passionsgeschichte der römischen Märtyrerin und Jungfrau Martina ein, deren markanter Festtag der Jahresanfang, der erste Januar, war. Solange Michon, die Monographin des Weissenauer Skriptoriums, hat die spekulative Frage gestellt, ob nicht der erste Januar der Geburtstag des Rufillus war oder der Gedenktag eines anderen wichtigen Ereignisses in seiner Biographie.[37] Mit Sicherheit hat jedenfalls der Schreiber und Buchmaler den einleitenden Text der Passionsgeschichte der Martina reflektiert und in seine Bilderfindung mit einbezogen – eine Passage, in der von der Herrschaft Christi im Raum des gesamten Erdkreises – „in ambitu totius orbis" – die Rede ist: ‚Als unser Herr und Erlöser Jesus Christus, der Erste vor allem, im Umraum des gesamten Erdkreises herrschte [...]'.[38] Der Wortlaut des Textes musste geradezu die schriftlich tradierten und bildlich ‚kartographierten' Vorstellungen der *mappa mundi* evozieren, des runden, bewohnten Erdkreises, an dessen äußersten Randzonen wunderliche Völkerschaften und monströse Fabelwesen ansässig waren.[39] Im Bann dieses

---

[37] Michon, Moine (wie Anm. 34), S. 2 f.; Michon, Passionaire (wie Anm. 34), S. 108.

[38] „Regnante prim(us) omniu(m) in ambitu toti(us) orb(is) d(omi)no (et) salvatore n(ost)ro Ih(es)u Ch(rist)o militante aut(em) adversario diabolo adversus servos d(omi)ni n(ost)ri Ih(es)u Ch(rist)i sub regno Alexandri cesaris in quarto anno imperii eius"; Passio s. Martinae (BHL 5587), cap. 1; *Acta Sanctorum*, Ianuarii tom. 1, Antwerpen 1643, S. 11a.

[39] Zur Tradition der Fabelwesen am Rand der bewohnten Welt vgl. Rudolf Wittkower, Marvels of the East. A study in the history of monsters, in: *Journal of the Warburg and Courtauld Institutes* 5 (1942), S. 159–197; John Block Friedman, *The Monstrous Races in Medieval Art and Thought*, Cambridge 1981, S. 37–58; Jörg-Geerd Arentzen, *Imago mundi cartographica. Studien zur Bildlichkeit mittelalterlicher Welt- und Ökumenekarten unter besonderer Berücksichtigung des Zusammenwirkens von Text und Bild* (= Münstersche Mittelalter-Schriften 53), München 1984, S. 182–192; Hartmut Kugler (Hg.), *Ein Weltbild vor Columbus. Die Ebstorfer Weltkarte.* Interdisziplinäres Kolloquium 1988, Weinheim 1991; Anna-Dorothee von den Brincken, *Fines terrae. Die Enden der Erde und der vierte Kontinent auf mittelalterlichen Weltkarten*, Hannover 1992; Hannes Kästner, Kosmographisches Weltbild und sakrale

internalisierten, kosmographischen Weltbildes hat Rufillus denn auch neben die Cauda des „R" einen Skiapoden gesetzt, einen Repräsentanten jener sagenhaften, seit der Antike am südlichen Rand des Erdkreises verorteten ‚Schattenfüßler', welche, so die autoritative Überlieferung, die riesenhaften Fußsohlen ihres einzigen Beines als schattenspendende Sonnenschirme in die Höhe zu strecken pflegten.[40] Der gesamte Buchstabe wird damit aber selbst zum Sinnbild des unter der Herrschaft Christi stehenden Erdkreises, an dessen Abbild der Künstler als Nachahmer der Schöpferkraft Gottes arbeitete.

Immer wieder haben mittelalterliche Schreiber und Buchmaler ihre in den Kolophonen formulierten Erwartungen auf jenseitigen Lohn auch ganz handgreiflich und augenfällig ins Bild gesetzt. Auf seine im Skriptorium geleistete Arbeit konnte auch der Prüfeninger Schreiber und Buchmaler Swicher in seiner antizipatorisch schon zu Lebzeiten ins Bild gesetzten Vorstellung seiner Seelenwägung vertrauen, die auf dem zweiregistrigen Titelblatt seiner kurz vor 1165 vollendeten Handschrift der *Etymologiae* des spanischen Bischofs Isidor von Sevilla († 636) Platz fand (Abb. 9).[41] Folgte

---

Bilderwelt. Meerwunder und Wundervölker im mittelalterlichen Kirchenraum, in: Katrin Kröll/Hugo Steger (Hg.), *Mein ganzer Körper ist Gesicht. Groteske Darstellungen in der europäischen Kunst und Literatur des Mittelalters* (= Rombach Wissenschaften. Reihe Litterae 26), Freiburg i. Br. 1994, S. 215–237; Brigitte Englisch, *Ordo orbis terrae. Die Weltsicht in den Mappae mundi des frühen und hohen Mittelalters* (= Orbis mediaevalis 3), Berlin 2002; Marina Münkler, Monstra und mappae mundi. Die monströsen Völker des Erdrands auf mittelalterlichen Weltkarten, in: Jürg Glauser/Christian Kiening (Hg.), *Text – Bild – Karte. Kartographien der Vormoderne* (= Rombach Wissenschaften. Litterae 105), Freiburg i. Br. 2007, S. 149–173; Reinhard Krüger, Die Ebstorfer Weltkarte zwischen „mappa mundi" und „globus terrae" oder: die rationalen Grundlagen mittelalterlicher Weltkarten, in: Tanja Michalsky u. a. (Hg.), *Aufsicht – Ansicht – Einsicht. Neue Perspektiven auf die Kartographie an der Schwelle zur Frühen Neuzeit* (= Frankfurter Kulturwissenschaftliche Beiträge 3), Berlin 2009, S. 43–79.

[40] Vgl. Christoph Gerhardt, Die Skiapoden in den "Herzog Ernst"-Dichtungen, in: *Literaturwissenschaftliches Jahrbuch* N.F. 18 (1977), S. 13–87; Friedman, Races (wie Anm. 39), S. 48 ff., 135 ff.

[41] München, Bayerische Staatsbibliothek, Clm 13031, fol. 1r; zur Handschrift vgl. Albert Boeckler, *Die Regensburg-Prüfeninger Buchmalerei des XII. und XIII. Jahrhunderts* (= Miniaturen aus Handschriften der Bayerischen Staatsbibliothek in München 8), München 1924, S. 15–18, 88 f.; Hans-Georg Schmitz, *Kloster Prüfening im 12. Jahrhundert* (= Miscellanea Bavarica Monacensia 49), München 1975, S. 121–123; Elisabeth Klemm, *Die romanischen Handschriften der Bayerischen Staatsbibliothek 1. Die Bistümer Regensburg, Passau und Salzburg* (= Katalog der illuminierten Handschriften der Bayerischen Staatsbibliothek in München

Abb. 9: München, Bayerische Staatsbibliothek, Clm 13031, fol. 1r

das Doppelporträt des Autors Isidor und seines Freundes Braulio von Saragossa († 651), des Herausgebers der *Etymologiae*, im oberen Register einer bereits seit längerem etablierten Bildtradition, so ist das fingierte Totengericht des Prüfeninger Künstlermönchs im unteren Register eine originäre Bilderfindung – eine der frühesten Visualisierungen des damals modernen theologischen Konzepts des Partikulargerichts, also der dem Jüngsten Gericht am Ende aller Zeiten vorgeschalteten, individuellen Aburteilung der Einzelseele unmittelbar nach dem Tod.[42] In der bildgewordenen Vision seiner Todesstunde im Beisein Christi ist gerade der dramatische Moment der Seelenwägung des eben verstorbenen, auf seiner Strohmatte liegenden Swicher entschieden: Ein Engel hat einen schweren Folianten – Swichers Codex – in die Waagschale der Guten Werke des Seelenwägers Michael gelegt, so dass die Seele des Schreibermönchs geradewegs in den Himmel in die offenen Arme eines empfangenden Engels emporschnellt. Dem an der zweiten, leeren Waagschale enttäuscht entfleuchenden Teufel bleibt nur das Nachsehen. Die Verse im Schriftband zwischen den Autorenporträts im oberen und dem Schreiberbild im unteren Register bringen Swichers Jenseitshoffnungen auf den Punkt: „Scriptoris miseri dignare deus misereri. Noli culparum pondus pensare mearum. Parva licet bona sint super exaltata malis sint. Nox luci cedat vite mors" (‚Gott, sei gnädig, dich des armseligen Schreibers zu erbarmen. Wäge nicht das Gewicht meiner Sünden. Mögen die guten Taten auch gering sein, so mögen sie doch die schlechten überwiegen. Die Nacht weiche dem Licht, dem Leben der Tod'). Was also die Inschrift erfleht, nämlich nicht die Last der Sünden, sondern die *bona parva*, die wenigen guten Werke, also Swichers Schreiber- und Künstlerfleiß zu seinen Gunsten zu wägen, ist in der Miniatur, die visu-

3,1), Wiesbaden 1980, S. 64 f., Nr. 89; Florentine Mütherich, *Regensburger Buchmalerei. Von frühkarolingischer Zeit bis zum Ausgang des Mittelalters* (= Bayerische Staatsbibliotek. Ausstellungskataloge 39), München 1987, S. 49 f., Nr. 33 (Elisabeth Klemm); Melanie Holcomb (Hg.), *Pen and Parchment. Drawing in the Middle Ages.* Ausstellungskatalog des Metropolitan Museum of Art, New York, New Haven/London 2009, S. 89–91, Nr. 22 (Melanie Holcomb).

[42] Speziell zum Autorenbild und der Seelenwägung des Schreibers vgl. Elizabeth Sears, The afterlife of scribes. Swicher's prayer in the Prüfening Isidore, in: Gullick, Pen (wie Anm. 1), S. 75–96; *Mönche, Künstler und Fürsten. 900 Jahre Gründung Kloster Prüfening.* Ausstellungskatalog der Kunstsammlungen des Bistums Regensburg (= Diözesanmuseum Regensburg. Kataloge und Schriften 38), Regensburg 2009, S. 95–97, Nr. 18 (Albert Dietl).

ell geradezu die Grundmuster der literarischen Bildtopik mittelalterlicher Schreiberverse durchspielt, bereits anschauliche Wirklichkeit geworden.

Der englische, 1238–1252 in Oxford wohnhafte Buchmaler William de Brailes, mit den niederen Weihen versehen, doch verheiratet, hat in dem Einzelblatt eines Psalters seine persönliche Wunschvision des Jüngsten Gerichts hinterlassen (Abb. 10).[43] Auf die verhängnisvolle linke Seite des Weltenrichters unter die Schar der Verdammten geraten, reißt ihn erst im letzten Nu der Erzengel Michael aus dem anonymen Personengedränge vor dem im unteren Halbrund breit aufgerissenen Höllenrachen empor – und zwar an seiner verdienstvollen, rechten Künstlerhand, zusammen mit der Inschrift W(ILLIAM) DE BRAIL(ES) ME FECIT auf einer textierten Schriftrolle, die gleichermaßen die Aufgabe der Personenbezeichnung, der Signatur wie des ‚Freibriefs' vor der Höllenstrafe übernimmt.[44] Auf eine andere, subtilere Weise schrieb sich nach der faszinierenden Interpretation von Johann Christian Klamt der anonyme, laikale Buchmaler der 1255 vollendeten, durch den Hamburger Domherrn Bertold an seine Kirche gestiftete Bibel im bildlichen Vorgriff den Auserwählten des Paradieses ein (Abb. 11).[45] In einem Ausläufer des Initials „A" sitzend, das zum einleitenden Titelwort „Apokalypsis" der Offenbarung des Johannes gehört, arbeitet der Buchmaler gerade auf seinem praktischen, mit einem gelenkigen Halterungsarm verstellbaren Malpult an einem Männerkopf, der ohne ins Bild gesetztes

[43] Zu William de Brailes und seinem Œuvre vgl. Claire Donovan, *The de Brailes Hours. Shaping the Book of Hours in Thirteenth-Century Oxford,* London 1991; William Noel, William de Brailes in Baltimore, Paris and Stockholm, in: Jeffrey F. Hamburger/Anne S. Korteweg (Hg.), *Tributes in Honor of James H. Marrow. Studies in Painting and Manuscript Illumination of the Late Middle Ages and Northern Renaissance,* London 2006, S. 353–359; William Noel, Some transatlantic trails of W. de Brailes, in: Marrow u. a., Medieval Book (wie Anm. 1), S. 441–445.

[44] Einzelblatt vermutlich eines Psalters, Cambridge, Fitzwilliam Museum, Ms. 330 leaf 3; vgl. Nigel Morgan, *Early Gothic Manuscripts [I] 1190–1285* (= A Survey of Manuscripts in the British Isles 4,1), London 1982, S. 118 f., Nr. 72; Legner, Ornamenta Ecclesiae (wie Anm. 1), Bd. 1, S. 247, Nr. B 45 (Franz Niehoff); Alexander, Illuminators (Anm. 1), S. 25 f.; Lilian M.C. Randall, En Route to Salvation with William de Brailes, in: Peter Rolfe Monks/Douglas David Roy Owen (Hg.), *Medieval Codicology, Iconography, Literature and Translation. Studies for Keith Val Sinclair,* Leiden 1994, S. 83–93; Donovan, de Brailes Hours (wie Anm. 43), S. 10 f.

[45] Kopenhagen, Rigsbibliotek, Ms. Gl. Kgl. S. 4.2° Bd. III, fol. 208r; vgl. Johann-Christian Klamt, Die Künstlerinschrift des Johannes Gallicus im Braunschweiger Dom, in: Clausberg u. a., Bauwerk (wie Anm. 32), S. 35–53, hier S. 44 ff.

Abb. 10: Cambridge, Fitzwilliam Museum, Ms. 330, leaf 3

Abb. 11: Kopenhagen, Rigsbibliotek, Ms. Gl. Kgl. S. 4.2° Bd. III, fol. 208r

Modell wahrscheinlich als ein ‚Selbstporträt' zu verstehen ist. Denn nicht nur der Maler selbst trägt auf der Stirn ein auffälliges rotes Mal, er ist eben dabei, mit spitzem Pinsel ein ebensolches Zeichen an gleicher Stelle auf das Konterfei des vor ihm liegenden Blattes zu setzen. Allem Anschein nach stilisiert sich damit der Buchmaler, in einer körpersprachlichen Signatur, zu einem der im siebten Kapitel der Apokalypse beschriebenen, mit Siegeln auf ihrer Stirn bezeichneten 144 000 Gerechten, die gerettet werden.[46] Danach hätte sich also der Buchmaler in seinem Atelierbild, das an den Beginn des Apokalypsetextes gesetzt ist, in zweierlei Gestalt wiedergegeben, als irdischer Maler, der zum Lobpreis Gottes tätig ist, und, dank der fiktiven Kraft der Malerei, in seiner erhofften, jenseitigen Existenz als auf der Stirn mit dem Siegel Gekennzeichneter – ein verblüffender Akt der Privatlektüre und -aneignung des biblischen Textes durch einen mittelalterlichen Künstler.

Für das nordfranzösische Kloster Corbie bei Amiens ist 1163–1164 eine großformatige, zweibändige Handschrift mit dem Kommentar des karolingischen Theologen Florus von Lyon († 860) zu den Briefen des Apostels Paulus entstanden; ihrem Kolophon zufolge hatte der Mönchsschreiber Johannes Monoculus die Handschrift im Auftrag von Richer, dem Subprior der Abtei Saint-Pierre in Corbie, zur Zeit des Abtes Johannes (1158–1172) im Jahr 1164 vollendet.[47] Selbstbewusst hat sich der Buchmaler Felix in seiner großen, über die Höhe des gesamten Schriftspiegels reichenden „P"-Initiale, die auf fol. 1r den Textanfang: „Paulus Servus Chr(ist)i Ihesu voca-

[46] Apk 17, 2–4, 15–17: „Und ich sah einen anderen Engel, der stieg herauf vom Aufgang der Sonne; er hatte ein Siegel des lebendigen Gottes und rief mit lauter Stimme den vier Engeln zu, denen Macht gegeben ist, Schaden zu bringen dem Land und dem Meer: Bringet nicht Schaden dem Land noch dem Meer noch den Bäumen, bis wir die Knechte unseres Gottes mit dem Siegel bezeichnet haben auf ihren Stirnen! Und ich vernahm die Zahl der Bezeichneten: 144 000 Bezeichnete aus allen Stämme der Kinder Israels [...] (Sie sind) vor dem Throne Gottes und dienen ihm Tag und Nacht in seinem Tempel, und der auf dem Throne sitzt, wird über ihnen wohnen. Sie werden nicht mehr hungern und dürsten, und nimmer wird die Sonne auf sie fallen noch irgendeine Glut. Denn das Lamm in der Mitte vor dem Throne wird sie weiden und zu den Wasserquellen des Lebens führen, und Gott wird jede Träne wegwischen vor ihren Augen".

[47] Vgl. Christian de Mérindol, *La production des livres peints à l'abbaye de Corbie au XIIe siècle. Étude historique et archéologique*, Bd. 2, Lille 1976, S. 834–838; Walter Cahn, *Romanesque Manuscripts. The Twelfth Century* (A Survey of Manuscripts illuminated in France), Bd. 2, London 1996, S. 141 f., Nr. 118.

tus ap(osto)l(u)s" einleitet, innerhalb eines Medaillons auf dem Schaft des Buchstabens platziert (Abb. 12).[48] Vor violettblauem Grund schräg auf einem niedrigen Schemel sitzend und von den zwei Silben seines Namens gerahmt, hat der bärtige Felix vor sich ein Schoßpult mit einem Farbtöpfchen auf den Knien, um mit Feder und Rasurmesser in seinen Händen ein Pergamentblatt zu bearbeiten. Er gibt sich ohne Tonsur und im Laiengewand, mit vor der Brust gefibeltem, rötlichen Mantel über blauer Tunika, war also offenbar ein Laienmaler und damit ein Repräsentant der gerade im 12. Jahrhundert zunehmend in Erscheinung tretenden professionellen und für Geld arbeitenden Buchmaler, die nach und nach die Mönchskünstler verdrängten. In seinem Rundbild sippt er sich als unverzichtbares Glied der gleich ihm in Medaillons versammelten, hierarchisch von oben nach unten gestaffelten und allesamt texteinwärts gewandten Bildfiguren des Buchstabenschaftes an, die allesamt dem Codex zur Entstehung verholfen haben, dem im Rundbild darüber knienden, verehrend nach oben blickenden und agierenden Auftraggeber der Handschrift, dem Mönch und Subprior Richer, und dem am oberen Schaftende innerhalb eines mandorlaförmigen Einschlusses thronenden Textautor, dem Briefschreiber Paulus. Der Apostel ist dabei, seine mit der rechten Hand präsentierte Schriftrolle in die Bauchung des „P" hinein, in die Hand der Diakonin Phoebe zu legen; er hatte sie im Römerbrief 16, 1 f. der römischen Christengemeinde empfohlen, die sich im Bild hinter Phoebe vor den geöffneten Stadttoren Roms zusammengefunden hat, um die Diakonin aufzunehmen und in ihre Stadt zu geleiten. Dem Briefautor Paulus links entspricht innerhalb einer gleichartigen Mandorla des P-Bauches rechts die Figur eines sitzenden, tonsurierten Schreibers, wohl das Autorenbild des Kommentators Florus; beide nehmen sie die privilegiertesten Plätze unterhalb der Halbfigur des segnenden Christus ein, der über allem inmitten des Firmaments innerhalb eines wolkengerahmten Segments erscheint. Zwar ist der geistliche

---

48 Florus Lugdunensis, *Expositio in epistolas S. Pauli ex operibus S. Augustini*, Paris, Bibliothèque Nationale, Ms. lat. 11575, fol. 1r; zum Künstlerbild vgl. Jonathan James Graham Alexander, *Initialen aus großen Handschriften*, München 1978, S. 86 f., Nr. 24; Legner, Ornamenta Ecclesiae (wie Anm. 1), Bd. 1, S. 239, Nr. B 40 (Roswitha Neu-Kock); Christian de Mérindol, *Les peintres de l'abbaye de Corbie au XIIe siècle*, in: Xavier Barral i Altet, Artistes (wie Anm. 1), Bd. 1, S. 311–337, hier S. 317 f., 325 f.; Alexander, Illuminators (Anm. 1), S. 12 f.; Burg, Signatur (wie Anm. 1), S. 112; Legner, Artifex (wie Anm. 1), S. 261.

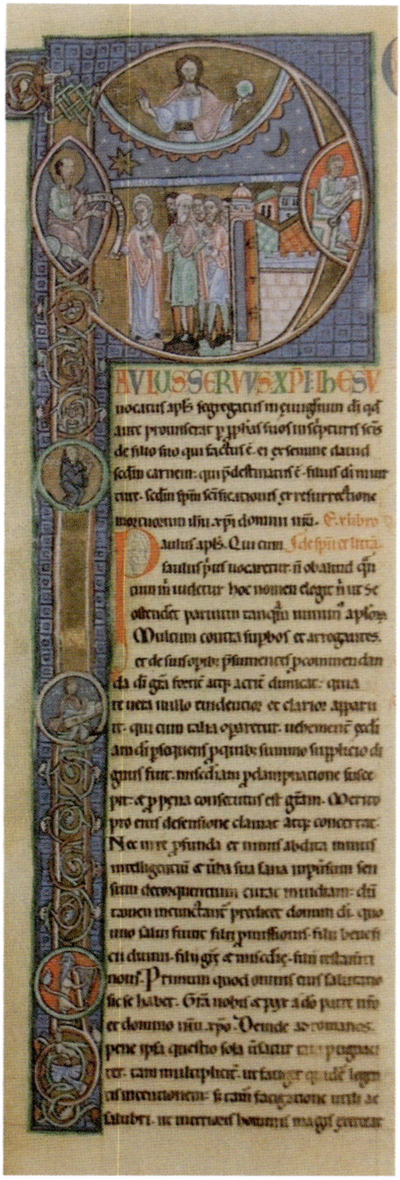

Abb. 12: Paris, Bibliothèque Nationale, Ms. lat. 11575, fol. 1r

Auftraggeber in der Hierarchie der Initiale höher als der Buchmaler angesiedelt, doch hat sich dafür Felix, um den Rang seiner Arbeit zu demonstrieren, mit seiner Bildregie unübersehbar in eine Analogie zu den Figuren des Paulus und des Florus gesetzt: Alle drei, Autor, Kommentator und Maler, sitzen gleichgerichtet nach rechts und hantieren mit Textträgern; wie der Kommentator Florus ist er mit einem Codex beschäftigt.

Im sogenannten Valerianus-Codex, einem bald nach 600 vermutlich in Oberitalien oder Illyrien entstandenen Evangeliar, das im Mittelalter, zumindest seit dem 12. Jahrhundert, der Freisinger Dombibliothek gehörte, findet sich auf fol. 202v mitten zwischen die beiden Textspalten die Miniatur eines goldenen Gemmenkreuzes eingelassen (Abb. 13).[49] Auf den seitlichen Kreuzarmen sitzen flatternde Vögel, darunter hängen die auffälligerweise spiegelbildlich vertauschten griechischen Buchstaben Alpha und Omega, nach Apk 4 die Zeichen von Anfang und Ende aller Zeit. Auf der Spitze des Vertikalbalkens nimmt eine Arkade das Brustbild des nimbierten Christus auf, der hier – wie die Buchstaben seitenverkehrt – seine Linke zum Segen erhoben hat. Genau die Vierung des Gemmenkreuzes ist aber ausgespart, um die Subscriptio des Codex-Schreibers namens Valerianus aufzunehmen: „Ego Valerianus scripsi". Der Schreiber hat damit nicht nur seinen Namen dem Zentrum des ausgezeichnetsten christlichen Symbols für Christi Triumph über den Tod und seine Wiederkehr am Jüngsten Tag einbeschrieben. Inmitten der beiden apokalyptischen Buchstaben Alpha und Omega beansprucht Valerianus eine Fortdauer seines Namens bis ans Ende der Zeit. Zugleich ist es allein der Schreibername, der so in die privilegierte Nähe der Figur Christi und ihres Segensgestus gerät, die Valerianus gewissermaßen für sich privatisiert. Die besondere List des Valerianus besteht – nach der plakativen, verengten Interpretation von Heinrich Klotz – darin, dass er eine der Kernstellen der christlichen

[49] Sog. Evangeliar des hl. Korbinian, München, Bayerische Staatsbibliothek, Clm 6224, fol. 202v. Zur Handschrift und zur Kolophon-Seite mit der Crux gemmata vgl. Carl Nordenfalk, *Die spätantiken Zierbuchstaben*, Stockholm 1970, S. 126 f., 138 f., 156 f.; Rainer Warland, *Das Brustbild Christi. Studien zur spätantiken und frühbyzantinischen Bildgeschichte* (= Römische Quartalschrift für christliche Altertumskunde und Kirchengeschichte. Supplementheft 41), Rom u. a. 1986, S. 120 f.; Katharina Bierbrauer, Handschriften (wie Anm. 15), S. 14 f., Nr. 3. Für den Text des Kolophons vgl. Bénédictins du Bouveret, Colophons (wie Anm. 2), Nr. 18353.

Abb. 13: München, Bayerische Staatsbibliothek, Clm 6224, fol. 202v

Forderung, den eigenen Namen nicht zu rühmen, nämlich den Galaterbrief 6, 14 des Paulus: „Mihi absit gloriari nisi in cruce domini nostri Jesu Christi" – (‚Mir sei ferne mich zu rühmen, denn allein im Kreuze unseres Herren Jesu Christi') nur vordergründlich wörtlich nimmt, ja umgekehrt, das Paulus-Wort als Legitimation benutzt, um desto wirkungsvoller den eigenen Namen zu zelebrieren.[50] Eine anschauliche Form, ihren Namen zusammen mit der Anrufung Christi und dem bildlichen Lob des Kreuzes zu nennen, haben der benediktinische Schreibermönch Rainaldus und sein – der Farbe seines Habits nach möglicherweise zisterziensischer – Malerkollege in

[50] Heinrich Klotz, Formen der Anonymität und des Individualismus in der Kunst des Mittelalters und der Renaissance, in: *Gesta* 15 (1976), S. 303–312, hier S. 303 f. Für die jüngste Kritik der These vgl. Burg, Signatur (wie Anm. 1), S. 58–60; Legner, Artifex (wie Anm. 1), S. 207–209.

Abb. 14: Douai, Bibliothèque Municipale, Ms. 340, fol. 9r

der „O"-Initiale einer Handschrift aus der Benediktinerabtei Saint-Sauveur im nordfranzösischen Anchin gefunden, die unter der Amtszeit des Abtes Goswin (1131/33–1165) entstanden ist (Abb. 14).[51] Das Buchstabenrund nimmt zwei einander durchdringende Rankenmedaillons auf, die längs der Vertikale und über die ganze Höhe hinweg ein goldenes, auf langem Stab aufgepflanztes Vortragekreuz durchstößt. Beidseits, in den Zwickeln der

[51] Hrabanus Maurus, *De laudibus sanctae crucis*, Douai, Bibliothèque Municipale Ms. 340, fol.9r; vgl. André Boutemy, Enluminures d'Anchin au temps de l'abbé Gossuin (1131/1133 à 1165), in: *Scriptorium* 11 (1957), S. 234–248, hier S. 235 f., S. 246 f.; Pavol Cerny, Die romanische Buchmalerei in der Abtei Saint-Sauveur in Anchin, in: *Nederlands Kunsthistorisch Jaarboek* 36 (1985), S. 31–70; Alexander, Illuminators (wie Anm. 1), S. 16; Cahn, Manuscripts (wie Anm. 47), Bd. 2, S. 159 f., Nr. 133; Maurits Smeyers, *L'Art de la Miniature flamande du VIIIe au XVIe siècle*, Tournai 1998, S. 73 f.; Burg, Signatur (wie Anm. 1), S. 109–111; Legner, Artifex (wie Anm. 1), S. 253.

beiden drahtigen, mit Blüten, Tierprotomen und Menschen- wie Tierfiguren durchsetzten Kreisgeflechte, hat der Buchmaler OLIVER(VS) PICTOR sowohl sich selbst wie den Schreiber RAINALD(VS) SCRI(P)TOR untergebracht: Beide heben sie, links der Schreiber auf dem Rücken eines Elefanten kauernd, rechts der auf dem unteren Rankenrund kniende Maler, symmetrisch ihre Hände zu den Querarmen des Kreuzes empor – akklamierend Rainaldus, der in der Rechten das traditionelle Schreiberinstrument und -attribut, die Feder, hält, im Malakt mit dem Pinsel auf der anderen Seite Oliverus, der mit der anderen Hand einen Codex an seine Brust drückt. Wie der Maler im Bild am Anfang der Handschrift, so interpretierte der Schreiber im zugehörigen, komplexen Verskolophon am Schluss des Codex den jeweiligen Anteil an dem Gemeinschaftswerk.[52] Die Handschrift, die beide schrieben und illuminierten, war eine Abschrift von *De laudibus sanctae crucis*, dem berühmten Zyklus von Figurengedichten zum Lob des heiligen Kreuzes, dem literarischen Erstlingswerk des karolingischen Theologen Hrabanus Maurus († 856), des Abts von Fulda und späteren Erzbischofs von Mainz. Die „O"-Initiale mit den Künstlerbildern, die ein Dedikationsgedicht auf Kaiser Ludwig den Frommen (814–840) einleitet, eröffnet ein hymnisches Lob der kosmischen, Erde und Himmel durchwaltenden Geltung des Kreuzes.[53] Das Rund der Initiale macht diesen kosmischen Zusammenhang dadurch unmittelbar anschaulich, dass sich die beiden übereinander angeordneten Kreisgeschlingen wie Erd- und Himmelsrund durchdringen und das Kreuz diese beiden Zonen durchmisst. Beide Künstler neben dem Kreuz sind also in dieser Initialerfindung des Oliverus im Vorgriff auf ihre Jenseitshoffnung eines Ewigen Lebens in eine

[52] „[...] Magnificis labor artificis donis cumuletur, ipse Deo Rainaldus felix associetur. Pars Oliveri possit haberi notio veri, sitque sodalis tam specialis gratia talis [...]" (fol. 48v–49r); Bénédictins du Bouveret, Colophons (wie Anm. 2), Nr. 16404. Für einen Überblick über das Œuvre des Rainaldus und eine ausführliche Interpretation seiner Schreiberverse (mit Edition) vgl. Richard Gameson, A Scribe's Confession and the Making of the Anchin Hrabanus (Douai, Bibliothèque municipale, Ms. 340), in: Brigitte Dekeyzer/Jan Van der Stock (Hg.), *Manuscripts in Transition. Recycling Manuscripts, Texts and Images* (= Corpus of Illuminated Manuscripts 15), Paris u. a. 2005, S. 65–79.

[53] „O Chr(ist)e salvator rex regu(m) (et) d(omi)n(u)s d(omi)n(o)r(um) qui mundu(m) p(ro)pria dicione gubernas"; für eine Edition vgl. Michel Perrin (Hg.), *Rabani Mauri In honorem sanctae crucis* (= Corpus Christianorum Continuation Mediaevalis 100–100A), Turnhout 1997, S. 13–16.

jenseitige Sphäre mit aufgenommen. Gleichzeitig umspielt die Komposition mit der offen gezeigten Demut vor dem Kreuz und der unübersehbaren Präsenz der beiden in Namen und Bild wiederum die Sentenz des Paulus im Galaterbrief.

Abbildungsnachweis

Abb. 1, 2, 5, 7, 9, 11, 13: Regensburg, Institut für Kunstgeschichte.
Abb. 3: John Williams, Frühe spanische Buchmalerei, München 1977.
Abb. 4: Joachim M. Plotzek – Katharina Winnekes (Hg.), Biblioteca Apostolica Vaticana. Liturgie und Andacht im Mittelalter, Stuttgart 1992.
Abb. 6, 10, 12: Anton Legner (Hg.), Ornamenta Ecclesiae. Kunst und Künstler der Romanik, Bd. 1, Köln 1985.
Abb. 14: Roland Recht, L'image médiévale. Le livre enluminé, Paris 2010.

Hans Hecker

Herrschen – die Arbeit des Fürsten

„... und dann heirateten sie und lebten glücklich auf ihrem Schloss, und wenn sie nicht gestorben sind, dann leben sie noch heute." So enden viele Märchen, die für viele Menschen die Vorstellung von Fürsten und ihrem Leben prägen. Das gilt nicht nur für frühere Zeiten. Sieht man sich die Auflagen diverser Illustrierten und anderer bunter Blätter an, dann erkennt man unschwer, dass auch heute noch solche Bilder verbreitet werden und auf großes Interesse stoßen. Möglicherweise bescheren sie den Leserinnen und Lesern etwas, worüber sie selbst nicht verfügen: ein Leben in Reichtum, Glanz und Glamour, in Abendkleid, Smoking und kostbarem Geschmeide. Was die Hochglanzbilder nicht zeigen, das ist das tägliche Leben dieser Reichen und Schönen, das Leben ohne gestellte Kinder-mit-Hund-Szenen, die Arbeit dieser Menschen. Gewiss, sie stehen nicht am Fließband oder am Friseurstuhl, und sie wohnen in keiner engen Sozialwohnung. Ihre Arbeit ist eine andere, bestimmt von der Härte des Lebens in der Öffentlichkeit, der Wahrung des Erbes und der Tradition bei gleichzeitiger Entwicklung ihrer Individualität, von der Einhaltung der Familiengesetze, nicht zuletzt von den Problemen der Finanzierung dieses Lebensstils. Kann man das als ‚Arbeit' bezeichnen? In der Regel wird nur derjenigen Tätigkeit der Wert der Arbeit zuerkannt, die als ‚nützlich' gilt. Man könnte lange über ‚Nützlichkeit' im Allgemeinen und in den vielfältigen und sich immer weiter verzweigenden Bereichen von ‚Arbeit' philosophieren und streiten. Aber hier soll – zunächst für unsere Gegenwart, innerhalb unseres kapitalistischen oder marktwirtschaftlichen Gesellschaftssystems – jemand sprechen, der sich darin auskannte und dessen Autorität – gerade in der jüngsten Wirtschaftskrise – auch von unseren Managern anerkannt wird: Karl Marx. Marx schreibt in seinem zentralen Werk *Das Kapital:*

> In einer Gesellschaft, deren Produkte allgemein die Form der Ware annehmen, d. h. in einer Gesellschaft von Warenproduzenten, entwickelt sich dieser qualitative Unterschied von nützlichen Arbeiten, welche unabhängig voneinan-

der als Privatgeschäfte selbständiger Produzenten betrieben werden, zu einem vielgliedrigen System, zu einer gesellschaftlichen Teilung der Arbeit.[1]

Das bedeutet: Eine Gesellschaft, die alles nach ihrem Geldwert bemisst und damit alles zur Ware macht, baut ein System zunehmender Arbeitsteilung auf. In diesem differenzierten System ist damit jede Tätigkeit, da sie in irgendeiner Weise zur Ware wird, eine nützliche Arbeit. Somit können wir auch das, was unsere soziale Oberschicht vor den Augen der Öffentlichkeit tut, als Arbeit betrachten. Was die Arbeit und ihren Wert verbindet, ist die Leistung. Die Leistung ist der unmittelbare Anteil des Menschen an der Arbeit, die Erbringung der Arbeit. Ihr Wert bemisst sich am Erfolg der Arbeit, und der lässt sich an der Bereitschaft der Gesellschaft erkennen, für sie zu bezahlen, in der Regel mit Geld, aber auch mit öffentlicher Aufmerksamkeit, mit Respekt, womöglich mit Bewunderung: Gute Leistung gleich gutes Produkt bedeutet einen hohen Wert, schlechte Leistung gleich schlechtes Produkt bedeutet entsprechend einen niedrigen Wert. Dies gilt nicht nur für die materiellen Güter, sondern auch für die diversen Arten von Dienstleistungen und damit nicht zuletzt auch für unsere Politiker, deren Arbeit in der Regel weniger durch geldliche Zuwendungen als hauptsächlich durch den Grad gesellschaftlicher Anerkennung und Zustimmung bewertet wird.

Wie sah das nun in Gesellschaften aus, die noch nicht so deutlich wie heute auf dem Geld- und Warenwert ihrer Arbeit gründeten? In vorkapitalistischer Zeit, im Mittelalter oder in Russland, wo man auch jetzt noch Schwierigkeiten hat, diese Werteskala für die gesamte Gesellschaft in eine verbindliche Leistungsforderung umzusetzen? Auch diesem weiten und komplizierten Themenfeld können hier nur zwei Stichworte gewidmet werden: Erstens, Max Weber führte den Kapitalismus maßgeblich auf den Protestantismus und die daraus resultierende Leistungs- und Verantwortungsethik zurück. Im orthodoxen Russland kam es nicht in gleicher Weise zu einer Reformation und Ausbildung eines – womöglich adaptierten – Protestantismus. Zweitens, der Sozialismus sowjetischer Prägung war, wie sich gezeigt hat, nicht geeignet, diese Werte auf den einzelnen Menschen umzusetzen. Dennoch kann man nicht anders, als auch dort von Arbeit zu

[1] Karl Marx, *Das Kapital. Kritik der politischen Ökonomie*, 3 Bde., Berlin 1962–1969, hier Bd. 1, S. 57.

sprechen, *rabota* als die unmittelbare menschliche Tätigkeit und *trud* als verallgemeinernder und eher abstrahierender Begriff.

Gehen wir nun zurück ins Mittelalter. Im damaligen Europa bildete das Christentum die Grundlage und das Wertesystem, die gesamte Ordnung alles gesellschaftlichen und politischen Lebens. Dazu gehörten auch die slawischen Länder im Osten der christlichen Ökumene, d. h. der von Christen bewohnten Welt. Sie wurden erst vergleichsweise spät christianisiert, während der zweiten Hälfte des 10. Jahrhunderts. Daher hielten sich bei ihnen noch lange Vorstellungen und Bräuche aus der vorchristlichen Zeit. Bei den Russen spricht man sogar vom *dvoeverie*, vom Doppelglauben. Damit bezeichnet man das Nebeneinander christlicher und vorchristlicher Lebensformen. Die russische orthodoxe Kirche war allerdings – wie die lateinische Papstkirche des Westens – darauf bedacht, Heidnisches zu integrieren, indem sie es christlich umdeutete. Wo dies nicht gelang, tolerierte sie den Doppelglauben weitgehend.

Insgesamt sehen wir die mittelalterliche Staats- und Gesellschaftsordnung als eine Ordnung, die auf die christlichen Werte und Vorstellungen, auf die Bibel und religiöse Schriften Bezug nahm, auf ihnen in einem Maße gründete, wie es heute in unserer säkularisierten Welt kaum noch vorstellbar ist. Das Weltbild des Mittelalters war bestimmt von Himmel und Hölle, Gott, Gottesmutter und den anderen Heiligen, Gut und Böse, ewiger Seligkeit und Verdammnis. Alles, was die Menschen sahen und erlebten, hatte Gott geschaffen, gewollt, zugelassen. Empörung gegen die irdischen Verhältnisse bedeutete Empörung gegen die göttliche Ordnung.[2]

Welchen Stellenwert nahm hier die Arbeit ein? In jedem Fall kann gelten, was der 90. Psalm über das Menschenleben sagt:

> Die Fülle unserer Jahre ist siebzig, und ist Kraft uns beschieden, wir kommen auf achtzig. Die meisten von ihnen sind Plage und vergebliche Mühe; rasch enteilen sie, im Fluge sind wir dahin.[3]

Hier soll nicht weiter von der Klage über das kurze Menschenleben die Rede sein. Vielmehr geht es im Hinblick auf unser Thema „Wert der Arbeit“

---

[2] Vgl. das Standardwerk: Arnold Angenendt, *Geschichte der Religiosität im Mittelalter*, Darmstadt [3]2005.

[3] Für die Bibelzitate wird in diesem Beitrag herangezogen: *Die Bibel. Die Heilige Schrift des Alten und Neuen Bundes.* Deutsche Ausgabe mit den Erläuterungen der Jerusalemer Bibel, hg. von Diego Arenhoevel u. a., Freiburg u. a. [2]1969, hier S. 787.

um die Mühe und Plage, die, wie der Psalm sagt, das menschliche Leben bestimmen. Was ist das anderes als die Arbeit, die die Menschen verrichten müssen, um überhaupt leben zu können? Wenn man das Alte Testament, in dem auch das Buch der Psalmen steht, weiter erforscht, findet man immer wieder die Aussage, dass Gott sich in seinen Werken offenbart. Und die Werkzeuge dazu sind die Menschen. Verrichten sie den Auftrag, den Gott ihnen erteilt hat, belohnt er sie, tun sie es nicht, bestraft er sie. In jedem Falle aber zeigt sich in ihrem Tun bzw. im Ergebnis ihres Tuns der Wille Gottes.

Dabei gibt Gott nicht in gleichmacherischer Weise allen Menschen denselben Auftrag, sondern jedem Menschen nach seinem Stand, nach seinem Rang, oder, wieder in der Redeweise der Bibel, an der Stelle, an die Gott ihn gestellt hat. Der Bauer hat das Land zu bestellen, der Händler hat Handel zu treiben, der Krieger hat im Kampf zu bestehen und was der Aufgaben mehr sind, immer nach Maßgabe Gottes, und der Fürst hat sein Volk zu führen, anzuleiten – zu herrschen, zu regieren. Der christliche Fürst orientiert sich dabei an den christlichen Schriften und Geboten. Das muss nicht heißen, dass er wirklich fromm ist und alle Gebote exakt einhält. Das ist für einen Politiker, auch für einen mittelalterlichen Fürsten, solange er Realpolitik treibt, gar nicht möglich. Wenn er sich vor die Notwendigkeit gestellt sieht, die Wahrheit zu unterdrücken, hart gegen Wehrlose zu sein, Konkurrenten zumindest politisch auszuschalten oder seine Anhänger und Vertrauten in Ämter einzusetzen, denen sie eigentlich nicht gewachsen sind, auf die er sich aber verlassen kann, dann tut er dies nicht immer nur, um an die Macht zu kommen und sie abzusichern, sondern er kann auch durchaus aus dem Gefühl der Verantwortung für das Ganze handeln. Aus seiner Sicht kann er beides meistens auch gar nicht trennen. Entscheidend kommt es für ihn darauf an, das Bild eines christlichen Herrschers in der Öffentlichkeit abzugeben. Oder anders ausgedrückt: Er muss dafür sorgen, dass es in seiner Umgebung Personen gibt, die seine Politik, sein Handeln, seinen Lebenswandel als christlich interpretieren und ein entsprechendes Bild von ihm unter das Volk bringen.[4]

[4] Zu dieser Thematik siehe ausführlicher meinen Aufsatz über: Heiligkeit des Herrschers als politisches Instrument, in: Wilhelm G. Busse (Hg.), *Religion und Herrschaft in Mittelalter und Renaissance*, Düsseldorf (erscheint demnächst).

Im Mittelalter ist dies die Aufgabe vor allem der Mönche, der Kleriker im Dienste des Hofes, die über alles Schriftliche herrschen, also auch die Chroniken und Viten, die Lebensbeschreibungen, verfassen. Als Beispiel mag hier das Nachleben Vladimirs I. des Heiligen in den russischen Chroniken dienen.[5] In der Kiever Rus', der ersten russischen Staatsbildung, war er der Herrscher, der 988 das Christentum als offizielle Religion einführte. Bis dahin war er ein äußerst aktiver Heide gewesen, wenn es so etwas gibt. Seine Sünden waren zahlreich, seine Frauengeschichten noch zahlreicher. Vermerkten die frommen Chronisten diese Ausschweifungen des Heiden Vladimir streng als schwere Sünden, so fanden sie doch nach seiner Taufe, dass er dem großen Salomo gleiche, der 800 Frauen und 300 Beischläferinnen gehabt habe und doch zum Heil gefunden habe.[6] Und von dem Christen Vladimir schrieben sie dann, er sei der

> neue Konstantin des großen Roms, der sich selbst und sein Volk hatte taufen lassen; gleichermaßen handelte auch dieser [Vladimir]. Denn wenn es ihn auch früher als Heide nach sündiger Sinnenlust verlangt hatte, befleißigte er sich später doch der Reue [...].[7]

Und dann zählt für sie nur noch seine politische Leistung, vor allem die Annahme des Christentums. Im Falle Vladimirs I. des Heiligen ging sie, anders als bei anderen Herrschern, die das Christentum einführten, nicht etwa auf ein Glaubenserlebnis, ein Wunder, ein Eingreifen des Himmels zurück, sondern auf ein rein machtpolitisches Kalkül. Der verschlagene Fürst, der von seiner Macht so listigen wie brutalen Gebrauch machte, schaffte es, die nicht mehr zu umgehende Christianisierung mit militärisch-politischem Druck auf den byzantinischen Kaiser zu verbinden. Dessen Notlage nutzte er aus und er zwang ihn, ihm, dem kleinen Räuberfürsten aus dem Norden, seine Schwester, die purpurgeborene Anna, die höchstrangige Prinzessin der gesamten Christenheit, zur Frau zu geben. Ein solcher Erfolg war nicht einmal dem Kaiser des Abendlandes Otto II. gelungen. Dass Vladimir nach der Taufe der Rus' die christliche Kirche förderte, diente vor

---

[5] Zum Folgenden siehe: ebd. allgemein und grundlegend: Hartmut Rüß, Das Reich von Kiev, in: Manfred Hellmann u. a. (Hg.), *Handbuch der Geschichte Russlands*, 5 Bände, Stuttgart 1976–2004, hier Band 1, S. 302–323.

[6] Vgl. *Rauchspur der Tauben. Radziwiłł-Chronik*, aus dem Altrussischen übertr. und hrsg. von Helmut Graßhoff u. a. unter Mitarbeit von Jutta Harney, Leipzig/Weimar 1986, S. 88.

[7] Ebd., S. 134.

allem der Sicherung und dem Ausbau der eigenen Macht. Auf Vladimir beriefen sich im 13. Jahrhundert seine Nachfolger im Machtkampf, sie ließen ihn heilig sprechen und machten ihn zu einem der großen Nationalheiligen. In der hagiographischen Vitenliteratur war sein Bild entsprechend ausgeschmückt worden.

Das Bild, das die Herrscher von sich entwarfen oder entwerfen ließen, orientierte sich sehr eng an den Berichten der Bibel über große Könige und gute Herrschaft. Die vielen Zitate und Anspielungen aus dem Alten und dem Neuen Testament können hier nicht annähernd auch nur erwähnt werden. Hier sollen nur beispielhaft aus einem zentralen Text des Alten Testamentes einige Verse zitiert werden. Es handelt sich um den 101. Psalm, eine Art Fürstenspiegel:

> Nicht stelle ich mir vor Augen eine Sache, die Sünde ist.
> Wer Böses verübt, den hasse ich, nicht habe ich Gemeinschaft mit ihm.
> [...]
> Wer insgeheim seinen Nächsten verleumdet, den will ich vernichten.
> Wer stolzen Blickes ist und aufgeblasenen Sinnes, ich will ihn nicht dulden.
> Meine Augen suchen im Land die Getreuen, sie sollen wohnen bei mir.
> Wer wandelt auf dem rechten Wege, der soll mir dienen.
> Nicht darf im Hause mir wohnen, der übet Betrug.
> Und wer lügnerisch redet, vor meinen Augen soll er nimmer bestehn.
> Morgen für Morgen vernichte ich alle Frevler im Lande;
> Und banne aus Jahwes Stadt alle die Bösen.[8]

Sieht man genau hin, so bemerkt man, dass hier Herrschaftstechnik beschrieben wird. Es geht um nichts anderes als um Stabilisierung und Ausweitung der Macht des Herrschers: gegen alle inneren und äußeren Feinde, die Bösen, Ruchlosen, Frevler zu kämpfen und alle diejenigen heranzuziehen und zu fördern, die dem Herrscher treu und nützlich sind.

Damit ist der eine Teil der Arbeit des Fürsten beschrieben. Der andere Teil, die Sorge um und für das Volk, die aus Nächstenliebe geübte Wohltätigkeit, die Förderung des Kirchenbaus und insbesondere auch das gerechte Gericht, finden wir an vielen Stellen dargestellt, am ausführlichsten am Beispiel Salomos, des großen Königs und Vorbildes für alle Könige.[9] Was Salomo erreichte, war ein Zustand des inneren und äußeren Friedens und

[8] Ps 101, 3 und 5–8, in: Die Bibel (wie Anm. 3), S. 792.

[9] Vgl. 1. Kön 3–11; ebd., S. 422–438.

allgemeinen Glückes, Vorbild für alle Herrscher. Da heißt es im Alten Testament, nachdem der Reichtum und die gute Versorgung Salomos und aller Menschen in seiner Umgebung geschildert worden sind:

> Er beherrschte ja alles Land jenseits des Stromes von Tiphsach bis Gasa, alle Könige jenseits des Stromes; und er hatte Frieden mit allen ringsum. Und es wohnten Juda und Israel in Sicherheit, ein jeder unter seinem Weinstock und unter seinem Feigenbaum, von Dan bis Beerscheba, solange Salomo lebte. Juda und Israel waren so zahlreich wie der Sand am Meere; sie aßen und tranken und waren fröhlich. Salomo aber war Herrscher über alle Königreiche vom Strom bis zum Philisterland und bis zur Grenze Ägyptens. Sie brachten Tribut und waren Salomo untertan, solange er lebte.[10]

Die vielen Zitate und Erwähnungen Salomos und seines Königtums im mittelalterlichen Schrifttum, auch im russischen, damals zum größten Teil Übersetzungen aus dem Griechischen und Südslawischen, lassen erkennen, wie bekannt gerade diese biblischen Texte waren. Sie boten *das* Modell musterhaften Herrschertums.

Den Geist und den Duktus dieser alttestamentarischen Texte finden wir also an zahllosen Stellen der altrussischen Schriften wieder. Von diesen interessiert uns vor allem die Selbstdarstellung eines der bedeutendsten russischen Fürsten des Mittelalters. Er hat sie selbst verfasst, aber nicht ‚Selbstdarstellung' genannt, sondern, wie es sich für einen guten Herrscher gehört, als Gabe an andere deklariert, als Belehrung für seine Kinder und Erben: das *Poučenie Vladimira Monomacha*, die *Belehrung des Vladimir Monomach.*

Vladimir II. Vsevolodovič mit dem aus dem Griechischen übernommenen Beinamen Monomach war einer der bedeutendsten Herrscher der Kiever Rus' (1113–1125).[11] Ihm gelang es, das vom Zerfall bedrohte Reich noch einmal zu stabilisieren, es mit einer Rechtsordnung, der *Russkaja Pravda*, im Innern zu befrieden und es durch erfolgreiche Feldzüge nach außen abzusichern. Es war die große und zugleich letzte Blüte des Kiever Reiches. Seine *Belehrung* verfasste er 1117, also inmitten seiner schwierigen, aber

[10] 1. Kön 5, 4–5; 4, 20; 5,1; ebd., S. 424.

[11] Vgl. Rüß, Reich (wie Anm. 5), S. 333–335; Karsten Brüggemann, Lemma „Vladimir (II.) Vsevolodovič Monomach, Fs. v. Kiev", in: Liselotte Lutz (Hg.), *Lexikon des Mittelalters*, Bd. 8, München/Zürich 1997, Sp. 1794–1796; Hans-Joachim Torke, Lemma „Vladimir Monomach", in: ders. (Hg.), *Lexikon der Geschichte Rußlands. Von den Anfängen bis zur Oktober-Revolution*, München 1985, S. 405 f.

erfolgreichen Herrschaftszeit. Überliefert ist sie in der Laurentius-Chronik, in die sie wohl zufällig hineingeraten ist. Sie gehört von der Gattung her zu den Politischen Testamenten, die eine Reihe altrussischer Fürsten verfasst haben.[12] Sie enthalten Berichte über das eigene Leben, Rechenschaft über die eigene Politik, wobei die Auseinandersetzungen mit inneren Gegnern und Feldzüge gegen äußere Feinde eine zentrale Rolle spielen, Betrachtungen über Gott, Religion und das eigene Verhältnis dazu, Ermahnungen und Belehrungen für die Kinder und Nachfolger, dann auch Regelungen zur Verteilung des Erbes. Dem Versuch, sich vor der Nachwelt zu rechtfertigen, steht oftmals auch die Neigung zu selbstquälerischen Zweifeln und Bekenntnissen eigener Fehler gegenüber. Insgesamt handelt es sich, abgesehen von den sachlichen Passagen wie Verteilung des Erbes und politische Erfahrungen und Hinweise, um den Versuch, den Wert der eigenen Arbeit als Herrscher einzuschätzen und die Weichen für das Urteil der Nachwelt zu stellen. Sie alle sind von vielen, zum großen Teil wörtlichen Bibelzitaten aus dem Alten und dem Neuen Testament durchsetzt. Die fürstlichen Autoren kannten zweifellos die Bibel und die kirchlichen Texte, die zur Zeit Vladimir Monomachs nahezu ausschließlich die Literatur der Rus' darstellten. Das prägte auch die Sprache dieser Texte. Die vielen Zitate aus der Bibel und frommen Hinweise sind eben auch – in der Sprache der Zeit – ständige Berufungen auf Gott als die höchste und entscheidende Instanz zur Legitimierung der eigenen Herrschaft – und zur Beurteilung der eigenen Arbeit.

Bei Vladimir Monomachs *Belehrung* handelt es sich um einen sehr persönlich gehaltenen Text.[13] Er beginnt mit einer Schilderung der Umstände, unter denen er den Plan zu seiner Schrift gefasst hat:

> Im Schlitten sitzend, habe ich in meiner Seele allerlei Gedanken erwogen und Gott gepriesen, der mich Sünder bis auf den heutigen Tag beschirmt hat.[14]

[12] Rauchspur (wie Anm. 6), S. 15. Die späteren Herrscher in der Rus', die Moskauer Großfürsten, verfassten in der Regel Politische Testamente, die sie auch so bezeichneten (*duchovnaja gramota*). Dazu: *The Testaments of the Grand Princes of Moscow*, translated and edited with Commentary by Robert Craig Howes, Ithaca/New York 1966; Günther Stökl, *Testament und Siegel Ivans IV.* (Abhandlungen der Rheinisch-Westfälischen Akademie der Wissenschaften), Band 48, Opladen 1972.

[13] Die deutsche Übersetzung ist abgedruckt in: Rauchspur (wie Anm. 6), S. 365–379, weiterhin zitiert als: „Belehrung".

[14] Ebd., S. 365.

Auf einer der langen Fahrten im Winter durch sein Reich hat der Großfürst also Zeit, sich Gedanken über sein Leben und seine Arbeit zu machen, und über die Nutzanwendung für seine Kinder und alle anderen, die es angeht. Die Worte sind nicht zufällig gewählt. Wenn Vladimir Monomach sich selbst als Sünder hinstellt, den Gott bis jetzt beschirmt hat, dann vollzieht er zuerst die Demutsgeste, die in allen dieser Schriften zu finden sind: der Herrscher als Sünder, der als solcher eigentlich seiner Stellung und Aufgabe als Fürst nicht gewachsen wäre, wenn nicht Gott ihm beistünde. Die Tatsache, dass Gott ihn beschirmt, d. h. ihm zur Herrschaft verholfen und andauernden Erfolg verliehen hat, beweist, dass er sich zu Recht gegen alle Konkurrenten und Nebenbuhler durchgesetzt hat und auf dem Thron sitzt.

Dann geht es sehr persönlich weiter. Mit seiner Aufforderung, Gott zu fürchten und ihm durch Wohltätigkeit zu gefallen, stellt er sich als Herrscher dar, der zuallererst Christ ist und darauf sein Leben und seine Arbeit aufbaut.

> Meine Kinder – oder wer anders dieses Schreiben zur Kenntnis bekommt –, macht euch nicht darüber lustig, sondern wem von meinen Kindern es gefällt, der möge es in seinem Herzen bewahren; und er wird nicht untätig sein, sondern sich redlich mühen.
> Vor allem, um Gottes und eurer Seele willen, fürchtet Gott in eurem Herzen und spendet reichlich Almosen, denn dies ist der Anfang alles Guten. Wem aber dieses Schreiben nicht gefällt, der möge nicht spotten, sondern sagen: Auf einer weiten Reise, im Schlitten sitzend, hat er ungereimtes Zeug dahergeredet.[15]

Es folgen lange Zitate aus den Psalmen. Darin eingeschoben sind zunächst Belehrungen, die in den Bereich der guten Erziehung gehören: anständiges Benehmen beim Essen, Höflichkeit gegenüber Älteren, offenes und freundliches Verhalten auch gegenüber Personen niederen Standes, kontrolliertes Sexualverhalten, dies allerdings nur als Gebot für Männer:

> Man soll mit üblen Frauenzimmern keine Unterhaltung pflegen, die Augen gesenkt halten und die Seele erheben, um ihnen zu entgehen.[16]

Mittendrin steht dann aber eine Regel, die nur für hochgestellte Personen, ja eigentlich nur für Fürstenkinder passt:

---

[15] Ebd.

[16] Ebd., S. 368.

Man soll nicht unterlassen, die Machtgierigen zu belehren, und soll auf allgemeine Verehrung keinen Wert legen.[17]

Das Gebot, die Machtgierigen zu belehren, heißt nichts anderes, als mögliche Rivalen im Zaum zu halten. Selbstbewusstsein und Behauptung der eigenen Machtposition ihnen gegenüber muss sein, aber, so betont der Großfürst, Bescheidenheit ziert auch den Fürsten.

Nach erneuten langen Gebeten und Lobpreisungen kommt der Autor zu der eigentlichen Belehrung. In ihrer demonstrativen Bescheidenheit und leicht ironischen Wirklichkeitsnähe ist die Einleitung kennzeichnend:

> Das Folgende [...] ist eine Belehrung, die meinem eigenen schwachen und törichten Geist entstammt. Hört mich an: Werdet ihr euch auch nicht alles zu Herzen nehmen, so doch wenigstens die Hälfte.[18]

Vladimir Monomach kannte also die Menschen, insbesondere seine Adressaten. Ganz leicht klingt durch, was wir von vielen starken Politikerpersönlichkeiten kennen: der Zweifel, ob die Jungen, die nach ihm kommen, den vielfältigen Anforderungen der Arbeit des Herrschers überhaupt gewachsen seien.

Die eigentliche Belehrung beginnt wiederum mit der Aufforderung, fleißig zu beten bei Tag und Nacht,

> denn durch solches Verneigen und Beten in der Nacht besiegt der Mensch den Teufel und wird dadurch seiner Sünden ledig, die er am Tag begangen hat. Wenn ihr so dahinreitet und mit niemand etwas zu regeln habt, so sprecht, falls ihr keine anderen Gebete herzusagen vermögt, ständig im stillen vor euch hin: ‚Herr, erbarme dich¡ Denn dieses Gebet ist das beste. Dies ist viel besser, als beim Reiten über ungereimtes Zeug nachzugrübeln.[19]

Fleiß und Konzentration sind also angesagt, gedankliche Zucht, angetrieben und verstärkt durch das Gebet „Herr erbarme dich", das durch ständige Wiederholung geradezu zum Mantra wird.

Die nachfolgenden Mahnungen sind für Herrscher gedacht: Er soll die Armen speisen und die Waisen beschenken, also Wohltätigkeit üben – aber nicht nur das: Wenn Vladimir Monomach von ihm verlangt, den Witwen zu ihrem Recht zu verhelfen und ‚die Mächtigen' daran zu hindern, „einen

[17] Ebd.

[18] Ebd., S. 370.

[19] Ebd., S. 370 f.

Menschen zugrunde zu richten“[20], dann geht es über den Schutz für die Schutzlosen hinaus schon um die Forderung nach Rechtssicherheit.

Wichtig, insbesondere zu einer Zeit, die üblicherweise die Körperstrafe bis zur Todesstrafe kennt, ist die nicht weiter begründete Ablehnung der Todesstrafe. Sie näher zu begründen, hält der Autor nicht für erforderlich, für ihn reicht offensichtlich der ständig wiederholte Bezug auf Gott und seine Kirche aus:

> Tötet weder einen Unschuldigen noch einen Schuldigen und gebt auch nicht den Befehl dazu. Sogar wenn er den Tod verdient haben sollte, richtet dennoch keine christliche Seele zugrunde.[21]

Eine ausgesprochen zeitlose Forderung an alle Politiker spricht der Großfürst aus, wenn er schreibt, man solle genau prüfen, was man beschwört, vor allem im Hinblick darauf, ob man den geleisteten Eid später auch wirklich einhalten kann.

Für diese und noch lange Zeit später (übrigens auch im heutigen Russland wieder wichtig) ist die Aufforderung, sich immer mit den Würdenträgern der Kirche gut zu stellen:

> Von den Bischöfen, Popen und Äbten empfangt in Liebe den Segen, geht ihnen nicht aus dem Wege, seid ihnen freundschaftlich gesinnt und sorgt euch nach Kräften um sie, damit ihr durch sie Gottes Segen empfangt.[22]

Dieser Gottessegen war nicht nur rein geistig-geistlich gedacht, sondern hatte einen ganz konkreten Hintergrund. Der Herrscher brauchte in seinem Land die Kirche, um seinen Thron zu behaupten und seine Politik durchsetzen zu können. Das gilt insbesondere für die vom Zerfall bedrohte Kiever Rus’; dort stellte die russische orthodoxe Kirche die stabilste Gemeinsamkeit und die stärkste Institution gegenüber den russischen Teilfürsten dar, die auf ihre Selbständigkeit pochten und ihre andauernden Machtkämpfe rücksichtslos austrugen. Unmittelbar schließt der Kiever Herrscher in diesen Zusammenhang das Gebot der Demut und den Gedanken an, dass auch die Herrschermacht nur auf Zeit verliehen sei – von Gott:

> Vor allem hegt keinen Stolz in eurem Herzen und eurem Sinn, sondern sprecht: ‚Wir sind sterblich, heute leben wir, aber morgen sinken wir ins Grab. Alles,

[20] Ebd., S. 371.

[21] Ebd.

[22] Ebd.

> was du uns gegeben hast, gehört nicht uns, sondern dir. Du hast es uns nur für kurze Zeit anvertraut […].‘[23]

Wie sehr Vladimir Monomach aus seinen eigenen Erfahrungen schöpfte, zeigen die Belehrungen, die das ganz praktische Regierungshandwerk betreffen:

> In eurem Haus seid nicht untätig, sondern sehet selbst nach allem. Verlasst euch nicht auf den Verwalter oder einen jungen Bediensteten, damit eure Besucher nicht über euer Haus oder euer Mahl spotten. Auf einem Kriegszug seid nicht untätig, und verlasst euch nicht auf eure Heerführer.[24]

Auch vor acht Jahrhunderten galt für den umsichtigen Herrscher die Devise: Vertrauen ist gut, Kontrolle ist besser. Wer in der Politik erfolgreich sein will, muss alle Fäden in der Hand behalten. Das bedeutet jedoch, nicht untätig sein, sondern arbeiten, arbeiten, arbeiten.

Eine weitere zeitlose Politikerregel heißt: Wachsam sein, auf der Hut sein. Man könnte nicht nur die Macht verlieren, sondern auch das Leben:

> Ergebt euch nicht dem Essen, Trinken und Schlafen. Stellt selbst die Wachen auf. Legt euch nachts erst dann zum Schlafen nieder, wenn ihr auf allen Seiten die Wachen ausgestellt habt, und steht zeitig auf. Legt eure Waffen nicht voreilig ab, es aus Bequemlichkeit an Umsicht fehlen lassend; nur allzu schnell kann der Mensch umkommen.[25]

Eine Herrschaft, eine Politik wird erst dann erfolgreich, das betont Vladimir Monomach immer wieder, wenn man großzügig ist, wohltätig, mit den Menschen redet, und zwar verständig, nicht herablassend – und wenn man weiß, was man will, sich auch nicht von der eigenen Frau beeinflussen lässt:

> Liebt eure Frau, doch räumt ihr keine Macht über euch ein.[26]

Auch nützt es einem Herrscher, sich nach Kräften fortzubilden:

> Was ihr an Gutem beherrscht, das vergesst nicht, und was ihr nicht beherrscht, das lernt, wie es mein Vater getan hat, der, während er zu Hause saß, fünf Sprachen gelernt hat; denn dadurch erwirbt man sich Verehrung in anderen Ländern.[27]

---

[23] Ebd.

[24] Ebd.

[25] Ebd., S. 371 f.

[26] Ebd., S. 372.

[27] Ebd.

Es ist ein nach wie vor aktueller Gedanke: Fremdsprachen zu sprechen, denn das ist nicht nur bei Verhandlungen praktisch und nützlich, sondern es trägt einem auch in den jeweiligen Ländern Sympathien ein; und diese lassen sich, so kann man den Gedanken weiterspinnen, auch wieder politisch ausmünzen.

Und immer wieder geradezu wie ein Mantra: arbeiten, arbeiten:

> Die Trägheit ist nämlich die Wurzel allen Übels [...]. Die Sonne darf euch nicht noch im Bett vorfinden; so hat es mein seliger Vater gehalten und alle tüchtigen und würdigen Männer um ihn.[28]

Das heißt, die ganze Regierung hatte ständig wach, aufmerksam und aktiv zu sein. Nach dem frühzeitigen Beginn des Tages mit der Frühmesse und der Bitte um Gottes Beistand, geht es ans Regieren und die sonstige Arbeit des Herrschers:

> Und dann soll man sich mit der Drushina[29] zusammensetzen und beraten, oder man soll den Leuten Recht sprechen, auf die Jagd reiten, Abgaben einziehen oder man soll sich schlafen legen. Der Schlaf zu Mittag ist von Gott bestimmt; zu dieser Zeit nämlich ruhen die Tiere, die Vögel und auch die Menschen.[30]

Dieser Herrscher wusste damals bereits, wovon die moderne Forschung glaubt, es neu entdeckt zu haben, dass nämlich ein Schläfchen am Mittag die Arbeitsfähigkeit ungemein steigert.

Im anschließenden Teil seiner *Belehrung* berichtet Vladimir Monomach aus seinem Leben. Was er bisher an Lehren und Ermahnungen erteilt hat, das belegt er nun mit einem Rückblick auf seine bisherige Arbeit als Herrscher. Darin nehmen die Berichte über seine Kriege den allergrößten Teil ein. Diese Berichte übergehen wir. Zu erwähnen sind daraus zwei Aspekte: zum einen das Kriegshandwerk, das er intensiv ausübte, und zum andern der Beistand Gottes und der Gottesmutter, der in seinen Siegen erkennbar war.

Am Ende berichtet Vladimir Monomach von seinem massiven Körpereinsatz auf der Jagd und im Krieg, ein Einsatz, der wirklich von harter Arbeit zeugt, von einem, der vor nichts zurückschreckte:

---

[28] Ebd.

[29] Die Drushina ist das enge Gefolge, sie berät den Herrscher und setzt seine Befehle um.

[30] Ebd.

> In den dichten Wäldern habe ich zehn oder auch zwanzig lebende Wildpferde zusammengebunden, abgesehen davon, dass ich zuvor diese Wildpferde beim Ritt durch Flur und Steppe auch mit meinen eigenen Händen gefangen habe. Zwei Auerochsen haben mich mitsamt dem Pferd auf ihre Hörner genommen, ein Hirsch hat mit seinem Geweih nach mir gestoßen. Auch mit zwei Elchen musste ich Bekanntschaft machen [...]. Ein wilder Eber hat mir das Schwert von der Hüfte gerissen, ein Bär zerriss mir am Knie die Schweißdecke, ein fauchendes wildes Tier ist mir auf die Schenkel gesprungen und hat mich mitsamt dem Pferd umgerissen [...]. Häufig bin ich vom Pferd gefallen, zweimal habe ich mir den Kopf verletzt, Arme und Beine habe ich mir wund geschlagen [...].[31]

Diese Blessuren hat er sich als jugendlicher Abenteurer eingehandelt, als er noch leichtsinnig und ohne Verantwortung war. Aber wenn Vladimir zwischendurch einflicht: „Doch Gott hat mich vor Schaden bewahrt."[32] – warum tat Gott das wohl? Aus keinem anderen Grund, als um zu zeigen: Er will ihn als den Fürsten erhalten, den er zur Herrschaft berufen und legitimiert hat.

Und als solcher hat er sich vor keinerlei Arbeit gescheut, er kennt also alle Tätigkeiten von der Pike auf. Das macht er deutlich, wenn er schreibt:

> Arbeiten, die zu den Obliegenheiten meines Knechtes gehörten, habe ich selbst verrichtet – im Kriege und auf der Jagd, in der Nacht und am Tage, bei Hitze und Kälte, ohne mir Ruhe zu gönnen.[33]

Und dann wiederholt er noch einmal, was er eingangs den Lesern nahegelegt hatte, diesmal jedoch nicht als Mahnung, sondern als autobiographischen Erfahrungsbericht:

> Auf die Possadniki [= Statthalter] und die Hüter der öffentlichen Ordnung habe ich mich nicht verlassen. Was notwendig war, habe ich selbst getan. Auch in meinem Hause habe ich alle Weisungen selbst erteilt. Für die Jäger habe ich die Jagdanordnungen getroffen. Desgleichen kümmerte ich mich um die Pferdeknechte und sah nach den Falken und Habichten.
>
> Ferner habe ich keine Kränkung seitens der Mächtigen gegenüber einem armen Bauern oder einer verarmten Witwe geduldet. Kirchenordnung und Gottesdienst habe ich persönlich überwacht.[34]

---

[31] Ebd., S. 378.

[32] Ebd.

[33] Ebd., S. 378 f.

[34] Ebd., S. 379.

Abschließend betont Vladimir Monomach erneut, dass er sich nicht selbst loben will, sondern sich als Werkzeug Gottes betrachtet,

> weil er mich elenden Sünder so viele Jahre vor dem Tode bewahrt und mich Elenden nicht träge, sondern für jegliche menschliche Tätigkeit tauglich gemacht hat.[35]

Die Erfahrung, dass Gott einen so lange bei Gesundheit und Leben erhält, solange er ihn an seinem Platz haben will, solange er also seine Arbeit schätzt, gibt er noch einmal seinen Kindern mit:

> Denn wie ich weder durch Krieg, noch durch wilde Tiere, durch Wasser oder einen Sturz vom Pferde Schaden genommen oder das Leben verloren habe, so kann keiner von euch Schaden nehmen oder das Leben verlieren, solange es nicht Gottes Wille ist.[36]

Bei aller Zeitgebundenheit finden sich in der *Belehrung* des Vladimir Monomach viele Regeln und Ratschläge für das Leben und die Arbeit der Politiker, die ihre Gültigkeit niemals verloren haben und oftmals ausgesprochen modern und aktuell wirken.

Im Stil anders, im sachlichen Inhalt – hinsichtlich des Rahmenthemas – ganz ähnlich ist das Politische Testament eines anderen großen Herrschers: Ivans IV., des ‚Schrecklichen'.[37] Mit seiner Regierungszeit 1547–1584 steht er, der erste gekrönte Zar Russlands, am Ende des Mittelalters und an der Schwelle zur Neuzeit. Dass dieser junge Großfürst erstmalig zum *Zaren von Moskau und der ganzen Rus'* gekrönt wurde, markiert glanzvoll den Aufstieg Moskaus zum neuen, mächtigen Zentrum der Rus' und im Osten der christlichen Welt. Nachdem die Politik des *Sammelns der russischen Lande* die russischen Fürstentümer der Moskauer Oberhoheit unterworfen hatte, vollendete er diesen Prozess, indem er sich schließlich mit dem Zartum mit der höchsten Würde ausstattete, die seine Vorgänger bereits angestrebt hatten.

Ivan IV. war ein hochintelligenter, äußerst gebildeter Mann, ein weitblickender Politiker und bewanderter Theologe, aber er war offensichtlich

---

[35] Ebd.

[36] Ebd.

[37] Auf die Ähnlichkeit beider Texte weist Stökl, Testament (wie Anm. 12), S. 34 f. hin, er nimmt auch an, dass Ivan IV. die *Belehrung* Vladimir Monomachs gekannt hat. Aus der sehr umfangreichen Literatur zu Ivan IV. und seiner Zeit sei hier nur verwiesen auf das aus dem Russischen übersetzte Werk: Ruslan G. Skrynnikow, *Iwan der Schreckliche und seine Zeit*, mit einem Nachw. von Hans-Joachim Torke, München 1992.

psychisch krank. Der Zwiespalt, in dem er unausweichlich steckte, zwischen den Geboten der christlichen Kirche einerseits und den Forderungen effizienten Regierens andererseits zerrissen zu sein, trieb ihn zeitweise geradezu zur Verzweiflung. Denn er war sich dessen mehr als bewusst, als Herrscher immer wieder seine Politik gegen vielfache Widerstände, auch gegen viele christliche Gebote, mit größter Härte durchsetzen zu müssen. Außerdem erkannte er klar, wie heftig er mit seiner Unbeherrschtheit und Lasterhaftigkeit auf den Druck seines Amtes reagierte, und er sah auch, dass es das Amt war, dass ihm mit seinem komplizierten Charakter ein derart zügelloses Sünderleben ermöglichte. Trotz seines Beinamens war er jedoch, auf das Ganze gesehen, nicht schrecklicher als andere Herrscher seiner Zeit.[38]

Ivan IV. beginnt sein Testament mit einer verzweiflungsvollen Beichte.[39] Darin bezichtigt er sich – gewiss nicht zu Unrecht – der schlimmsten Sünden, Laster und Verbrechen, die er auch ziemlich detailliert schildert. Im nachfolgenden Abschnitt erteilt er seinen Nachkommen Belehrungen, die sich der Sache nach nicht von denen Vladimir Monomachs unterscheiden. Mahnung zu Liebe und Eintracht, vor allem zum festen Glauben. Daran schließen sich die praktischen Belehrungen an:

> [...] den Glauben an Gott haltet fest und untadelig, seid standhaft und lernt die göttlichen Dogmen, wie man glauben soll, und wie man Gott Wohlgefälliges verrichten soll, und in welcher Art von Gerechtigkeit man vor dem unbestechlichen Richter stehen soll. Das aber wisset vor allem: Den christlichen orthodoxen Glauben haltet fest, für ihn leidet standhaft bis zum Tode.[40]

(Zum historischen Hintergrund dieser Stelle sei bemerkt, dass Ivan IV. zur Zeit der Glaubensspaltung im Westen lebte. Er interessierte sich sehr für die Reformation, informierte sich auch genau darüber, verurteilte sie aber als doppelte Häresie: Die Lateiner waren die ersten Häretiker, die von ihnen abgefallenen Protestanten die doppelten Häretiker.) Und dann fährt er sehr konkret fort:

---

[38] Dazu ausführlicher: Hans Hecker, Kranksein im Zwiespalt der Macht. Ivan IV. als kranker Herrscher, in: Peter Wunderli (Hg.), *Der kranke Mensch in Mittelalter und Renaissance*, Düsseldorf 1986, S. 79–98.

[39] Der Text ist in kritischer, kommentierter deutscher Übersetzung abgedruckt in: Stökl, Testament (wie Anm. 12), S. 71–84.

[40] Ebd., S. 73.

> Mit dem Kriegswesen macht euch vertraut, soviel wie nur möglich. Aber wie man die Leute halten soll, wie man ihnen gnädig sein und wie man sich vor ihnen hüten soll, und wie man es fertig bringt, sie in allem für sich zu gewinnen, auch damit sollt ihr euch vertraut machen. Menschen, die euch aufrichtig dienen, die sollt ihr begnaden und lieben, sie vor allem schützen, dass sie von niemandem vertrieben werden, und sie werden euch noch aufrichtiger dienen. Welche aber böse sind, auf die legt eure Ungnade nicht sogleich, sondern nach Überlegung, nicht in Wut.[41] Und mit jeglicher Sache macht euch vertraut, mit der göttlichen, mit der priesterlichen, mit dem Moskauer Brauch, und mit allen Umständen des Lebens, wie und welche Ränge hier und in andern Staaten geführt werden, und welche Beziehungen dieser Staat mit anderen Staaten hat, das alles sollt ihr wissen. So auch mit allen Verhältnissen, wer in welcher Weise lebt, und wie man wem gefällig sein kann, und in welchem Maße wer sich hält, mit dem allen sollt ihr euch vertraut machen. Denn die Leute befehlen euch nicht, ihr sollt den Leuten befehlen [...] und ihr werdet selbst über eure Herrschaften herrschen und über die Menschen.[42]

Neben staatspolitischen Ratschlägen ist es also eine ganze Portion allgemeiner Lebensklugheit, die Ivan seinen Lesern auf den Weg mitgibt.

In dem weiteren Text wendet er sich an beide Söhne noch speziell, trägt ihnen Liebe und Eintracht auf. Dazwischen folgen endlose Zitate aus der Bibel, die Ivan der Schreckliche, wie man herausgefunden hat, offensichtlich auswendig diktiert hat. Und schließlich verteilt er, wie es sich für ein Testament gehört, sein Erbe.

Wie aber sah er den Wert seiner Arbeit als reformierender und kriegführender Herrscher beurteilt?

Das steht nicht in dem Testament, sondern das finden wir in etlichen seiner Sendschreiben, vor allem in seinem Briefwechsel mit dem Fürsten Andrej Kurbskij.[43] Dieser war einer seiner engsten Weggefährten gewesen, bis er sich von dem Zaren abwandte, nach Litauen floh und von dort aus die Herrschaft Ivans heftig kritisierte. In seinen vehementen Briefen, die vor üblen Beschimpfungen nur so strotzen, sieht Ivan IV. sich von Kurbskij wie von allen anderen verraten, insbesondere von den Bojaren. Denn die-

[41] Dies hat der schreckliche Ivan selbst am wenigsten beherzigt.

[42] Ebd., S. 73 f.

[43] Von dem publizistischen Werk Ivans IV. gibt es mehrere russische Ausgaben. Hier sei lediglich auf die deutsche Übersetzung des Briefwechsels mit Kurbskij verwiesen: *Der Briefwechsel Iwans des Schrecklichen mit dem Fürsten Kurbskij (1564–1579)*, hg. und eingel. und aus dem Altrussischen übertr. von Karl Stählin unter der Mitw. von Karl H. Meyer, Leipzig 1921.

ser alte, landbesitzende Erbadel sträubte sich am stärksten gegen die zentralistischen Bestrebungen des Moskauer Zentrums. Gegen sie entlädt sich Ivans ganze Wut, sie bekämpfte er erbittert, wobei er vor keinerlei Untat zurückschreckte, und ihnen schreibt er die Missachtung seines Werkes zu: ihrer Überheblichkeit, ihrer Unkenntnis, ihrem Verrat. So bleibt ihm nur die Wendung zu Gott. Ihm nähert sich der Zar als großer Sünder, aber auch mit Zerknirschung und Reue. Und von ihm erwartet er dafür Verzeihung, liebevolle Aufnahme und damit auch die angemessene Wertschätzung seiner harten, von zahl- und maßlosen Sünden gekennzeichneten Arbeit als Herrscher:

> Ich erinnere dich, o Fürst, mit Demut: siehe die Größe der Vorsehung Gottes, welche meine Umkehr von meinen Versündigungen, ja mehr, von meinen Freveltaten erwartet, der ich mehr als Manasse Freveltaten beging, außer dem Abfall [von Gott], und ich verzweifle nicht an der Barmherzigkeit des Schöpfers, in der mir Rettung sein wird, wie er in seinem heiligen Evangelium sagt: er ‚freut sich über e i n e n Sünder, der Buße tut, vor neunundneunzig Gerechten'; [...] Denn wenn auch meine Freveltaten mehr sind als der Sand des Meeres, so hoffe ich doch auf die Gnade der göttlichen Barmherzigkeit: er kann im Abgrund seiner Gnade meine Freveltaten ertränken [...][44]

In seinem Testament verbindet Ivan IV. seine Selbstdarstellung als armer Mensch, der vom Glanz seines Amtes verführt worden ist –

> [...] gleichsam vom Jerusalem der göttlichen Gebote zu den Leidenschaften von Jericho gekommen, ließ ich mich um weltlicher Bemühungen willen von der vergänglichen Schönheit dieser Welt verleiten; und zu den Bürgern dieser Welt geführt, gab ich mich im Geiste ganz dem Purpur des Ruhms und dem Gleißen des Goldes hin [...][45]

– mit der an Gott gerichteten Bitte um Vergebung –

> Du aber Herr bist unser Vater, zu dir flüchten wir und bitten um Gnade [...] Gott, verbinde die Wunden meiner Schwären, und zwar der geistlichen und der leiblichen, und zähle mich zum himmlischen Chor; denn du bist barmherzig, Herr, mein Gott, gib uns Frieden, denn einen anderen als dich kennen wir nicht und deinen Namen begreifen wir [...][46]

und dem klaren Selbstbewusstsein des Herrschers, der von Gott eingesetzt ist und daher Amt und Macht verantwortungsvoll an seine Erben weiterzugeben hat:

---

[44] Ebd., S. 101 f.

[45] Stökl, Testament (wie Anm. 12), S. 71 f.

[46] Ebd., S. 72 f.

> Nun aber müssen nach der Schrift nicht die Kinder den Eltern die Güter bewahren, sondern die Eltern den Kindern [...]. Es spricht der Herr: ‚Durch mich herrschen die Herrscher und setzen die Starken das Recht.' Deshalb biete ich auch euch, meine Kinder, Lehren, soviel mir Verstand gegeben ist von meiner Armut und Gnade und Gottesgabe.[47]

Beide Texte, die *Belehrung* des Vladimir Monomach und das Testament Ivans des Schrecklichen, zeigen: Allein die Hinwendung zu Gott und die unausgesetzte, harte Arbeit begründen und rechtfertigen den Besitz der Macht. Der Thron ist also der von Gott eingeschätzte und bestätigte Gegenwert einer Arbeit als Herrscher, und diese reicht von der persönlichen Erfahrung in und ständigen Beteiligung an der praktischen Arbeit auf allen sozialen Ebenen, bis hinab zur Arbeit der Knechte. Der Wert der Arbeit liegt nicht in ihr selbst, sondern im Besitz und in der Sicherung und Wahrnehmung der von Gott verliehenen Macht.

Sehen wir uns die Aussagen mittelalterlicher Herrscher (und neuzeitlicher Politiker) an, so finden wir sehr häufig ein Stöhnen und Klagen über das Übermaß an Arbeit, die physischen und psychischen Strapazen, die Last der Verantwortung, den Mangel an Verständnis bei den Untertanen und die feindselige Obstruktion ihrer Gegner. Dazu kann man nur sagen: Die wenigsten von ihnen sind an die Macht getrieben worden. Vielmehr haben die allermeisten hart bis erbittert um die Macht gerungen, ob in blutigen Kämpfen des Mittelalters oder in strapaziösen Wahlkämpfen der Neuzeit. Sie wollten und wollen diese Arbeit des Herrschens und Regierens für sich. Verdienen sie deswegen das Mitgefühl, das sie erheischen?

Beim Herrscher des Mittelalters entscheidet Gott über den Wert seiner Arbeit, nämlich ob sein Herrschaftshandeln in seinem Sinne war oder nicht. Je nachdem verleiht er ihm Erfolg oder auch nicht. Und nach dem Verständnis des Mittelalters legitimiert er ihn als rechtmäßigen Herrscher – bis auf weiteres, bestenfalls auf Lebenszeit – oder auch nicht.

Bei unseren heutigen Politikern entscheiden die Wähler über den Wert ihrer Arbeit, nämlich ob ihr Herrschaftshandeln in ihrem Sinn war oder nicht. Je nachdem sprechen sie ihnen Erfolg zu oder auch nicht. Und nach unserem demokratischen Verständnis legitimieren wir sie als Regierung – für die nächste Legislaturperiode – oder auch nicht.

[47] Ebd., S. 73.

Alle Regierenden jeglicher Zeit bemühen sich, ihr Wirken als sinnvoll, erfolgreich und notwendig erscheinen zu lassen. Bei all ihrer Macht – über den Wert ihrer Arbeit entscheiden am Ende andere: Gott, die Wähler und zuletzt die Historiker. Und bei aller Unterschiedlichkeit haben die drei Juroren eines gemeinsam: Man kann auf sie hoffen, aber sie berechnen, das kann man nicht.

Barbara Haupt

Eine Kaiserfamilie und die Arbeit
Zur Faustinian-Erzählung in der deutschen *Kaiserchronik*

Die Erzählung vom Kaiser Faustinian und seiner Familie ist mit ca. 3.000 Versen die umfänglichste Erzähleinheit in der deutschen *Kaiserchronik*, die im zweiten Drittel des 12. Jahrhunderts entstanden ist.[1] Die *Kaiserchronik* mit ihren Biographien der römischen und deutschen Kaiser präsentiert sich als ein historiographisches Werk, aber die historischen Daten werden in starkem Maße von Legenden, Sagen, Wundergeschichten und Anekdoten überlagert. So ist auch der Kaiser Faustinian ein erfundener römischer Kaiser, er ist der fabulöse Bruder des Kaisers Claudius und Vater des Papstes Clemens. Anregung und Stoff für seine romanhaft-legendarische Erzählung hat der Autor, wie Friedrich Ohly und Carl Röhrscheidt gezeigt haben, aus verschiedenen Quellen bezogen: Es sind dies die *Clemensvita* des Johannes Diaconus (9. Jh.) sowie die *Recognitiones* des Rufinus von Aquileja (4. Jh.) und der spätantike, welthaltige *Apolloniusroman* (5./6. Jh.); als eine weitere Quelle habe ich Augustins Schrift *De opere monachorum* ausgemacht.[2]

---

[1] Dieser Beitrag geht zurück auf eine Publikation d. V. aus dem Jahre 1991, allerdings ist aus der Überarbeitung ein ganz neues Konzept geworden. Vgl. Barbara Haupt, Schiffbruch und die Folgen. Arbeit in der Faustinian-Erzählung der ‚Kaiserchronik', in: Karl-Egon Lönne (Hg.), *Kulturwandel im Spiegel des Sprachwandels. Vom 21. – 24. Oktober 1991 in Düsseldorf*, Tübingen u. a. 1995, S. 59–75. Textausgabe: Edward Schröder (Hg.), *Die deutsche Kaiserchronik*, in: Monumenta Germaniae Historica, Deutsche Chroniken I, 1, Dublin/Zürich 1969[3].

[2] Vgl. Friedrich Ohly, *Sage und Legende in der Kaiserchronik. Untersuchungen über Quellen und Aufbau der Dichtung*, Darmstadt 1968, S. 74–84; Carl Röhrscheidt, *Studien zur Kaiserchronik*, Diss., Göttingen 1907, S. 1–64; Tomas Tomasek, Über den Einfluß des Apolloniusromans auf die volkssprachliche Erzählliteratur des 12. und 13. Jahrhunderts, in: Wolfgang Harms/ Jan-Dirk Müller (Hg.), *Mediävistische Komparatistik. Festschrift für Franz-Josef Worstbrock*, Stuttgart/Leipzig 1997, S. 221–239, hier S. 229 f.; Haupt, Faustinian-Erzählung (wie Anm. 1), passim und bes. Anm. 33; Dagmar Neuendorff, *Studie zur Entwicklung der Herrscherdarstellung in der deutschsprachigen Literatur des 9.–12. Jahrhunderts* (= Acta Universitatis Stockholmiensis 29), Stockholm 1982, S. 67 ff. macht außerdem den sogenannten *Defensor* als Quelle geltend (*Defensoris Locogiacensis Monachi Liber Scintillarvm quem Recensvit D.*

Die Geschichte vom Kaiser Faustinian und seiner Familie ist abenteuerlich: sie berichtet, dem Erbe des hellenistischen Romans entsprechend, von Trennungen, von Schiffbrüchen, von harter Arbeit und von wunderbaren Wiederfindungen. Und es ist bemerkenswert, dass in dieser durch ihren Umfang so exponierten Erzählung gerade das Thema ‚Arbeit' stark akzentuiert wird.

Gleich im Vorspann der Erzählung, wo die Mitglieder der Kaiserfamilie vorgestellt werden, heißt es von den Söhnen Faustus und Faustinus:

si liten in der chintheit
manige nôt unt arbeit,
di si wol uberwunden sît.
si verdienten den êwigen lîp.
(V. 1249–1252)

‚Sie erlitten in ihrer Jugend viele Nöte und Mühsal, die sie später überwanden. Sie verdienten das ewige Leben.'

Arbeit ist hier als passives Erdulden zu verstehen, was aber überwunden wird. Wenn dann im unmittelbaren Anschluss von einem Verdienst die Rede ist, welches auf das ewige Seelenheil zielt, so ist zu fragen, ob Arbeit damit als ein „Zugang zur Seligkeit"[3] verstanden werden darf, wie Francis G. Gentry dies in einer Abhandlung zur Geltung bringen will. Die Frage wird später zu beantworten sein.

Das sorgfältig erdachte Kompositionsschema lässt einen im Wesentlichen zweiteiligen Aufbau erkennen:[4] Nach einer Vorgeschichte handelt der erste Teil von der Zerstreuung der Familie Faustinians, der zweite Teil, der

Henricvs M. Rochais O.S.B., in: Corpus Christianorum. Series Latina CXVII, Turnhout 1957). Ich beziehe mich im Folgenden auf die Textausgaben: *S. Clementis Romani Recognitiones Rufino Aquileiensi presb. Interprete [...]*, curante Ernst Gotthelf Gersdorf, in: MPG I, Sp. 1202–1454 (Wiederabdruck der Ausgabe von E. G. Gersdorf, *Bibliotheca Patrum Ecclesiastorum Latinorum Selecta I*, Leipzig 1838); *Vita Sancti Clementis Papae I.*, in: Bibliotheca Casinensis seu codicum manuscriptorum qui in tabulario Casinensi asservantur series. Ex typographia Casinensi, Bde. I–V, Montecassino 1873–1894, hier Bd. IV, Florilegium, S. 373–390; *Historia Apollonii Regis Tyri*, hg. von Alexander Riese, Stuttgart 1973; *S. Aurelii Augustini De opere monachorum*, Rec. Iosephus Zycha (= Corpus scriptorum ecclesiastorum Latinorum 41, Sect. V, Pars III), Prag u. a. 1900, S. 529–596 (fortan zitiert: De opere monachorum).

3 So Francis G. Gentry, Arbeit in der mittelalterlichen Gesellschaft. Die Entwicklung einer mittelalterlichen Theorie der Arbeit vom 11. bis zum 14. Jahrhundert, in: Reinhold Grimm/ Jost Hermand (Hg.), *Arbeit als Thema in der deutschen Literatur vom Mittelalter bis zur Gegenwart*, Königstein i. Ts. 1979, S. 3–28, hier S. 10.

4 Vgl. Ohly, Kaiserchronik (wie Anm. 2), S. 80 ff.

die Figuren Petrus und Clemens in den Mittelpunkt rückt, führt schließlich zur Wiedervereinigung der Kaiserfamilie. Während der erste Teil mehr narrativen Charakter hat, umfasst der zweite Teil eine Reihe umfangreicher theologischer Disputationen und Dialoge. Beide Teile bilden einen formalen Zusammenhang, indem durch das Schema der Wiederholung drei parallel gebaute Handlungseinheiten des ersten Teils mit drei parallelen Abschnitten des zweiten Teils korrespondieren: Drei Trennungsszenen im ersten Teil entsprechen drei Erkennungsszenen im zweiten Teil.

Die Geschichte der Kaiserfamilie beginnt damit, dass die Kaiserin Mächthilt ihrem Gemahl Faustinian einen vorausweisenden Traum enthüllt:

> unser kint gelebent niemer ain jâr,
> du nehaizes si diu buoch lêren.
> (V. 1350 f.)

> ‚Unsere Kinder werden nicht ein Jahr lang mehr leben, wenn du nicht dafür sorgst, dass sie in den Büchern unterwiesen werden.'

Der Kaiser tröstet seine Frau, der Traum werde sich „ze haile" erfüllen (V. 1353), und er beschließt, dass die beiden Söhne, Faustus und Faustinus, fern der Heimat eine gelehrte Ausbildung erhalten sollen. Die Kaisersöhne stechen in See, unterwegs aber geraten die Schiffe in einen mächtigen Sturm, Schiffe und Mannschaft versinken im Meer. Nur die Zwillinge Faustus und Faustinus kommen mit dem Leben davon – „daz gap in got ze haile" (V. 1418). Die Kaiserin ist inzwischen außer sich vor Trennungsschmerz. Sie begibt sich bald darauf mit großem Gefolge an Bord eines Schiffes, um den Kindern nachzureisen. Auch dieses Schiff gerät in Seenot. Alle ertrinken, nur die Kaiserin wird von den Wellen an einen unbekannten Strand getragen – „daz gab ir got ze haile" (V. 1573). Der Kaiser, ohne Nachricht von seiner Frau, seinen Kindern, hält die Sorge um den Verbleib seiner Lieben nicht mehr aus. Er regelt noch die Erziehung seines dritten Sohnes Clemens (V. 1637–1666) und begibt sich alsbald auf eine Suchexpedition. Wie kann es anders sein: Auch er erleidet schließlich Schiffbruch. Glücklicherweise gelingt es ihm, eine rettende Planke zu ergreifen – „iedannoch nerte in diu gotes chraft" (V. 1691) ‚dennoch errettete ihn die Macht Gottes' – und er erreicht ein Ufer.

Dreimal Ausfahrt aufs Meer hinaus – dreimal Schiffbruch. Und wenn es auch jedes Mal eine wunderbare Rettung gibt, so bleibt den Schiffbrüchigen doch nur das nackte Leben, und sie werden an unbekanntes Gestade verschlagen.

I. Faustus und Faustinus

In der Fremde treffen es die Zwillinge vergleichsweise noch am besten. Ein Fischer, der sie findet, bietet die beiden Kaisersöhne zwar auf dem Sklavenmarkt feil, dort aber erhandelt *quedam matrona* die *junchêrren*. Sie schenkt den beiden liebevolle Fürsorge und nimmt sie an Kindesstatt an (V. 1455). Die gewitzten Zwillinge erinnern sich bald, dass sie ja „durh diu buoch", ‚um der Bücher willen', ausgezogen waren (V. 1469), und daraufhin gibt die Adoptivmutter sie in das Kloster des „hêrren Zacheus" – das ist der Zöllner aus dem Lukasevangelium (Luk. 19) – „dâ lêrte man diu kint hêre" (V. 1477–1481), ‚dort unterrichtete man die edlen jungen Männer'.

Die Präsentation der Schule als Klosterschule orientiert sich an der mittelalterlichen Gegenwart:[5] In Deutschland, besonders in Süddeutschland, hatte sich – anders als in Frankreich – die Tradition der karolingischen Klosterschulen bis ins Hochmittelalter gehalten, da die Domschulen diese Tradition aufnahmen und weiterentwickelten; in derartigen Schulen wurden prinzipiell die Kinder des weltlichen Adels, aber auch die Kinder Unfreier aufgenommen.[6] So erhalten im Text die Kaisersöhne, wenn auch auf Umwegen, schließlich die für sie vorgesehene buchorientierte Erziehung.

In der Vorgeschichte hält Faustinian eine längere Rede über die Erziehung seiner zukünftigen Erben. In dieser Rede, die eine eigenständige Erweiterung des mittelhochdeutschen geistlichen Autors gegenüber seinen Vorlagen darstellt[7], gerät erstmals umfassend das Thema ‚Arbeit' in den Blick, vorerst im Rahmen einer Fürstenerziehung (V. 1376–1403). Zielvor-

[5] Es handelt sich um ein dem „hailigen geiste" geweihtes „chloster" (V. 1477 f.), in dem stets dreißig Brüder lebten, weder mehr noch weniger (V. 1479 f.). Die Beschreibung des Klosters hat keine Entsprechung in den Quellen; vgl. auch Röhrscheidt (wie Anm. 2), S. 15. In den *Recognitiones* wird nur erwähnt, dass die Kinder in Begleitung ihrer Mutter nach Athen geschickt werden (VII, 16A), und dementsprechend heißt es in der *Clemensvita*, die ihrerseits auf die *Recognitiones* zurückgeht, dass der Aufenthalt der Kinder und der Mutter in Athen „pro eruditione filiorum" geplant wird (Cas. IV, Flor., S. 374b) (wie Anm. 2).

[6] Vgl. Wilhelm Wühr, *Das abendländische Bildungswesen im Mittelalter*, München 1950, S. 73 u. S. 74–77.

[7] So verstehe ich auch Ohly, Kaiserchronik (wie Anm. 2), S. 82 f. Aus den genannten Quellen (siehe Anm. 2) ist jedenfalls nichts Entsprechendes bekannt.

stellung solcher Erziehungslehre ist „wîstuom“ (V. 1395, 1401), das meint hier „Weisheit, Gelehrsamkeit, Erfahrung“[8] – allerdings eine ‚Erfahrung‘, wie man sehen wird, ganz spezieller Art –, als die Qualität, die einen zukünftigen Herrscher auszeichnen sollte. Mhd. *wîstuom* ist generell nicht an ein Studium der Wissenschaften gebunden, aber Faustinian hat ohne jeden Zweifel eine wissenschaftliche Schulausbildung im Auge, denn ausdrücklich „durh diu buoch“ (V. 1469, 1351) werden die Söhne ja fortgeschickt.

Was die Kaisersöhne bei ihrer Ausbildung in der Klosterschule erwartet, geht nun aus Faustinians Rede klar hervor, nämlich „nôt“ und „arbeit“ (V. 1399), mhd. *arbeit* hier in der Grundbedeutung des Wortes als „Mühsal, Not“:[9]

nû vernemet mîn lêre:
swer dem besem entlîbet,
den sun hazzet unt nîdet.
zuht unt vorhte ist guot,
swer aver des niht entuot,
daz er in zarte wil haben,
der ziuhet aller dichest den zagen.
[...]
jâ hôrt ich mînen vater sagen,
daz der sun und der chneht
haben algelîche ain reht.
swenn er gewähset ze manne,
daz erbe besizzet er danne.
hât er danne wîstuom
der lêrt in êre unde frum.
mîniu chint muozen werden bedwungen
mit froste joh mit hunger,
mit nôte unt mit arbeit
ubirwindent si die kintheit.
der wîstuom êret wol daz rîche.
sô megen si vrôlîche

[8] Matthias Lexer, *Mittelhochdeutsches Handwörterbuch*, 3 Bde., Stuttgart 1974, hier Bd. 3, Sp. 946: „wîstuom“ = „wîsheit“; Sp. 944 (zu „wîsheit“): „verständigkeit, erfahrung, wissen, gelehrsamkeit, weisheit, kunst, zieml. allgemein“; vgl. Jost Trier, Der deutsche Wortschatz im Sinnbezirk des Verstandes. Die Geschichte eines sprachlichen Feldes, Bd. 1: *Von den Anfängen bis zum Beginn des 13. Jahrhunderts*, Heidelberg 1931, S. 166 zur *Kaiserchronik*: „*wîstuom* ist die *sapientia* als gewußter, durch Lernen erworbener Inhalt.“

[9] Vgl. Lexer, Handwörterbuch (wie Anm. 8), Bd. 1, Sp. 88: „mühe, mühsal, not, die man leidet oder freiwillig übernimmt“.

leben iemer mit êren.
(V. 1376–1403)

> ‚Nun vernehmt meine Lehre: Wer auf die Zuchtrute verzichtet, der ist seinem Sohn gegenüber missgünstig und nicht wohlgesonnen. Züchtigung und Furcht sind gut; wer aber nicht entsprechend handelt, sondern so, dass er seinen Sohn verzärtelt, der zieht zumeist einen Feigling heran. [...] Ja, ich hörte meinen Vater sagen, dass der Sohn [eines Fürsten] und der Knecht die gleiche Lebensordnung haben sollen. Wenn er [*sc.* der Fürstensohn] zum Mann herangewachsen ist, wird er das Erbe besitzen. Hat er dann Weisheit und Gelehrsamkeit, so bringt ihm das Ansehen und Nutzen. Meine Kinder sollen durch Frost und Hunger bezwungen werden, mit Not und Mühsal überwinden sie die jugendliche Unerfahrenheit. Weisheit bringt dem Reich Ansehen. So können sie immer in Freuden und in Ansehen leben.‘

Faustinian bringt unmissverständlich zum Ausdruck, dass seine Söhne eine harte Erziehung erfahren sollen: Sie sollen den *besem*, die Zuchtrute der Klosterschule, zu spüren bekommen (vgl. Ecc 30, 1); und ‚unter der Zuchtrute leben‘ – „sub virga degere“ oder auch „sub virga magistri constitutum esse“, wie es in einschlägigen lateinischen Quellen heißt – meint geradezu die Teilhabe an wissenschaftlicher Bildung, meint ein Studium der *septem artes liberales*.[10] Aber auch Entbehrungen, die Erfahrung (!) von *frost* und *hunger* sollen die Söhne auf sich nehmen: das harte asketische Leben im Kloster wird als physische Mühsal beschrieben, als *nôt* und *arbeit*. Der Arbeitsbegriff meint hier zunächst ‚passives Erdulden‘ (vgl. V. 1397: „werden bedwungen“), aber im unmittelbaren Kontext gewinnt mhd. *arbeit* eine deutlich aktive Sinnkomponente (vgl. V. 1400: „uberwindent“), d. h. die Bedeutung von ‚Tätigkeit, Leistung‘[11] – hier allerdings, anders als im Vorspann, auf einen ganz diesseitigen Bereich bezogen.

Hinsichtlich der *arbeit* gelten keine Standesunterschiede zwischen dem Fürstensohn und dem *chneht*, für beide gilt dieselbe Lebensordnung. Der Gedanke der Gleichheit findet sich hier wohlgemerkt im Rahmen einer Fürstenerziehungslehre und wird deshalb die mittelalterliche hierarchische Gesellschaftsordnung kaum grundsätzlich in Frage gestellt haben. Die Textstelle könnte verstanden werden als Reminiszenz des geistlichen Au-

---

[10] Vgl. Franz Anton Specht, *Geschichte des Unterrichtswesens in Deutschland von den ältesten Zeiten bis zur Mitte des dreizehnten Jahrhunderts*, Stuttgart 1885, S. 203.

[11] Zum Bedeutungsspektrum von mhd. *arbeit* siehe den Beitrag von Ricarda Bauschke-Hartung in diesem Band.

tors an die oppressiven Zustände in den Klosterschulen, wo die Kinder der Vornehmen ebenso der Prügelstrafe ausgesetzt waren wie die Kinder unfreier Eltern.[12] Man könnte meinen, dass Arbeit hier, in der Tendenz wenigstens, als ein überständischer Wert postuliert wird, im Vordergrund steht aber m. E. die Bedeutung von *arbeit* als sozial niedrige Arbeit, als Knechtsarbeit – was anhand der späteren Ereignisse in der Erzählung gestützt wird. Interessant ist an dieser Erziehungslehre, dass sie sich zwar auf ein Studium der Bücher in einer Klosterschule bezieht, dass aber nichtsdestoweniger die physische *arbeit* in den Vordergrund gestellt wird. Letzteres zielt offenkundig speziell auf die Schicksale von Kaiserin und Kaiser, von denen im ersten Teil erzählt wird, wobei im zweiten Teil, in den Disputationen, die Bedeutung der *artes*, also der Wissenschaften, dann wieder betont wird.

Der Traum der Kaiserin, der den Bildungsweg der Söhne vorgezeichnet hatte, geht schließlich in Erfüllung. Das Thema ‚Arbeit' wird in der Episode nach dem Schiffbruch der Zwillinge zwar nicht mehr eigens ausgeführt, aber es wird mit der Ausbildung der Söhne in einer Klosterschule eine Situation angesprochen, die deutlich auf den Traum der Mutter und auf die Erziehungslehre des Vaters rückbezogen ist.

II. Die Kaiserin Mächthilt

Nach ihrem Schiffbruch findet die adlige, sogar aus kaiserlichem Geschlecht (V. 1229) geborene *frowe* in einer fremden Stadt bescheidene Herberge bei einer armen und kranken Witwe. Aus Erbarmen mit der Kranken (V. 1588, 1591) bietet die „frowe", ‚die Dame', ihre Hilfe an. Angesichts von Armut und Krankheit lernt Mächthilt den Wert ihrer eigenen Gesundheit begreifen: Sie ist „ganz an den vuozzen unt an den handen" (V.1594), ‚unversehrt an Füßen und Händen'. Die Grundwahrheit, dass physische Gesundheit einen Wert darstellt, wird hier, unabhängig von den Erzählquellen, formuliert im Sinne geistlicher Lehre aus biblischer Tradition: „Kein Reichtum geht über den Reichtum eines gesunden Körpers" (Ecc 30, 16).[13] Die-

[12] Vgl. Specht, Unterrichtswesen (wie Anm. 10), S. 207.

[13] Ecc 30, 16: „Non est census super censum salutis corporis."; vgl. Johannes Hempel, Heilung als Symbol und Wirklichkeit im biblischen Schrifttum, in: *Nachrichten von der Akademie der Wissenschaften zu Göttingen. Philologisch-historische Klasse*, Göttingen 1958, S. 237–314, bes. S. 262. Man vergleiche zu der Textstelle V. 1593–1598 die Entsprechung in den Versen 1733–1740. Der Hinweis auf die Gesundheit der Kaiserin bzw. des Kaisers erfolgt jeweils

sen Wert will Mächthilt nutzen und in Arbeit umsetzen: „mit den handen" (V. 1589), mit der Arbeit ihrer Hände, will Mächthilt die arme Witwe unterstützen: „dâ hilf ih dir vil gerne mite" (V. 1591)[14], d. h. aus freiem Willen übernimmt die Kaiserin ein *opus manuum.* Handarbeiten – jedenfalls solche wie „Weben, Sticken und Verzieren der Kleider" – galten im Hochmittelalter durchaus „auch für große Damen als ehrenwerte Tätigkeiten".[15] Im Text aber heißt es ausdrücklich, dass die Dame sich ungewohnter Mühen unterzieht, „si worhte des si ungewon was" (V. 1604), und ihre Tätigkeit wird unmissverständlich mit der Arbeit einer Unfreien und Abhängigen verglichen. Die „edel[iu] kuniginne" (V. 1546), die mit einer standesgemäßen Dienerschaft ausgezogen war (V. 1549 f.), leistet nun selber Dienst, leistet ein *opus servile,* das von der feudalen Oberschicht verachtet wurde.[16] Die Fallhöhe könnte nicht größer sein:

> Dem wîbe diente duo diu frowe
> mit micheln triwen,
> zewâre sagen ih iz iu:
> sam si waere ir aigen diu.
> (V. 1600–1603)

---

durch den Dialogpartner, die arme Witwe bzw. den Eseltreiber; der Faustinian-Dichter verwendet den Dialog wohl jeweils in didaktischer Absicht. In den *Recognitiones* und in der *Clemensvita* fehlt das Motiv (wie Anm. 2).

[14] Die Schilderung von Mächthilts Schicksal hat der Faustinian-Dichter weitgehend eigenständig gestaltet; zu den *Recognitiones* vgl. die tabellarische Übersicht bei Röhrscheidt, Kaiserchronik (wie Anm. 2), S. 4 u. S. 15. Die Verse 1584–1599 haben nur eine knappe Entsprechung in den *Recognitiones* VII, 17, die Verse 1600–1617 sind ganz unabhängig von den *Recognitiones.* Die Anregung zur der Textpassage über Mächthilts Arbeit für die arme Witwe geht auf nur wenige Worte der armen Witwe in den *Recognitiones* VII, 17 zurück: „Erunt ergo [...] nobis communia, quaecunque manibus nostris operantes quaerere poterimus." Das Motiv der Handarbeit ist dort, und entsprechend auch in der *Clemensvita* (Cas. IV, Flor., S. 375a: „Cum hac mathidia labore suarum mauum victum quaeritans eo libentius habitavit."), bereits vorgeprägt. In der *Clemensvita* konnte der Faustinian-Dichter auch das *compassio*-Motiv finden, was dort aber noch nicht, wie in der Faustinian-Erzählung, einen Antrieb zur Arbeit darstellt (vgl. Cas. IV, Flor., S. 374b: „Quod mathidiam pro comnpassionis gratia potius contristabat.") (wie Anm. 2).

[15] Joachim Bumke, *Höfische Kultur. Literatur und Gesellschaft im hohen Mittelalter,* 2 Bde., München 1986, hier Bd. 2, S. 473; vgl. Specht, Unterrichtswesen (wie Anm. 10), S. 280 f.

[16] Vgl. V. 1606: „si was ir wol undertân". Zur Handarbeit als *opus servile* siehe Karl Bosl, Freiheit und Unfreiheit. Zur Entwicklung der Unterschichten in Deutschland und Frankreich während des Mittelalters, in: ders., *Frühformen der Gesellschaft im mittelalterlichen Europa. Ausgewählte Beiträge zu einer Strukturanalyse der mittelalterlichen Welt,* München/Wien 1964, S. 180–203, hier S. 198.

‚Die Dame diente der Frau mit großer Treue, ich versichere es euch: als wäre sie ihre leibeigene Magd.'

Das hier vorliegende Kontrastmuster von herrscherlichem Status und einem Leben in Armut und Erniedrigung fand der Autor in der Faustinian-Handlung der *Clemensvita* und ähnlich auch im *Apolloniusroman* vor, von dort hat er es in die Mächthilt-Episode übernommen.[17] Mächthilts Situation stellt sich dar als ein Leben in „paupertas" (vgl. V. 1585) und „humilitas" (V. 1606), in ‚Armut' und ‚Demut', das Leben der Römerin steht von daher in Analogie zur Passion der christlichen Heiligen; und diesem christlich-religiösen Ideal speziell der *Clemensvita* entsprechen auch die Tugenden, die sie verwirklicht: Neben der höfischen „vuoge" (V. 1612), der ‚Wohlanständigkeit', werden insbesondere „caritas" (vgl. 1591, 1599) und dazu „castitas" hervorgehoben: „si was kûske unt raine" (V. 1610).[18]

Zum Muster der Passion würden die negativen Aspekte von mhd. *arbeit*[19] und vor allem die passive Komponente ‚Erleiden von Mühsal' stimmen. Dieses Muster wird aber vom Text auch wieder unterlaufen, denn Arbeit und die Fähigkeit dazu erscheinen nichtsdestoweniger als positive, sogar existentielle Werte. Die positive Bewertung von Arbeit wird noch dadurch unterstrichen, dass neben dem substantivierten Infinitiv „ir arbeiten" (V. 1607) – als Entsprechung zu lateinisch *labor* in der *Clemensvita* – im unmittelbaren Kontext auch das Verbum „wirken, würken" ‚tätig sein, wirken' auftaucht (V. 1604: „worhte"), das eine ausgesprochen positive Bedeutung hatte; denn im Frühmittelhochdeutschen wurde mit *wirken* auch die Schöpfertätigkeit Gottes bezeichnet.[20] Das Charisma der Passion wan-

---

[17] Vgl. Cas. IV, Flor., S. 378a: „in tantam paupertatem perductus est" und ebd.: „Et vir nobilissimus simulque liberalibus artibus decoratus, labore manuum suarum diurni sibi victus stipendia compararet"; vgl. Apolloniusroman, S. 21 f., bes. S. 21: „me [...] egenum et pauperem" (wie Anm. 2).

[18] Vgl. Max Wehrli, Roman und Legende im deutschen Hochmittelalter, in: ders., *Formen mittelalterlicher Erzählung. Aufsätze*, Zürich/Freiburg i. Br. 1969, S. 155–176, hier S. 158. Zu den christlichen Tugenden vgl. z. B.: Basilius Steidle (Hg.), *Die Benediktusregel. Lateinisch-deutsch*, Beuron 1963, Cap. IV, 14 u. IV, 26 („caritas"), Cap. VII („humilitas"), Cap. IV, 64 („castitas").

[19] Vgl. Lexer, Handwörterbuch (wie Anm. 9).

[20] Zu *labor* in der *Clemensvita* vgl. Cas. IV, Flor., S. 378a (wie Anm. 17). Zur negativen Bedeutung von lat. *labor* ‚Mühe, Last, Plage, Anstrengung' und zu dem zugehörigen Verbum *laborare* ‚Mühsal ausstehen, leiden' siehe: Guido Keel, *Laborare und Operari. Verwendungs- und Bedeutungsgeschichte zweier Verben für ‚arbeiten' im Lateinischen und Galloromani-*

delt sich im Textgefüge – gleichsam unter der Hand – zu einem Charisma der Arbeit im Sinne von ‚Tätigkeit, Leistung'. Und eine charismatische Auffassung von Arbeit kommt dann klar in der Übertragung eines Psalmwortes (Ps 127, 3), im zweiten Teil der Handlung und dort dem Apostel Petrus in den Mund gelegt, zum Ausdruck:

> wane hôrest dû den wîssagen:
> wie sâlic der lebe,
> der der hende arbaite phlege?
> (V. 2644 ff.)
>
> ‚Warum hörst du nicht auf den Propheten, der sagt, wie selig der lebe, der von seiner Hände Arbeit lebt?'

Eine positive Einstellung zur Arbeit, auch zu niedriger Arbeit, stammt aus christlich-geistlicher Tradition. Nächstenliebe, wie Mächthilt sie übt, wird in den Briefen des Paulus „als verbindliches Arbeitsmotiv der Christen bezeichnet"; Paulus lehrte, dass der Christ „mit den eigenen Händen das Gut erarbeiten soll, damit der etwas habe, um den Bedürftigen mitzugeben" (Eph 4, 28).[21] Christlich-paulinisches Arbeitsethos – das auf Freiwilligkeit basiert – enthält auch ganz wesentlich den Dienstgedanken als Dienst an Gott und für den Nächsten.[22] Die paulinische Auffassung der Arbeit hat der Kirchenvater Augustin in seine Schrift *De opere monachorum* übernommen, worin er eine auf scharfsinniger Bibelexegese beruhende Apologie der Arbeit geliefert hat. Auf diese Schrift hat sich m. E. der Autor der Faustinian-Erzählung bezogen, denn nur hier konnte er explizite die hohe Bewertung gerade auch der Handarbeit finden, was sich aus der Tradition des benediktinischen Mönchtums und der Regel Benedikts nicht herleiten ließe, denn die Benediktinermönche hatten die Handarbeit zumeist Klos-

---

schen, St. Gallen 1942, bes. S. 3 u. S. 8 f. Belege zu frühmittelhochdeutsch *wirken, würken* finden sich z. B. in: Ezzos Cantilena de miraculis Christi, in: *Kleinere deutsche Gedichte des 11. und 12. Jahrhunderts*, nach der Auswahl v. Albert Waag, neu hg. von Werner Schröder, Bd. I, Tübingen 1972, hier Bd. 1, V. 38 f.; *Summa Theologiae*, a. a. O., Bd. 1, V. 34, 76 f.

21 Zitate und Beleg von: Walther Bienert, *Die Arbeit nach der Lehre der Bibel. Eine Grundlegung evangelischer Sozialethik*, Stuttgart 1954, S. 400.

22 Zur Arbeit des Christen als Dienst am Nächsten siehe: Bienert, Lehre der Bibel (wie Anm. 21), S. 245 ff. (Jesus), S. 344 ff. (Paulus). Siehe auch: Werner Conze, Art. ‚Arbeit', in: Otto Brunner u. a. (Hg.), *Geschichtliche Grundbegriffe. Historisches Lexikon zur politisch-sozialen Sprache in Deutschland*, Bd. 1, Stuttgart 1972, S. 154–215, hier S. 159. Zur Freiwilligkeit der Arbeit siehe: Col. 3, 23: „Quodcumque facitis ex animo operamini sicut Domino et non hominibus".

terbrüdern übertragen, die einer niedrigen sozialen Schicht entstammten.[23] Augustin zufolge gehört die Arbeit zum Wesen des Menschen und begründet seine Würde;[24] mittels der Arbeit erst erlangt der Mensch seine eigene Bestimmung, denn die Arbeit des Menschen ist von Anfang an gottgewollt (vgl. Gen 2, 15), auch wenn die Arbeit nach dem Sündenfall (Gen 3, 17) immer wieder mit Mühe und Not verbunden ist.[25]

Gemessen an dem einstigen sozialen Rang der Kaiserin, lebt die *frowe* tatsächlich in *paupertas* und *humilitas*, in Armut und Demut. Das nähert sie in gewisser Weise dem ursprünglich monastischen Ideal der *paupertas Christi* an[26], ein Ideal, dem sich im Hochmittelalter zahlreiche Laien, An-

---

[23] Röhrscheidt, Kaiserchronik (wie Anm. 2), S. 52 zeigt zwar, dass in der Faustinian-Erzählung gelegentlich Reminiszenzen an Augustin *De civitate Dei* auftauchen, *De opere monachorum* aber ist ihm als Quelle nicht bekannt. Die apologetische Schrift *De opere monachorum* ist bezogen auf eine in der Spätantike weit verbreitete Verachtung der Handarbeit. Die Schrift Augustins enthält eine andere Einschätzung der Handarbeit, als man sie z. B. in der Regel Benedikts findet; denn während Augustin die Handarbeit als ehrenvoll erachtet (De opere monachorum XIII, 14) und ihren Zielpunkt grundsätzlich in Gott sieht (vgl. Helmut Holzapfel, *Die sittliche Wertung der körperlichen Arbeit im christlichen Altertum*, Würzburg 1941, S. 124 f.), will Benedikt die Handarbeit vornehmlich als bloßes Mittel gegen die *otiositas* eingesetzt wissen, vgl. Benediktusregel (wie Anm. 18), Cap. XLVIII: „De opere manuum cotidiana [sic!]: Otiositas inimica est animae; et ideo certis temporibus occupari debent fratres in labore manuum, certis iterum horis in lectione divina". Die Handarbeit der Benediktiner stellt im Unterschied zur augustinischen Auffassung „keinen ethischen Selbstwert" dar, sondern steht „letzten Endes im Dienst eines höheren Wertes", d. i. die Seelenruhe, die für die Gotteserkenntnis frei macht; vgl. Dietrich Kurze, Die Bedeutung der Arbeit im zisterziensischen Denken, in: *Die Zisterzienser. Ordensleben zwischen Ideal und Wirklichkeit*, Ausst.-Kat. Brauweiler u. a., Bonn 1980, S. 179–202, Zitate siehe S. 181. Augustinus stützt sich immer wieder auf die paulinischen Schriften des NT; zu Eph 4, 28 vgl. De opere monachorum XIII, 14; zu den Werken der Nächstenliebe siehe: De opere monachorum XII, 13 u. ö. Die Auffassung von Arbeit als Dienst vor Gott drückt sich selbst in einzelnen sprachlichen Wendungen aus, z. B. „occupationes seruorum dei" (XVI, 17), „seruo dei" (XXV, 32), „ad hanc professionem seruitutis dei" (XXII,25) u. ö. Zur Einschätzung der Handarbeit bei den Benediktinern siehe besonders auch: Gentry, Gesellschaft (wie Anm. 3), S. 6.

[24] Vgl. Holzapfel, Altertum (wie Anm. 23), S. 122 ff., bes. S. 123; vgl. auch Brunner, Geschichtliche Grundbegriffe (wie Anm. 22), S. 159.

[25] Vgl. Augustinus, *De Genesi ad Litteram 8, 8*, in: Corpus scriptorum ecclesiasticorum Latinorum, Bd. 28, 1, o. O. 1894, S. 242 f. Vgl. Holzapfel, Altertum (wie Anm. 23), S. 122 f.

[26] Eine Zuordnung zur Bewegung der *paupertas Christi* nimmt nach meinem Verständnis Gentry, Gesellschaft (wie Anm. 3), S.7 ff., bes. S. 10 vor. Zur Bewegung der *paupertas Christi* siehe: Herbert Grundmann, *Religiöse Bewegungen im Mittelalter. Untersuchungen über die geschichtlichen Zusammenhänge zwischen der Ketzerei, den Bettelorden und der religiösen Frauenbewegung im 12. und 13. Jahrhundert und über die geschichtlichen Grundlagen der deutschen Mystik*, Berlin 1935 und Karl Bosl, Potens und Pauper. Begriffsgeschichtli-

gehörige vornehmlich der reichen und mächtigen Oberschicht, verpflichteten, darunter vor allem Frauen; sie nahmen freiwillig Distanz von *potentia* und *divitiae*, von ‚Macht' und ‚Reichtum', und wählten ein apostolisches Leben in *paupertas* und *humilitas*. Diesen *pauperes Christi* galt neben der Armut auch die als *opus servile* verachtete Handarbeit nicht selten als ein Mittel der Selbstheiligung.[27] Trotz gewisser Analogien zwischen den *pauperes Christi* und der literarischen Lebensform der Mächthilt besteht aber dennoch ein bemerkenswerter Unterschied: Die *pauperes Christi* nämlich sahen Armut und Arbeit nur als ein willkommenes Mittel der Erniedrigung an, eben dies ist bei der Mächthilt in der *Kaiserchronik* aber nicht der Fall. Armut und Erniedrigung werden keineswegs gesucht, sondern ergeben sich zufällig und notgedrungen als Folge der Schiffskatastrophe. Und Arbeit erweist sich dann gerade als ein Mittel gegen die Armut. Denn: Die Arbeit der Mächthilt bringt auch Gewinn:

> swaz si mit ir arbeiten gewan,
> dâ diente si ir mite
> (V. 1607 f.)

‚Alles, was sie durch ihre Arbeit erwarb, das leistete sie der armen Witwe als Abgabe', und zwar bringt Mächthilts Arbeit sowohl materiellen Gewinn als auch ideellen Gewinn für die *frowe* selbst, sie nämlich gewinnt Anerkennung und Zuneigung: „si geviel ir ie baz unt baz" (V. 1605), ‚sie gefiel der armen Witwe immer mehr'. Der Akzent liegt hier ganz auf dem Leben im Diesseits, denn Arbeit ist hier ein Mittel der Existenzsicherung und bedeutet zugleich Zugewinn an mitmenschlicher Achtung. Arbeit kann demnach nicht im Sinne der Armutsbewegung als ein „Zugang zur Seligkeit"[28] verstanden werden.

Mit den Verben „verdienen" (V. 1589) und „gewinnen" (V. 1607: „gewan") setzt der Text deutliche Signale, dass die ihm zugrunde liegende Vorstellung von Arbeit das Leistungsprinzip impliziert. Das Leistungsethos, das hier ins Spiel kommt, erklärt sich nun nicht aus geistesgeschichtlich-christlicher Tradition, vielmehr aus den lebensweltlichen Erfahrungen der Men-

---

che Studien zur gesellschaftlichen Differenzierung im frühen Mittelalter und zum ‚Pauperismus' des Hochmittelalters, in: ders., Frühformen (wie Anm. 16), S. 106–134; vgl. ders., *Gesellschaftswandel, Religion und Kunst im hohen Mittelalter*, München 1976, S. 22 ff.

[27] Vgl. Bosl, Potens und Pauper (wie Anm. 26), S. 134.

[28] Vgl. anders: Gentry, Gesellschaft (wie Anm. 3).

schen des 12. Jahrhunderts.[29] Arbeit als Leistung ist ein Thema, das in der ‚Aufbruchsepoche' des 12. Jahrhunderts sozusagen ‚in der Luft' lag, denn die Arbeit und Leistungskraft der Menschen veränderten zunehmend und vielfach sichtbar die Lebenswirklichkeit: in den Städten durch Handwerk, Handel und Gewerbe, an den Fürstenhöfen beim Ausbau von Residenzen, beim Landesausbau in den Rodungs- und Neusiedelgebieten, beim Bau von Burgen, Kirchen und Klöstern. Und insbesondere der Dienstgedanke im Rechtsverständnis des Mittelalters war es, der die dafür erforderliche Arbeitskraft freisetzte. Für eine Stadt etwa wie Regensburg hat der Historiker Karl Bosl anhand von Rechtsquellen um das Kloster St. Emmeram eine Entwicklung verfolgen können, wie der mit dem Rechtsstatus der *censuales*, der mit der Zerocensualität verbundene Dienst eine Freiheit der Arbeitskraft und des Arbeitsertrages ermöglichte und somit eine Voraussetzung für Kapitalbildung schuf.[30] An den Höfen des Adels vollzog sich ein Prozess von noch bedeutenderem Ausmaß: Der Dienst der Ministerialen, Leistung als persönlicher Dienst für den Herrn, eröffnete Aufstiegschancen mit der Aussicht auf Prestige, Einfluss und Vermögen.[31] Derartige Entwicklun-

[29] Augustin wollte die Arbeit frei wissen vom Streben nach anderen als himmlischen Gütern; vgl. Holzapfel, Altertum (wie Anm. 23), S. 126 und dazu De opere monachorum XV, 16. Vgl. generell: Anselm Hertz, Art. ‚Arbeit II', in: *Lexikon des Mittelalters*, Bd. I, München/Zürich 1979, Sp. 870 ff., hier S. 870: Die Vorstellung von einer „Vermehrung der materiellen Güter […] fand […] keinen Eingang in das frühchr. Schrifttum"; vgl. auch: Ernst Troeltsch, Die Soziallehren der christlichen Kirchen und Gruppen, in: ders., *Gesammelte Schriften*, Bd. 1, Aalen 1961, der geradezu von der „Kindlichkeit der [christlichen] Theorie über ökonomische Dinge" spricht. Ebd., S. 199. Demgegenüber hat Gert Kaiser auf die „Brisanz" neuer „Erfahrungsmöglichkeiten" im 11. und 12. Jahrhundert hingewiesen, die sich aus der „Teilnahme am Markt und [der] Möglichkeit, aus der eigenen Arbeit dauerhaften Gewinn zu ziehen" ergeben, und er hat gezeigt, wie solche Erfahrungen in der frühmittelhochdeutschen Literatur verarbeitet wurden; siehe: Gert Kaiser, Das Memento Mori. Ein Beitrag zum sozialgeschichtlichen Verständnis der Gleichheitsforderung im frühen Mittelalter, in: *Euphorion* 68 (1974), S. 337–370, hier S. 358 und S. 356.

[30] Vgl. Karl Bosl, *Europa im Aufbruch. Herrschaft – Gesellschaft – Kultur vom 10. bis zum 14. Jahrhundert*, München 1980, S. 226 ff., bes. S. 228 f. Die *censuales* = (Wachs-)Zinser waren Leute, „die sich an den Heiligen eines Klosters oder einer Kirche – in Regensburg St. Emmeram – als einen fiktiven Leib- und Schutzherrn ergeben hatten oder ergeben wurden; dafür waren sie vom *opus servile* = Zwangsarbeit für den Herrn befreit und konnten damit über ihre Arbeitskraft frei verfügen." Ebd., S. 229; sie blieben aber dennoch Leibeigene, deren Status quellenmäßig als *servitus ac libertas* = ‚unfreie Freiheit' bezeugt ist. Ebd.

[31] Vgl. Gert Kaiser, *Textauslegung und gesellschaftliche Selbstdeutung der Artusromane Hartmanns von Aue*, Wiesbaden 1978², S. 76 ff., wobei ich mich aber Kaisers Ministerialenthese speziell zu den Artusromanen nicht anschließe.

gen, die für die Menschen der Zeit ganz konkrete Erfahrungen bedeuteten, konnten „den Anstoß [geben] für eine Neubewertung der Arbeit",[32] wie sie an der Mächthilt-Episode der *Kaiserchronik* ablesbar ist.

III. Der Kaiser Faustinian

Den *hêrren* Faustinian, dessen Geschichte im Wesentlichen dem *Apolloniusroman* nachgestaltet ist,[33] treffen die unmittelbaren Folgen der Schiffskatastrophe am härtesten. Er reagiert mit Verzweiflung und Selbstmordgedanken (V. 1692 ff., 1704).[34] Die tiefe Krise bemisst sich an dem Verlust von Herrschaft und Besitz (V. 1695 ff.):[35] „naket stuont er âne wât" (V. 1695), ‚nackt stand er da, ohne Kleidung', wie später der Artusritter Iwein irrt er ohne Orientierung durch eine Wildnis,[36] „frost" und „hunger" drohen ihn zu bezwingen (V. 1707) – man erinnert sich an seine Erziehungslehre aus der Vorgeschichte (V. 1398).

Gott selbst aber bewahrt ihn vor dem Schlimmsten: „Iedannoh wolt in got neren" (V. 1712, vgl. V. 1700–1703). Ein Eseltreiber, der daherkommt, kleidet und speist den Gestrandeten, er macht ihm klar, dass schon das bloße Leben einen Wert darstellt (V. 1734 f., 1739 f.), und weist ihm schließlich mit guten Wünschen den Weg nach der Stadt Laodicia.[37] Dort verdingt sich der „edele man", ‚der Adlige', als Lastträger und Tagelöhner; so gewinnt er – mit schwerer körperlicher Arbeit – zwar keine Reichtümer, aber er hat sein Auskommen (V. 1755 ff.). Anders als Iwein, den der Verlust

---

[32] Bosl, Europa im Aufbruch (wie Anm. 30), S. 229.

[33] Die Schilderung lehnt sich an die *Clemensvita* an (Cas. IV, Flor., S. 378a) (wie Anm. 2), ist aber in vielen Details dem *Apolloniusroman* nachgebildet; siehe dazu: Röhrscheidt, Kaiserchronik (wie Anm. 2), S. 16 ff.

[34] Vgl. *Apolloniusroman*, Kap. XII, S. 21 f.: „o Neptune, rector pelagi, hominum deceptor innocentium, propter hoc me reseruasti egenum et pauperem [...]"; ebd., Kap. XIV, S. 27: „<Cunctis> epulantibus ipse solus non epulabatur, sed respiciens aurum, argentum, mensam et ministeria, flens cum dolore omnia intuetur."

[35] Das Kontrastmuster von Reichtum und Armut weisen sowohl die *Clemensvita* als auch der *Apolloniusroman* auf, vgl. Anm. 17 und Anm. 34.

[36] Hartmann von Aue, *Iwein*, hg. von Georg Friedrich Benecke/Karl Lachmann, Berlin 1966[6], V. 3237 f.: „sus lief er über gevilde / nacket nâch der wilde"; ebd., V. 3359 f.: „er lief nû nacket beider / der sinne unde der cleider".

[37] Im *Apolloniusroman* findet der Schiffbrüchige Hilfe bei einem Fischer; dieser kleidet ihn mit der Hälfte seines Mantels und weist ihm den Weg in die nächste Stadt (Kap. XII), vgl. Röhrscheidt, Kaiserchronik (wie Anm. 2), S. 17.

seiner herrscherlichen *êre* in den Wahnsinn treibt, sieht Faustinian sehr bald eine Chance, sein Leben aus einer neuen Sicht weiterzuführen. Die Bereitschaft, *arbait*, hier: Mühe und Not, zu ertragen (V. 1756: „dâ laid er arbait genuoc“), verhilft Faustinian zu einer neuen Existenz, zu einer neuen Lebensordnung:

> den wit er dâ vaile truoc,
> er diente arm unt rîchen,
> die kurne zôh er tägelîche.
> er behielt gerne die wârhait,
> er hazzet luge unt bôshait.
> dâ mit verdiente er daz,
> daz er in allen liep was.
> (V. 1757 ff.)

> ‚Er trug Holz zum Markt, er diente Armen und Reichen, täglich zog er die Mühle [den Karren 3, 7]. Er war sehr wahrheitsliebend, hasste Lüge und Betrug. Damit verdiente er sich, dass er ihnen allen angenehm und wert war.‘

Die Episode weist, wie man sieht, Parallelen zum Schicksal der Kaiserin auf: Auch Faustinian lernt den Wert von Leben und Gesundheit schätzen (V. 1738–1740), und er leistet niedrigen Dienst mit physischer Schwerstarbeit. Dadurch aber gewinnt er, ähnlich wie Mächthilt, die Zuneigung der Menschen: „daz er in allen liep was“ (V. 1763). Das Motiv der Zuneigung der Menschen und der Wertschätzung stammt nicht aus der *Clemensvita*, sondern aus dem stofflich-bunten, weltoffenen *Apolloniusroman*;[38] es ist m. E. der mittelalterlich-höfischen Norm der *êre*, des Ansehens vor der Gesellschaft, angenähert, wobei allerdings, dem Standesdenken der Zeit zufolge, einem Lastträger nicht das Ansehen vor der oberen Gesellschaft zukommen durfte. Auf jeden Fall wird das Motiv der Wertschätzung ver-

---

[38] Apollonius von Tyrus gewinnt durch die Darbietung seiner musikalischen Künste die Achtung des Königs Archistrates und dazu die Bewunderung der Hofgesellschaft: „Et ita fecit, ut discumbentes non Apollonium sed Apollinem existimarent. […] Discumbentes una cum rege laude clamare coeperunt et dicere ‚non potest melius, non potest dulcius¡“ (*Apolloniusroman* Kap. XVI, S. 31). Der Faustinian-Dichter weicht von dieser Darstellung insofern ab, als er der Wortkunst gegenüber der Musik den Vorzug gibt (siehe V. 1765–1767); aber er durfte davon ausgehen, dass sein Held mehrere Künste beherrschte, denn aus der *Clemensvita* war ihm ja bekannt, dass Faustinian als ein „vir nobilissimus simulque liberalibus artibus decoratus“ galt (Cas. IV, Flor., S. 375a) (wie Anm. 2). Im Gegensatz aber zur *Clemensvita*, wo der Glanz der *artes* nach dem Schiffbruch unter dem Grau alltäglicher Arbeit verlorengeht, erfährt der Held in der *Kaiserchronik* auch in der Fremde eine ihm gebührende Wertschätzung.

knüpft mit dem Arbeitsbegriff des Textes: Wertschätzung ist die gesellschaftliche Honorierung von individueller Leistung. In der Sicht des Textes ist die Wertschätzung, die einem Menschen entgegengebracht wird, nicht abhängig von seinem Stand oder seinem materiellen Besitz, sondern ist allein begründet in seiner Arbeit. Auch hier zeigt sich die augustinische Auffassung von Arbeit, aber ins Weltliche gewendet: Augustin betont nachdrücklich die Ranggleichheit jeglicher Arbeit vor Gott, sofern sie ehrliche Arbeit ist[39] – und Faustinian „hazzet luge unt bôshait" (V. 1761); eine Rangordnung nach unterschiedlichen Tätigkeiten gibt es im Prinzip nicht.[40] Die zutiefst positive Einschätzung von Arbeit, und er meint gerade auch die körperliche Arbeit, bringt Augustin in dem Satz zur Geltung: „quod possumus, eius munere possumus et, cum hinc uiuimus, illo largiente uiuimus, qui largitus est, ut possimus", ‚was wir vermögen, das vermögen wir durch seine [sc. Gottes] Gnade und, wenn wir davon leben, leben wir aufgrund der Freigebigkeit dessen, der so freigebig ist, dass wir es vermögen'.[41] Faustinian, der sein Leben aus eigener Kraft neu beginnt, ist geradezu ein *exemplum* für die Richtigkeit dieses Satzes, und die Wertschätzung, die er in Laodicia erwirbt, meint ganz offensichtlich die Wertschätzung der speziell augustinisch verstandenen Arbeit „cum innocentia et sine fraude", ‚mit Rechtschaffenheit und ohne Täuschung'[42] – „er behielt gerne die wârhait, er hazzet luge unt bôshait" (V. 1760 f.).

Arbeit um des Lebensunterhalts willen wird in paulinisch-christlicher Tradition zwar positiv bewertet,[43] dies aber steht im Widerspruch zur mittelalterlichen Auffassung von Adel – und wir müssen wohl davon ausgehen, dass die *Kaiserchronik* ein adliges Publikum anvisiert.[44] Arbeit für

[39] De opere monachorum XIII, 14 (wie Anm. 2): „quidquid horum ergo cum innocentia et sine fraude homines operantur, bonum est."

[40] Vgl. Holzapfel, Altertum (wie Anm. 23), bes. S. 125 u. S. 131; De opere monachorum XIII, 14 (wie Anm. 2): „neque enim honestas ipsa reprehendit, quod reprehendit superbia eorum, qui honesti uocari amant, sed esse non amant. Non igitur dedignaretur apostolus siue rusticanum aliquid opus adgredi siue in opificum labore uersari."

[41] De opere monachorum XXVII, 35.

[42] Vgl. De opere monachorum XIII, 14 (wie Anm. 2).

[43] Vgl. 2 Thess 3, 10: „si quis non vult operari, nec manducet". Zur christlichen Tradition der Arbeitsauffassung im Mittelalter siehe: Jacques Le Goff, *Für ein anderes Mittelalter. Zeit, Arbeit und Kultur im Europa des 5.–15. Jahrhunderts*, Frankfurt a. M. u. a. 1984, S. 62 ff.

[44] Vgl. Gisela Vollmann-Profe, Wiederbeginn volkssprachiger Schriftlichkeit im hohen Mittelalter, in: Joachim Heinzle (Hg.), *Geschichte der deutschen Literatur von den Anfängen bis*

den Lebensunterhalt ist mittelalterlichem adligen Selbstverständnis fremd, Adel nämlich definiert sich nicht zuletzt über schon vorhandenen Besitz.[45] Umso bemerkenswerter ist es, nicht nur dass, sondern vor allem wie Arbeit in diesem Text in den Blick gerät: Durch Faustinian, einen römischen Kaiser und dessen Familie, wird Arbeit, auch niedrige Arbeit, als individuelle Leistung gleichsam nobilitiert.

Die Wertschätzung der Gesellschaft, die Faustinian genießt, ist allerdings nicht allein durch körperliche Arbeit begründet, sondern durch eine besondere Qualität, seinen *wîstuom*, seine ‚Weisheit', die er mit kluger Rede und mit Wortgewandtheit unter Beweis stellt:

> luzzel was sîn habe,
> er hête wîslîche rede,
> er was alsô wortspaehe:
> si sprachen, daz sîn wîser dâ niender waere.
> (V. 1764 ff.)

> ‚Seine Habe war gering, aber er führte weise Rede, er war so wortgewandt, dass sie sagten, niemand wäre weiser als er.'

Entsprach das Erleiden von *frost* und *hunger* der Lehre, die Faustinian für seine Söhne Faustus und Faustinus formuliert hatte, so entsprechen die rhetorischen Qualitäten Faustinians der Lehre, die er für seinen nachgeborenen Sohn Clemens bestimmt hatte. Clemens sollte, wie Faustus und Faustinus, in den Büchern unterwiesen werden: „haizet in diu buoch lêren" (V. 1640). Von *arbeit* ist nicht explizit die Rede, aber ex negativo wird *arbeit* angesprochen, indem es nämlich heißt, dass „muoze unde trâcheit" (V. 1644), ‚Müßiggang und Trägheit', zu meiden seien. Arbeit erscheint von daher als aktives Tun, und zwar als eine Leistung, die insbesondere auf dem Gebiet der Rhetorik erbracht werden soll. Rhetorik meint hier eindeutig oratorische Praxis im Sinne des *genus deliberativum*, der beratenden Rede, denn der Sohn soll später im Senat sitzen und „daz beste […] râten"

zum Beginn der Neuzeit, Bd. I, 2: Von den Anfängen zum hohen Mittelalter, Tübingen 1994², S. 29 f. Vgl. Hartmut Kokott, *Literatur und Herrschaftsbewußtsein. Wertstrukturen der vor- und frühhöfischen Literatur. Vorstudien zur Interpretation mittelhochdeutscher Texte* (= Europäische Hochschulschriften Reihe I, Bd. 232), Frankfurt a. M. u. a., S. 199 ff.

[45] Vgl. Karl Bosl, *Leitbilder und Wertvorstellungen des Adels von der Merowingerzeit bis zur Höhe der feudalen Gesellschaft*, München 1974, S. 9: „Seit den Anfängen der Merowingerherrschaft und schon in der Spätantike war *Besitz von Land und Leuten* eine entscheidende wirtschaftliche und politische Grundlage adeliger Herrschaft." [Hervorhebung von K. B.].

(V. 1658 f.), er soll „mit zuhten wol gesprechen“ (V. 1649), ‚mit Anstand und gut sprechen‘, und vor allem „wîslîche“, ‚weise‘, sprechen können (V. 1661). Mit der permanenten Betonung der *buoche* entspricht die Darstellung des Textes der hochmittelalterlichen Ausbildung zum Redner, welche sich an den rhetorischen Lehrbüchern der Antike orientierte und „stark in die [...] lateinische Schriftlichkeit eingebettet war.“[46] Die besondere Akzentuierung der Rhetorik im Text ist dem antiken Erbe verpflichtet, das noch die *Clemensvita* tradiert.[47] Auch in der Lehre für den Kaisersohn Clemens geht es, wie in der ersten Lehre für Faustus und Faustinus, um eine Befähigung für das Herrscheramt: „so gezimet er iu wol ze hêrren“ (V. 1663), ‚so ist er dann zu Recht euer Herrscher‘. Rhetorische Fähigkeit meint vor allem ‚kluges Reden‘, impliziert also *wîstuom*.

Durch die Hervorhebung von *wîstuom* ist die Faustinian-Episode des ersten Teils der Erzählung eng mit der Erziehungslehre für seine Söhne verbunden (V. 1395–1401, V. 1640–1667, bes. V. 1649, V. 1661), darüber hinaus auch mit dem Prolog der *Kaiserchronik*, also des gesamten Werks, denn dort hatte der Verfasser den aufmerksamen und willigen Rezipienten Gewinn an „wîstuom“ und „êre“ (V. 13), an ‚Weisheit und herrscherlichem Ansehen‘, in Aussicht gestellt. Faustinian verkörpert, trotz seines jetzt niedrigen Standes, in vollendeter Weise die Qualität, die seine Söhne erst erwerben sollten: „wîstuom“ wird, wie Faustinians Lehre erkennen ließ, durch Mühsal und Leistung erworben (V. 1395–1401), erweist sich dann aber als ein unverlierbarer Besitz, auch angesichts der „wîlsaelde“ (V. 1737), der Wechselfälle des Schicksals.[48]

In der Faustinian-Episode wird mittels einer montage-ähnlichen Erzählweise die Thematik von geistiger Arbeit an den „buochen“ (V. 1765: „wîslîche rede“; V. 1351 u. 1376 ff., bes. V. 1640 ff.) an das Thema von physischer

[46] Ursula Schaefer, *Artes* im Medienwechsel. Eine Einleitung, in: *Das Mittelalter. Zeitschrift des Mediävistenverbandes*, Bd. 3, H. 3 (1998), S. 3–12, hier S. 9. Vgl. dazu: Thomas Haye, Rhetorische Lehrbücher und oratorische Praxis. Einige Bemerkungen zu den lateinischen Reden des hohen Mittelalters, in: ebd., S. 45–54 passim.

[47] Vgl. De opere monachorum XIII, 14 (wie Anm. 2).

[48] Das Thema der *wîlsaelde* wird vor allem im zweiten Teil der Erzählung diskutiert, V. 3091 ff. Zur Bewertung von Wissen als eines unverlierbaren Besitzes siehe: Erich Köhler, Zum Begriff des Wissens im höfischen Kulturbild. Klerus und Rittertum, in: *Trobadorlyrik und höfischer Roman. Aufsätze zur französischen und provenzalischen Literatur des Mittelalters*, Berlin 1962, S. 29–43, hier S. 36.

Arbeit angeschlossen, und beides wird durch zwei Verse, die das Motiv von gesellschaftlicher Anerkennung enthalten (V. 1763, 1767), miteinander verbunden.

Wenn der Text in den Partien, die den Kaiser Faustinian und seine Söhne in den Mittelpunkt stellen, in besonderem Maße die geistige Arbeit, nicht zuletzt anhand der *buoche*, akzentuiert, so zeigt sich daran offenkundig ein Bestreben des geistlichen Verfassers, zwischen den Bildungswelten der Litterati, der Schrift- und Lateinkundigen, und derjenigen der Illitterati, der Laien, also seines anvisierten Publikums, zu vermitteln, bzw. den Abstand zwischen buchgelehrtem Autor und zumeist wohl analphabetischem Publikum zu überbrücken.[49] Dabei wird *wîstuom* als ein Wert präsentiert, der nicht nur dem Schulbetrieb schriftgelehrter Kleriker verhaftet wäre, er erscheint vielmehr eingeschrieben in eine literarische Figur, Faustinian, dem es mittels physischer *arbait* und *wîstuom* zugleich gelingt, eine ungewohnte Lebenssituation zu meistern. Die theologische Fundierung für den Versuch, so verschiedene Aspekte von Arbeit in ein Erzählkonzept einzubinden, konnte der buchgelehrte Autor wiederum in Augustins Schrift *De opere monachorum* finden, denn dort war grundsätzlich keine Rangordnung nach unterschiedlichen Tätigkeiten intendiert.[50] Allerdings ist auch bei Augustin, ähnlich wie beim Faustinian-Dichter, die Tendenz erkennbar, dass er „im allgemeinen die geistige Berufstätigkeit, besonders das Priestertum, höher" schätzt.[51]

Mit Augustins Werk *De opere monachorum* stand dem Faustinian-Dichter ein geschlossenes theoretisches Konzept vor Augen, das für seine Erzählung eine geistige Mitte bilden konnte. *De opere monachorum* ist demnach mehr als nur eine Nebenquelle des Faustinian-Dichters. Interessant ist freilich, was im Gefüge des Textes aus dem augustinischen Konzept wird: Der literarische Text entwirft eine Vorstellung von Arbeit, die nun keineswegs so eindeutig als christlich-kirchlich eingestuft werden kann,

[49] Ähnliche Anstrengungen seitens Hartmanns von Aue und Wolframs von Eschenbach hat Michael Curschmann geltend gemacht; siehe: Michael Curschmann, Hören – Lesen – Sehen. Buch und Schriftlichkeit im Selbstverständnis der volkssprachlichen literarischen Kultur Deutschlands um 1200, in: *Pauls und Braunes Beiträge zur Geschichte der deutschen Sprache und Literatur* 106, 1984, S. 218–257.

[50] Vgl. De opere monachorum XIII, 14 (wie Anm. 2); vgl. Holzapfel, Altertum (wie Anm. 23), S. 131.

[51] Holzapfel, Altertum (wie Anm. 23), S. 131.

wie Gentry das sieht.[52] Die Erzählung ist auch nicht bloße Einkleidung oder Veranschaulichung theologischer Lehre, etwa im Sinne der *artes praedicandi.* Denn während Augustins Ausführungen bestimmt waren für den monastischen Bereich, zielen die drei Episoden des ersten Teils der Faustinian-Erzählung auf einen Erfahrungsbereich ‚in der Welt'.

Im zweiten Teil der Erzählung werden die versprengten Mitglieder der Kaiserfamilie durch Barnabas (aus der Apostelgeschichte) und Petrus wieder zusammengeführt: Drei Trennungen – drei Wiedererkennungen. In diesem zweiten Teil wird das Thema ‚Arbeit' erneut aufgenommen: Petrus hält der Mächthilt, die hier um Almosen bettelt, das christliche Arbeitsethos vor Augen:[53]

> er sprach: ‚sage mir, guot wîp,
> hâstû noh ganzen lîp,
> zewiu treistû den gemaiten?
> mehtes dû arbaiten,
> verlêh dir got ganze hende,
> sô hâstû des grôze sunde,
> wil dû die muozec tragen.
> wane hôrest dû den wîssagen:
> wie sâlic der lebe,
> der der hende arbaite phlege?'
> (V. 2637–2646)

> ‚Er sprach: ‚Sage mir, gute Frau, wenn du einen unversehrten Leib dein eigen nennst, weshalb gibst du dich als gebrechlich aus? Wenn du zu arbeiten vermagst und Gott dir unversehrte Hände gegeben hat, so begehst du eine große Sünde, wenn du sie in den Schoß legst. Warum hörst du nicht auf den Propheten, der sagt, wie selig der lebe, der von seiner Hände Arbeit lebt?'

Petrus spricht Mächthilt erst von Sünde frei, als er von ihr erfährt, dass sie inzwischen tatsächlich gebrechlich und gichtig und deshalb nicht zur Arbeit fähig ist. Hier wird das Motiv der physischen Gesundheit, das im ersten Teil sowohl für die Kaiserin als auch für den Kaiser die Hoffnung

[52] Gentry, Gesellschaft (wie Anm. 3), S. 9: „An dieser Stelle der Kaiserchronik kommt die positive Bewertung der Arbeit durch die christliche Kirche klar zum Ausdruck." Gentry bezieht sich dabei auf verschiedene theologische und kirchliche Positionen (Ivo von Chartres, Gerhoh von Reichersberg, die Zisterzienser), nicht aber auf Augustinus.

[53] Vgl. 2 Thess 3, 10: „si quis non vult operari, nec manducet". Vgl. *Recognitiones* VII, 13: „Dic mulier, quod tibi membrum corporis deest, quod huic te injuriae subjecisti ut stipem petas, et non potius manibus tuis quas a Deo accepisti operans cibum quaeras?"

auf eine Sicherung der Existenz bedeutet hatte, ex negativo wieder angesprochen und damit das Motiv der körperlichen Arbeit noch einmal betont. Auch als Faustinian, der „arme[...] tragaere“ (V. 3039), ‚der arme Lastträger‘, mit Petrus und seinen Jüngern – das sind die Kaisersöhne – zusammentrifft, wird zunächst das Thema ‚körperliche Arbeit‘ nochmals wiederaufgenommen. Nur weil Faustinian meint, Petrus und seine Mitstreiter vor Irrtum, nämlich vor nutzlosem Beten, bewahren zu können, unterbricht er „mit listen“ (V. 3043), ‚aus triftigem Grund‘, sein Tagewerk (vgl. V. 3091 ff.; vgl. dazu V. 3075 ff.).[54] Im Gespräch mit Petrus erklärt Faustinian dann aber, dass er „ain wol gelêrter man“ sei, der sich auf viele Wissenschaften verstehe (V. 3067 f.). Die geistige Arbeit, die Kunst der klugen Argumentation, spielt dann in der langen Disputation mit den noch unerkannten Kaisersöhnen über das Schicksal (*wîlsaelde*), die Macht der heidnischen Götter und die Vorhersehung des Christengottes eine wesentliche Rolle, denn hier findet Rhetorik, bekanntlich ein Fach der *septem artes liberales*,[55] praktische Anwendung – in der *actio*.[56]

Arbeit erscheint hier, im zweiten Teil, als eine christliche Tugend, daneben spielen Mächthilts Keuschheit (V. 2989) und Faustinians Demut vor Petrus (V. 3051) eine nicht unwichtige Rolle. Erst im zweiten Teil, durch den Dialog zwischen Petrus und Mächthilt, wird erkennbar, dass Mächthilds Traum von der Notwendigkeit, die Kinder fortzuschicken, fingiert war, damit Mächthilt den Kindern nachreisen konnte, um den unsittlichen Anträgen ihres Schwagers, des späteren „ubelen“ Kaisers Claudius, zu entgehen (V. 2711 ff.). Faustinian stellt sich – im zweiten Teil – Petrus vor als ein „arm man“ (V. 3051), als ‚ein besitzloser Mann, ein Mann von geringem Stande‘, und seine demütige Haltung findet eine Entsprechung in dem darauf folgenden Bekenntnis zur Demut vor Christus durch Petrus (V. 3058). Da das Thema Arbeit aber im ersten Teil so breit ausgefaltet wird, ist es unter

[54] Auch Röhrscheidt, Kaiserchronik (wie Anm. 2), S. 43 weist auf die ausdrückliche Entschuldigung Faustinians hin, nicht zu arbeiten.

[55] Einmal ist explizit von den „siben listen frîen“ (V. 3201) die Rede.

[56] Von den fünf Teilen der antiken Rhetorik als Kunstlehre nahm die *actio* in der Theorie zwar einen relativ geringen Raum ein, war aber bei den tatsächlich gehaltenen Reden von außerordentlich großer Bedeutung. Vgl. Ernst Robert Curtius, *Europäische Literatur und lateinisches Mittelalter*, Bern/München 1961[3], S. 77 u. S. 79; vgl. Haye, Lehrbücher (wie Anm. 47), S. 53 f.

den christlichen Tugenden von besonderem Gewicht. Solche Gewichtung wird auch im Hinblick auf das Traummotiv im ersten Erzählteil deutlich: Es musste zunächst als blindes Motiv erscheinen,[57] aber gerade weil die Motivation der Kaiserin, den Nachstellungen ihres Schwagers entgehen zu wollen, im ersten Teil ausgespart blieb, wird dort das Thema Erziehung und damit das Thema Arbeit besonders herausgearbeitet. Die einzelnen Mitglieder der Kaiserfamilie haben also bereits im ersten Teil, jeweils auf sich selbst gestellt und ohne Rückhalt durch herrscherliches Amt bzw. hohe gesellschaftliche Stellung, christliches Ethos in seinem umfassenden Spektrum gelebt.

Arbeit wird durch Petrus als christliche Tugend definiert, aber: Arbeit wird nicht als ein Mittel der Selbstheiligung im Sinne der *paupertas Christi* dargestellt, wie eingangs mit Gentrys These zur Frage stand. Denn die Heiligung des Kaisers und seiner Familie erfolgt aufgrund der jeweils individuell erteilten göttlichen Gnade: „daz schuof in got ze haile". Die dreimal – leicht variierte – Formel bezog sich, wie sich am Ende herausstellt, keineswegs nur auf die Rettung aus dem Schiffbruch, und sie ist auch keinesfalls zynisch zu verstehen, vielmehr verweist sie auf die göttliche Vorsehung, zu der sich Faustinian schließlich bekennt, indem er seinem Glauben an die *wîlsaelde* absagt, an die Willkür eines blinden Schicksals. Die Heiligung aller Mitglieder der Kaiserfamilie erfolgt aufgrund der persönlichen Verwirklichung christlicher Tugenden, d. s. in erster Linie Arbeit, dazu auch Keuschheit und Demut, und ganz besonders aufgrund des persönlichen und letztlich vertrauensvollen Verhältnisses zu Petrus, dem ersten Papst und Mittler zwischen Diesseits und Transzendenz. Ein solches persönliches Verhältnis zu Petrus gewinnen als erste die Söhne, zunächst der nachgeborene Kaisersohn Clemens, dann, nach anfänglicher Verführung durch den Magier Symon, auch Faustus und Faustinus; sie begleiten Petrus als seine Jünger. Dieses persönliche Verhältnis der Söhne zu Petrus und später das der Mächthilt und Faustinians wird darstellungstechnisch durch die Dialoge und den damit verbundenen vis-à-vis-Kontakt sowie durch szenische Präsentation herausgearbeitet.[58] In den Dialogen obsiegt die christ-

[57] So Dieter Kartschoke, *Geschichte der deutschen Literatur im frühen Mittelalter* (= dtv 4551), München 1990, S. 361.

[58] Vgl. Hans Fromm, Die Disputationen in der Faustinianlegende der Kaiserchronik. Zum

liche Seite durch überzeugende Argumentation, aber die göttliche Gnade erweist sich auch durch Augenschein: durch die wunderbare Heilung der Kaiserin durch Petrus und natürlich in den drei Wiedererkennungen der Familienmitglieder, welche Petrus herbeiführt. Am Ende steht die „Erfahrung des Christentums als persönlich erlösende[r] Lebensdeutung."[59] Für Faustinian und seine Frau hat dies die Konsequenz, dass sie sich fortan einem „gaistlîche[n]" Leben widmen (V. 4057).

Zuständig für die Christenheit ist in der Faustinian-Erzählung Petrus; Reich und Kaiseramt sind von der geistlichen Macht getrennt, denn in dem Moment, wo Faustinian sich in ein geistliches Leben zurückzieht, übernimmt sein Bruder Claudius die weltliche Herrschaft. Die Heiligung der Mitglieder der Kaiserfamilie verdeutlicht – und hier bestätigt sich mein Forschungsergebnis zur Karlserzählung in der *Kaiserchronik*[60] –, dass (hier nur potentielles) Herrscherheil nicht an das Amt, sondern an das einzelne Herrscherindividuum und an die personbezogene Gnade Gottes gebunden ist. Ohne jeden Zweifel spielt Petrus bei der Zusammenführung der Familie die entscheidende Rolle, dennoch wird das gesamte Handlungsgefüge von Faustinian und seiner Familie dominiert, und das gilt nicht nur für den ersten Teil der Erzählung; denn die Disputation über die *wîlsaelde* im zweiten Teil hätte ohne Faustinian und seine persönliche Lebenserfahrung keinerlei Grundlage,[61] auch die Zusammenführungen durch Petrus sind nicht denkbar ohne das wechselhafte Geschick der Kaiserfamilie. Zudem ist es Faustinian, der den Kontakt zu Petrus sucht und nicht umgekehrt.[62]

literarischen Dialog im 12. Jahrhundert, in: Annegret Fiebig/Hans-Jochen Schiewer (Hg.), *Deutsche Literatur und Sprache von 1050–1200. Festschrift für Ursula Hennig*, Berlin 1995, S. 51–69, passim und bes. S. 58.

[59] Neuendorff, Herrscherdarstellung (wie Anm. 2), S. 74. Die jeweils persönliche Erfahrung betont auch Ingo Nöther, *Die geistlichen Grundgedanken im Rolandslied und in der Kaiserchronik*, Hamburg 1970, S. 187. Auch Hans Fromm, wenn auch aus anderer Perspektive, hebt die persönliche Lebenserfahrung hervor: vgl. ders., Disputationen (wie Anm. 62), S. 62 u. S. 63. Neuendorff, Herrscherdarstellung (wie Anm. 2), S. 51 spricht grundsätzlich von einer „personenorientierte[n] Darstellung in der [Kaiserchronik]".

[60] Barbara Haupt, Karl der Große in der deutschen Kaiserchronik, in: Wilhelm Busse (Hg.), *Religion und Herrschaft in Mittelalter und Renaissance* (in Vorbereitung).

[61] Vgl. Fromm, Disputationen (wie Anm. 58).

[62] Auch Neuendorff, Herrscherdarstellung (wie Anm. 2), passim, sieht im Zentrum der Erzählung die Figur des weltlichen Herrschers.

Arbeit, so lässt sich zusammenfassen, wird in der Faustinian-Erzählung der *Kaiserchronik* zunächst als passives Erdulden, dann aber ganz speziell auch im Sinne einer aktiven Leistung ausgewiesen und grundsätzlich positiv bewertet; dies wird durch den Gang der Erzählung verdeutlicht und wesentlich ermöglicht durch das augustinische Konzept von Arbeit.

Die Auffassung von mhd. *arbeit* als Leistung bleibt in der mittelhochdeutschen höfischen Literatur nicht singulär. Schon gegen Ende des 12. Jahrhunderts tritt mit dem *Eneasroman* Heinrichs von Veldeke ein charismatischer Held auf den Plan, der mit *arbeit* in Kampf und Minne zu höchstem Ruhm aufsteigt,[63] und im Artusroman Hartmanns von Aue wird die kämpferische, und das heißt hier natürlich vor allem: physische, Leistung des Artusritters mit *êre*, mit sozialer Anerkennung, honoriert: „sus verdiente Êrec sîn loben".[64] Im *Eneasroman* und im Artusroman tritt eine Vorstellung von Arbeit als Leistung in Erscheinung, die auf die weltlichen Herrschaftsträger bezogen ist und die der Legitimation von Herrschaft dient. Trotz der großen Verbreitung der *Kaiserchronik* im 12. Jahrhundert[65] ist allerdings ein direkter Einfluss auf die genannten höfischen Romane kaum nachzuweisen, kulturhistorisch gesehen aber markiert die Faustinian-Erzählung der *Kaiserchronik* bereits einen Schritt in die Zukunft.

---

63 Vgl. Barbara Haupt, *Das Fest in der Dichtung. Untersuchungen zur historischen Semantik eines literarischen Motivs in der mittelhochdeutschen Epik* (= Studia humaniora, Bd. 14), Düsseldorf 1989, S. 105–140 passim.

64 Hartmann von Aue, *Erec*, hg. von Albert Leitzmann/Ludwig Wolff, 6. Aufl. besorgt von Christoph Cormeau/Kurt Gärtner, Tübingen 1985[6], V. 2825; vgl. zum Artusritter Gawein V. 2746: „ûf êre leit er arbeit". Zum Leistungsethos des Artusromans vgl. Kaiser, Textauslegung (wie Anm. 31), S. 103 f.

65 Vgl. Eberhard Nellmann, Art. ‚Kaiserchronik', in: *Die deutsche Literatur des Mittelalters. Verfasserlexikon*, Berlin/New York 1983, Bd. 4, Sp. 949–964, bes. Sp. 949 f. (Überlieferung) und Sp. 961 (Nachwirkung).

Jürgen Wiener

„Arbeit ist das einzige Mittel, um das Leben erträglich zu machen." Die Weltzeit der Arbeit in Reliefzyklen des italienischen Hochmittelalters

Das Titelzitat, das sich affirmativ wie ironisch lesen lässt, verletzt das Gebot der Geschichtlichkeit. Voltaires aufklärungs- und religionsskeptischem *Candide* entnommen, stelle ich es Skulpturen voran, die mindestens ein halbes Jahrtausend früher datieren. „Candide war aus dem irdischen Paradies vertrieben." So lautet der erste Satz des zweiten Kapitels, mit dem die groteske und zynische Odyssee Candides und seiner Begleiter um die beste aller Welten beginnt. Sie endet im letzten Kapitel, dem auch der Vortragstitel entnommen ist, mit der Flucht der ruhelos Getriebenen ins irdische Paradies, um ostentativ zu arbeiten. Offen bleibt dabei, ob sie in diesem Garten nicht wie die in Gärten aufgestellten spätbarocken Genrefiguren Arbeit nur auf-, aber nicht ausführen. Paradies als Allegorie einer besten Welt oder als weltfremde Parallelwelt von Privilegierten?

Candide war wie die anderen Figuren seiner *Entourage*, der Voltaire diesen Satz in den Mund legt, niemals einer geregelten Arbeit nachgegangen. Nicht nur deswegen ist der Satz nicht frei von bitterer Ironie, denn die Vorstellung, dass es gerade die Arbeit ist, die das Leben so schwer ertragen lässt, meint keineswegs nur die zunehmend kollektiv werdende individuelle Erfahrung dessen, was mit dem Begriff *Burn-out* verbal verharmlost wird, sondern ist essentieller Bestandteil eines in Voltaires Zeit bröckelnden christlichen Weltbildes. Gleichwohl begehrt Voltaire nicht, wie es zunächst scheinen mag, gegen ein christliches Arbeitsethos auf. Im Gegenteil reaktiviert er in der Spätzeit des *Ancien Régime* einen mittelalterlichen Arbeitsbegriff, nachdem die frühneuzeitliche Monarchisierung von Herrschaft nicht zuletzt das von Arbeit geprägte städtische Zunftwesen als politische Kraft marginalisiert hatte. Voltaire erzählt ein säkularisiertes Gleichnis vom mühsamen Unterwegs-Sein in der Welt, wie es die Vorsehung will, und vom Wunsch nach Erlösung durch sinnstiftende und existentiell beglückende Arbeit.

Arbeit als Vorleistung zum Glück, als Möglichkeitsbedingung schlechthin, selbst die Welt zu gestalten – der Schluss hätte auch Thomas von Aquin gefallen. Er formulierte es so: „beatitudo hominis sit operatio."[1] Das Hochmittelalter fand dafür anders als die Gärten von Voltaires herrschaftlichen Zeitgenossen glaubwürdige Bildformeln. Arbeit als ein Wert drückt sich nicht zuletzt in Formen und Medien ihrer Verbildlichung aus. Seit der Neuzeit ist die öffentliche Bildrepräsentation von Arbeit als ein doppelter Wert – als individueller des Glücks und als kollektiver des Gemeinwohls – prekär und damit selten geworden. Arbeit als ein gesellschaftlicher Wert scheint demnach eine subversive Seite zu haben. Andererseits wurden seit etwa 1880 für Konzerne in großer Zahl plastische Bilder der Arbeit produziert, welche die Industriearbeiter durch heroisch nackte Oberkörper glorifizieren. Das gemeißelte Männerbild der Nazis wurzelt nicht zuletzt in den kapitalistischen Selbstvergewisserungen vom Wert der Arbeit um 1900 (Abb. 1).[2]

Diese Bronzen mahnen zur Vorsicht, die Repräsentation von Arbeit in der Vergangenheit nicht einfach nur als Zeugnisse einer Geschichte von unten, als Geschichte der kleinen Leute etc. zu nehmen. Gewiss stehen sie für eine Werteproduktion und es ist der These, dass die Bedeutung landwirtschaftlicher Bilder an mittelalterlichen Fassaden eine „a priori positive" sei,[3] nicht zu widersprechen. Schon der Ort, häufig diejenigen Kir-

---

[1] Thomas von Aquin, *Summa Theologiae*, I–II, q. 3, a. 2; vgl. Rochus Leonhardt, *Glück als Vollendung des Menschen. Die Beatitudo-Lehre des Thomas von Aquin im Horizont des Eudämonismus-Problems*, Berlin/New York 1998; Verena Postel, *Arbeit und Willensfreiheit im Mittelalter*, Stuttgart 2009. Zu einer Interpretation des Hauptportal von S. Marco im Lichte einer thomistischen Arbeits- und Glücksethik vgl. Jürgen Wiener, Labor virtutis: Monatsarbeiten, Berufe und der Ort der Kunst an San Marco in Venedig, in: Thomas Weigel. u. a. (Hg.), *Die Virtus in Kunst und Kunsttheorie der italienischen Renaissance. Festschrift für Joachim Poeschke zum 65. Geburtstag*, Münster 2014 S. 61–91.

[2] Vgl. Klaus Türk, *Arbeiterskulpturen*, Bd. 1: *Figuren aus dem Grohmann Museum an der Milwaukee School of Engineering*, Milwaukee 2009; Bd. 2: *Die Sammlung Werner Bibl*, Essen 2011.

[3] Ludovic Nys, Le testament artistique de Giotto: les reliefs hexagonaux du campanile de Florence, in: Marc Boone u. a. (Hg.), *Le verbe, l'image et les représentations de la société*

Abb. 1: Emanuel Alexander Swoboda, Bleirelief zum Wirtschaftsbereich Eisenverarbeitung an der ehemaligen Handelskammer in Wien, um 1905/07

chen, die für die städtische Identität besonders bedeutsam waren (z. B. Kirche des Stadtpatrons und/oder Domkirchen), und das dauerhaft Öffentlichkeit garantierende, aufwendig zu bearbeitende Material ehren das Sujet. Doch für wen ist es ein Wert? Sind es die Bauern und ihre Arbeit, die geehrt und aufgewertet werden? In den letzten Jahrzehnten stieß die skulpturale Repräsentation einer Arbeits-Ikonographie an öffentlichen Bauten des hohen Mittelalters insbesondere in Gestalt von sogenannten Monatsarbeiten auf ein großes Interesse bei Historikern, insbesondere bei sozial-, wirtschafts-, mentalitäts- und mikrohistorisch ausgerichteten und mit Bildquellen im Zuge eines historischen *pictorial turn* operierenden Historikern, die geholfen haben, Kontexte und Hintergründe dieser Ikonographie zu klären.[4] Während in der sozioökonomischen und anthropologi-

urbaine au Moyen-Age, Antwerpen u. a. 2002, S. 87–105, hier S. 88. Ähnlich auch Giovanni Romano, *Landschaft und Landleben in der italienischen Malerei*, Berlin 1989, S. 21.

4 Vgl. Marc Bloch u. a. (Hg.), *Les travaux et les jours dans l'ancienne France*, Paris 1939; ders. *Mélanges historiques*, 2 Bde., Paris 1963; Georges Duby, *L'économie rurale et la vie des campagnes dans l'occident médiéval*, Paris 1962; Jacques LeGoff, Il tempo del lavoro, agricultura e segni dello zodiaco nei calendri medioevali, in: *Storia e Dossier* 22 (1988) S. 1–50; ders., *Pour un autre Moyen Age. Temps, travail et culture en Occident: 18 essais*, Paris 1977; Chiara Frugoni, Le cycle des Mois à la porte de la 'Poissonnerie' de la cathédrale de Modène, in: *Cahiers de civilisation médiévale* 34 (1991), S. 281–295. Perrine Mane, *Calendries et techniques agricoles (France-Italie, XIIe–XIIIe siècles)*, Paris 1983; dies., L'apport de l'iconographie des calendriers pour l'étude de la vie rurale en France et en Italie aux XIIe et XIIIe siècles,

schen Perspektive der dokumentarisch-mimetische Charakter überbewertet wurde, wurde die Eigendynamik der Aufgabe, die sich nur über die Genealogie dieser ikonographischen Gelegenheit fassen lässt, unterschätzt oder gar nicht erst gesehen. Unter einer genealogischen Prämisse dieser skulpturalen Aufgabe erweist es sich, dass es kein *a priori* gibt und dass sich der positive Wert als ein historisch produzierter zu erkennen gibt, der keineswegs nur positiv konnotierte Facetten in seiner Vorgeschichte aufweist. Seine Geschichtlichkeit wird dadurch deutlich, dass an der Schwelle zur Neuzeit der Wert Arbeit am Campanile des Florentiner Doms über eine Unterscheidung zwischen Arbeit und *ars* (im doppelten Sinn von Wissenschaft und Kunst, die hier schon 100 Jahre vor Leon Battista Alberti in ihrer Gattungstrias ausdifferenziert wurde) sowie zwischen Erfindung und Ausführung bereits in Frage gestellt wird, obwohl es das Programm mit der größten Komplexität und Vielfalt zum Bereich der Arbeit im Mittelalter aufweist. Anders als der größte Teil der Architekturplastik zum Thema Arbeit hat dieses Programm enzyklopädischen Charakter.[5]

---

in: *Sitzungsberichte Österreichische Akademie der Wissenschaften*, Philologisch-Historische Klasse 439 (1984), S. 267–275; dies., Comparaisons des thèmes iconographiques des calendriers monumentaux et enluminés en France, aux XIIe et XIIIe s., in: *Cahiers de civilisation médiévale* 29 (1986), S. 257–264. Unter den Kunsthistorikern waren es solche, die wie Romano, Landschaft (wie Anm. 3) einen sozialgeschichtlichen Ansatz favorisieren.

5 Grundlegend noch immer: Julius von Schlosser, Giusto's Fresken in Padua und die Vorläufer der Stanza della Segnatura, in: *Jahrbuch der Kunsthistorischen Sammlungen in Wien* 17 (1896), S. 13–100, der das Enzyklopädische des Programms als Bebilderung von Texten (insbesondere von Isidor von Sevilla, Vinzenz von Beauvais und Brunetto Latini) begreift. Wichtige Beiträge der jüngeren Zeit sind: Anita Fiderer Moskowitz, Trecento classicism and the campanile hexagons, in: *Gesta* 22 (1983), S. 49–65; Gert Kreytenberg, *Andrea Pisano und die toskanische Skulptur des 14. Jahrhunderts*, München 1984; Diana Norman, The art of knowledge: two artistic schemes in Florence, in: Diana Norman (Hg.), *Siena, Florence and Padua: art, society and religion 1280 – 1400*, New Haven u. a. 1995, S. 217–241; Emma Simi Varanelli, *Artisti e dottori nel medioevo: il campanile di Firenze e la rivalutazione delle "arti belle"*, Rom 1996; Tanja Michalsky, Der Reliefzyklus des Florentiner Domcampanile oder die Kunst der Bildhauer, sich an der Heilsgeschichte zu beteiligen, in: Ursula Schaefer (Hg.), *artes im Mittelalter*, Berlin 1999, S. 334–343; Mariella Carlotti/Mariapia Cattolico, *L'uomo che lavora: il ciclo delle formelle del campanile di Giotto*, Florenz 2001; Nys, Giotto (wie Anm. 3); Mariella Carlotti, *Il lavoro e l'ideale: il ciclo delle formelle del campanile di Giotto*, Florenz 2008; Wiener, Monatsarbeiten (wie Anm. 1).

Monatsarbeiten allein sind, anders als es seit Julius Schlosser und Émile Mâle üblich ist,[6] nur unter größten Einschränkungen enzyklopädisch zu nennen. Sie reichen nicht hin, das gesamte Wissen zu vertreten. Sie illustrieren weder einen vorgängigen Text, noch bilden sie die produktive Lebenswelt ab. Bei Mâle ist der Gedanke der Enzyklopädie, mit der er gleichsam Diderots und D'Alemberts *Encyclopédie* ins Mittelalter zurück verlängern und damit gleichzeitig nationalisieren und katholisieren wollte, auch wesentlich der Vorstellung geschuldet, dass die Monatsarbeiten integraler Bestandteil einer ungleich umfangreicheren Gesamtikongraphie in der enzyklopädisch begriffenen Bildwelt französischer Kathedralen waren und ihr literarisches Gegenstück in dem von Vinzenz von Beauvais um 1250 verfassten *speculum maius* hatten. Wie bei Mâle bezeichnet ikonographische Forschung in erster Linie den Versuch, die vorgängigen Texte zu rekonstruieren – dass Bilder auch Texte motiviert haben können, wird erst gar nicht in Erwägung gezogen, noch weniger, welche Funktion das Bild nach der Rekonstruktion des Textes noch hat.[7] Mâles Bezug auf Vinzenz ist

---

[6] Vgl. Schlosser, Fresken (wie Anm. 5); Émile Mâle, *Die Gotik. Kirchliche Kunst des XIII. Jahrhunderts in Frankreich*, Stuttgart/Zürich 1986, S. 84. (= deutsche Übersetzung von Émile Mâle, *L'Art religieux du XIIIe siècle en France*, Paris 1899).

[7] So wird etwa für die bauplastische Darstellung der artes liberales immer wieder auf das *Didascalicon* des Hugo von St. Viktor und das *Heptateuchon* des Thierry von Chartres verwiesen, obwohl der Kanon über den antike Landwirschaftsliteratur (Columella, Palladius) und insbesondere Augustinus (der in *De doctrina christiana* das Fundament für die mittelalterliche Auffassung der *artes liberales* legte), Martianus Capella, Isidor von Sevilla, Johannes Eriugena, Hrabanus Maurus bestens bekannt war; vgl. Brigitte Englisch, *Die Artes liberales im frühen Mittelalter*, Stuttgart 1994; Jutta Seibert, Art. Künste, sieben freie (artes liberales), in: Engelbert Kirschbaum (Hg.), *Lexikon der christlichen Ikonographie*, Bd. 2, Freiburg i. Br. u. a. 1970, Sp. 703–714. Im 12. Jahrhundert war auch noch Johannes von Salisburys *Metalogicon* den *artes liberales* gewidmet. Und auch Honorius Augustodunensis, Petrus Comestor sowie für das 13. Jahrhundert neben Vinzenz und Brunetto Latini noch Thomas von Aquin und Alberts Magnus ließen sich anführen. Soll man sich ein solches Programmkompilieren wie die Rekonstruktionsarbeit eines mit einer modernen Bibliothek ausgestatteten Ikonographen vorstellen? Insgesamt erklären die Texte für die bauplastische Darstellung der *artes liberales* in der Regel nicht mehr, als dass es das Phänomen auch in Texten gibt. Die Paradoxie der Textrekonstruktion wird deutlich, wenn gerade Mâle, Gotik (wie Anm. 6), S. 65 betont, dass „literarische Einflüsse [...] sich hier kaum nachweisen" lassen. Wenn in Florenz ein Webstuhl dargestellt wird, dann ist dafür weder Hugo noch Vinzenz notwendig (Nys, Giotto (wie Anm. 3), S. 100, der auf der Basis hegelianischer Geschichtstufen argumentiert), sondern es genügt, dass Webstühle eine bedeutende lebensweltliche Realität in Florenz waren. Dies aber bedeutet nicht, dass Giotto ein laikales Programm vorgelegt hätte (ebd. S. 101), das bald danach gleichsam in einem Rückfall in die Scholastik durch

schon deswegen verfehlt, weil zum einen viele der von Mâle als Kalender bezeichneten Monatsserien längst existierten, und zum anderen nur ein Bruchteil der Taxonomien des Wissens Eingang in die Bildwelt der Kathedralen fand. Kalender waren zunächst ein Phänomen der Buchkunst, da das Kirchenjahr auf die Berechnung des von Sonne und Mond abhängigen Ostertermins angewiesen war. Darstellungen von Monatsarbeiten begegnen daher zuerst in liturgischen Kalendarien und computistisch-astrologischen Handschriften.[8]

Daher wurde gegen die These einer Aufwertung der Landarbeit eingewandt, dass Monatsallegorien die Zeit symbolisierten.[9] Auch fanden die für die urbane Ökonomie wichtige Verarbeitung von Stein, Metall, Holz, Leder, Wolle, Leinen, Milch, Fleisch etc. sowie der Handel mit den Materialien und den Produkten daraus ganzjährig statt.[10] Monatsarbeiten, die zu den städtischen Berufen in der Regel nur einen indirekten Bezug haben, sind auch kein ästhetisch überhöhtes Bekenntnis einer Abhängigkeit der Stadt vom *Contado*, dessen Produktivität hier mimetisch glorifiziert würde.[11] Auf die Feldarbeit und auf Viehzucht und Jagd angewiesen zu sein,

---

die Rautenreliefs darüber in den Schoß der Kirche zurückgeholt worden wäre. Tatsächlich wird in Florenz der biblische Ursprung (beispielsweise *Jonitus* statt *Astronomia*) besonders betont.

8 Vgl. Alois Riegl, Die mittelalterliche Kalenderillstration. Ihr Ursprung und ihre Entwicklung bis zur vollständigen Ausbildung der Typen im 11. Jahrhundert, in: *Mittheilungen des Instituts für österreichische Geschichtsforschung* 10 (1889), S. 1–74; James Carson Webster, *The labors of the months in antique and mediaeval art to the end of the twelfth century*, Princeton 1938; Jürgen Hamel, *Kalenderrechnung und Kalenderschriften in Vergangenheit und Gegenwart*, Berlin 1983; Gerlinde Strohmaier-Wiederanders, *Imagines anni. Monatsbilder von der Antike bis zur Romantik*, Halle 1999.

9 Vgl. Marjorie Jean Hall Panadero, *The labors of the months and the signs of the zodiac in twelfth-century French facades*, (Ph.D. University of Michigan 1984), Ann Arbor 1985, insbesondere S. 169–242.

10 Zur Begründung durch naturgegebene Rhythmen zuletzt Nys, Giotto (wie Anm. 3), S. 88.

11 Es ließen sich zwar in der Tradition des topischen Lobs der Landwirtschaft seit der Antike zahlreiche Stellen anführen, in denen die Arbeit von Bauern positiv dargestellt wird. So lobt Honorius Augustodunensis, *Elucidarium*. II,18: De variis laicorum statibus, in: Jacques Paul Migne (Hg.), Patrologia latina, Bd. 192, Paris 1851, 1148 f., den Landmann aufkosten des *mercator*, dessen Chancen auf Heil, Honorius zufolge und eine ältere Tradition fortschreibend, gegen Null gehen, weil sein Gewinn auf Betrug, Lüge und Gier beruhe. Für eine aufstrebende Kommune waren dies keine Sätze, mit denen sie sich hätte identifizieren können. Auch Frugoni, Porte (wie Anm. 4), S. 286 versucht damit das Programm in Modena zu erklären. Allgemein dazu: Nikolaus Paulus, Die Wertung der weltlichen Berufe

ist kein hinreichender Grund für ihre Darstellung. Bilder monatstypischer Tätigkeiten sind in der Tat nicht – oder zumindest nicht primär – als Verherrlichung der Landarbeit zu lesen, sie sind mangels Alternativen im ikonographischen Repertoire eher ein Katalysator für eine genuin städtische Ikonographie und damit für eine genuin städtisches Bewusstsein von Produktion. Kurzum: Sie bilden nicht Realität ab, sondern produzieren sie.

Das Problem der Zeitberechnung, in deren Kontext eine solche Thematik entstanden ist, ist in den Städten jedenfalls nicht mehr gegeben. Der Medienwechsel ist ein radikaler Perspektivwechsel aus der liturgischen Zeit des Kirchenjahres, die selbstrefentiell ist bzw. Zeit als einen Weg hin zur zweiten Parusie mit ihrer Erlösung von dem Übel des Arbeitens in der Welt versteht, in die weltbejahende Zeit der prosperierenden Alltagsökonomie und des gemeinsamen Schaffens und Ordnens der Welt. Er ist auch eine erste radikale Form der Säkularisierung. Dennoch ist sie nicht teleologischen Geschichtsmodellen (eines Hegel, Marx, Riegl ...) eingeschrieben. Sie ist zwar nicht ohne eine ökonomische Basis denkbar, die sich mittelbar in die Arbeitsikonographie einschreibt, sie ist aber auch und vor allem ein Effekt eines ornamentalen bauplastischen Systems der Ranke, die immer stärker von einer Form des Raums zu einer Form der Zeit wird, oder besser gesagt des Zeitenraums.[12] Denn diese Ikonographie entwickelt und entfaltet die ihr kraft des Ornamentmotivs Ranke immanenten Möglichkeiten in Bedeutungskonkretionen. Sie setzt voraus, dass es ein Bedürfnis nach Konkretisierung des Unkonkreten gab, nach Sinnbestimmung, die Ordnung schafft, wo das Ornament Ranke zuvor die Chiffre schlechthin für Unordnung war. Es ist das Medium, das die Botschaft wesentlich erst zu formulieren hilft.[13]

Damit ist nicht ausgesagt, dass das in der Ikonologie hegemoniale Verhältnis von Bild zu Text (‚Bild⟶Text' statt ‚Text⟶Bild') umzukehren wä-

---

im Mittelalter, in: *Historisches Jahrbuch* 32 (1911), S. 725–755; ders., Der Berufsgedanke bei Thomas von Aquin, in: *Zeitschrift für Katholische Theologie* 50 (1926), S. 445–454.

[12] Zum Begriff Zeitenraum: Friedrich Ohly, Die Kathedrale als Zeitenraum. Zum Dom von Siena, in: ders.: *Schriften zur mittelalterlichen Bedeutungsforschung*, Darmstadt 1977, S. 171–273 (ursprünglich in: *Frühmittelalterliche Studien* 6 (1972), S. 94–158).

[13] Vgl. Jürgen Wiener, Rahmen und Ranke in der italienischen Skulptur um 1300, in: Hans Körner/Karl Möseneder (Hg.), *Format und Rahmen. Vom Mittelalter bis zur Neuzeit*, Berlin 2008, S. 41–68.

re. Es ist vielmehr komplexer zu fassen, weil es sich um diskursive Prozesse handelt, bei denen Denken und Tun auf viele Beteiligte verteilt sind, und dazu gehört nicht zuletzt die Kunst selbst. Die diskursiven Prozesse sind daher nicht nur zu personalisieren (Künstler, Programmkonzeptoren, Auftraggeber), sondern auch zu objektivieren; denn die Dinge, um die es geht, sind an diesem produktiven Prozess auch beteiligt und machen den personalen Akteuren Vorschläge. Wenn ich diese methodische Prämisse am Thema Arbeit nachweise, dann ist dies wiederum keine zufällig gewählte Gelegenheit, um eine Methode zu exemplifizieren. Vielmehr ist im Thema Arbeit/Produktion die Frage selbst nach Subjekt und Objekt im Hervorbringen aufgeworfen und diskursiv in der Produktion mit möglichen und immer vorläufigen Antworten versehen worden, an denen die Späteren gelernt haben. Darstellung von Arbeit ist zugleich Resultat von Arbeit und Reflexion über Arbeit – und damit über das Selbstverständnis von Produkt und Produzent, und zwar in unserem Fall ganz generell und umfassend von Produkt und Produzent in Raum und Zeit menschlichen Seins. Das kreative Tun im Erstellen des Artefakts wird über das Thema der Arbeit entfaltet. Dabei gilt für den Produktionsprozess eben nicht das johanneische *In-principio-erat-verbum*, insofern als das Werk keine illustrierende Materialisierung eines vorgängigen Textes ist, sondern einen neuen Text sichtbar macht, der sich in konkreter plastischer Gestalt mitteilt, und in den der zugrundeliegende Text als eine Produktionsbedingung von vielen eingeflossen ist. Der Text, um den es hier zuerst geht, wird mit den Anfangsworten des Johannesevangeliums („In Principio erat verbum") aufgerufen, das wiederum mittels einer durch Stein materialisierten Schrift in diesen den Bildern zugrunde liegenden Text, die ersten neun Kapitel der biblischen Schöpfunggeschichte, hineinprojiziert wird. In dieser komplexen Konstellation aus Bild, Text und Ort entfalten sich über das Medium, seine Materialität und deren Gestaltung in der Produktion Perspektiven, die den Ausgangstext verändern, indem sie ihn medien- und produktionsspezifisch an den Schnittstellen der Gattungen Architektur, Skulptur und Ornament interpretieren. Die ohnehin methodisch ihren Gegenstand artifiziell aufspaltenden Kategorien wie ‚Form', ‚Inhalt' und ‚Kontext' lassen sich derart nicht mehr entflechten.

Meine vier Thesen lauten daher:

1) Die Unterscheidung von Zeit und Arbeit ist eine scheinbare, denn es geht um die Arbeit, weil es um Zeit geht, und um Zeit, weil es um Arbeit geht, um die Weltzeit von Arbeit.
2) Die diesbezügliche bildliche Reflexion im öffentlichen Raum setzt nicht mit den Monatsarbeiten ein. Auch erklären Bilder im Kontext der Osterterminberechnung nicht Zweck, Medium, Format, Material, Auftraggeber, Ort und Adressat skulpierter Monatsarbeiten.[14] Ihr Wirklichkeitsbezug ist weniger mimetisch als allegorisch. Sie werben und werten, denn mit ihnen soll auf die Lebenswelt mit ihren Produkten und Institutionen, mit ihren ökonomischen, sozialen oder politischen Machtkonstellationen, Verhaltensmustern und Normen Einfluss genommen werden statt diese nur zu dokumentieren und damit die Zeit nur zu illustrieren.
3) Entwicklung und Entfaltung einer öffentlichen Arbeitsikonographie wurden weder von herrschaftlichen Programmschreibern noch in abstrakten Stilteleologien hervorgebracht, sondern verdanken sich einem komplexen Prozess von Bedeutungskonkretion innerhalb der ikonographischen Gelegenheit des wesentlich auf der Gattung Ornament basierenden Mediums Rankenportal.
4) Daher sind die Taxonomien von Zeit und Arbeit weniger die Bedingung als die Folge nicht zuletzt autopoietischer Prozesse, die den Eigen-Sinn der Arbeitsikonographie überhaupt erst produzieren. Deshalb hat der Medienwechsel vom Buchpergament zur Fassadenskulptur eine gattungsinterne Vorgeschichte. Er ist zugleich ein Wechsel

[14] Die astronomisch-computistischen Handschriften, auf die sich die Berechnung der beweglichen Feiertage im Kirchenjahr stützte, waren in der Regel die *Phainomena* des Aratos, ein Lehrgedicht über die Himmelserscheinungen, oder Werke seiner lateinischen Nachahmer wie Cicero, Germanicus, Plinius d. Ä. oder der sogenannte Hyginus Mythographus, die dann etwa durch Isidor, Beda, Hrabanus und Honorius Augustodunensis rezipiert wurden. Aus einer solchen Handschrift stammt auch der früheste erhaltene, aus karolingischer Zeit stammende Zyklus der sogenannten 12 Monatsarbeiten (Wien, Österr. Nationalbibl. Cod. 387, fol. 90v), die eher als Monatspersonifikationen zu bezeichnen wären. Das Blatt zeigt einige Motive, die auch später an plastischen Zyklen der Monatsarbeiten begegnen. Aus motivgeschichtlichen Voraussetzungen wird über das diffuse Konzept von „Einflüssen" Stilgeschichte (so bei Romano, Landschaft (wie Anm. 3), S. 20, 24, 28), die gerade vor den motivischen, medialen und formalen Innovationen bauplastischer Programme mit Monatsarbeiten versagt.

aus der liturgischen Zeit in die weltbejahende Zeit der prosperierenden Alltagsökonomie in einer sich selbst bewusst werdenden ‚Kommune'[15] mit nicht minder selbstbewussten Künstlern und ihrem Wissen um Kunst als Kunst.[16]

Bauplastische Monatsarbeiten als öffentlich repräsentierte Wertidee von Arbeit entstanden vor allem in bestimmten Regionen Frankreichs und Italiens zwischen dem frühen 12. und dem mittleren 14. Jahrhundert. Sie haben ihren Ursprung in Italien, wo sie anders als in Frankreich ein Leitmotiv der Fassadenplastik sind. Während etwa 30 % der französischen Orte mit früh- und hochgotischer Fassadenskulptur Monatsarbeiten aufweisen (in der romanischen Bauplastik Frankreichs ist der Anteil noch sehr viel niedriger), war in der Glanzzeit der nord- und mittelitalienischen Kommunen, die nicht zufällig auch identisch ist mit dem Produktionszeitraum skulpierter Monatsserien, der Prozentsatz mehr als doppelt so hoch.[17] Von Wiligelmo bis Andrea Pisano bildet das Thema Arbeit den roten Faden in der Fassadenplastik zwischen Turin und Perugia. Es ist hier häufig das

---

[15] Zum Prozess der Ausbildung der Kommune: Pierre Racine, Évêque et cité dans le royaume d'Italie. Aux origines des communes italiennes, in: *Cahiers de civilisation médiévale* 27 (1984), S. 129–139; Gina Fasoli, Oligarchia e ceti popolari nelle città padane fra XIII e il XIV secolo, in: Richard Elze/Gina Fasoli (Hg.), *Aristocrazia cittadina e ceti popolari nel tardo medioevo in Italia e in Germania*, Bologna 1984, S. 11–39; Hagen Keller, Die Entstehung der italienischen Stadtkommunen als Problem der Sozialgeschichte, in: *Frühmittelalterliche Studien* 10 (1976), S. 169–211; ders., „Kommune": Städtische Selbstregierung und mittelalterliche „Volksherrrschaft" im Spiegel italienischer Wahlverfahren des 12.–14. Jahrhunderts, in: Gerg Althoff u. a. (Hg.), *Person und Gemeinschaft im Mittelalter*, Sigmaringen 1988, S. 573–616. Den Begriff ‚Kommune' verwende ich unscharf als ein zunächst sozioökonomisches Phänomen der Bildung einer breit stratifizierten und vertikal mobilen Bürgerschaft als einer alle drei Stände übergreifende Einheit von *cives*, bevor dann die politische und rechtliche Institutionalisierung einer Selbstverwaltung und Selbstverteidigung erfolgte. Zusammenfassend erläutert und ausführlich auf seine kunsthistorischen Konsequenzen hin diskutiert wurde dieser Begriff von Kommune durch Andrea von Hülsen-Esch, *Romanische Skulptur in Oberitalien als Reflex der kommunalen Entwicklung im 12. Jahrhundert. Untersuchungen zu Mailand und Verona*, Berlin 1994.

[16] Vgl. die „Entdeckung der Kunst vor der Kunst" bei Joachim Poeschke, *Die Skulptur des Mittelalters in Italien. Band 1 Romanik*, München 1998, S. 9, der sich gegen Hans Belting, *Bild und Kult. Eine Geschichte des Bildes vor dem Zeitalter der Kunst*, München 1990, und damit gegen eine Kunstgeschichte wandte, die für eine Entwicklungsgeschichte des Bildes teleologische Geschichtsmodelle und das historistische Klischee einer in der Frühen Neuzeit autonom gewordenen Kunst bemüht.

[17] Zwar gibt es auch in Süditalien Darstellungen der Monatsarbeiten (Bari, Monreale, Sessa Aurunca), doch kommt es dabei nicht zu kompletten Zyklen.

wichtigste Thema und bescheidet sich nicht mit einem mehr oder weniger peripheren Ort wie im skulpturalen Lehrgebäude der gotischen Kathedralen Frankreichs, wo es oft nur einen quantitativ geringen Teil umfasst. Die Produktion des Wertes Arbeit hat also in Italien eine andere Intensität und entsprechend beeindruckend ist die konzeptionelle Weiterentwicklung. Solche einfachen, aber für die Interpretation wichtigen statistischen Fakten verweisen auf zweierlei: Zum einen erwarben sich die Städte ihren auch für das teure Medium nötigen Reichtum, weil sich ihre Ökonomie gerade nicht allein auf landwirtschaftliche Arbeit stützte und weil sie ein neues Verständnis von Arbeit gegenüber dem agrarisch-feudal bestimmten Frühmittelalter entwickelten, bei dem etwa Arbeit für den bislang machtlosen dritten Stand Bedingung der politischen Partizipation wurde. Zum anderen orientierten sich die Städte in ihren Programmen aneinander und ermöglichten so signifikante Entwicklungen und Verschiebungen des Wertes der Arbeit, die insbesondere das Verhältnis von Arbeit und christlicher Erlösungshoffnung in einer Welt betrafen, deren Pessimismus wie Optimismus gleichermaßen im Schöpfungsbericht der Genesis verankert ist.

Der Mensch als ewiger Adam: Diese These von Mâle zu den Monatsarbeiten in der französischen Bauplastik,[18] für die letztlich die Belege in Frankreich fehlen, ist tatsächlich der Ansatz, um Herkunft, Entfaltung und Ausdifferenzierung des Themas in Italien zu erörtern. Am Dom von Modena wurde erstmals eine Fassade als ganze zum systematisierten Träger eines plastischen Programms (Abb. 2).[19] Der Hauptschmuck besteht aus vier ursprünglich in gleicher Höhe neben dem Mittelportal platzierten Re-

[18] Für Mâle, Gotik (wie Anm, 6) S. 84, meint die Darstellung der bäuerlichen Arbeiten „den Menschen überhaupt, den unter der Last zur Erde gebeugten Menschen aller Zeiten, den unsterblichen Adam."

[19] Chiara Frugoni, *Le sculture del Duomo die Modena*, Modena 1996; zusammenfassend zur Fassade vgl. Poeschke, Skulptur (wie Anm. 16), S. 68–74. Wichtige Publikation danach: Chiara Frugoni (Hg.), *Il duomo di Modena* (Mirabilia Italiae 9), 3 Bde., Modena 1999; Jens Reiche, Die älteste Skulptur am Modeneser Dom und die Herkunft Wiligelmos, in: *Mitteilungen des Kunsthistorischen Institutes in Florenz* 47 (2003), S. 259–310; Enrica Pagella, Wiligelmo, Lanfranco, Aimone. I costruttori di cattedrali, in: Enrico Castelnuovo (Hg.), *Artifex bonus. Il mondo dell'artista medievale*, Rom u. a. 2004, S. 64–72; Erika Frigieri, Una magistralità esemplare. Wiligelmo e le sculture del Duomo di Modena, in: *Atti e memorie / Deputazione di Storia Patria per le Antiche Provincie Modenesi* 27, 2005, S. 59–85; Stefano Minarelli, Simbologia cosmica e liturgia cristiana nel duomo di Modena. Sui putti reggifiaccola di Wiligelmo, in: *Arte cristiana* 98 (2010), S. 373–384.

Abb. 2: Fassade des Doms von Modena, Skulptur von Wiligelmo (ab 1099).

liefs mit Szenen aus der Genesis. Das Neue ist nun, dass die Genesis in der Monumentalkunst nicht mehr Teil einer geschichtssymmetrischen Abgleichung von Altem und Neuem Testament ist.[20] Der minimale Ausschnitt aus der Bibel, der vom Beginn von Raum und Zeit bis Noah reicht, ist vielmehr mit dem Ende der Zeit in Bezug gesetzt (Abb. 3–6). Der weltzeitliche Bezug handelt, wie das Achsenkreuz aus Fries, Portal und Giebel anschau-

[20] Die nach Muster der Bibelexegese Typologie genannten Symmetrien sind ein stereotyp bemühtes Erklärungsmodell, wenn von den frühchristlichen Obergadenzyklen (S. Paolo fuori le mura, Alt St. Peter) an bis an die Schwelle zum Spätmittelalter (S. Francesco in Assisi, S. Maria di Vescovio) Szenen des Alten und des Neuen Testaments gegenübergestellt wurden. Einer Kritik unterzog Karl Möseneder dieses Modell in einem Vortrag in Düsseldorf am 26.11.2011.

Abb. 3: Wiligelmo, Genesisfries an der Fassade des Doms von Modena (Der Schöpfer in der Mandorla, Erschaffung Adams, Erschaffung Evas, Sündenfall)

Abb. 4: Wiligelmo, Genesisfries an der Fassade des Doms von Modena (Gott stellt Adam und Eva zur Rede, Vertreibung aus dem Paradies, Arbeit der Ureltern)

Abb. 5: Wiligelmo, Genesisfries an der Fassade des Doms von Modena (Opfer Kains und Abels, Kain erschlägt Abel, Gott stellt Kain zur Rede)

Abb. 6: Wiligelmo, Genesisfries an der Fassade des Doms von Modena (Lamech tötet Kain, die Arche Noah, Noah und seine Söhne verlassen die Arche)

lich macht, von der Bestimmung des Menschen in der sündhaften Welt zwischen Beginn und Ende der Zeit. Diese Welt verlässt man, in dem man durch das Himmelstor der Kirche in das Himmlische Jerusalem leiblich und metaphorisch eintritt. Die Modeneser Fassade wird so zu einer performativen Heilslehre als Körpererfahrung.

Angesprochen ist letztlich die ganze Menschheit, besonders aber die Bevölkerung von Modena als eine Gemeinschaft von *cives.* Da in der christlichen Auffassung Geschichte *historia salutatis* ist, markiert die Genesis mehr als nur den Beginn der Zeit. Arbeit als Wert schlechthin ist das *opus* der Schöpfung, mit der die metrischen Grundeigenschaften von Raum und Zeit der Welt gesetzt wurden. Beide wurden bestimmbar, weil mess- und teilbar durch das „Fiat lux" in der Erschaffung des Weltalls, wo das Licht von Sonne, Mond und Sternen die Koordinaten von Raum und Zeit definiert, insbesondere die Zyklizität von Zeit erzeugt, die unser Leben auch heute noch grundlegend bestimmt: vom vierjährigen Schaltjahr über das Jahr, seine Jahreszeiten, seine Monate, seine Wochen, Tage, die nach den Himmelskörpern benannt sind, und Tageszeiten (die für den Tag das sind, was die Wochen für den Monat und die Jahreszeiten für das Jahr sind) sowie über das darin wirkende kosmisch bestimmte Duodezimalsystem bis in Stunden, Minuten und Sekunden. Raum und Zeit der jüdisch-christlichen Schöpfungslehre haben die Umstellung auf das körperliche Dezimalsystem, ja selbst das Dualsystem des digitalen Zeitalters überlebt.

Gottes *opus* gipfelt in der Erschaffung des Menschen nach seinem Ebenbild, der zur Arbeit im Rhythmus der Zeit bestimmt ist: In der gottgeschaffenen Welt ist der Mensch zur Arbeit bestimmt, und zwar schon vor dem Sündenfall: einerseits in dem Aufruf, sich die Erde untertan zu machen, über die Tierwelt zu herrschen und aus der Pflanzenwelt die Nahrung zu nehmen, und andererseits in dem Auftrag, den Garten Eden, wohin Gott den Menschen setzte, zu bebauen und bewahren.[21] Er ist zur Arbeit geboren, wie es im Buch Hiob heißt[22] und vor allem seit den *Moralia in Iob* Gregors des Großen immer wieder von den Exegeten gesagt wurde.[23] Arbeit ist Mitarbeit an der Schöpfung, um das Schöpfungswerk zu vollenden.

Diese positive Bestimmung blieb selbst dann noch, als mit dem Sündenfall und der folgenden Verbannung aus dem Paradies, in dessen Mitte die beiden tabuisierten Bäume des Lebens und der Erkenntnis des Guten und Bösen stehen,[24] eine radikale Wende ins Negative erfolgte. Von nun an muss der Mensch im Schweiße seines Angesichts sein Brot verdienen durch die Arbeit auf der verfluchten *terra.* Das Wort meint zugleich Erde im Sinne von Welt und Ackerboden, zu dessen Erde der aus ihr gebildete Mensch nach seinem Tod zurückkehrt. Über die Erde des Ackers als Zeichen für das harte Leben sind die Zeit der Arbeit und die individuelle Lebenszeit unmittelbar verknüpft. Landwirtschaftliche Arbeit wird damit zum Emblem schlechthin für Arbeit und Arbeit als Mühsal zur Metapher schlechthin für das Leben nach dem Sündenfall. Arbeit ist damit von Anfang an entschieden ambivalent. Bereits mit den Kindern Adams und den folgenden Generationen beginnt sich das Arbeitsleben auszudifferenzieren in Ackerbau bei Kain und Viehzucht bei Abel. Außerdem ist in Kain als erstem Städtebauer die städtische Arbeit repräsentiert.[25] Einige Generationen weiter teilen die Söhne des Lamech Arbeit in die drei grundsätzlichen Kategorien Landwirtschaft, Handwerk und Kunst. Jabal züchtet als Noma-

---

[21] Vgl. Gen 1, 28–29 und 2, 15.

[22] Ijob 5,7: „homo ad laborem nascitur."

[23] Vgl. Gregorius Magnus, *Moralia in Iob*, Lib. 6, 14 ff; zur weiteren Rezeption vgl. Postel, Arbeit (wie Anm. 1), S. 62.

[24] Vgl. Hans Martin von Erffa, *Ikonologie der Genesis* (Die christlichen Bildthemen aus dem Alten Testament und ihre Quellen, Bd. 1), München 1989, S. 105.

[25] Gen 4, 17: „aedificavit civitatem."

Abb. 7: Wiligelmo, Genesisfries an der Fassade des Doms von Modena (Offenbarung des Schöpfergottes in der Mandorla)

de Vieh, Tubal-Kain bearbeitet Metall und Jubal wird Musiker.[26] Arbeit ist als Haupt- oder Subtext in der Modeneser Genesis omnipräsent, und folgt dabei der grundsätzlichen Unterteilung der vier Friese: Schöpfung und Paradies, Vertreibung nach dem Sündenfall sowie die Arbeiten der Ureltern, die Geschichte Kains als exemplarischer Fall von Arbeit und Gewalt, Gewalt bei Kains Nachfolgern und Noah als Neubeginn von Arbeit.

Wiligelmos Genesisfries beginnt mit der Auftaktfigur der Offenbarung Gottes (Abb. 7). Deutlich komplexer als die Textvorlage wird das Bild des

[26] Innerhalb der Genealogie des Themas Arbeit in der italienischen Architekturplastik erscheinen die Söhne Lamechs erst um 1330 (Dom von Orvieto; Domcampanile in Florenz) und belegen so die *Longue durée* der biblischen Begründung für die Arbeit und Arbeitsteilung. Letztere gewann innerhalb der Thematik zunehmend an Bedeutung; vgl. Wiener, Montatsarbeiten (wie Anm. 1).

Abb. 8: Wiligelmo, Genesisfries an der Fassade des Doms von Modena (Opfer Kains und Abels)

Beginns mit dem inkarnierten und endzeitlichen Gott überblendet: im Beginn ist symmetrisch das Ende der Zeit ebenso enthalten wie ihre Mitte, der Beginn des Zeitalters der Gnade. Dies macht die Inschrift des Buches deutlich, mit der textlich schöpferisch in den Schöpfungsbericht eingegriffen wird, sind hier doch zwei poetisch verbesserte Worte Christi im Johannesevangelium zusammengezogen, die ihrerseits wieder an den auf die Schöpfung anspielenden Prolog dieses Evangeliums anknüpfen: LVX EGO SVM MVNDI links und VIA VERAX VITA PERENNIS rechts.[27] Das Licht der Welt, bildlich umgesetzt im Strahlenkranz der Mandorla, ist zugleich ein Bild der zweiten Parusie, auf die der unmittelbar folgende Satz Johannes' verweist: „Niemand kommt zum Vater außer durch mich." Der Lebensweg der Menschen, der ein wahrhaftiger ist und zum ewigen Leben und Licht führt, wenn er als ein christlicher gegangen wird, ist wesentlich der Weg der Arbeit.

Die heilsgeschichtliche Idee einer Rückkehr ins verschlossene Paradies am Ende der Zeit ist in Modena explizit. Die zweite Frieshälfte beginnt erneut nochmals mit dem Thronenden als *Maiestas Domini* mit einem Buch

[27] Joh 8, 12 und 14, 6 mit Bezug auf 1, 2–4 (insbesondere „vita erat lux").

in einer nun runden Mandorla (Abb. 8).[28] Gemeint ist hier nicht die Realpräsenz einer Epiphanie, sondern ihre Erscheinung als Bild über dem Altar,[29] an dem Kain und Abel die Früchte ihrer Arbeit als Opfer darbieten. Dort lesen wir die Fortsetzung der *Lux-mundi*-Stelle, womit auch im Textlichen der verschränkende Rückbezug auf Gottvater am Anfang des ersten Frieses vollzogen wird: QVI SEQVITVR ME NON A[M]BVLAT – zu ergänzen ist [IN TENEBRIS]: „Wer mir nachfolgt, wandelt nicht im Finstern."

Dass die Heilsperspektive auf den besonderen Wert von Arbeit zielt, zeigt der die Mandorla tragende niedergebeugte Atlant, der zum emblematischen Bild des Menschen in der Welt wird. Seine Beischrift erklärt den Sinn dieses im hochmittelalterlichen Italien so häufigen Darstellungstypus. Der abermals kunstvoll gebaute und im Vortrag musikalisch anmutende Fünfzeiler enthält den Schlüssel zum Verständnis des Frieses: HIC PREMIT/HIC PLORAT/GEMIT HIC/NIMIS ISTE LABORAT: „Niedergedrückt weint und seufzt, der da zu viel arbeitet."[30] Als personifizierte Mühsal des Menschen in der Welt ist er zwischen Kain und Abel positioniert, an denen sich die Unterscheidung von Gut und Böse im Zusammenhang mit den Produkten der Arbeit manifestiert. Als Bauern setzen sie rechts des Portals die Arbeiten ihrer Eltern links davon fort,[31] die noch die Mühe signalisieren, während ihre Söhne schon Gewinn und ideelle Anerkennung erwarten.

Wie bei der Ermordung Abels ist auch in der apokryphen Geschichte, bei der Kain seinerseits während der Jagd von dem blinden Lamech unter Mithilfe seines Handwerkersohns Tubal-Kain mit einem Pfeil erschossen

[28] Insofern ist es inhaltlich von sekundärer Bedeutung, ob die *Maiestas Domini* im Giebel erst aus dem 13. Jahrhundert stammt, wie viele meinen, oder doch, wie etwa Adriano Peroni, Wiligelmo von Modena. Erörterung zum Kontext, in: Herbert Beck/Kerstin Hengevoss-Dürkop (Hg.), *Studien zur Geschichte der europäischen Skulptur im 12./13. Jahrhundert*, Frankfurt a. M. 1994, Textband S. 777–787, hier S. 781, aus der frühen Bauzeit.

[29] Gemeint ist hier nicht die Realpräsenz einer Epiphanie, sondern ihre Erscheinung als Bild. Denn es meint Gott und/als Christus als Bild über dem Altar, an dem Kain und Abel die Früchte ihrer Arbeit als Opfer darbieten.

[30] Der Schönheit der Verse wegen wurde aus „premitur", wie sich im engsten Umfeld Wiligelmos dann in Cremona findet, „premit"; vgl. Saverio Lomartire, Nicolò e la cattedrale di Cremona, in: Johannes Myssok/Jürgen Wiener (Hg.), *Docta Manus. Studien zur italienischen Skulptur für Joachim Poeschke*, Münster, S. 37–58.

[31] Wenn in der engeren und weiteren Nachfolge der auch inhaltlich stilbildenden Reliefs von Modena (u. a. Cremona, Piacenza) Adam und Eva ohne genaueren narrativen Kontext an Portalen erscheinen, ist mit ihnen der Kontext von Paradies, Sündenfall, Arbeit und Erlösung aufgerufen.

wird, die Verbindung von Arbeit und Gewalt angeschlagen. Arbeit ist zudem indirekt impliziert in der Szene des Kainsmal, das den ruhe- weil arbeitslosen Arbeitsmigranten und Städtegründers Kain vor weiterer Mordgewalt schützen sollte. Arbeit prägt auch das Verhältnis von Lamech und Noah, mit dem der Fries endet. Lamech war, einer anderen Genealogie zufolge, der Vater Noahs. Er nannte ihn Noah, was Ruhe bedeutet, denn „Er wird uns aufatmen lassen von unserer Arbeit und von der Mühe unserer Hände um den Ackerboden, den der Herr verflucht hat."[32] Noah verkörpert also die Hoffnung, dass es auf Erden noch ein Gegenmoment zur Mühsal der Arbeit gibt – und sei es auch nur auf Kosten der Kinder. Zunächst einmal ist es aber ein Gegenmoment zur Gewalt, indem Gott allein Noah und seine Familie in der Arche überleben lässt. Im Anschluss an das Überleben in der Arche sagt Gott anlässlich von Noahs Dankopfer: „Solange die Erde besteht, sollen nicht aufhören Aussaat und Ernte, Kälte und Hitze, Sommer und Winter, Tag und Nacht."[33] Und bekräftigt unmittelbar darauf nochmals den Schöpfungsauftrag, den er einst im Paradies Adam und Eva in ihrer Gottesebenbildlichkeit gegeben hatte.[34] Der sich wiederholenden Geschichte folgend wurde Noah der erste Bauer des neuen Menschengeschlechts und der erste Winzer der Bibel überhaupt.[35] Symmetrisch zum Beginn des ersten Frieses werden am Ende des Frieses Zeit in ihrem natürlichen Rhythmus und Arbeit nochmals die menschheitsbestimmenden Aspekte.

Die Modeneser Genesis ist eine Allegorie für den nachparadiesischen Menschen als einem mühselig arbeitenden und in der Arbeit gewalttätigen Wesen, dem als Möglichkeit, dem ewigen Tod zu entkommen, Christus als Weg angeboten wird, um am Ende der Zeit ins Paradies zurückzukehren und die Ebenbildlichkeit Gottes wieder zu erlangen. An dem ohne Bischof initiierten Dom wird ein heilsgeschichtlich verklausulierter Appell zur Arbeit an die nach Autonomie strebende *civitas* gerichtet.[36] Dem Appell ist

[32] Gen 5, 28–29.

[33] Gen 8, 22.

[34] Vgl. Gen 9, 1–7.

[35] Gen 9, 20. Als Bauer und Winzer sollte Noah noch Eingang in die Ikonographie des Florentiner Campanile finden.

[36] Zu den Modeneser cives: Albert Dietl, *Defensor Civitatis. Der Stadtpatron in romanischen Reliefzyklen Oberitaliens*, München 1998, v. a. S. 61–71; vgl. außerdem Peroni, Modena (wie Anm. 28).

eine genuin christliche Relation von Arbeit, Zeit, Gnade und Erlösung unterlegt. Von Anfang an war Arbeit ein zentrales Thema in den christlichen Erlösungsdiskursen, weil über sie das Verhältnis von Freiheit und Gnade verhandelt wurde.[37] Die sich jedem Christen stellende zentrale Frage lautet: In welchem Maße und in welcher Weise kann der Mensch nach dem Sündenfall selbst zu seinem Heil beitragen? Das bedeutete vor allem: Wie weit ist Arbeit ein heilswirksames Verdienst (*meritum*) beim Erwerb von Gnade?[38] Bzw. wieviel kann der als Ebenbild Gottes geschaffene Mensch durch Arbeit aus freiem Willen (*liberum arbitrium*), der eine ethische Unterscheidung (*discretio*) nach gut oder böse erst möglich macht, und in dem sich die Freiheit des Schöpfers spiegelt, zu seiner Erlösung beitragen?

Die Relation von Arbeit zu Gnade und Erbarmen Gottes machte Paulus zu einer zentralen des christlichen Weltverständnisses: „Doch durch Gottes Gnade bin ich, was ich bin, und sein gnädiges Handeln an mir ist nicht ohne Wirkung geblieben. Mehr als sie alle habe ich mich abgemüht – nicht ich, sondern die Gnade Gottes zusammen mit mir."[39] Bei ihm, dem zweiten Gründer des Christentums, wird die in den Gleichnissen von den Talenten und den Arbeitern im Weinberg formulierte,[40] aber durch die Genesis exponierte Auffassung von Arbeit im Neuen Testament am nachhaltigsten interpretiert, indem er *opus* und *virtus* zusammendenkt. Arbeit hat zum einen die materielle Funktion, den Lebensunterhalt und Unabhängigkeit zu sichern[41] sowie die Caritas zu unterstützen,[42] und zum anderen die spirituelle Funktion der inneren Vervollkommnung[43] und der Erlösung am Jüngsten Tag.[44]

---

[37] Ausführlich dazu Postel, Arbeit (wie Anm. 1), die gezeigt hat, dass *labor* immer schon mehr war als ein körperliches oder geistiges Mühen, Bemühen und Abmühen zur Aufrechterhalt des materiellen Lebensfunktionen, sondern immer auch noch eine Metapher, die etwa bei Hrabanus Maurus nachgerade für Lebenskampf und darin in einer mimetischen Stellung zur Passion Christi steht, wie es das von ihm gebrauchte Hendiadyoin *labor et dolor* zeigt (S. 63).

[38] Vgl. Ebd., S. 9.

[39] 1 Kor 15, 10.

[40] Vgl. Mt 20, 1–16.

[41] Vgl. 1 Thess 2,9 und 3, 8 f.; vgl. auch 1 Kor 4,12; 1 Thess 4,11; 2 Thess 3, 6, 10 und 12.

[42] Vgl. Eph 4, 28; Apg. 20, 34 f.

[43] Z. B. 1 Kor 15, 10 oder 2 Kor 11, 23.

[44] Vgl. Röm 2, 5–7.

Darauf rekurriert der gesamte spätantike und mittelalterliche theologische Diskurs zur Arbeit. Er handelt davon, welchen Anteil die Gnade hat, wenn sich Menschen arbeitend bemühen, ins Paradies zurückzukehren. Die Konstellation, mit der ein theologischer Gnadendiskurs in ein öffentliches Bildmedium gelangt,[45] war dort gegeben, wo breite Teile am Reichtum partizipierten,[46] wo der durch Arbeit definierte dritte Stand der *laboratores* aus seinen *opera servilia* zunehmend selbst den Gewinn zog, und Kommunen Kontrolle über das wichtigste Repräsentationsmedium, die lokale Hauptkirche, gewannen und sich dort als gnadenreiche, weil erfolgreich arbeitende präsentieren konnten.[47] Wie sich die Kommune selbst in ihren politisch, juristischen und administrativen Repräsentationsformen entwickeln musste, so waren auch ihre künstlerischen Repräsentation Entwicklungen unterworfen, die davon profitierten, dass jeweils andere Städte vorgearbeitet hatten. Modena stieß diese Entwicklung an, als es die Genesis als dem fundamentalen biblischen Diskurs zum Thema Arbeit ins Bild setzte, und lieferte auch die nächsten Schritte, für die das Rankenornament wichtiger war als die Bibel.

---

[45] Vgl. dazu Wiener, Monatsarbeiten (wie Anm. 1).

[46] Es gab ein durch die Genesis vermitteltes Bewusstsein von der Egalität der Menschen, die durch den freien Willen begründet ist, und die nicht will, dass Menschen Knechte von Menschen sein sollen; vgl. Postel, Arbeit (wie Anm. 1), S. 91.

[47] Es gibt zwar eine Theologie der Arbeit, aber es gab im frühmittelalterlichen Feudalismus kein politisches System, das sich wesentlich durch Ökonomie und Arbeit definiert hätte, mithin die *utilitas communis* zum Programm erhoben hätte. Nicht zufällig ist dieser Begriff, wie Postel, Arbeit (wie Anm. 1), S. 80 bemerkt, als gezielte Kritik Hrabanus' gegen den Adel eingesetzt. Es ist aber fraglich, ob es eine Entwicklung hin zu einem theologisch begründeten städtischen Arbeitsethos gab (mit Arbeit, die „in sich selbst als Wert erkannt" wird, S. 103). Postels Gewährsmann, Rather von Verona († 974), ist trotz seines Dreiständemodells nicht nur zu unspezifisch, sondern kommt für eine Arbeitstheologie der aufkommenden Kommunen entschieden zu früh. Bevölkerungswachstum, Aufschwung der Städte und des Fernhandels sowie die Geldwirtschaft sind Phänomene des 12. und 13. Jahrhunderts; vgl. Egon Boshof, *Europa im 12. Jahrhundert*, Stuttgart 2007; Gabriela Signori, *Das 13. Jahrhundert. Einführung in die Geschichte des spätmittelalterlichen Europas*, Stuttgart 2007. Entscheidend war, dass sich vor/um 1100 das Verhältnis der drei Stände, wie es von Adalbero von Laon entworfen worden war, änderte; vgl. *I laici nella Societas Christiana dei secoli XI e XII* (Miscellanea del Centro di Studi Medioevali 4), Mailand 1968; Otto Gerhard Oexle, Soziale Gruppen in der Ständegesellschaft. Lebensformen des Mittelalters und ihre historischen Wirkungen, in: ders. und Andrea von Hülsen-Esch (Hg.), *Repräsentation der Gruppen*, Göttingen 1998, S. 9–44.

Dass die lebensweltliche Perspektive der Modeneser Genesis richtig ist, beweist das Hauptportal (Abb. 9–13). Die beiden genuinen Arbeitsbilder, die Arbeit der Ureltern und das Opfer Kains und Abels, schließen direkt an das Portal an und helfen so, den Sinn der Ranke zu deuten. Für die einen ist sie ein negativ besetztes Symbol für die Welt, für die anderen ein antikisierender Architekturdekor in einer Zeit städtischer *renovatio*, wobei wie in der Antike die Figuren inhaltlich nicht sonderlich spezifisch seien.

Ein lateinisches Wort für Portal lautet *ianua*. Diese Bezeichnung machte sich die Ranke tautologisch zu eigen und integriert im Scheitel einen ostentativ nackten doppelköpfigen Janus. Die forcierte Zweiheit des Janus, der die Grenzen zwischen dem Zeitenraum draußen und dem ganz anderen Zeitenraum des nur symbolisch-performativ wieder betretbaren friedlichen Himmlischen Jerusalem innen markiert, lässt vermuten, dass mit einem Schmuck *all'antica* zu wenig erfasst ist. Die bevölkerte Ranke wäre dann als Gegenstück die schlechte Welt. Mit Augustinus und Hrabanus Maurus hat man sie *silva daemonum* genannt.[48] Auf die im Bild des Dämonenwaldes bezeichnete sündige Welt verweisen die schwer an ihr tragenden Atlanten. Sind aber auch all die anderen Kreaturen semantisch spezifisch? Sind sie enzyklopädisch gemeinte Abbreviaturen für Welt, wie gesagt wurde? Stehen Figuren, die jagen, Ranken bearbeiten oder ihre Früchte ernten, stellvertretend für alle Monatsarbeiten, ist ein deformierter Körper bereits ein Bewohner des Weltrands und ein Mischwesen mit Ziegenkopf ein Sternzeichen, das auch die elf nicht dargestellten einschließt? Eher ist es umgekehrt. Wenn vieles semantisch unauflösbar ist, sinkt auch die Sinnsättigung bei den scheinbar gesicherten Wesen. Umgekehrt steigert die Unbestimmbarkeit den Eindruck von künstlerischer Phantasie als einem Signum des Schöpferischen.

Wie gesagt, impliziert die Schöpfung Gottes die Mitwirkung der Menschen gemäß ihrem göttlichen Auftrag. Dies kann in besonders kreativer Weise dadurch geschehen, dass Reliefs gemeißelt werden, deren Sujet die Schöpfungsgeschichte ist. Sie erfährt in der nachschaffenden Skulptur eine Analogie, die in der Materialität eines Textes nicht verfügbar ist, denn Gott, der erste Bildhauer, schuf sein Ebenbild aus Erde und Bein. Allein dies ist

48 Vgl. Dietl, Stadtpatron (wie Anm. 36), S 84–89 und S. 166 f.; Wiener, Ranke (wie Anm. 13), S. 47.

Abb. 9: Wiligelmo, Hauptportal des Doms von Modena

Abb. 10: Wiligelmo, Hauptportal des Doms von Modena, rechter Atlant

Abb. 11: Wiligelmo, Hauptportal des Doms von Modena, Detail des Rankenornaments

Abb. 12: Wiligelmo, Hauptportal des Doms von Modena, Detail des Rankenornaments

Abb. 13: Wiligelmo, Hauptportal des Doms von Modena, Detail des Rankenornaments

aus dem sechstägigen Schöpfungswerk dargestellt. Skulptur, die das Mimesispostulat der Genesis einlöst, referiert als Gattung auf die Schöpfung, die zugleich das kreative Schaffen an sich repräsentiert. Und sie verweist auf einen Künstler, der sein Phantasiepotential inszeniert und dafür per Inschrift Lob einfordert.[49] Das Produkt, das für Arbeit wirbt, verweist auf seinen Erzeuger zurück, der die schöpferische Aneignung der Welt nach dem Sündenfall in der Meisterschaft seiner Ausführung beglaubigt.[50] Indem die Arbeit, wie sie in Modena dargestellt ist und wie der Betrachter sehen kann, sehr gut ist, bekommt sie ein anderes Gewicht und macht auf Aspekte aufmerksam, die das mühsam Geleistete ebenso zurücktreten lassen wie sie die Mühsal der Thematik verbergen: Der Stolz auf die Fähig-

[49] „INTER SCULTORES QVANTO SIS DIGNUS ONORET CLARE SCULTURA NUNC WILIGELME TUA" (‚Wie sehr an Ehre Du unter den Bildhauern würdig ist, das erhellt, o Wiligelmus, Deine Skulptur'). Zum Künstler(selbst)lob, jetzt ausführlich Albert Dietl, *Die Sprache der Signatur. Die mittelalterlichen Künstlerinschriften Italiens*, Berlin u. a. 2009.

[50] Hier ist gleichsam als Umkehrung vorweg genommen, was Thomas von Aquin 150 Jahre später formulieren sollte: „Deus autem, qui est primum principium rerum, comparatur ad res creatas ut artifex ad artificiata." *Summa Theologiae*, I q. 27, a. 1, ad 3.

keit, gottähnlich schaffen zu können, und damit der Genuss am Resultat. Darüber hinaus sind all jene repräsentiert, die mittelbar das Werk ermöglichten, indem sie aus dem Ertrag ihrer Arbeit spendeten. Er ist mithin Symbol und Medium dieser im direkten oder indirekten (durch Spenden) Hervorbringen entstandenen Gemeinschaft. Am Anfang einer Repräsentation des Wertes der Arbeit im öffentlichen Raum stehen also nicht die tradierte Ikonographie von Kalendarien und Enzyklopädien. Zugleich ist die Produktion des Wertes Arbeit ungleich komplexer, weil hier Arbeit in ihrer gleichsam göttlichen Kreativität und Phantasie entworfen wird.

Mögen die Rankenphantasien in ihrem nicht greifbaren Oszillieren zwischen Ornament und Zeichen wenig spezifisch gewesen sein, so inspirierten sie doch, sie künftig kreativ weiterzudenken und semantisch zu präzisieren. Konkretisierung des Phantastischen, aber Unbestimmten war der weitere Weg, den die Ikonographie der Arbeit als öffentliche Selbstdefinition nahm, wobei der doppelte Ausgangspunkt der Modeneser Fassade bereits in Modena selbst entscheidend weiter gedacht wurde. Bei der wenige Jahre späteren *Porta dei principi* (Abb. 14–17), in deren Zentrum ein Stadtpatronzyklus mit laizistisch kommunaler Ausrichtung steht, ist die Deutung der Ranken als *mundus* um so wahrscheinlicher, als die Leibung die zwölf Apostel zeigt, die zur Evangelisierung der Welt bis an ihre Ränder vordrangen.[51] Das Heil, das sie verkünden, symbolisiert das *agnus dei* im Scheitel.

Noch immer fehlen Zyklen, doch nimmt innerhalb des Rankenspiegels, der motivisch teilweise wörtlich das Hauptportal zitiert, der Anteil an Mischkreaturen zugunsten der Menschen drastisch ab. 16 von 23 Bildeinschlüssen der Ranken zeigen Menschen, davon in elf Fällen ohne Tiere. Menschen und Tierwelt beginnen sich nicht zuletzt durch Arbeit zu scheiden.[52] Wir sehen Rankenschneider (als Zimmermann, als Winzer)

---

[51] Grundlegend dazu: Dietl, Stadtpatron (wie Anm. 36); danach zuletzt Adriano Peroni, Per San Geminiano. Il sepolcro e la “domus”, l’altare portatile, la Porta dei Principi, in: *Tracce dei luoghi, tracce della storia. L’editore che inseguiva la bellezza* (scritti in onore di Franco Cosimo Panini), Rom 2008, S. 77–96; Die These einer Mathildischen Reformkunst konnte Dietl, S. 170–176, historisch und methodisch in aller Entschiedenheit zurückweisen. Zuvor bereits, deutlich schärfer im Ton: Hans Peter Autenrieth, Ausstellungsbesprechung von: Lanfranco e Wiligelmo. Il duomo di Modena, in: *Die Kunstchronik* 38 (1985), S. 15–28.

[52] Für Hrabanus Maurus war die sich in der Arbeit äußernde Freiheit des Willens ein Hauptkriterium, mit dem sich das Tun von Menschen von den Tieren unterschied; vgl. Postel, Arbeit (wie Anm. 1), S. 173.

Abb. 14: Porta dei principi des Doms von Modena

Abb. 15: Porta dei principi des Doms von Modena, Detail des Rankenornaments mit Musiker

Abb. 16: Porta dei principi des Doms von Modena, Detail des Rankenornaments mit Schmied

Abb. 17: Porta dei principi des Doms von Modena, Detail des Rankenornaments mit Bildhauer

und Traubenesser, die belegen, dass die Ranke über ihre Rahmenfunktion hinaus narrativ ins Bild gerät und gleichsam an ihrer eigenen Bedeutungsaufladung mitarbeitet. Besonderes Interesse verdienen die drei auf das Lamm Gottes folgenden Figuren: Es sind dies ein Musiker mit Fidel, ein Schmied mit Amboß, Hammer und Werkstück (Jubal und Tubal-Kain?) sowie ein Bildhauer, der ein Kapitell meißelt. Ungeachtet der Frage nach einem Künstlerselbstbildnis bestätigt der Bildhauer die Referenz des Künstlers auf seine Arbeit in der Welt.[53] Dem Lamm am nächsten erhebt er Anspruch auf besondere Begnadung für seine Arbeit. Mehr als die übrigen Handwerker sagt er aus, dass das In-der-Welt-sein ein Arbeiten an der Welt ist. Aber zugleich ist es auch ein konkretes Arbeiten am Dom, denn Steinmetzen, Schmiede und Zimmerleute (als solche könnten zwei der sogenannten Rankenschneider gelesen werden, die die Ranke wie einen Baum mit dem Beil bearbeiten) waren die für den Dombau entscheidenden Berufe. Und über die konkret manuell am Bauprozess Beteiligten hinaus verweist es auf ein Bedürfnis, dass auch die Kollektivleistung, die der Dom

[53] Als Materialsammlung immer noch wichtig: Kurt Gerstenberg, *Die deutschen Baumeisterbildnisse des Mittelalters*, Berlin 1966.

auftraggebergeschichtlich in einer ganz neuen Weise bedeutet, durch Arbeitende vertreten wird, denn als Spender waren sie indirekt über ihre eigene, die Spenden ermöglichende Arbeit an der Finanzierung beteiligt.

Konkretisierung als Mitarbeit der Ranke am Programm und als Ausdifferenzierung von Tätigkeiten kam in Modena zu einem Abschluss an der *Porta della Pescheria* (Abb. 18), die ein Quantensprung in diesem Prozess war.[54] Während die Atlanten mehr denn je ihr schweres Los inschriftlich beklagen,[55] erfolgen an drei Stellen Konkretisierungen des Ornamentsystems Ranke. Aus Tiergruppen werden didaktische Tierfabeln, die als moralisierende Parabeln Muster für das Sozialverhalten bereithalten. In ihnen dürften sich insbesondere die gelehrten Kleriker wieder gefunden haben. Aus den Kampfszenen werden Historien aus der Artussage, in der ebenfalls gesellschaftliche Werte, namentlich die sozialen Codes der *milites* verhandelt wurden. Beim dritten, die Arbeit betreffenden Zyklus in der Türleibung konvergieren zwei Phänomene. Aus dem Janus, der personifizierten Ambivalenz am Hauptportal, wird ein Januar und über diesen Monat aus den Rankenarbeitern Monatsarbeiten. Die Herleitung über die beiden früheren Rankenportale in Modena wird etwa an der Märzfigur deutlich, die als Rankenschneider in Italien einmalig ist. Dieses älteste Portal mit Monatsallegorien trifft am ehesten das sozio-ökonomische Selbstverständnis der *laboratores*.

So wenig wie die Fabeln und die Artussage die Arbeitswirklichkeit der Kleriker bzw. der Ritter abbilden, so wenig bilden die Monate die Arbeitswirklichkeit der *laboratores* ab, die in Modena eher nicht Bauern waren. Sie sind vielmehr Allegorien des mühsamen menschlichen Schaffens nach

[54] Vgl. Chiara Frugoni u. a. (Hg.), *La Porta della Pescheria nel Duomo di Modena*, Modena 1991; Frugoni, Porte (wie Anm. 4); Reiche, Skulptur (wie Anm. 19); Nathalie Le Luel, Approche comparative entre deux programmes inonographiques profanes: il portail Saint-Ursin de Bourges et le portail de la Pescheria de la cathédrale di Modène, in: *Medioevo: arte lombara*, Mailand 2004, S. 614–627. Dass die Reliefs in Bourges und Modena gleichzeitig und unabhängig voneinander entstanden sind (S. 624), ist angesichts der ikonographischen Übereinstimmungen ausgeschlossen. Für den zeitlichen Vorrang von Modena sprechen die höhere Qualität und die Logik der Programmdisposition. Maria Teresa Agozzino, *Divining King Arthur. The calendric significance of twelfth century cathedral depictions in Italy*, Phil. Diss. University of California 2006.

[55] Vgl. Saverio Lomartire, Epigrafia, in: Marina Armandi/Rolando Bussi (Hg.), *Lanfranco e Wiligelmo, Il Duomo di Modena*, Modena 1984, S. 374–403, hier S. 394 f.; Bruno Klein, *Die Kathedrale von Piacenza, Architektur und Skulptur der Romanik*, Worms 1995, S. 151.

Abb. 18: Porta della pescheria des Doms von Modena

dem Sündenfall. Die konzeptionelle Kopplung der Monate an die verfluchte Erde nach dem Sündenfall zeigt das Portal in Argenta, wo die Monatsarbeiten mit Adam und Eva und das rechte Gewände mit der Ermordung Abels abschließen.[56]

In ihrer zyklischen Wiederholung verweist Arbeit auf den Lauf der Himmelkörper im göttlich geschaffenen Kosmos und definiert die Zeit der Welt als Arbeitszeit. Arbeit wurde etwa bei Hrabanus Maurus als Kreislauf aufgefasst, der zugleich ein Symbol für den Kreislauf des Lebens ist.[57] Um das Schaffen in der Zeit als eine geschlossene Serie darstellen zu können, bot sich die tradierte Formel der Kalendarien auch besonders an, weil auch deren Monatsserien einen semantischen Überschuss gegenüber ihrem Anlass, der Berechnung des Ostertermins, generierten, und gleichwohl nicht als Embleme gesellschaftlicher Wirklichkeit missverstanden werden dürfen.

Dass nicht der Wunsch, allein die Weltzeit zu repräsentieren, am Anfang steht, und dass der Ort und seine Bezeichnung an seiner Programmfindung mitwirkten, zeigen die beiden zeitlich unmittelbar folgenden Portale in Oberitalien, die beide einen Zodiakus aufweisen, also die Tierkreiszeichen als eine Repräsentation der Monate ohne ihre Arbeiten. Sie setzen diese aber als Programm für Portale voraus. Gleichwohl bedeutet ihr Verzicht auf eine Arbeitsikonographie nicht, dass es um die kosmisch definierte Zeit an sich geht, die wiederum ein an sich gestiegenes Interesse für Kosmologie oder Astronomie indiziert. Am Dom von Piacenza erscheint erstmals ein Zodiakus mit allen zwölf Tierkreiszeichen. Für die Deutung maßgeblich ist aber, dass zu den Reliefs auch die Sonne, der Mond und die Winde gehören, wodurch eine reine Zeitillustration ausgeschlossen ist. Vielmehr wird hier analog zum Begriff *ianua* aus einer anderen topologischen Meta-

[56] Vgl. Sauro Gelichi (Hg.), *Storia e Archeologia di una Pieve medievale. San Giorgio di Argenta*, Florenz 1992. Fabio Coden, Micant hic fulgida. Il portale della pieve di San Giorgio ad Argenta, in: *Felix Ravenna* 153/156 (1997/2000), S. 81–134. Mit dem 1122 datierten Portal in Argenta ist ein *Terminus ante quem* für die *Porta della Pescheria* gegeben; vgl. dazu auch Jürgen Wiener, Die oberitalienischen Voraussetzungen der Westportale von Saint-Denis, in: Nicole Riegel/Damian Dombrowski (Hg.), *Architektur und Figur. Festschrift für Stefan Kummer zum 60. Geburtstag*, München/Berlin 2007, S. 63–78. Adam und Eva über den Monaten erscheinen auch in Saint-Denis.

[57] Vgl. Postel, Arbeit (wie Anm. 1), S. 83.

pher für Tür ihr Programm.[58] Denn in Piacenza wird der Eingang als *Porta Coeli* anschaulich über die Himmelskörper und die Himmelsenergien der Winde, womit nicht allein die Zeit des Jahres nach ihren Monaten und Tagen, sondern auch der Raum strukturiert wird. Hier könnte man von einem ersten Ansatz zum Enzyklopädischen sprechen. Das Thema wird dann von Nikolaus, der nach seiner Tätigkeit in Piacenza nach Sagra di San Michele ging, aufgegriffen, wo er den Zodiakus zu einer Ranke verkettet und so die Ranke zu einer Form der Zeit macht.[59]

Die Verbildlichung des kommunalen Engagements am Dom als einer Signatur für die soziale und ökonomische Einheit der Stadt kam in Piacenza gleichwohl nicht zu kurz. Im Gegenteil: Sie wird so konkret wie nie zuvor und kaum einmal danach. Einige Dompfeiler integrieren Reliefs, in denen die kollektive Stiftertätigkeit der Zünfte über die Darstellung der Berufe (wie Stellmacher, Tuchschneider, Schuster, Bäcker) memoriert wird – und einmal mehr nahelegt, die Repräsentation von Arbeit in den Monatsarbeiten eher in einer Arbeits- denn einer Zeitsemantik zu lesen.[60] Der Reliefort ist wörtlich zu lesen als korporative Stütze der Gemeinschaft in Analogie zum Topos der Apostel als Säulen des Himmlischen Jerusalem. Das gute, weil gemeinnützige Werk der Zünfte trägt dazu bei, dereinst ins Himmlische Jerusalem einzuziehen, an dessen Symbol sie zu Lebzeiten mitgebaut haben. Die heilsgeschichtliche Überhöhung der Arbeit reklamiert mit einer fast schon selbstgerechten Selbstverständlichkeit das *meritum* einer produktiven Stadtgemeinschaft.

---

[58] Hier trifft bereits zu, was Saverio Lomartire, Testo e immagine nella Porta dello Zodiaco, in: *Dal Piemonte all'Europa. Esperienze monastiche nella società medievale*, Turin 1988, S. 432–474, hier S. 443, für Sagra di San Michele analysiert hat.

[59] Die latent schon in Modena gegebene Deutung von Ranken als Symbol für Zeit wurde mit den Türpfosten des Marienportals des Baptisteriums von Parma explizit, indem hier mit Bezug auf die Inkarnation und das Zeitalter *sub gratia* die Wurzel Jesse und der Stammbau Jakobs dargestellt sind. In den Rankensäulen in Lucca und Siena und den Rankenpfeilern in Orvieto sollte dieser Gedanke weiter entfaltet werden; vgl. Wiener, Ranke (wie Anm. 13).

[60] Vgl. Klein, Kathedrale (wie Anm. 55), S. 259–264, der diese Reliefs ähnlich wie danach Peroni, Modena (wie Anm. 28), S. 783, mit eher bauarchäologischen Argumenten deutlich früher (vor/um 1140) als zuvor üblich mit stilistischen Argumenten (1150 oder danach) datiert. Letztere haben nicht an Gewicht verloren (vgl. Poeschke, Skulptur (wie Anm. 16), S. 110 ff.), auch wenn an einer baulichen Einheit von Pfeiler und Relief nicht zu zweifeln ist.

In der Frage des Gnadenverdienstes durch Arbeit sicherlich orthodoxer ist das Westportal des Baptisteriums von Parma.[61] Als Gerichtsportal entwirft es *per se* den Wert der Arbeit endzeitlich. Er wird über die guten Werke präzisiert und gegenüber der Gnade relativiert. Erneut half das System Ranke Passendes zum Thema Welt, Arbeit und Heilsverdienst zu finden. An den Türpfosten stehen sich die Werke der Barmherzigkeit und das Gleichnis von den Arbeitern im Weinberg gegenüber (Abb. 19).[62] Im Weinberg, den eine Ranke in Form einer botanisch präzise geformten Rebe bezeichnet, erhalten alle den gleichen Lohn, ob sie nun eine Stunde oder den ganzen Tag gearbeitet haben. Die ungerecht anmutende Relation von Zeit und Arbeitslohn verweist auf die Gnade, die auf den Glauben sieht, der durch das Arbeitenwollen symbolisiert ist. Außer am Glauben und der guten Absicht wird Arbeit, so sagt dieses Portal, auch an der tugendgemäßen Praxis gemessen. Tugenden wie *Fides, Iustitia, Pax, Spes, Prudentia, Modestia* – mithin Tugenden, die mehr als die Tugenden am Marienportal des Baptisteriums auf ein Funktionieren kommunalen Zusammenleben zielen[63] – befinden sich folglich seitlich des Portalsockels. Exemplarisch sind sie in den Werken der Barmherzigkeit, die als *Misericordia* selbst den Charakter einer Tugend hat, die zugleich als die konkrete Praxis der wichtigsten Tugend, *Caritas*, zu verstehen ist. Arbeit, die im Baptisterium auch mit Monatsarbeiten präsent ist, wird hier als Wert über die Solidarität mit

---

[61] Vgl. Geza de Francovich, *Antelami architteto e scultore e l'arte del suo tempo*, 2 Bde., Mailand 1952; Gottfried Kerscher, *Benedictus Antelami oder das Baptisterium von Parma. Kunst und kommuales Selbstverständnis*, München 1986; Chiara Frugoni, La decorazione plastica. Il programma del complesso antelamico, in: Georges Duby u. a. (Hg.), *Battistero di Parma*, Bd. 1, Mailand 1992, S. 129–150; Moritz Woelk, *Benedetto Antelami. Die Werke in Parma und Fidenza*, Münster 1995, Albert Dietl, La decorazione plastica del battistero e il suo programma. Parenesi e iniziazione in un comune dell'Italia settentrionale, in: Chiara Frugoni (Hg.), *Benedetto Antelami e il Battistero di Parma*, S. 71–108; Poeschke, Skulptur (wie Anm. 16), S. 126–138; Chiara Frugoni, *Il Battistero di Parma. Guida a una lettura iconografica*, Turin 2007.

[62] Vgl. Mt 20, 1–16.

[63] Die anderen Tugenden sind *Castitas, Patientia, Humilitas* sowie vermutlich *Caritas* und *Pietas*. Zu Recht hat Woelk, Antelami (wie Anm. 61), S. 127 f., betont, dass das Programm des Parmenser Gerichtsportals sich nicht aus aktuellen religionspolitischen Problemen erklärt, sondern einer grundsätzlichen heilsgeschichtlichen, biblisch-eschatologisch begründeten und daher eher allgemein gehaltenen politischen Ethik folgt, für die freilich Arbeit und Armut zentrale Themen in politischen Diskursen reicher Kommunen waren.

den Notleidenden definiert und als Anreiz für die angemahnte kollektive Sozialverpflichtung wird himmlischer Lohn angeboten.[64]

Die drei an Front und Leibung geschmückten Archivolten der mittleren Arkade der Vorhalle von S. Marco in Venedig zieht die Summe der bevölkerten und historisierten Ranken seit Modena.[65] Ihre drei Bögen, die auf die Mitte des städtischen Hauptplatzes ausgerichtet sind, bieten ein *itinerarium mentis* vom Teufel bis zum Erlöser, vergleichbar der dreiteiligen Göttlichen Komödie Dantes mit dem als bürgerlich charakterisierten *purgatorium* in der Mitte.[66] Die mittlere Position nehmen in Venedig die Monatsarbeiten samt Tierkreiszeichen – eine Verbindung, die in Parma vorgebildet war – ein. Sie erscheinen hier als weltzeitliche Notwendigkeit. Allein für sich sind sie ohne spezifisches Verdienst, sondern konkretisieren nach oben wie nach unten zum Guten wie zum Bösen. Dieses findet sich, wenn auch nicht ausschließlich am unteren Bogen. Die Monatsarbeiten werden von acht Tugenden und den Neun Seligpreisungen der Bergpredigt begleitet,[67] die mit ihren Nimben das Heilige des von ihnen Verkörperten bezeichnen. Die im Jahreskreis notwendige Arbeit, so die Aussage, soll auf den Erlöser hin und von Tugenden geleitet sein, wie umgekehrt gilt, dass der Glaube ohne Werke leer ist. Das lateinische Wort *beatitudo* für Seligpreisung ist identisch mit dem Wort, das Thomas von Aquin gebraucht, um den existentiellen Sinn von Arbeit zu definieren.[68] Zufriedenheit, Glück und Genuss bei der Arbeit wiederum ist nicht denkbar ohne die Aussicht auf Lohn im Jenseits, wie ihn die letzte *beatitudo* verspricht: „Freut euch und jubelt: Euer Lohn im Himmel wird groß sein. Denn so wur-

[64] Die Werke der Barmherzigkeit (Mt 25, 35–46) erscheinen unmittelbar nach dem Weltgericht (Mt 25, 31–34) und sind dort die Bedingung schlechthin für Erlösung oder ewige Verdammnis.

[65] Vgl. Guido Tigler, *Il Portale Maggiore di San Marco a Venezia. Aspetti iconografici e stilistici dei relievi duecenteschi*, Venedig 1995; ders., Catalogo delle sculture, in: *Le sculture esterne di San Marco. Saggio di Otto Demus*, Mailand 1995, S. 25–227; Ruth Papadopoulos, *Die Skulpturen des 13. Jahrhunderts an San Marco in Venedig*, Würzburg 2002; Mark Rosen, The Republic at work. S. Marco's reliefs of the Venetian trades, in: *The Art Bulletin* 90 (2008), S. 54–75.

[66] Tigler, Portale Maggiore (wie Anm. 65), S. 339 f. und S. 345: „itinerarium mentis in Deum, dal basso verso l'alto." Für den *purgatorio* zwischen Himmel und Hölle wies Jacques Le Goff, *Die Geburt des Fegefeuers*, Stuttgart 1984, den bürgerlichen Charakter nach.

[67] Vgl. Mt 5, 3–12.

[68] Vgl. Anm. 1.

Abb. 19: Westportal des Baptisterium von Parma, Ausschnitt aus dem Pfosten mit den Werken der Bamherzigkeit, Ausschnitt aus dem Pfosten mit den Arbeiten im Weinberg

den schon vor euch die Propheten verfolgt."[69] Der Satz gibt den Propheten im Bogen darüber eine zusätzliche Note. Sie werden nicht nur als Künder des im Scheitel von Front und Leibung der obersten Archivolte gezeigten Christus-Immanuel und Erlösers vorgestellt, sondern auch als unzeitgemäße Mahner für ein Leben auf dem Pfad der Tugend. Viel überraschender aber ist, dass auf dieser Heilshöhe eine Auswahl von 13 Berufen getroffen wird, darunter Fassbinder, Schiffsbauer, Fischer, Zimmerer, Käser, Barbiere, Händler (Abb. 20, 21). Wie die Genreszenen am unteren Bogen die Monatsarbeiten zum Bösen hin exemplifizieren, so die Genreszenen des oberen Bogens zum Guten hin.

Die Berufe repräsentieren die Arbeitsteilung in der Stadt. Im Rekurs auf Aristoteles behauptet Thomas von Aquin die Vielfalt der Tätigkeiten als gottgewollt notwendigen Teil in der Konstitution einer organisch begriffenen *civitas*.[70] In ihr sind die einzelnen Glieder auf wechselseitige Hilfe angewiesen, da nicht einer allein alles tun könne. Die politische Gemeinschaft gründet sich auf die Verschiedenheit der Begabungen, deren Vielfalt die Autarkie der *civitas* gewährleistet.[71] An S. Marco ist die Vielfalt der Berufe in Einheit mit ihrer spezifischen Disposition und Sequenz nichts weniger als eine anthropologisch begründete, auf Subsidiarität zielende und mit Begnadung kalkulierende politische Theorie von Arbeit. Wenn die Berufe an der Palastkirche des venezianischen Dogenpalastes im *ascensus* von Hölle zu Himmel höher stehen als die Monatsarbeiten, wird nicht nur zwischen dem Prinzip und der Praxis unterschieden, sondern die Praxis auch höher bewertet.[72]

---

[69] Mt 5, 12.

[70] Thomas von Aquin, *Quaestiones de quodlibet*, VII. q. 7, a. 1: „in diversis hominibus sunt diversae inclinationes ad diversa officia, vel ad diversos modos vivendi."

[71] Vgl. Postel, Arbeit (wie Anm. 1), S. 155–158.

[72] Wie das bauplastische Programm des Dogenpalastes (vgl. Herma Bashir-Hecht, *Die Fassade des Dogenpalastes in Venedig. Der ornamentale und plastische Schmuck*, Köln u. a. 1977) erst von Hauptportal von S. Marco aus verständlich wird, erklärt sich das dortige kommunale Bildprogramm über die Funktion als städtische Palastkapelle des Dogenpalastes als das politische Zentrum der Stadt; vgl auch Hans Ramisch, Das heilsgeschichtliche Bildprogramm der Fassaden von San Marco in Venedig, in: Werner Telesko/Leo Andergassen (Hg.), *Iconographia christiana. Festschrift für Pater Gregor Martin Lechner OSB zum 65. Geburtstag*, Regensburg 2005, S. 77–102.

Abb. 20: mittlere Arkade des Hauptportals von S. Marco in Venedig, 3. Archivolte mit den 'mestieri' (hier Schiffsbauer)

Abb. 21: mittlere Arkade des Hauptportals von S. Marco in Venedig, 3. Archivolte mit den 'mestieri' (hier Fassbinder)

Zugleich wird das hoch bewertete Tun durch die grandiose Ausführungsqualität beglaubigt. Ganz anders als der Konsumkapitalismus liegt bei Thomas der Produktion eine Ästhetik mit doppelter Ethik zugrunde, da ihr Ziel die Vervollkommnung des tätigen Subjekts und des produzierten Objekts sei. Insofern ist die künstlerische Qualität Inhalt des Dargestellten, über die sich Bildhauer und Baumeister indirekt in die Serie einschreiben, sowie ein Verweis auf den begnadeten Bildhauer. Er würde es geschätzt haben, dass Thomas das Handwerk als intellektuelle Leistung entwirft, die gerade darin ihren über den Gebrauchsnutzen hinausgehenden eigentlichen Wert hat.

Zugleich entfernt sich Thomas jedoch bereits vom venezianischen Handwerksethos und nimmt in entscheidenden Punkten den *disegno*- und *idea*-Begriff der frühneuzeitlichen Kunsttheorie vorweg.[73] Wenn mit Bezug auf das Konzept der freien und mechanischen Künste innerhalb der manuellen Produktion die geistigen Tätigkeiten über die körperlichen gestellt werden, beginnen sich Kunst und Handwerk zu trennen. Dann versucht der *Artifex* den akademischen Anspruch einzuholen und fordert mindestens ein Gleichgewicht ein, indem er für den tätigen Körper eine eigene Form der Gelehrsamkeit postuliert. Nicola Pisano brachte dies an seiner Kanzel in Pisa mit den Worten *docta manus* auf den Punkt. Diese nicht auf Überbietung gegründete zweifache Perspektive von Arbeit ist das Metathema der *Fontana Maggiore* zwischen Dom und Rathaus von Perugia, die Nicolas gelehrte Hand zusammen mit seinem Sohn Giovanni schuf und die er auch zu einem größeren Teil inhaltlich konzipierte.[74]

---

[73] Die entsprechenden Stellen im Werk des Thomas von Aquin bei Wiener, Montasarbeiten (wie Anm. 1).

[74] Vgl. Joachim Poeschke, *Die Skulptur des Mittelalters in Italien. Die Gotik*, München 2000, S. 76–80, der die ältere Forschung zusammenfasst. Daraus ist hervorzuheben: Giusta Nicco Fasola, *La fontana di Perugia*, Rom 1951; Kathrin Hoffmann-Curtius, *Das Programm der Fontana Maggiore in Perugia*, Düsseldorf 1968; Antje Middeldorf Kosegarten, Nicola und Giovanni Pisano 1268–1278, in: *Jahrbuch der Berliner Museen* 11 (1969), S. 36–80. Die Forschung der letzten 20 Jahre war von historisch-antiquarischen, epigraphischen, technischen und restauratorischen Ansätzen dominiert. Zur Deutung von Form und Inhalt sind seither zu nennen: Francesco Cavallucci, *La fontana maggiore di Perugia. Voci e suggestioni di una comunità medievale*, Perugia 1993, Ulrich Fürst, *Die Statuen im Werk des Giovanni Pisano*, München 1995; Norberto Gramaccini, *Mirabilia. Das Nachleben antiker Statuen vor der Renaissance*, Mainz 1996; Carlo Santini (Hg.), *Il linguaggio figurativo della Fontana Maggiore di Perugia*, Ponte San Giovanni 1996.

Die *virtus* der im Sündenfall verfluchten Arbeit und die *virtus* der Künstler, die inschriftlich reklamieren, die besten ihres Fachs zu sein, werden hier mit der mythischen und realen Vergangenheit sowie der politischen und religiösen Gegenwart Perugias geschichtstheologisch verschränkt. Unter den 50 Reliefs und 24 Statuetten dieser Stadtallegorie ist der körperlichen und geistigen Arbeit – und gelegentlich auch den Arbeitspausen – der weitaus größte und am besten sichtbare Part reserviert.[75] Besonders bemerkenswert ist dabei die Disposition der Monatsarbeiten, da jeder Monat um einen *socius* oder eine *uxor* erweitert wird, wodurch Frauen in den zyklischen Arbeitsablauf des Jahres integriert werden und das gemeinschaftliche Tun anschaulicher wird.

[75] Die ikonologischen Interpretationsansätze berücksichtigten diesen Aspekt kaum. Hoffmann-Curtius, Programm und Gramaccini, Nachleben (beide wie Anm. 74) beachteten den wichtigsten Unterzyklus des Brunnen nur wenig, obwohl er in seiner urbanistischen Verschränkung mit dem Platz (die in der Literatur anders als die interne Orientierung des Brunnens kaum wahrgenommen wurde) die Hauptrolle spielt: Der zwischen Dom und Rathaus gelegene Brunnen befindet sich an dem Punkt der Stadt, an dem sich die drei Arme der Stadt begegnen. Monatsarbeiten und *artes liberales* (die bezeichnenderweise auch zum Dom hin weisen) richten sich zu derjenigen Seite des Platzes mit der größten Ausdehnung und höchsten Besucherfrequenz. Die körperlichen und geistigen Tätigkeiten haben einen größeren Stellenwert und eine bessere Sichtbarkeit als die ideologische Selbstbestimmung der Stadt als *Roma secunda* (oder zumindest als treue Anhängerin der päpstlichen *Urbs*), diejenigen Teile also, auf welche sich die Deutung oft ‚ein-seitig' konzentriert hat. Der Brunnen zeigt durch die Ausrichtung der Ikonographie, wie sehr die Monatsarbeiten als eine spezifische Stadtikonographie zu lesen sind. Sie bilden dabei weniger eine ökonomische Wirklichkeit ab, sondern produzieren ‚Weltanschauung'. Bei den Statuetten, die in dieselbe Richtung weisen, sind ebenfalls die genuin städtischen Themen angesiedelt: von dem Kleriker des Laurentius (dem der Dom geweiht ist) über die Stadtpersonifikation Perugias und den Personifikationen für den Peruginer *Contado* (Chiusi, Lago Trasimeno) zum Stadtpatron Herculanus und dem mythischen Stadtgründer und angeblichen Äneasbruder Heulixstes. Neben einer räumlichen Dimension in den Achsen, wie sie Hoffmann-Curitus gezeigt hat, scheint auch eine zeitliche Dimension enthalten. 24 (12+12) Reliefs für die Monatsarbeiten, 8 (7+1) Reliefs für die artes liberales, 6 (5 Szenen) Reliefs für das Alte Testament, 4 Reliefs für den Rombezug. 4 × 2 Reliefs als Zäsuren der vier Unterserien mittels Tiere, die ihrerseits ganz spezifisch aus dem Ensemble heraus semantisiert werden (von der römischen *lupa* zu den Wolfsfabeln Äsops; bei den Adlern als kryptische Signatur Giovanni Pisanos; bei Löwe und Greif als Wappentiere Perugias; bei der anderen Fabel von Catulus & Löwe als Kommentar zur Samsongeschichte, aber vielleicht auch als Parallele zu David & Goliath). Die Zahlen 4, 6 und 8 sind rationale Teilmengen von 24, wie sie in der Anzahl der Monatsreliefs und der Statuetten gegeben sind.

Dass die *artes liberales* weiblich sind, ist kanonisch,[76] nicht aber, dass sie im Kontext einer kommunalen Ikonographie der Arbeit gleichberechtigt neben den Monatsallegorien stehen – bezeichnenderweise werde beide Serien durch die Wappentiere Perugias getrennt.[77] Ihre Integration in das Brunnenprogramm verdankt sich vermutlich weniger einem programmatischen Text als den Künstlern, die Autoren in einem modernen Sinn waren. Besser als jeder Gelehrte waren sie mit komplexen Skulpturenprogrammen vertraut. Nicola stellte am Sockel seiner Sieneser Kanzel die *Freien Künste* teilweise wie in Perugia im Gestus des Unterrichtens dar. Die Serie der akademischen Arbeiten und zumal unter der Führung der Philosophie wurde hier erstmals in der italienischen Plastik realisiert. Nicola dürfte sie durch eigene Anschauung an französischen Kathedralen kennengelernt haben. Die Philosophie als achte *ars* war gewiss auch der Symmetrie geschuldet. Bedenkt man aber, dass sie bei Hugo von St. Viktor auch die *artes mechanicae* umfasst,[78] bildet sie auch den gemeinsamen Nenner für die Freien Künste und die Monatsarbeiten.

Den Sündenfall wiederum zeigt das auf die Philosophie folgende thematische Relief in Perugia – mit Notwendigkeit genau dazwischen ist das Adlerrelief mit Giovanni Pisanos Künstlerinschrift plaziert. Mit den manuellen Tätigkeiten der Monatsarbeiten und den freien Künsten ist die künstlerische Arbeit zwischen intellektueller Konzeption und virtuoser materieller Realisation umrissen. Dass derjenige, der plant und Anweisungen gibt, besser bezahlt werde, hielt etwa zur selben Zeit auch Thomas von Aquin für gerechtfertigt.[79] Nicola und Giovanni Pisano machten sich sowohl auf der Ebene der Konzeption wie auf derjenigen der Ausführung unentbehrlich. Über akademische Ansprüche wird die soziale Stratifizierung

---

[76] Vgl. Anm. 7.

[77] Die *artes liberales* wurden als aktueller Kommentar zur gerade gegründeten Peruginer Universität gelesen. Tatsächlich wurde das Peruginer *Studium Generale* erst im Jahr 1310 genehmigt. Hier wurden allenfalls Ansprüche angemeldet, nicht aber Realität abgebildet.

[78] Vgl. Hugo von St. Viktor, *Didascalicon*, hg. von Thilo Offergeld (Fontes Christiani 27), Freiburg i. Br. u. a. 1997, S. 53 ff.

[79] Vgl. Thomas von Aquin, *Quaestiones quodlibetales*, I, q. 7, a. 2. Thomas von Aquin bezeichnet eine solche Figur als Architekt. Damit reagiert er auf eine Entwicklung im Beruf des Bildhauer-Baumeisters hin zum entwerfenden Architekten, wie sie sich erst kurz zuvor abzuzeichnen begonnen hatte. Mit Architekt ist der leitende und entwerfende Künstler gemeint, wobei der Begriff an sich schon die Nähe zum *Quadrivium* der *artes liberales* anzeigt.

im Handwerk breit ausgefächert, so dass einige wenige Künstler nach 1300 den *milites* näher stehen als den *laboratores* und nach heutigem Ermessen zu Millionären werden.

Einer von ihnen, der ebenfalls an der Einheit von Konzeption und Ausführung festhielt, war der sienesische Bildhauer und Baumeister Lorenzo Maitani, der die Fassade des Doms in zwei erhaltenen Plänen entworfen, aber auch bis zu seinem Tod im Jahr 1330 ausgeführt hat.[80] Gerade jetzt, wo Arbeit nicht mehr gleich Arbeit ist und zwischen einem Oberhalb-von-Arbeit und bloßem mechanischen Tun unterschieden wird, wird ein Zeichensystem aktiviert, das diese Differenz gottgerecht legitimiert. Abermals dient die Genesis als Begründungsmodell. Verbunden mit der Zeitform der Ranke und Teil eines der größten, von der Erschaffung der Welt bis zum Jüngsten Gericht reichenden heilsgeschichtlichen Panoramen der Kunstgeschichte, wird in 16 Szenen Schöpfung, Sündenfall und nachfolgende Ausdifferenzierung der Arbeit samt Brudermord so ausführlich wie selten einmal entfaltet. In der obersten Reihe sind drei Figuren zu sehen (Abb. 22–24), die nach der bildinternen biblischen Chronologie Nachfahren von Kain sein müssten und die sich in der Weltentwicklung als einem Prozess der Schöpfungsaneignung gelehrt und künstlerisch über Ackerbau und Viehzucht erheben. Hier griff der Künstler – oder soll man ernsthaft annehmen, ein Programmschreiber hätte im Namen und zu Gunsten der Kunst gehandelt? – kreativ in den Schöpfungsbericht ein, denn keiner der Figuren ist präzise benennbar. Die Unmöglichkeit ihrer Identifizierung beruht auf ihrer synthetischen Identität. Während die mittlere Figur, die offensichtlich ein mechanisches Glockenspiel sowohl herstellt als auch produziert, die beiden Brüder Jubal und Tubalkain, die Erfinder von Musik und der Metallverarbeitung in einer Figur vereint, sind die beiden anderen mit keiner biblischen Person zu identifizieren.[81] In der Unterrichtsszene werden der Grammatiker Priszian oder Donatus und in der Entwurfsszene der Geometer Euklid – eher ist es ein Architekt und damit ein Selbstreferenz Maitanis – in anonyme Genesisfiguren, die sie ihrer Kleidung wie die Seriensequenz nach sind, hineinprojiziert. Entscheidender als die Namen ist

[80] Vgl. Jürgen Wiener, *Lorenzo Maitani und der Dom von Orvieto*, Petersberg 2009.

[81] August Schmarsow, *Italienische Kunst im Zeitalter Dantes*, Bd. 1, Augsburg 1928, S. 131: „beim Anblick solcher Tätigkeit wird der Name vollends zur Nebensache."

vielmehr, dass Tätigkeiten der *artes liberales* im Bild und durch das Bild biblisch begründet und heilsgeschichtlich in die Weltzeit zwischen Schöpfung und Gericht einsortiert werden. In der Logik dieser Bildersequenzen, bei der das Oben in allen Reliefs eine Erfüllung des Unten ist, wird hier der höhere Rang der freien Künste fiktiv heilsgeschichtlich nachgewiesen. Wo aus Arbeit Kunst wird, verliert jedoch das, was dann noch Arbeit heißt, an ideellem Wert.

Damit schließt sich der Kreis, den wir von Florenz aus öffneten. Der Behauptung des Aquinaten, dass die *artes liberales* edler seien als die *artes mechanicae*, machten sich die Künstler zu ihrem Vorteil zu eigen und trieben so einen Keil zwischen Arbeit und Kunst parallel zu einer Entwicklung, in der Kommunen zu prämonarchischen Signorien mutierten und die Herrscher ihr Herrschaftsselbstverständnis nicht zuletzt zunehmend mit der Förderung der Künste, also mit dem Wert einer besonders wertvollen Form von Arbeit, legitimieren, während im Gegenzug die Macht der in den Zünften organisierten Handwerker schwand.

Die Vorgeschichte des *Candide* beginnt fast gleichzeitig. Literarisch wäre sie in der *Jeunesse dorée* zu fassen, die in Boccaccios Decamerone vor der Pest flieht. In der Malerei fassen wir sie kurz nach 1400. Wie 300 Jahre früher indiziert der Medienwechsel einen entschiedenen Kontext- und Perspektivwechsel. Zum Ort für Monatsarbeiten werden nun Stundenbücher wie den *Très riches heures* des Duc der Berry oder höfische Fresken wie im Adlerturm in Trient.[82] Ihre Auftraggeber sind die adeligen Fürsten und deren Blick auf die Arbeit ist ein höfisch distanzierter, ja er definiert sich nachgerade dialektisch über die Distanz zur Arbeit. Während die Bauern, Männer wie Frauen, landwirtschaftlichen Tätigkeiten vom Bearbeiten des Bodens über das Säen bis zum Ernten und Abtransport nachgehen, Wein lesen und keltern, Männer Holz machen, fischen oder Bären jagen, Frauen Kühe melken und die Milch verarbeiten, vergnügen sich im selben

[82] Vgl. Enrico Castelnuovo, *I mesi di Trento. Gli affreschi di torre Aquila e il gotico internazionale*, Trient 1986; Diane E. Booton, *Pictorial seasons. A cultural study of the cycle of calendar paintings in the Torre dell'Aquila*, Ph. D. University of New York 1994; Steffi Roettgen, *Wandmalerei der Frührenaissance in Italien. Band I. Anfänge und Entfaltung 1400 – 1470*, München 1996, S. 28–41; Giuseppe Sebesta, *Il lavoro dell'uomo nel ciclo dei Mesi di Torre Aquila*, Trient 1996; Roberta Giacomini, Abbigliamento tardogotico negli affreschi di Torre Aquila, in: Laura Dal Prà (Hg.), *Le vie del Gotico. Il Trentino fra Trecento e Quattrocento*, Trient 2003, S. 230–247.

Abb. 22: Lorenzo Maitani, Relief am ersten Pfeiler des Doms von Orvieto, Lehrer (Priszian?, Donatus?)

Abb. 23: Lorenzo Maitani, Relief am ersten Pfeiler des Doms von Orvieto, Musiker (Jubal/Tubal-Kain)

Abb. 24: Lorenzo Maitani, Relief am ersten Pfeiler des Doms von Orvieto, Planer/Geometer (Euklid? Architekt? Lorenzo Maitani?)

Bild die elegant gekleideten Höflinge und ihre Damen im Spiel und auf der Falkenjagd in der wohlgeordneten Natur. Ihre göttliche Ordnung, die im Bild durch den zyklischen Rahmen der Monate gesetzt wird, gerät im Idyll zu einer kosmologisch prästabilierten sozialen Harmonie, für die der Paradiesgarten das Modell ist. Die Perspektive wechselt von einer kommunalen zu einer feudalen. Nun bildet Landarbeit mimetisch Landarbeit ab in einer Landschaft, die Herrschaft über das Land meint.

Noch deutlicher – und meines Erachtens mit durchaus sozialkritischem Unterton und ebenso hohem malerischen wie intellektuellen Niveau – formulieren diesen scheinbar kosmologisch legitimierten sozio-ökonomischen und politischen Kontext die *Très riches Heures* des Duc de Berry.[83] Durch eine Mauer getrennt, kann vom Schloss aus und von der komplementären

[83] Zu den *Très riches heures* zuletzt: Patricia Danz Stirnemann, *Les Très Riches Heures du duc de Berry et l'enluminure en France au début du XVe siècle*, Paris 2004; Rob Dückers/Pieter Roelofs (Hg.), *Die Brüder van Limburg. Nijmegener Meister am französischen Hof (1400–1416)*, Stuttgart 2005; Rob Dückers/Pieter Roelofs (Hg.), *The Limbourg brothers. Reflections on the origins and the legacy of three illuminators from Nijmegen*, Leiden u. a. 2009, S. 51–83; Birgit Franke, Die Januarminiatur der "Très Riches Heures". Die Sprache der Dinge in den Bildern und vor den Bildern, in: Barbara Stollberg-Rilinger/Thomas Weißbrich (Hg.), *Die Bildlichkeit symbolischer Akte*, Münster 2010, S. 55–90.

Perspektive des adeligen Bildbetrachters die Feldarbeit kontrolliert werden. Während die prachtvolle Hofgesellschaft sich mit ihren geschmückten Pferden zur Falkenjagd begibt, ernten Bauern Heu in der Hitze des Sommers. Und im Winter, wo früher frierend ein alter Mann am Kaminfeuer saß, bittet der durch den Kaminschirm geschützte Herzog im großen Schlosssaal mit Schlachtenteppichen eine Festgesellschaft zum reich gedeckten Tisch, bei dem die Hunde mehr Fleisch abbekommen, als den frierenden Bauern im Februarbild vergönnt ist.

Aus dieser feudalen Welt werden die bei Voltaire um die Welt und in der Welt Irrenden vertrieben. Arbeit als das einzige Mittel, das Leben erträglich zu machen, sagt nicht über die materielle, sondern über eine mentale Existenzsicherung aus. Arbeit ist notwendig zum geistigen Überleben, wo alles Materielle bis zum Überdruss vorhanden ist. Nicht Erfolg oder Fleiß oder Reichtum sind primäres Ziel von Arbeit, sondern der Seelenfrieden. „Die Arbeit hält drei große Übel von uns fern: die Langeweile, das Laster und die Sorge." Thomas von Aquin hätte Arbeit nicht *ex negativo* bestimmt, aber er wäre mit der christlichen Konklusion des aufgeklärten Arbeitsbegriffs in Voltaires Schlusskapitel einverstanden gewesen:

> Denn als der Mensch in den Garten Eden gesetzt ward, geschah es *ut operaretur eum* [...]; das beweist also, dass der Mensch nicht zur Ruhe geschaffen ist. [...] Arbeit ist das einzige Mittel, um das Leben erträglich zu machen [...]. Die ganze kleine Gesellschaft vereinigte sich in dieser lobenswerten Absicht, und jeder begann sein besonderes Talent zu gebrauchen.

Candides Rückkehr ins Paradies als Rückkehr ins Mittelalter?

Abbildungsnachweis

Abb. 1, 5, 6, 8, 10, 11, 12, 13, 14, 15, 16, 17, 18, 22, 23, 24: Jürgen Wiener.

Abb. 2: Rolf Toman, Die Kunst der Romanik. Architektur – Skulptur – Malerei, Köln 1996.

Abb. 3, 4, 7, 9, 19: Joachim Poeschke, Die Skulptur des Mittelalters in Italien. Romanik, München 1998.

Abb. 20, 21: Le sculture esterne di San Marco. Saggio di Otto Demus, Mailand 1995.

Andrea von Hülsen-Esch

Handwerker oder Künstler Vom Wertewandel in der Kunstproduktion

I.

Die Frage der Werkstattorganisation und der Ausbildung der Künstler hat in den letzten zehn Jahren zunehmend Aufmerksamkeit erfahren und ist für viele Maler- und Bildschnitzerwerkstätten des 15. und 16. Jahrhunderts durch Einzelstudien vertieft worden. Für die Bildschnitzer – etwa für Tilman Riemenschneider – geht man mittlerweile davon aus, dass die eigenhändige Entwurfszeichnung des verantwortlichen Meisters, die Visierung, bei Vertragsabschluss vorgelegen haben muss.[1] Diese Visierung wurde in der Regel durch weitere Absprachen schriftlich ergänzt, etwa, dass der verantwortliche Meister an dem Kunstwerk auch eigenhändig beteiligt sein müsse, dass er während der Zeit der Ausführung keine weiteren Aufträge annehmen dürfe, und auch, dass er sich genau an das, was er in der Zeichnung niedergelegt habe, halten müsse.[2] Insgesamt hat sich jedoch beispielsweise bei Tilman Riemenschneider ergeben, dass er mit „wachsendem Bekanntheitsgrad seiner Werkstatt und der Übernahme von Ratsämtern“[3] einen Großteil der Ausführungsarbeiten seiner Werkstatt überlassen hat.

Auch für die Werkstatt Lucas Cranachs haben sich interessante Erkenntnisse ergeben – dahingehend, dass das „viele Tausende von Bildern umfassende Gesamtwerk aus 48 Jahren“ zu 90 bis 95 Prozent auf die Leistung der Mitarbeiter Cranachs entfällt: Immerhin beschäftigte er über Jahre zehn bis

1 Vgl. Iris Kalden-Rosenfeld, Tilman Riemenschneider. Werkstattleiter und Ratsmitglied, in: Claudia Lichte (Hg.), *Tilman Riemenschneider: Werke seiner Blütezeit*, Regensburg 2004, S. 57–81; hier S. 69 f. und mit einer kritischen Würdigung der Forschung sowie einer weiterführenden Reflexion zum Werkstattbetrieb und der Individualleistung weiterer Bildhauer Gerhard Lutz, Zwischen Meisterwerk und Massenproduktion. Überlegungen zur spätgotischen Skulptur in Deutschland, in: Bruno Klein/Bruno Börner (Hg.), *Stilfragen zur Kunst des Mittelalters. Eine Einführung*, Berlin 2006, S. 165–183, zu Riemenschneider S. 166–168.

2 Vgl. hierzu auch Mareile Büscher, *Künstlerverträge in der Florentiner Renaissance*, Frankfurt a. M. 2002, S. 54 f.

3 Kalden-Rosenfeld, Riemenschneider (wie Anm. 1), S. 70 f.

elf voll ausgebildete Maler.[4] Auf Cranach selbst entfielen die zeitaufwendige Vorzeichnungsarbeit für Holzschnitte und Kupferstiche, die Vorzeichnungen auf Gemälden, die Planung der vielseitigen Dekorationsaufträge für den Hof, die vom Kutschen- und Schrankbemalen bis zur Fassadengestaltung reichten, der Farbeinkauf, die Werkstattorganisation insgesamt. Inzwischen lässt sich aufgrund der Untersuchungen mit Hilfe der Infrarot-Reflektographie sogar sagen, dass er in der überwiegenden Mehrzahl der Fälle wohl die Unterzeichnungen ausgeführt hat, dass aber selbst diese von den fähigsten Gesellen zuweilen überarbeitet oder aber bei Serienproduktionen gänzlich von ihnen ausgeführt und abschließend mit der Signatur Cranachs versehen wurden. Die Mitarbeiter führten also Meisterarbeit aus, ohne den Ruhm zu ernten.

Dies scheint jedoch nicht erst um 1500 eine bestehende Praxis zu sein: Schon mehr als siebzig Jahre zuvor lassen die Verträge mit dem berühmten Florentiner Bildhauer Lorenzo Ghiberti für das Nordportal des Florentiner Baptisteriums keinen Zweifel daran, dass der Künstler teilweise wohl nur marginal an den von ihm signierten Werken beteiligt ist. Explizit wird im Vertrag festgehalten, dass er „alle Figuren, Bäume und ähnliche Dinge" selbst ausführen müsse; allerdings darf er sich selbst dabei der Hilfe seines Vaters und von Gehilfen, „die er für fähig halte", bedienen.[5]

Schon allein diese drei Beispiele renommierter Künstler zeigen, dass diese nicht nur zugleich erfolgreiche Unternehmer waren, sondern dass es innerhalb der Werkstätten eine klare Hierarchie gab, die nicht nur das Verhältnis von Meister und Gesellen (oder anderen Mitarbeitern) betraf,

---

[4] Vgl. Claus Grimm, Die Anteile von Meister und Werkstatt. Zum Fall Lucas Cranach d. Ä., in: Ingo Sandner (Hg.), *Unsichtbare Meisterzeichnungen auf dem Malgrund. Cranach und seine Zeitgenossen.* Ausstellungskatalog Eisenach, Regensburg 1998, S. 67–82, Zitat S. 67; Zur Bewertung der Massenproduktion Cranachs in der Kunstgeschichte s. Andreas Tacke, Lucas Cranach der Schnellste. Ein Künstler als Werkstattleiter, in: Rüdiger Stamm (Hg.), *Lucas Cranach der Schnellste.* Ausstellungskatalog, Bremen 2009, S. 12–28. Zur Geschäftstüchtigkeit Cranachs zuletzt: Marina Beck/Jens Jakusch, Lucas Cranach der Ältere. Der Wittenberger Maler, Drucker, Immobilienbesitzer und Betreiber einer Monopolapotheke mit Weinausschank, in: Andreas Tacke/Franz Irsigler (Hg.), *Der Künstler in der Gesellschaft. Einführungen zur Künstlersoziologie des Mittelalters und der Frühen Neuzeit,* Darmstadt 2011, S. 231–248.

[5] Richard Krautheimer, *Lorenzo Ghiberti,* Princeton [2]1970, Dok. Nr. 26, S. 368; das Portal wird auf 1427 datiert. Vgl. zu der inhaltlichen Ausgestaltung der Verträge insgesamt Büscher, Künstlerverträge (wie Anm. 2), S. 50–59.

Abb. 1: Bildhauer arbeiten an einem Bischofsgrabmal, Ende des 15. Jahrhunderts, Konstanz, Rosgartenmuseum

sondern auch die Bewertung des Kunstwerks und den Rang des Produzenten nach außen.[6] Die ‚Künstler', das waren eindeutig Riemenschneider oder Ghiberti oder Cranach, auch wenn die Ausführung zum allergrößten Teil anderen oblag. Diese ‚anderen', so könnte man fragen, waren das nun Handwerker? Wie groß war der Anteil des Künstlers an den unter seinem Markennamen produzierten Objekten, und welche Stellung hatten die ausführenden Gesellen oder im Atelier beschäftigten Maler, die ja immerhin so fähig sein mussten, dass die Qualität an die eigenhändigen Werke des Künstlers herankam (Abb. 1)?[7] Worin bestehen die künstlerischen Quali-

[6] Vgl. Gerhard Jaritz, Handwerkliche Produktion und Qualität im Spätmittelalter, in: *Handwerk und Sachkultur im Spätmittelalter. Internationaler Kongress, Krems an der Donau, 7. bis 10. Oktober 1986* (Veröffentlichungen des Instituts für mittelalterliche Realienkunde Österreichs, 11), Wien 1988, S. 33–49.

[7] Roberto Casanelli, Künstler in der Werkstatt, in: Roberto Casanelli (Hg.), *Künstlerwerkstätten der Renaissance*, Zürich/Düsseldorf 1998, S. 7–30.

täten eines erfolgreichen Malers in der Wahrnehmung der Zeitgenossen – und ab wann werden Künstler überhaupt als solche wahrgenommen? Die Frage nach dem Zeitpunkt der Wahrnehmung eines Künstlers als solchem hängt auch zusammen mit dem Gegensatzpaar Tradition und Innovation, denn frühe herausragende Künstler, von denen wir wissen, dass sie als Künstler wahrgenommen wurden – wie etwa Giotto,[8] Lorenzo Maitani oder auch der Buchmaler Jean Pucelle[9] zu Beginn des 14. Jahrhunderts – haben stets in ihren Werken mit motivischen wie künstlerischen Traditionen gebrochen und innovative Strukturen oder Modi der Gestaltung entwickelt. Allerdings sind die Grundlagen dafür nicht allein in der künstlerischen Entwicklung zu suchen: Ereignen konnte sich ein solcher Umbruch nur in einem Klima prosperierender Wirtschaft und sozialer Veränderungen. Mit dem Folgenden möchte ich zunächst anhand exemplarischer Produktionsprozesse das Verhältnis der ausführenden Künstler zu dem entstehenden Werk darlegen, um dann in einem weiteren Schritt den Umbruch in der Bewertung des Künstlers genauer zu fassen und zu eruieren, welche Faktoren damit einhergehen und welche Deutungsschemata ihm zugrunde liegen. Die in Rede stehenden Bildkünste – die Elfenbeinschnitzerei wie die Buchmalerei – sind hierbei von besonderem Interesse, weil diese bereits im Hochmittelalter durch eine große Produktion zu fassen und auch die an der Produktion Beteiligten sich differenzieren lassen. Der ungeheure Wert dieser Objekte – also der illuminierten Handschriften und der Objekte aus Elfenbein – ist von der Frühzeit an belegt: Illustrierte Prachtcodices

---

[8] Michael Baxandall, *Giotto and the Orators. Humanist observers of painting and the discovery of pictorial composition 1350–1450*, Oxford 1961, S. 146 ff., gibt den Bericht des Florentiner Humanisten und Chronisten Filippo Villani (1325–1407) über den Ursprung der Stadt Florenz und von seinen berühmten Söhnen *(De origini civitatis Florentiae et de eiusdem famosis civibus)* wieder, in dem er ein längeres Kapitel den Florentiner Malern widmete. Hier wird – ähnlich wie später bei Cennino Cennini (1370–1440) – eine ganze Genealogie an Malern auf Giotto zurückgeführt, von dem eher das Bild eines Gelehrten denn das eines Malers gezeichnet wird. Vgl. auch: Wolf-Dietrich Löhr/Stefan Weppelmann, Glieder in der Kunst der Malerei – Cennino Cenninis Genealogie und die Suche nach Kontinuität zwischen Handwerkstradition, Werkstattpraxis und Historiographie, in: Wolf-Dietrich Löhr/Stefan Weppelmann (Hg.), *Fantasie und Handwerk. Cennino Cennini und die Tradition der toskanischen Malerei von Giotto bis Lorenzo Monaco.* Ausstellungskatalog, Berlin/München 2008, S. 13–43.

[9] Vgl. Michaela Krieger, *Grisaille als Metapher. Zum Entstehen der Peinture en camaieu im frühen 14. Jahrhundert*, Wien 1995.

waren Teil des Kloster- oder Kirchenschatzes und wurden bei Gefahr in Sicherheit gebracht; nicht nur die kostbaren elfenbeinernen oder goldenen Buchdeckel, sondern gleichermaßen das Pergament stellte Reichtum dar.[10]

II.

Die prachtvoll illustrierte Bibel König Wenzels, Sohn und Erbe Kaiser Karls IV., ist ein herausragendes Beispiel für die böhmische Buchkunst des ausgehenden 14. Jahrhunderts im Prag Kaiser Karls IV. (Abb. 2). Die sogenannte Wenzelsbibel ist eines der wenigen Beispiele, das von der Bibliothek des deutschen Königs übriggeblieben ist – einer Bibliothek, die vermutlich an die 200 Handschriften umfasste.[11] Die Ausstattung der erhaltenen Handschriften ist sehr einheitlich, so dass man auf eine ungewöhnlich hohe Einflussnahme des Auftraggebers auf die Gestaltung der Prachtbände schließen darf; sie entstehen in einem Zeitraum von ca. fünfzehn Jahren, zwischen ca. 1385 und 1400. Die Miniaturen legen Zeugnis von der Vielfalt der künstlerischen Einflüsse am königlichen Hof in Prag ab, der deutsche, italienische, flämische und französische Künstler anzog. Insgesamt umfasst die Handschrift 2428 Seiten. Allerdings hat Wenzel selbst die unvollendete Handschrift – das Neue Testament wurde nie ausgeführt – niemals binden lassen; dies geschah erst unter Kaiser Friedrich III. um die Mitte des 15. Jahrhunderts.

[10] Die Diskussion um das, was eine „Schatzkammer" bzw. ein „Schatz" im Mittelalter überhaupt ist, wurde in den vergangenen zehn Jahren sehr lebhaft geführt und hat neue Forschungen angestoßen; vgl. Lucas Burkart u. a. (Hg.), Philippe Cordez, Pierre Alain Mariaux u. Yann Potin, *Le trésor au Moyen Age. Discours, pratiques et objets*, Florenz 2010. Zu kostbaren Büchern bzw. Handschriften in ‚Schatzkammern' vgl. Éric Palazzo, Le livre dans les trésors du Moyen Age: contribution à l'étude de la Memoria médiévale, in: Jean-Pierre Caillet (Hg.), *Les Trésors de sanctuaires, de l'Antiquité à l'époque romane*, Paris 1996, S. 137–160; wiederabgedruckt in: *Annales. Histoire, sciences sociales* 52/1 (1997), S. 93–118; Nicoletta Giovè Marchioli, I libri del tesoro, in: Sauro Gelichi/Cristina La Rocca (Hg.), *Tesori. Forme di accumulazione della ricchezza nell'alto medioevo (secoli V–XI)*, Rom 2004, S. 257–288 sowie Beate Braun-Niehr, Das Buch im Schatz: Im Dienst von Liturgie, Heiligenverehrung und Memoria, in: Ulrike Wendland (Hg.), *„... das Heilige sichtbar machen". Domschätze in Vergangenheit, Gegenwart und Zukunft*, Regensburg 2010, S. 121–136.

[11] Zur Wenzelsbibel vgl. das Faksimile: *Die Wenzelsbibel. Vollständige Faksimile-Ausgabe der Codices Vindobonenses 2759–2764 der Österreichischen Nationalbibliothek Wien*. Kommentar, bearb. v. Hedwig Heger, Ivan Hlavacek, Gerhard Schmidt u. Franz Unterkircher, Graz 1998, und den kunsthistorischen Kommentar v. Gerhard Schmidt, *Kommentarband 2*, Graz 1998, S. 125–250, bes. S. 247 sowie zuvor Marcel Thomas/Gerhard Schmidt, *Die Bibel des Königs Wenzel*, Graz 1989, S. 30.

Abb. 2: Wenzelsbibel, Historisierte Initiale, Cod. 2759, fol. 130r, Österreichische Nationalbibliothek, Wien, um 1390

Charakteristisch für die Wenzelshandschriften ist die Organisation des Randschmuckes, weshalb man sie auch sehr gut von anderen zeitgleich in Böhmen entstandenen Handschriften unterscheiden kann. Sie zeichnen sich durch ein dichtes Rankenwerk mit fleischigen Akanthusblättern aus, das den Schriftblock umgibt und auch in den Zwischenraum zwischen den beiden Textspalten eindringt. In der Wenzelsbibel formt sich das Akanthusrankenwerk am oberen und unteren Seitenrand zu kreisförmigen Schlingen oder Medaillons aus, deren Binnenflächen von Ornamentgründen hinterfangen und zum Teil mit figürlichen Motiven, allegorischen Darstellungen und Szenen, Emblemen und Wappen ausgefüllt werden. Insgesamt 638 Miniaturen und 16 Bildinitialen verzieren die Bibel – und damit wurde nur knapp ein Drittel der geplanten Ausstattung vollendet. Zu diesen vordergründig ins Auge fallenden Malereien kommen noch die für den Gesamteindruck wesentlichen dekorativen Seitentitel hinzu, die den Namen des Bibelbuches angeben, aus dem der darunter stehende Text stammt: Sie sind alternierend aus blauen und goldenen Unzialmajuskeln gebildet und werden von einem zarten Fadenornament umspielt.

Das eigentliche Illustrationsprogramm aber machen die Miniaturen im Text, in den Rankenspiralen oder in den historisierten Initialen aus (Abb. 3). Hier überrascht die Wenzelsbibel mit einer Fülle neuer Motive, die nicht dem für uns bis dahin geläufigen Motivschatz entstammen; das wiederum bedeutet, dass die Miniaturisten immer wieder neue Bildformulierungen finden mussten. Doch kommt diese Aufgabe offenbar nicht allein den Illuminatoren zu: An jeder Stelle, die auszumalen war, befand sich nämlich ursprünglich eine Malanweisung in lateinischer Sprache.[12] Hier wird bereits an einer Stelle der arbeitsteilige Herstellungsprozess offenbar: Es gab gewissermaßen einen Programmgestalter, der dem Miniaturmaler neben der entsprechenden Stelle auf der Seite meistens am Rand in einer kleinen Schrift und mit vielen Abkürzungen vorgab, was dieser zu malen hatte.[13] Ungewöhnlich bei der Wenzelsbibel ist die Ausführlichkeit der erhaltenen Anweisungen, und bis heute ungelöst ist in der Forschung die Frage, ob ei-

---

[12] Vgl. hierzu den Kommentarband von Schmidt, Kunsthistorischer Kommentar (wie Anm. 11), S. 137 f. und Thomas/Schmidt, Bibel (wie Anm. 11), S. 92 ff.

[13] Zu diesem arbeitsteiligen Prozess im Hochmittelalter vgl. Jonathan J. G. Alexander, *Medieval illuminators and their methods of work*, New Haven/London 1992, S. 52–71.

Abb. 3: Wenzelsbibel, Das Ende der Sintflut, Detail, Cod. 2759, fol. 8v, Österreichische Nationalbibliothek, Wien, um 1390

gentlich alle Illuminatoren diese Anweisungen auf Latein verstanden oder ob ein Übersetzer vonnöten war. Für den Fall, dass sie des Lateinischen kundig waren, ließe das wiederum einen Rückschluss auf ihren Stand zu, denn außer einigen wenigen Angehörigen des Hochadels, die eine private Ausbildung genossen hatten, besaßen zu jener Zeit in der Regel nur Kleriker mehr oder weniger ausgeprägte Lateinkenntnisse.[14] Derjenige, der die Anweisungen gab, war jedenfalls bibelkundig und könnte aus dem Kreise der Geistlichen gekommen sein.

Untersuchungen der Malanweisungen haben ergeben, dass der Konzepteur des ikonographischen Programms oftmals die lateinische Vulgata wörtlich zitiert hat, ohne dabei Rücksicht auf die Möglichkeiten des Illuminators zu nehmen.[15] Häufig hat er in einer einzigen Bildvorschrift die Darstellung mehrerer örtlich und zeitlich getrennter Ereignisse gefordert, woraus sich die Häufigkeit zweigeschossiger Miniaturen erklären lässt. Auch muss der Konzepteur damit gerechnet haben, dass die Illuminatoren des Deutschen mächtig waren, denn er schließt an seine lateinische Malanweisung zu Psalm 54 die Aufforderung an, dass der Inhalt der restlichen Darstellung dem auf Deutsch geschriebenen Bibeltext selbst zu entnehmen sei.[16] Insgesamt ergibt sich aus den erhaltenen Malanweisungen und der dichten Verteilung der Miniaturen im Text, dass es dem Programmgestalter um eine nahezu lückenlose und gleichmäßige Illustration der wichtigsten Textstellen gegangen sein muss; für die Gestaltung der Miniaturen im Einzelnen hingegen hat er offenbar nur in Ausnahmefällen eine konkrete Anweisung gegeben – diese oblag der künstlerischen Freiheit. Die Illuminatoren wiederum haben diese ihnen belassene Freiheit genutzt: Außer bei den Initialen zu den Büchern Genesis, deren Gestaltung etwa mit der Darstellung des Siebentagewerks der Norm entsprach, illustrieren die Miniaturisten bei den Initialen jeweils die ganz zu Beginn der entsprechen-

[14] Zur Verbreitung des Lateinischen im Mittelalter vgl. Manfred Fuhrmann, *Geschichte des gelehrten Unterrichts in Deutschland von Karl dem Großen bis Wilhelm II.*, Köln 2001, S. 20–29.

[15] Vgl. Thomas/Schmidt, Bibel (wie Anm. 11), S. 94 f.

[16] „Hier stelle dar, wie die Heiden eine Stadt, die Ceyla genannt wird, einschließen. Als David das hörte, zog er ihnen mit einem großem Heer entgegen, und zog aus der Stadt heraus, so wie es die Rubrik deutlicher mitteilt. Hinsichtlich der restlichen Darstellung lies die Rubrik." Schmidt, Kunsthistorischer Kommentar (wie Anm. 11), S. 142 f.

den Bibelstelle geschilderten Ereignisse. Da die Malanweisungen mit dem Messer wegradiert wurden, sobald der Illuminator seine Arbeit vollendet hatte, lässt sich anhand der vorhandenen Miniaturen nicht überprüfen, ob und wie genau sich die Maler an die Vorgaben des Konzepteurs gehalten haben.

Die beteiligten Künstler sind größtenteils unbekannt – nur zwei sind namentlich bekannt; man geht heute davon aus, dass zwischen 15 und 25 Illuminatoren daran beteiligt waren.[17] Insgesamt waren in Prag die Strukturen für eine groß angelegte Buchherstellung vorhanden; die Zahl der Schreiber ist unabsehbar hoch, und selbst die Illuminatoren waren so zahlreich, dass sie sich in Prag in mehreren Dutzend sogenannten Zechen (Ateliers) zusammenschlossen.[18] Sind auch nur zwei als königliche Buchmaler belegt, so wird doch ein erheblicher Teil von ihnen mit königlichen Aufträgen beschäftigt gewesen sein. Die Miniaturisten kamen in der Regel bereits als solche ausgebildet an den jeweils anderen Ort und wurden in einem Atelier beschäftigt, wobei sie speziell für bestimmte Aufgaben eingesetzt wurden, denn der Produktionsprozess ist auch bei der Ausführung der Miniaturen weiter aufgegliedert:[19] Nachdem der Schreiber das Pergament mit dem Text versehen und dabei Platz für die Bilder gelassen hat, wird – der schriftlichen Malanweisung entsprechend – eine grobe Skizze ausgeführt, die die ungefähre Dimension und Stellung der Bildgegenstände angibt. Über diese Skizze wird die sorgfältige Vorzeichnung gelegt. Gerade im Hinblick auf die immer häufiger nachgewiesene Funktion eines entwerfenden Kopfes an der Spitze eines Malateliers stellt sich hier die Frage,

[17] Vgl. Schmidt, Kunsthistorischer Kommentar (wie Anm. 11), S. 179; zur arbeitsteiligen Herstellung einer illuminierten Handschrift und selbst einer Miniatur s. Alexander, Illuminators (wie Anm. 13), S. 35–71 u. Christopher de Hamel, *Scribes and Illuminators*, London 1992, S. 48–62.

[18] Zur Zeit Wenzels existierten allein 15 Pergamenthersteller (*pergamenista*), sieben Buchbinder (*ligator librorum*), drei Buchhändler (*librorum venditor*) und zwei Tintenfasshersteller (*calamariator*); vgl. Ivan Hlavácek, Der Hof Wenzels IV. als führendes Kulturzentrum Mitteleuropas, in: Die Wenzelsbibel (wie Anm. 11), S. 9–16, S. 25 f.

[19] Zum Produktionsprozess in der Buchmalerei vgl. Alexander, Illuminators (wie Anm. 13); de Hamel, Scribes (wie Anm. 17); Mary Rouse/Richard H. Rouse, *Manuscripts and their makers: commercial book producers in medieval Paris 1200 to 1500*, 2 Bde., Turnhout 2000; John Lowden, *The making of the Bibles Moralisées*, Pennsylvania State University Press 2000.

ob die Buchmalereiproduktion nicht ebenfalls nach diesem Muster ablief, d. h., dass der Werkstattleiter die Zeichnungen ausführte, die dann wiederum von seinen Gesellen und Gehilfen ausgeführt wurden.

Dass auch diese spezialisiert, die Produktion also nochmals zergliedert wurde, wird in Listen greifbar, die sich vereinzelt in Handschriften erhalten haben, und die eine Aufzählung der auszuführenden Initialminiaturen getrennt nach Goldinitialen auf farbigem Grund, Initialen mit floralem Schmuck und historisierten Initialen – also mit Szenen versehenen Buchstaben – enthalten, die dann auch unterschiedlich teuer sind.[20] Die Vereinfachung und Beschleunigung des Herstellungsprozesses hängt wesentlich mit dem Umfang des Auftrags zusammen, eine generell vergrößerte Nachfrage wiederum konnte zur Verstetigung der Spezialisierung und damit zur Vergrößerung der Werkstatt führen. Der Zeitpunkt, ab dem die Aufgliederung der Arbeitsstufen in der eben vorgestellten Form praktiziert wurde, ist nicht konkret zu fassen, doch deuten die Erfordernisse der Buchproduktion darauf hin, dass er mit der steigenden Auftragslage und der Mitgliedschaft in Zünften um 1200 einhergeht.[21] Ab dem 14. Jahrhundert werden Buchmaler in Diensten des Königs greifbar, und es deutet vieles darauf hin, dass damit nicht nur die außerordentliche Qualität des Malers gewürdigt wird, sondern dass er damit auch von den Bestimmungen der Zünfte befreit werden sollte. Es liegt also nahe, hierin in der Wahrnehmung der Zeitgenossen einen ‚Künstler' zu sehen – ob die anderen, vielleicht diesem Maler unterstellten, Miniaturisten aber als ‚bloße Handwerker' zu charakterisieren sind, muss offen bleiben.

Im Bereich der Elfenbeinkunst treffen wir auf ähnlich gelagerte Probleme hinsichtlich der Produktion der Kunstwerke: Die Künstler bleiben weitgehend namenlos, doch lassen Inhalt und Form der Objekte zuweilen Rückschlüsse auf den Produktionsprozess – und damit auf verschiedene Anteile

[20] Vgl. Rouse/Rouse (wie Anm. 19), S. 251 f. u. de Hamel, Scribes (wie Anm. 17), S. 63–65.

[21] Frühere Miniaturen etwa mit der Selbstdarstellung von Buchmalern deuten zwar darauf hin, dass es bereits Spezialisten für Initialen gab und auch, dass Gehilfen die Farben gemischt und evtl. einzelne Ornamente ausgeführt haben (vgl. die Miniatur des Everwinus (Abb. 10)), allerdings haben wir hier nicht so eindeutig die Arbeitsteilung in Miniaturen vorliegen wie etwa den Entstehungsprozess einer Handschrift, wie ihn die Miniatur in einer Sammelhandschrift mit Texten des Ambrosius zeigt; Bamberg, Staatsbibl., Msc. Patr. 5, fol. 1v; vgl. Alexander, Illuminators (wie Anm. 13), S. 12 u. 14–18.

Abb. 4: Veroli-Kästchen, Vorderansicht, Detail, Victoria and Albert Museum, London, Mitte 10. Jh.

an der Produktion – zu. Herausgegriffen werden sollen zwei Elfenbeinkästchen aus Byzanz aus dem 11. Jahrhundert, die uns stellvertretend Einblick in den Produktionsprozess gewähren können: Zum einen das sogenannte Veroli-Kästchen aus dem Londoner Victoria and Albert Museum (11,2 × 40,5 × 16 cm), das Schnitzereien aus Elfenbein und Knochen mit verschiedensten Jagddarstellungen zeigt, und zum anderen ein Rosettenkasten aus der Dumbarton Oaks Collection in Washington, der Krieger und mythologische Figuren aufweist und damit thematisch den Bereich der Antike wie der Mythologie mit der Ornamentik verbindet (Abb. 4).[22]

Beide Kästchen gehören zur Gattung der etwa 100 erhaltenen Rosettenkästen, die nach der ihnen gemeinsamen Ornamentik des fortlaufenden Rosettendekors auf separat gearbeiteten Leisten benannt sind.[23] Bisweilen stoßen diese rechtwinklig aneinander gesetzten rahmenden Leisten stumpf und ohne Rücksicht auf den Rosetten-Rapport aneinander, was Gudrun Bühl zu der Vermutung Anlass gibt, dass die Leisten aus Tierknochen

[22] Paul Williamson, *Medieval Ivory Carvings. Early Christian to Romanesque*, Victoria and Albert Museum, Kat. Nr. 15, London 2010, S. 76–83; zu dem Washingtoner Rosettenkasten s. Helen C. Evans/William D. Wixom (Hg.), *The Glory of Byzantium. Art and Culture of the Middle Byzantine Era A.D. 843–1261*, New York 1997, Kat. Nr. 155, S. 232, sowie Anthony Cutler, On Byzantine Boxes, in: *Journal of the Art Gallery* 42/43 (1984/85), S. 32–47.

[23] Die folgenden Ausführungen verdanken sich dem Beitrag von: Gudrun Bühl, Die Regelmäßigkeit des Unregelmäßigen. Überlegungen zum Herstellungsverfahren der sog. Rosettenkästen, in: *Byzantinische Zeitschrift* 93 (2000), S. 23–36.

nach der Vorgabe der Maße der jeweiligen Kastenseite zugeschnitten seien, quasi wie ein Rapport vom Meter. Zuweilen sind die Rosettenbänder auch angestückt, was zu vielerlei Spekulationen geführt hat: von der Annahme, man habe antike Spolien aus Materialmangel ergänzt,[24] über die These, dass die Knochenbänder zur Kostensenkung eingesetzt worden seien und Mittelhandknochen vom Pferd oder Rind oftmals keine größere Länge aufwiesen, bis hin zur Annahme, die Leisten stammten aus einer vorgefertigten Serienproduktion und seien eben entsprechend zusammengesetzt worden.[25]

Gudrun Bühl hat herausgefunden, dass die anscheinend ‚unschöne' Montage der Rosettenleisten als eine den Gestaltungsprinzipien des 10. bis 12. Jahrhunderts adäquat erscheinende Dekorationsweise gelten muss, und dass die Leisten weder vorfabriziert noch wiederverwendet, sondern für jeden einzelnen Kasten angefertigt worden sind. Anhand verschiedener Beispiele aus der zeitgleichen Buchmalerei lässt sich belegen, dass halbierte Rosetten- oder Akanthusornamente – wie sie etwa auch am Veroli-Kasten zu sehen sind – durchaus mit großer Regelmäßigkeit vorkommen, also kein Charakteristikum der Beinproduktion und auch kein Kriterium für eine ästhetisch und qualitativ minderwertige Produktion sind. Zudem setzt eine Serienproduktion einzelner Kastenbestandteile eine Maßgleichheit von Kästen – oder aber bestimmter Gruppen von Kästen – voraus; dies ist aber anhand der einhundert erhaltenen Exemplare nicht nachweisbar, da alle individuelle Maße haben. Vielmehr lässt sich feststellen, dass die Unregelmäßigkeiten ein System haben: Die Kästchen sind mit leicht trapezförmigen Schiebedeckeln zu schließen, was zur Folge hat, dass die Musterfolge der abschließenden Leisten an einer Seite länger, an der anderen kürzer zu sein hat – halbierte Rosetten oder andere Ornamente liegen somit in der Bauweise begründet. Außerdem lassen sich Asymmetrien in der Dekoration etwa bei den Deckeln stets an der Seite feststellen, zu der hin der Deckel zu schieben ist (Abb. 5) – sie sind also gewissermaßen ein Bedienungshinweis für den Benutzer. Die Revision der erhaltenen byzantinischen Rosettenkästen führte also zu dem Ergebnis, dass diese anschei-

[24] So Paul Speck, Die Rosettenkästchen. Originalarbeiten oder Versuche einer Verwendung von vorhandenem Material?, in: *Byzantinische Zeitschrift* 86/87 (1993/94), S. 79–85.

[25] Vgl. Cutler, Boxes (wie Anm. 22), S. 35, 43, 51; zusammengefasst bei Bühl, Regelmässigkeit (wie Anm. 23), S. 25 f.

Abb. 5: Veroli-Kästchen, Abdeckung, Victoria and Albert Museum, London, Mitte 10. Jh.

nend baugleichen Kästchen nicht mit seriell vorgefertigten Schnitzereien belegt wurden, sondern dass man es hier mit ähnlichen, einstmals wohl massenhaft produzierten Objekten zu tun hat.

Vergleichbar gelagert ist der Produktionsprozess bei der Kölner Beinschnitzerei, der frühesten greifbaren Massenproduktion.[26] Köln war im 12. Jahrhundert ein europäischer Knotenpunkt und eine der größten Städte in Europa; mit dem aufblühenden Handel und Gewerbe erlebte auch das innerstädtische Handwerk eine Umbruchphase: Die ständig steigende Nachfrage und auch das größere Angebot an Arbeitskräften durch den permanenten Zuzug von nah und fern bewirkte eine stärker werdende Spezialisierung innerhalb der Gewerbezweige und führte zusammen mit dem technischen Fortschritt zu neuen Produktionsformen. Dazu zählt auch die massenhafte Produktion von Reliquiaren aus Bein, die in Köln hergestellt und im Zuge eines aufkommenden Bedarfs an kostbaren Gehäusen für die im 12. Jahrhundert sprunghaft ansteigenden Reliquienerhebungen in Köln den heimischen Markt befriedigten, aber offenbar auch exportiert wurden.[27] Bedenkt man, dass infolge der neuen Stadtbefestigung 1106 die

[26] Hierzu und zum Folgenden: Markus Miller, *Kölner Schatzbaukasten: Die Große Kölner Beinschnitzwerkstatt des 12. Jahrhunderts*, Mainz 1997.

[27] Vgl. Miller, Schatzbaukasten (wie Anm. 26), S. 46–49; zum wirtschaftlichen „Wert" von Reliquien, die niemals gehandelt, wohl aber verschenkt werden durften (oder gestohlen wurden), vgl. Markus Mayr, Reliquien – kostbarer als Edelsteine und wertvoller als Gold, in: Elisabeth Vavra u. a. (Hg.), *Vom Umgang mit Schätzen. Internationaler Kongress, Krems an der Donau, 28. Bis 30. Oktober 2004*, Wien 2007, S. 99–114.

Gebeine der legendären Heiligen Ursula und ihrer Gefährtinnen gefunden (und als solche ihnen zugehörig deklariert) wurden, dann unter dem Deutzer Abt Gerlach zwischen 1155 und 1164 kontinuierlich Reliquienerhebungen auf dem *Ager Ursulanus* stattfanden,[28] so wundert es nicht, dass für diese eine groß angelegte Produktion von Reliquiaren notwendig wurde.[29] In ihrer Mehrzahl weisen diese alle einen hölzernen architektonischen Aufbau unterschiedlichster Formgebung – vom einfachen Kästchen über die Basilika (Abb. 6) bis zum Kuppelreliquiar (Abb. 7) – und Größe auf; hierauf applizierten die Schnitzer dann die Figürchen und ornamentalen Plättchen entsprechend dem geplanten ikonographischen Programm. Wesentlicher Bestandteil des Dekors der Beinschnitzwerkstatt war eine zurückhaltende farbliche Gestaltung des Knochenschmucks sowie die Vergoldung der Hintergründe und das Akzentuieren ausgewählter Schnitzereipartien mit Gold.

Aus dem Bestand der erhaltenen Werke zu schließen handelt es sich – der neueren Forschung zufolge – vermutlich um zwei große Schnitzwerkstätten, die auf die Herstellung und den Export von Reliquienbehältnissen aus Beinschnitzereien spezialisiert waren. Die Verwendung von Knochen – Rind oder Pferd, gelegentlich auch Walrosszahn – statt des Elfenbeins ist auf die durch die politische Lage bedingte Schwierigkeit, an Elfenbein heranzukommen, zurückzuführen: Im Osten kontrollierten die Osmanen den Handelsweg und auch die Kreuzzüge führten zunächst nicht gerade zu einer Stabilisierung der Wirtschaftsbeziehungen, im Süden verhinderte die fortschreitende Reconquista eine Einfuhr aus den afrikanischen und arabischen Ländern; erst im 13. Jahrhundert, unter Friedrich II., normalisierten

[28] Die jüngste wissenschaftlich fundierte Zusammenfassung der mittelalterlichen Reliquienerhebung von St. Ursula und deren Verbreitung bei Scott B. Montgomery, *St. Ursula and the Eleven Thousand Virgins of Cologne. Relics, Reliquaries and the Visual Culture of Group Sanctity in Late Medieval Europe*, Bern 2010, bes. S. 19–46.

[29] Montgomery, St. Ursula (wie Anm. 28), S. 24–31 führt zahlreiche Belege für einen „Export" der Reliquien an, auch wenn sich nicht nachweisen lässt, dass mit diesen Reliquien Handel getrieben wurde. Bedenkt man aber, dass der Reliquienhandel erst auf dem Vierten Laterankonzil 1215 verboten wurde – was an sich schon ein Zeichen dafür ist, dass dieser zuvor ausufernd betrieben wurde! – und dass er in Früh- und Hochmittelalter andernorts verschiedentlich nachgewiesen werden kann, so liegt ein Handel bei der Fülle neu erhobener Reliquien durchaus im Bereich des Möglichen. Vgl. hierzu insgesamt: Karl-Heinz Kohl, *Die Macht der Dinge. Geschichte und Theorie sakraler Objekte*, München 2003, S. 58–63.

Abb. 6: Basilikareliquiar, Köln, Württembergisches Landesmuseum, Stuttgart, L. 53,8; B. 27; H. 33,5 cm, Holz, Bein, Kupferguß vergoldet, Braunfirnisplatte, um 1200

Abb. 7: Großes Turmreliquiar, Köln, Darmstadt, Hessisches Landesmuseum Darmstadt, H. 36,5; Dm. 15 bzw. 26 cm, Laubholz, Knochen, Bronze, vergoldet, Kupfer, vergoldet, Braunfirnis, 1175–1200

sich die Wirtschaftsbeziehungen und es standen wieder größere Mengen an Rohmaterial zur Verfügung.[30]

Allerdings geben uns weder Schriftquellen noch archäologische Funde Auskunft über die Existenz einer solchen spezialisierten Beinschnitzwerkstatt im 12. Jahrhundert in Köln – wie es etwa bei dem Handwerk der Drechsler der Fall ist.[31] Auch eine Unterteilung der Handwerke in spezialisierte Handwerksbetriebe[32] ist in Köln nur für das Schmiedehandwerk belegt, in Paris allerdings auch für die Elfenbeinschnitzer im 13. Jahrhundert: Dort geht aus den Statuten der Rosenkranzhersteller hervor, dass diese sich nochmals in die verschiedenen Zünfte der knochen- und hornverarbeitenden Rosenkranzhersteller aufgeteilt haben.[33] Die große Zahl der immer wieder zutage kommenden Beinschnitzereien legt Vergleichbares für Köln nahe. Schließlich ist, wie Anthony Cutler meint, allein die Präsenz so vieler Knochenobjekte ein Argument dafür, dass Elfenbein verarbeitendes Handwerk in größerem Umfang in einer Stadt angesiedelt gewesen sein muss.[34]

---

[30] Zu den Verkehrswegen für die Einfuhr von Elfenbein s. jüngst den sehr informativen Aufsatz von Sarah Guérin, Avorio d'ogni ragione: the supply of elephant ivory to northern Europe in the Gothic era, in: *Journal of Medieval History* 36 (2010), S. 156–174.

[31] Vgl. Miller, Schatzbaukasten (wie Anm. 26), S. 38.

[32] Eine ganz erstaunliche Spezialisierung der Gewerke offenbaren die sprachlichen Bezeichnungen, die in der 2. Hälfte des 12. Jahrhunderts sowie in der ersten Hälfte des 13. Jahrhunderts sprunghaft ansteigen. Allerdings zeigen sich hier für den deutschsprachigen Raum zwar eine große Anzahl an steinverarbeitenden Gewerken und den mit der Architektur oder etwa der Goldschmiedekunst verbundenen Handwerken, die Bezeichnung *sculptor* im holzverarbeitenden Gewerbe kommt allerdings nur höchst selten vor, die Beinschnitzer oder Elfenbeinschnitzer in der von der Autorin betrachteten Quellen (literarische Quellen und Urkunden) gar nicht. Vgl. Teja Erb, *Die Handwerkerbezeichnungen im Mittellatein – Ergebnisse einer Wortschatzanalyse* (Akademie der Wissenschaften der DDR. Zentralinstitut für Sprachwissenschaft, Linguistische Studien. Reihe A, Arbeitsberichte), Berlin 1978; bes. S. 108–143; ders., Mittellateinische Handwerkerbezeichnungen, in: *Philologus* 130,2 (1986), S. 221–313, S. 240–313. Allerdings zeigt bereits die Studie von C. R. Dodwell, The Meaning of ‚Sculptor' in the Romanesque Period, in: Neil Stratford (Hg.), *Romanesque and Gothic. Essays for Geoge Zarnecki*, Bd. 1, Woodbridge 1987, S. 49–61, dass eine systematische Untersuchung monastischer Quellen zum einen häufigere Nennungen einzelner Gewerke – nicht nur des *sculptor* – hervorbringen würde, zum anderen auch weitergehende Erkenntnisse hinsichtlich der verwendeten Materialien bereithielte.

[33] Vgl. Miller, Schatzbaukasten (wie Anm. 26), S. 38 f. mit Bezug auf das grundlegende Werk von Etienne Boileau, *Les métiers et corporations de la ville de Paris*, Paris 1779, S. 66–68.

[34] Vgl. Anthony Cutler, *The Craft of Ivory – Sources, Techniques and Uses in the Mediterranean World A.D. 200–1400*, Washington 1985, S. 20.

Abb. 8: Großes Turmreliquiar, Detail, Köln, Darmstadt, Hessisches Landesmuseum Darmstadt, H. 36,5; Dm. 15 bzw. 26 cm, Laubholz, Knochen, Bronze, vergoldet, Kupfer, vergoldet, Braunfirnis, 1175–1200

Die erhaltenen Reliquiare zeigen große stilistische Übereinstimmungen, was anhand der formelhaften Bewegungen und Gesten der Figuren und ihrer plastisch nicht durchgebildeten Körper nachvollzogen werden kann (Abb. 8).[35] Charakteristisch ist etwa auch das ornamentale Zickzackmuster bei beiden Reliquiaren am Boden (Abb. 6 u. 7). Das Spezifische der Kölner Beinschnitzerei liegt nicht nur in einem Schematismus der Ausführung begründet, sondern zugleich in der stereotypen Verwendung einer besonders geringen Zahl von festgelegten Figuren- und Gewandformen wie auch Ornamentmotiven, die bei jedem Werk in fast identischer Ausführung wiederkehren. Selbst individuelle Kennzeichnungen, wie etwa Schlüssel oder

[35] Theo Jülich, *Die mittelalterlichen Elfenbeinarbeiten des Hessischen Landesmuseums Darmstadt*, Kat. Nr. 29, Regensburg 2007, S. 154–163 mit weiterführender Literatur zum ‚Großen Turmreliquiar'.

Stirnglatze für Petrus und Paulus, fallen durch die Verwendung gleicher Gewandrezepte kaum ins Gewicht. Die Apostelreliefs stellen auf den Deckeln der Kästen eine Art variablen Schmuck dar, für den sich Anzahl und Zusammenstellung der Dargestellten entsprechend der jeweiligen Kastenform frei anpassen ließen.

Das Prinzip der Austauschbarkeit beziehungsweise der formelhaften Verwendung einzelner Motive berührt alle rein ornamentalen Dekorelemente der Knochenkästchen in noch stärkerem Maße als die figürlichen Reliefs. Im Werk der Beinschnitzwerkstatt lässt sich ein feststehender Fundus von Ornamentstreifen registrieren, die als Bausteine verwendet, die untergeordneten und rahmenden Flächen sämtlicher Werke verzieren. Von den Goldschmieden und den Buchmalern ist bekannt, dass sie, soweit es die Arbeit erlaubt, in vielen Fällen Pausen verwenden, die als Mittel der Variation ebenso spiegelbildlich einsetzbar sind.[36] Bei der Ähnlichkeit und Gleichförmigkeit der Figuren dieser Kölner Beinschnitzereien (Abb. 8) liegt die Annahme nahe, dass für die Anlage der jeder Schnitzerei vorausgehenden Vorzeichnung die Umrisse und Binnenzeichnungen bei Figuren eines Typus mittels Pausen auf mechanischem Wege übertragen und vervielfältigt worden sind. Auf diese schnelle und leichte Art und Weise wären so ganze Serien von Figuren, Säulen, Arkadenbögen und Ornamentplättchen für Sockel- und Dachleisten oder sonstige Rahmungen in verschiedenen Größenordnungen zu Sätzen vereint worden, aus welchen dann auf Vorrat die Reliquiengehäuse hätten zusammengestellt werden können.[37] Allerdings sind die Abweichungen bei den erhaltenen Fundstücken zu groß; man muss vielmehr davon ausgehen, dass zwar – wie bei den Rosettenkästchen auch – identische Motivvorlagen eingesetzt, diese jedoch nicht mechanisch übertragen wurden, so dass die große Ähnlichkeit zwischen Vorlage und Abbild auf die zunehmende Geschicklichkeit bei der massenhaften Wiederholung immer gleicher Vorlagen zurückzuführen wäre. Da-

[36] Vgl. Birgit Bänsch, Serienproduktion in der Beinschnitzerei, in: Anton Legner (Hg.), *Ornamenta Ecclesiae – Kunst und Künstler der Romanik*, Köln 1985, S. 414–42, hier S. 414; Miller, Schatzbaukasten (wie Anm. 26), S. 43 f.

[37] Miller, Schatzbaukasten (wie Anm. 26), S. 45, führt an, dass die genau ineinander passenden Gehrungen der Ornamentstreifen eine Produktion auf Vorrat ausschließen lassen; damit ist jedoch nicht gesagt, dass nicht ganze Kästchen auf Vorrat produziert wurden, um der aufkommenden Nachfrage gerecht zu werden.

von unberührt bleibt eine mögliche Arbeitsteilung innerhalb der Werkstatt bei der Vorbehandlung des Rohstoffs oder bei der abschließenden Kolorierung der Schnitzereien. Die eigentliche Schnitzarbeit wird vermutlich in Gänze für die figürlichen Darstellungen wie auch für die Ornamentstücke von einem Bearbeiter ausgeführt worden sein; es handelt sich also um eine massenhafte Produktion,[38] wobei die namenlos gebliebenen Künstler auch hier in der Wahrnehmung der Zeitgenossen wohl eher Handwerker waren.

III.

Worin aber ist dann der Unterschied zwischen einem Handwerker und einem Künstler zu sehen, wenn es ihn im 12. Jahrhundert überhaupt gab?[39] Die kunsthistorische Forschung ist bis zu der Dissertation von Markus Miller von *einer* monastischen Werkstatt als dem Entstehungsort der Beinproduktion ausgegangen.[40] Dieses Bild wurde zum einen geprägt durch die bekannten, an Sankt Pantaleon in Köln entstandenen Email-, Goldschmiede- und Schnitzarbeiten, die zweifelsohne in einer klösterlichen Werkstatt entstanden sind, die sich jedoch stilistisch von der massenhaften Beinproduktion unterscheidet. Zum anderen aber muss der um 1100 verfasste, einflussreiche Traktat des Theophilus Presbyter, *De diversis artibus*, in diesem Zusammenhang genannt werden: In diesem wird im 93. Kapitel konkret die Schnitztechnik beschrieben – von der Vorbehandlung des Materials über die Vorzeichnung bis zum Einritzen und Herausarbeiten der

[38] Ich folge hier Barbara Rommé, die den Unterschied zwischen serieller Fertigung und massenhafter Produktion anhand der Fertigung der Chorgestühle sehr plausibel dargelegt hat: Barbara Rommé, Serielle oder massenhafte Produktion? Rationalisierungstendenzen in der Kunst der Spätgotik und Renaissance, in: Anna Moraht-Fromm/Gerhard Weilandt (Hg.), *Unter der Lupe. Neue Forschungen zu Skulptur und Malerei des Hoch- und Spätmittelalters. Festschrift für Hans Westhoff zum 60. Geburtstag*, Stuttgart 2000, S. 277–290.

[39] Erb, Handwerkerbezeichnungen (wie Anm. 32), S. 223, bezeichnet mit ‚Handwerk' die „berufsmäßige Verarbeitung und Veredelung von Rohstoffen und Halbfabrikaten", also „eine relativ einheitliche technologische Stufe der mittelalterlichen materiellen Produktion". Bei Louis Hautecœur, L'artiste et son œuvre. Essai sur la création artistique, Bd. II: L'Œuvre de l'artiste, in: *Gazette des Beaux-Arts* LXXXI (1973), S. 259–426, S. 260 f., bezeichnet der „artiste" im Unterschied zum „artisan" jemanden, der über die Beherrschung des Materials, die Formgebung und die technische Perfektion hinausgehend klar sein Ziel zu benennen weiß, die er im Weiteren als „culture de l'esprit" bezeichnet.

[40] Miller, Schatzbaukasten (wie Anm. 26), S. 31, 207–213 u. zur genaueren Datierung der Werkstätten die Forschungsergebnisse Millers S. 49–59.

Formen, wodurch das Bild des Elfenbeinschnitzers noch bis in die jüngste Zeit mit einem universal in allen künstlerischen Techniken bewanderten Mönchs gleichgesetzt wurde, der zugleich das Bild des Kunsthandwerkers schlechthin prägte und damit den Blick auf mögliche hochspezialisierte selbständige Werkstätten der Kunstproduktion völlig verstellte.[41] Ein Deutungsschema der Moderne hat also in diesem – wie in vielen anderen Fällen – dauerhaft zu einem romantisierten Künstlerbild geführt.[42] Zugleich aber ist damit die Annahme verbunden, dass es im 12. Jahrhundert keine laikalen Werkstätten gegeben haben kann.

Tatsächlich gibt es aber zahlreiche Indizien für die Existenz eines säkularen, von einer klösterlichen Leitung unabhängigen Werkstattbetriebs: Zum einen geht die Vielzahl der Objekte eines Typs über den Bedarf einer Abtei an Reliquiaren hinaus, und wir haben bis heute noch keinen Hinweis darauf, dass klösterliche Betriebe massenhaft für den Markt produziert hätten.[43] Zum anderen haben sich aus dieser Werkstatt auch Kästchen mit profanen Darstellungen erhalten, die sicherlich für Auftraggeber auf dem freien Markt entstanden sind.[44] Und zum dritten schließlich zeugen die vielen orthographisch falschen Inschriften auf den Schnitzereien – etwa auf Schriftbändern, Schrifttafeln oder Architekturelementen – von einer ungenügenden Literalität – und sprechen somit für eine Ausführung durch Laien in einem nicht klösterlichen Umfeld.[45]

---

41 Vgl. Theophilus Presbyter, *De diversis artibus*, London 1961; dieser Edition folgend die lat.-dt. Ausgabe von Eduard Brepohl, *Theophilus presbyter. De diversis artibus. Theophilus Presbyter und das mittelalterliche Kunsthandwerk*, Köln 1999, 2 Bde., zur Elfenbeinschnitzkunst Bd. 2, S. 271–274; die Bedeutung des Theophilus-Traktats ist gegenwärtig Gegenstand der Forschung; vgl. hierzu Thierry Greub, Die Schedula ‚diversarum artium' – ein Handbuch mittelalterlicher Kunst?, in: *Kunstchronik* 64 (2011), S. 11–15 u. Mark Clarke/Ad Stijnman, Around Theophilus. An expert meeting towards new standards in Theophilus scholarship, in: Sigrid Eyb-Green/Joyce Townsend (Hg.), *The artist's process. Technology and interpretation*, London 2012, S. 215–217.

42 Programmatisch ist hier die Schrift von Anton Springer, Die Künstlermönche im Mittelalter. Nach der lateinischen Abhandlung des Verfassers *De artificibus laicis et monachis medii aevi* bearbeitet, in: *Mittheilungen der kaiserlichen königlichen Central-Commission* 7 (1862), S. 1–10 u. 36–48.

43 Vgl. Walter Horn, The Medieval Monastery as a Setting for the Production of Manuscripts, in: *The Journal of the Walters Art Gallery* 44 (1986), S. 16–47.

44 So z. B. ein Minnekästchen, heute in London, British Museum, Inv.-Nr. 1947,7–6,1; vgl. Miller, Schatzbaukasten (wie Anm. 26), Kat.-Nr. 16, S. 130–137.

45 Selbst Heiligennamen wurden in unnachahmlicher Weise falsch geschrieben, vgl. ebd., S. 36 f.

Das Problem der laikalen Künstler führt uns wiederum zur Buchmalerei zurück, an deren Beispiel sich die Frage nach dem sozialen Stand der Miniaturisten und nach der Motivtradition – und damit nach der Form der Ausbildung und dem zur Verfügung stehenden Repertoire – erörtern lässt.

Im Früh- und Hochmittelalter gab es vergleichsweise wenige große, exportorientiert arbeitende Skriptorien, die ein eigenes Formenrepertoire tradierten und somit ein unverkennbares Profil entwickelten – sowohl im Schriftbild wie in der Buchmalerei. Aufwendige Prachtcodices waren entweder an Hofschulen oder den Höfen angegliederten Klöstern entstanden und nicht selten als diplomatisches Geschenk oder als Stiftung an eine Kirche gedacht. Daneben aber werden Laienminiaturisten in den Quellen ab dem 11. Jahrhundert immer häufiger greifbar; sie zeichnen sich durch eine große Mobilität und Flexibilität aus und arbeiteten oftmals gegen Kost und Logis in einem Kloster.[46] Einige der Laienbuchmaler können zugleich als Schreiber nachgewiesen werden. Johann Konrad Eberlein hat für das frühe und hohe Mittelalter die Geschichten zusammengetragen, aus denen hervorgeht, das der *artifex*, der Künstler, in den Ruch der Sündhaftigkeit geriet – unter anderem deshalb, weil er nicht ortsfest war, oftmals an die verschiedensten Produktionsstätten berufen wurde und damit partiell ein Leben führte, das sich der ständigen Kontrolle entzog.[47] Dies konnte natürlich nur in einem Umfeld Geltung haben, in dem die künstlerische Produktion hauptsächlich in Klöstern stattfand – in dem Moment, da die städtische Produktion ins Spiel kommt und die laikale Auftraggeberschaft sprunghaft ansteigt, müssen sowohl die Parameter für die Bewertung des

[46] Vgl. Alexander, Illuminators (wie Anm. 13), S. 12; zur Zunahme der Laienminiaturisten auch S. 95.

[47] Vgl. Johann Konrad Eberlein, Miniatur und Arbeit, Frankfurt a. M. 1995, S. 197–213; vgl. aber auch die Beispiele bei Albert Dietl, Epigraphik und räumliche Mobilität. Das Beispiel italienischer Künstler des Hochmittelalters und ihrer Signaturen, in: Georg Vogeler (Hg.), *Geschichte „in die Hand genommen"*, München 2005, S. 153–180, die belegen, dass die Künstlerwanderungen bei Malern, Goldschmieden, Architekten, Bildhauern und Bronzegießern im 12. Jh. normal waren und oftmals auch durch die Kontakte der Auftraggeber bedingt waren. Hierzu ist zudem anzumerken, dass sich das Thema „Sündhaftigkeit" natürlich auf alle Teile der Gesellschaft erstreckt, im künstlerischen Bereich vielleicht noch am ehesten nachzuweisen bei den ausradierten Stellen der Buchmalereien; vgl. Michael Camille, Obscenity under Erasure. Censorship in Medieval Illuminated Manuscripts, in: Jan M. Ziolkowski (Hg.), *Obscenity. Social Control & Artistic Creation in the European Middle Ages*, Leiden 1998, S. 141–154.

Abb. 9: Der Miniaturist bezeichnet sich mit dem Siegel auf der Stirn, Anfang des Apokalypsentextes in der Hamburger Bibel. Kopenhagen, Kongelige Bibliothek, GKS 4 2°, Bd. III, fol. 208r, 1255

Künstlers als auch diejenigen für die Produktion neu betrachtet werden. Wandernde Künstler werden jedenfalls unter anderem für die Tradierung von Motiven in andere Kulturregionen verantwortlich zu machen sein. Mit der zunehmenden Beschäftigung von Laien wird auch die Kollaboration von Laienminiaturisten, Mönchen und Klerikern in den Miniaturen greifbar, so etwa um 1255 in einer Bibel für die Hamburger Kathedrale (Abb. 9),[48] – und damit ein neuer Berufsstand, der hier freilich am besten neutral als „Buchmaler", *illuminator*, wiedergegeben wird.[49]

Wie aber treten Künstler bis dahin in Erscheinung? Johann Konrad Eberlein formulierte einmal, „das zentrale Hindernis für einen mittelalterlichen

[48] Die Handschrift befindet sich heute in Kopenhagen, Kongelige Bibl., Ms. 4.2 vol. 3, fol. 208.

[49] Zur Bezeichnung *illuminator* vgl. Alexander, Illuminators (wie Anm. 13), S. 10.

Autor oder Maler, der sein Werk mit seinem Namen verknüpft sehen wollte", sei die christliche Forderung nach *humilitas* gewesen.[50] Das mag als Forderung z. B. auf Miniaturisten im monastischen Milieu zwar grundsätzlich zutreffen, weil etwa im benediktinischen Mönchtum die Demut eine zentrale Tugend war. Doch ist hierzu anzumerken, dass der Bescheidenheitstopos, der ausdrücklich das irdische Lob ablehnt, zwar weit verbreitet ist, jedoch beständig konterkariert wird etwa durch die vielen Nennungen von Schreibern am Ende eines Kollophons und die zahlreichen Zeugnisse von Künstlern, die ihren Namen dann doch nennen, und dies mit augenscheinlich steigender Zahl im 12. Jahrhundert.[51] Damit verbunden treten auch Künstlerselbstbildnisse auf, wie z. B. dasjenige des Künstlers Hildebertus mit seinem Gehilfen Everwinus, der diese um 1130/40 gleich in zweien, von ihm illuminierten Codices unterbrachte. So reicht Everwinus am unteren Bildrand einer Deckfarbenminiatur seinem Ausbilder Hildebertus die Farbtiegel, in denen er die Farbe für den Buchmaler vorbereitet hat (Abb. 10), während er selbst in der Federzeichnung in einem Augustinus-Codex Ranken malt, wohingegen sein Lehrer einen Zornausbruch über eine Maus erleidet, die ihn ständig beim Malen stört (Abb. 11).[52] An dieser Stelle soll nicht die Diskussion um die Frage, inwiefern diese Künstlerselbstbildnisse Ausdruck eines gesteigerten Bewusstseins künstlerischer Individualität seien, aufgenommen werden;[53] vielmehr soll gefragt werden,

[50] Eberlein, Miniatur (wie Anm. 47), S. 166; vgl. auch S. 232–239; die Benediktsregel formuliert das Demutsgebot aber ganz ausdrücklich als ein Gehorsamsgebot gegenüber dem Abt und ein Gleichstellungsgebot gegenüber den Mitbrüdern, wie Eberlein selbst ausführt.

[51] Zu der in den benediktinischen Regeln geforderten Demut, explizit mit Bezug auf die Bildhauer, vgl. Andrea von Hülsen-Esch, *Romanische Skulptur in Oberitalien als Reflex der kommunalen Entwicklung im 12. Jahrhundert*, Berlin 1994, S. 112 f.

[52] Stockholm, Kungliga Bibl. A 144 (Titelblatt) und Prag, Kapitelsbibl., Cod. A XXI/I, fol. 153v. Vgl. Peter Cornelius Claussen, Künstlerinschriften, in: *Ornamenta Ecclesiae*, Bd. 1, Köln 1985, S. 263–276, S. 264 f.; Alexander, Illuminators (wie Anm. 13), S. 14 f.; zuletzt bei Legner, Artifex (wie Anm. 36), S. 189.

[53] Ich stimme hier Bredekamp zu, dass man den Menschen des Mittelalters mit Blick auf die Kunst keineswegs die Individualität absprechen sollte; Horst Bredekamp, Das Mittelalter als Epoche der Individualität, in: *Berlin-Brandenburgische Akademie der Wissenschaften, Berichte und Abhandlungen* 8 (2000), S. 191–240, hier S. 234; vgl. zur Diskussion Caroline Walker Bynum, Did the Twelfth Century Discover the individual?, in: *Journal of Ecclesiastical History* 31 (1980), S. 1–17 und die Diskussion seit den 1970er Jahren aufarbeitend den Band: Jan Adrianus Aertsen/Andreas Speer (Hg.), *Individuum und Individualität im Mittelalter (Miscellanea Mediaevalia 24)*, Berlin/New York 1996.

Abb. 10: Titelbild im Olmützer Horologium, Cod. A 144, Stockholm, Kungliga Biblioteket, um 1140

Abb. 11: Hildebert verscheucht die Maus von seiner Mensa, Federzeichnung am Schluss der Augustinushandschrift De civitate Dei, Cod. A 21, Prag, Kapitelbibliothek, um 1140

inwiefern sich neue Produktionsformen beobachten lassen, die einzelne Künstler aus einer Werkstatt hervortreten lassen, und welchen Anteil der Aspekt der Kreativität bei diesem Prozess spielt.

Schon vor den Selbstbildnissen des Everwinus zeugen Namensnennungen von einem Künstlerselbstbewusstsein,[54] bisweilen gefasst in einen Demutstopos und mit dem Zusatz *humilis, famulus, servulus, indignus* versehen;[55] später – vor allem im 12. Jahrhundert – treten vermehrt antike Künstlerlobtopoi hinzu, die einerseits das Lob relativieren, andererseits jedoch gerade von dem Anspruch zeugen, als gebildeter, gelehrter Künstler wahrgenommen zu werden.[56] Weitaus mehr verbreitet ist jedoch das Künstlerlob durch Dritte, die dann die Unübertrefflichkeit des Werks und die Geschicklichkeit des Meisters – oftmals im Vergleich mit namenlosen anderen – hervorheben.[57] Die Selbstbezeichnung als *magister* oder als *doctus* könnte einerseits die Position als ‚Meister', d. h. als Werkstattleiter, bezeichnen, andererseits aber wird man hier auch einen Anspruch sehen müssen, den sozialen Status zu verändern, also den Schritt vom Handwerker zum Künstler zu dokumentieren, der sich als *doctus* bezeichnen darf, weil er des Lateinischen mächtig ist.[58] Zeitgleich mit diesem Phänomen geht einher, dass die bildende Kunst, die bis ins 12. Jahrhundert ohne jeg-

[54] Namensnennungen mit der beigefügten Bezeichnung *pictor* treten seit dem 2. Viertel des 11. Jhs. auf; Eberlein, Miniatur (wie Anm. 47), S. 191 f.

[55] Beispiele hierfür ebd., S. 169 f.

[56] Zu dem gesamten Themenkomplex des Künstlerlobs und der -topoi vgl. die Arbeiten von Peter Cornelius Claussen und Albert Dietl, vor allem: Claussen, Künstlerinschriften (wie Anm. 61), S. 263–276; ders., Nachrichten von den Antipoden oder der mittelalterliche Künstler über sich selbst, in: Matthias Winner (Hg.), *Der Künstler über sich in seinem Werk. Internationales Symposium der Bibliotheca Hertziana Rom 1989*, Weinheim 1992, S. 19–54; Albert Dietl, *In arte peritus*. Zur Topik mittelalterlicher Künstlerinschriften in Italien bis zur Zeit Giovanni Pisanos, in: *Römische Historische Mitteilungen* 29 (1987), S. 75–1215; ders., Künstlerinschriften als Quelle für Status und Selbstverständnis von Bildhauern, in: Herbert Beck/Kerstin Hengevoss-Dürkop (Hg.), *Studien zur Geschichte der europäischen Skulptur im 12./13. Jahrhundert*, Frankfurt a. M. 1994, Bd. 1, S. 175–191; ders., *Die Sprache der Signatur. Die mittelalterlichen Künstlerinschriften Italiens*, 4 Bde., München 2009.

[57] Vgl. Claussen, Künstlerinschriften (wie Anm. 56), S. 285; zum Topos der Künstlerbewertung in Inschriften: Antje Middeldorf-Kosegarten, The Origin of Artistic Competition in Italy, in: *Lorenzo Ghiberti nel suo tempo. Atti del convegno internazionale di studi. Istituto nazionale sul rinsascimento (Firenze, ott. 1978)*, Florenz 1980, Bd. 1, S. 167–186, hier S. 170–176.

[58] Vgl. Dietl, In arte peritus (wie Anm. 56), S. 114–117; vgl. für die Mailänder Porta Romana auch Hülsen-Esch, Romanische Skulptur (wie Anm. 51), S. 114 f.

lichen Zweifel zu den *artes mechanicae* gehörte, nun vereinzelt als eine *scientia illiteralis* bezeichnet wird und durch diesen Vergleich mit einer *scientia litteralis* in den Rang einer Wissenschaft erhoben wird.[59] Künstlerselbstdarstellung und die Wahrnehmung der Kunst durch das lesekundige Publikum korrelieren hier in einem Maße, in dem meines Erachtens der Grundstein zu einem ‚modernen' Künstlerselbstverständnis zu sehen ist.[60] Selbstverständlich müsste hierzu eine größer angelegte Untersuchung auch die Begrifflichkeit des *artifex* historisieren und die Rolle des Künstlers in der Gesellschaft im Verlaufe des 12. Jahrhunderts grundlegend analysieren.[61] Interessanterweise nimmt die Anzahl der Künstlerselbstportraits in der Buchmalerei ab dem 13. Jahrhundert signifikant ab im Vergleich zum Jahrhundert davor – ein Umstand, der entweder dahingehend interpretiert werden kann, dass sich der Status des Buchmalers geändert hat, oder aber, dass er der zunehmenden Arbeitsteilung und dem Einsatz arbeitssparender Produktionsmittel geschuldet ist.[62]

---

[59] Hülsen-Esch, Romanische Skulptur (wie Anm. 51), S. 114 f. mit dem Beispiel des Rupert von Deutz: „[Scientia] illiteralis ver quae litteris non addiscitur, ut est sculptoria ars et talium quidlibet quod recte quidem scientia dicitur sed non legendo percipitur"; Ruperi Tuitiensis, *De sancta Trinitate et operibus eius (libros XXXIV–XLII)*, lib. XL,3, ed. Rhabanus Haacke (CCCM 24), Turnhout 1972, S. 2040. *Illiteratus* bildet hier den Gegenbegriff zum Schriftgelehrten, bedeutet aber keinesfalls einen Mangel an Wissen; vgl. Herbert Grundmann, Litteratus-illiteratus. Der Wandel einer Bildungsnorm vom Altertum zum Mittelalter, in: *Archiv für Kulturgeschichte* 40 (1958), S. 1–65.

[60] Dass auch die Handwerker-Künstler des 12. Jahrhunderts ihre Kunst durchaus im Vergleich zu anderen als „modern" eingestuft haben, bezeugt eine Inschrift an der Westfassade des Doms zu Spoleto aus dem Jahr 1207, die den Künstler Solsternus als den „höchsten Modernen in dieser Kunst" bezeichnet: „DOCTOR SOLSTERNUS HAC SUMMUS IN ARTE MODERNUS"; Albert Dietl, *Die Sprache der Signatur. Die mittelalterlichen Künstlerinschriften Italiens*, Teil 3, Kat.-Nr. A 704, Berlin 2009, S. 1620–1622.

[61] Für das Quattro- und Cinquecento liefert Conti, Entwicklung (wie Anm. 51), viele Beispiele und Anhaltspunkte. Grundsätzlich in den Blick zu nehmen ist hier auch der Zusammenhang zwischen der politischen Entwicklung der Städte im 12. Jahrhundert und der inschriftlich hervortretenden Präsenz von Künstlern; vgl. für Italien den Aufsatz von Albert Dietl, Der öffentliche Raum als Bühne inschriftlicher Selbstinszenierung von Künstlern in italienischen Kommunen des Mittelalters, in: Jörg Oberste (Hg.), *Repräsentationen der mittelalterlichen Stadt*, Regensburg 2008, S. 145–164.

[62] Vgl. für den Bereich der Malerei und Buchmalerei Robert W. Scheller, *Exemplum. Modelbooks drawings and the practice of artistic transmission in the middle ages (ca. 900 – ca. 1470)*, Amsterdam 1995, S. 70–75.

Verantwortlich zu machen sind für diese Entwicklung verschiedene Faktoren: Im 12. Jahrhundert, mit der Entstehung der hohen Schulen, des Notariats und der Universitäten, werden neue Text- und Buchtypen entwickelt, die auch andere als die bisherigen Text-Bild-Relationen mit sich bringen (wie eine sprunghaft ansteigende Zahl von Federzeichnungen und Diagrammen belegen) – und ganz nebenbei eine Ausweitung und Neuorganisation der Buchproduktion insgesamt.[63] Der gesteigerten Auftragslage – auch im Zuge der Entstehung der romanischen Kirchen und der damit auszustattenden Altäre! – musste die Organisation der Werkstätten angepasst werden, die nun mehr Werke in kürzerer Zeit fertig stellen mussten und auch personell expandierten. Bereits in der Mitte des 13. Jahrhunderts zählen die Buchmaler in Paris, die für die Universität tätig sind, zu denjenigen, denen aufgrund florierender Geschäfte eine Extra-Steuer auferlegt wird; auch sind sie als Besitzer mindestens eines Hauses aufgeführt.[64] Die Produktion der geschmückten Bücher verlagerte sich also in die Städte. Seit der Zeit um 1200 sind in Paris die großen Ateliers zu belegen, bei denen u. a. der Hof arbeiten ließ. Während bis ins 12. Jahrhundert hinein die Buchmaler zumeist als *pictor*, selten als *illuminator* bezeichnet werden, setzt sich im 13. Jahrhundert *illuminator* mehr und mehr als Berufsbezeichnung durch.[65] Die städtischen Ateliers hatten zwar ähnliche Produktionsformen wie die Klöster, allerdings war der Produktionsprozess in der Regel noch weiter zergliedert, wodurch einheitliche Vorgaben unerlässlich wurden.[66] Eine vergleichbare Spezialisierung eines Produktionsprozesses lässt sich beim Kathedralbau beobachten, wo die Arbeiten der Steinmetze und Steinbildhauer, ja hier selbst diejenigen für den ornamentalen Bauschmuck und die Bauskulptur, in verschiedenen Händen lagen.[67] Die Umsetzung

[63] Vgl. Alexander, Illuminators (wie Anm. 13), S. 22–26.

[64] Vgl. Alexander, Illuminators (wie Anm. 13), S. 22 f.; Richard H. Rouse u. Mary A. Rouse, The Commercial Production of Manuscript Books in Late-Thirteenth-Century and Early-Fourteenth-Century Paris, in: Linda L. Brownrigg (Hg.), *Medieval Book Production. Assessing the Evidence*, Los Altos Hill 1990, S. 103–115, hier S. 104.

[65] Vgl. Alexander, Illuminators (wie Anm. 13), S. 10 u. 12–22.

[66] Eberlein führt die Beschleunigung des Herstellungsprozesses auf eine Nachahmung der Kopiervorgänge durch verschiedene Hände im Schriftwesen zurück; Eberlein, Miniatur (wie Anm. 47), S. 130 f.

[67] Grundlegend hierzu: Jürgen Wiener, *Lorenzo Maitani und der Dom von Orvieto. Eine Beschreibung*, Petersberg 2009.

Abb. 12: Einsiedeln Scriptorium (?) (Einsiedeln, Benediktinerabtei, Stiftsbibliothek, Ms. 112, p. 2–3), ca. 1100–1150

dieser Vorgaben konnte nur auf der Grundlage von Skizzen oder, wenn es sich um ein gängiges Repertoire handelte, auf Musterbüchern basierend geschehen (Abb. 12).[68] Das fertige Werk war dann nicht mehr die Leistung eines Individuums, sondern eine gemeinschaftlich vollbrachte Aufgabe. Welche Bedeutung haben nun Zeichnung und Musterbuch für die Ausbildung und für die Einschätzung eines Miniaturisten als Künstler?[69]

[68] Eberlein, Miniatur (wie Anm. 47), S. 130 f.: „Die Arbeitsteilung, vor allem in ihrer extremen Form, war nur möglich, wenn die Beteiligten das zu schaffende Bild nicht in seiner Ganzheit als eine Aufgabe betrachteten, die an die Leistung eines Individuums geknüpft war, sondern wenn es für sie eine Vorgabe darstellte, an die sich alle zu halten hatten. Die Macht der Vorlage wird an dieser Stelle als sinnvoll begreifbar. [...] Die Typisierung des Motivschatzes bildete die Basis der Arbeitsteilung."

[69] Zu den Musterbüchern s. Alexander, Illuminators (wie Anm. 13), S. 72–149, auf einer Übersicht über die Musterbücher basierend die Studie und der Katalog von Scheller, Exemplum (wie Anm. 62); eine Zusammenfassung gibt Friedrich Simader, Vorlagen – Vorstudien – Musterbücher, in: *Geschichte der Buchkultur*, Bd. 4,1, Graz 2007, S. 335–354. Nicht berühren möchte ich hier die Frage, inwieweit der Formenschatz via Musterbücher in andere Regionen transferiert wurde; zu Recht merkt hier Dietl, Epigraphik (wie Anm. 47), S. 155–157

Am Anfang einer illuminierten Handschrift steht der Auftrag, der an den Schreiber wie an den Buchmaler ergeht, Entscheidungen müssen getroffen werden hinsichtlich des Inhalts, des Formats, der Technik und des Materials, Entscheidungen, die oftmals vom Auftraggeber gesetzte Parameter waren. Die Umsetzung einer ersten thematischen Aufgabe jedoch wird von einem Miniaturisten ausgeführt, mittels einer Zeichnung, und in dieser Bildfindung dokumentieren sich künstlerische Kreativität wie Expressivität, in der Buchmalerei wie in jeder anderen Gattung auch. Zuweilen findet man in unvollendeten Handschriften Zeugnisse dieser ersten Bildprozesse; eine Rolle spielen hier aber auch die Musterbücher (Abb. 12), die sich für das frühe und das Hochmittelalter allerdings nur in äußerst geringer Anzahl erhalten haben. Sie vermitteln eine Idee davon, welchen Formenschatz ein Künstler vor Augen gehabt haben mag, woran er geschult wurde, in welchem qualitativen Verhältnis das ausgeführte Werk zu dem überlieferten Musterbüchern der gleichen Zeit steht. Allerdings vermitteln die Musterbücher keinerlei Idee von dem eigentlichen Produktionsprozess: Vergleichbar den mittelalterlichen Rezeptbüchern und Traktaten zur Herstellung von Farben wurden sie über die Jahrhunderte ergänzt, abgezeichnet, unter Auslassungen oder als einzelne Blätter weiter tradiert, so dass wir mit den mittelalterlichen Musterbüchern nicht wirklich ein erstes Stadium des künstlerischen Bildfindungsprozesses vor uns haben. Interessanterweise stehen Kopien im Sinne von Faksimiles im Mittelalter stets im Zusammenhang mit antiken Stoffen und treten in den verschiedenen sogenannten Renaissancen auf; Kopien im Sinne von Motivtraditionen sind in der Regel stets mit Anverwandlungen und künstlerischen Umformungen verbunden.[70]

Außerdem scheint die Frage des künstlerischen Prozesses von den Zeitgenossen als ein einheitliches Phänomen wahrgenommen worden zu sein: *figurare, pingere, sculpere, protrahere, designare, lanire, celare, quasi idem significant.*[71] Jean Le Bègue, der uns diese Liste anscheinend als synonym

das weiterhin bestehende Forschungsdesiderat kritisch an.

[70] Vgl. Scheller, Exemplum (wie Anm. 62), S. 78–85 und Jonathan J. G. Alexander, Facsimiles, Copies, and Variations: The Relationship to the Model in Medieval and Renaissance European Illuminated Manuscripts, in: *Retaining the Original. Multiple Originals, Copies, and Reproductions. Center for Advanced Study in the Visual arts, Symposium Papers VII*, Washington 1989, S. 61–72 und Alexander, Illuminators (wie Anm. 13), S. 72–83.

[71] Scheller, Exemplum (wie Anm. 62), S. 9.

wahrgenommener Verben – ein wenig resigniert, wie man meinen könnte – im Jahre 1431 überliefert, macht damit zugleich eine Aussage über die Bewertung des Arbeitsprozesses: Jedem Zeitgenossen wird auch damals klar gewesen sein, dass skulptieren nicht dasselbe bedeutet wie zeichnen, da gänzlich unterschiedliche Materialien und Werkzeuge benutzt und verarbeitet werden. Die aneinander reihende Gleichsetzung der Begriffe kann hier also nur meinen, dass der künstlerische Entwurf bei allen Gattungen als das Eigentliche bewertet wurde. Wann dieser Prozess einsetzt, lässt sich nicht genau fassen: Die *invenzione* wird in Rhetorik und Poesie bereits bei Boccaccio in einer Form differenziert, die sich ohne Weiteres auf die Bildende Kunst übertragen lässt: Im Rahmen der Rhetorik meint *invenzione* die Erfindung des Inhalts und die formale Komposition, im Rahmen der Poesie verweist die *invenzione* auf die göttliche Inspiration, den Akt des Schöpferischen.[72] Doch müssten noch weitere begrifflich differenzierende Untersuchungen hinzugenommen werden, denn auch die *imaginatio* wird bereits im 12. Jahrhundert als ein Begriff definiert, der die intellektuelle Vorstellungskraft und Schöpfungskraft von etwas Formbarem bezeichnet.[73] Im Unterschied zur *phantasia* wird der *imaginatio* eine gedanklich Bilder formende Kraft zugesprochen, und es stellt sich die Frage, ob sich hier nicht etwas manifestiert, das sich in der Kunst – später allerdings greifbar – in den Entwurfszeichnungen des Künstlers äußert. Damit könnte man möglicherweise den Beginn dessen fassen, was in Italien bereits im 14. Jahrhundert nachweislich mit den Begriffen des *modello* oder des *esempio* bezeichnet wird, eben jenen Entwurf, der einer späteren Ausführung zugrunde liegt – auch wenn die Ausführung nicht oder nur teilweise von

[72] Vgl. Martin Kemp, From ‚Mimesis' to ‚Fantasia': The Quattrocento Vocabulary of Creation, Inspiration and Genius in the Visual Arts, in: *Viator* 8 (1977), S. 347–398, hier S. 356 f.; Boccaccio hebt in seiner fünften Novelle des Decamerone lobend hervor, dass es Giottos Verdienst gewesen sei, „jene Kunst wieder ans Licht gebracht zu haben, welche viele Jahrhunderte unter dem Irrtum einiger, deren Malerei lieber die Augen der Unwissenden unterhalten als den Geist der Wissenden zufriedenstellen wollte, begraben worden war". Conti, Entwicklung (wie Anm. 61), S. 138. Mit dieser latenten Kritik an der handwerklichen Kunst betont er zugleich positiv die Idee des Schöpferischen auch in der bildenden Kunst.

[73] Vgl. Jacqueline Hamesse, ‚Imaginatio' et ‚phantasia' chez les auteurs philosophiques du 12e et du 13e siècle, in: Marta Fattore/Massimo Bianchi (Hg.), *Phantasia – Imaginatio. V. Colloquio Internazionale, Roma 9–11 gennaio 1986*, Rom 1988, S. 153–184, bes. S. 156 f. u. S. 165–173.

dem entwerfenden Künstler selbst geleistet wurde. Dass mit diesem *modello* die künstlerische Idee verbunden war, zeigt der Rat, den Filippo Brunelleschi seinem Sieneser Kollegen, dem Ingenieur Mariano di Jacopo Taccola, in den 1420er Jahren gibt, nämlich seine *invenzioni* nicht mit allzu vielen Menschen zu teilen,[74] ebenso wie die Tatsache, dass der berühmte Pariser Maler und Miniaturist Jacquemart de Hesdin 1389 offensichtlich aus der Truhe eines Kollegen eine Reihe von Musterzeichnungen (*Patrons*) gestohlen hat.[75] Die Zeichnung des Werkstattleiters, des ‚Meisters', um einen in vieler Hinsicht befrachteten Begriff hier mit Blick sowohl auf die sozialständische Position wie auf die unantastbare Eignung an der Spitze einer Produktionsstätte zu benutzen, diente sowohl als Grundlage eines Werks wie möglicherweise auch als versatzstückhaft benutzte Vorlage für mehrere Aufträge – und wurde damit Bestandteil eines Musterbuchs (Abb. 13).[76] Da die Zeichnung als genuin künstlerischer Ausdruck erst mit der ersten Hälfte des 15. Jahrhunderts eine eigene Wertschätzung erfuhr, haben sich nur wenige Zeichnungen aus früherer Zeit überhaupt erhalten – die späteren Musterbücher (ab 1380 bis 1460 etwa von Giovannino dei Grassi, Pisanello, Jacopo Bellini oder Benozzo Gozzoli) stammen dafür fast ausnahmslos von einer Hand und legen Zeugnis von dem künstlerischen Repertoire ab.[77] Es spricht jedoch alles dafür, dass mit jenen Musterzeichnungen auch

---

[74] Vgl. Kenneth R. Bartlett, *The Civilization of the Italian Renaissance. A Sourcebook*, Ontario 2011, S. 159; Taccola, der später in Diensten Kaiser Sigismunds war, hält die Ansprache Brunelleschis an ihn in seinem Buch *De machinis* (1449) fest. Zur Datierung des Ausspruchs zwischen 1427 und 1430 vgl. Kemp, ‚Mimesis' (wie Anm. 72), S. 351.

[75] Vgl. Scheller, Exemplum (wie Anm. 62), S. 78 f. Zur Herkunft des Jacquemart de Hesdin (oder Hodin) aus dem Flandrischen und neueren Vermutungen bezüglich seines Lebenslaufs vgl. Herman Th. Colenbrander, Scripta manent. Jacquemart de Hodin, painter from Mons?, in: *Manuscripts in Transition: Recycling manuscripts, texts and images. Proceedings of the International Congress held in Brussels (5–9 November 2002)*, Paris 2005, S. 225–233.

[76] Die Zeichenkunst des Jacquemart de Hesdin (Hodin) zeigt sich eindrucksvoll auf den Buchsbaum-Täfelchen (um 1375/1400), die in der New Yorker Pierpont-Library, Inv.-Nr. M. 346 u. 346A aufbewahrt werden; vgl. Scheller, Exemplum (wie Anm. 62), S. 219–225 u. Taf. VII.

[77] Vgl. Hans-Joachim Eberhardt, *Corpus der italienischen Zeichnungen, 1300–1450. Teil III: Verona: Pisanello und seine Werkstatt*, hg. v. Bernhard Degenhart und Annegret Schmitt, München 2004; ders., *Corpus der italienischen Zeichnungen, 1300–1450. Teil II,1 u. 5: Jacopo Bellini*, hg. v. Bernhard Degenhart und Annegret Schmitt, München 1984 u. 1990; Lorenza Melli, Sui ‚libri di disegni' dei Benozzo Gozzoli. L'Assedio di Perugia degli Uffizi i gli ‚Studi di teste' dell'Accademia di Venezia, in: *Mitteilungen des Kunsthistorischen Instituts in Florenz* 44 (2000), S. 169–192; zu Giovannino dei Grassi (ca. 1380–1400) und Benozzo Gozzoli (ca.

Abb. 13: ‚Jacquemart de Hesdin', M 346, ff. 3v–4r, New York, The Pierpont Morgan Library, um 1375–1400

schon zuvor das eigentlich Künstlerische verbunden wurde, der Miniator also anhand seiner Zeichnungen und des ihm eigenen Motivschatzes als Künstler bewertet wurde.

Künstler oder Handwerker – die Frage stellt sich so nicht zu allen Zeiten während des Mittelalters. In der Umbruchphase des 12. Jahrhunderts gibt es Künstler, die sich als Künstler und nicht als Handwerker äußern, zugleich zeigen die frühen Stätten der Massenproduktion, dass es durchaus künstlerisch tätige Handwerksbetriebe gab – und die Qualität der Objekte verhindert, dass wir hier von kunsthandwerklichen Manufakturen sprechen. Der Schritt zum Künstler, der sich von der handwerklichen Arbeit unterscheidet, wird in dem Moment sichtbar, da der Künstler die Idee, manifestiert in der Zeichnung (Skizze, Vorzeichnung), liefert, die Ausführung hingegen zum großen Teil seinen Mitarbeitern überlässt. Dies hat zweierlei Konsequenzen: Der Künstlername wird dadurch zur Marke, und die Werkstattmitarbeiter müssen in einer Weise geschult sein, dass sie den Ansprüchen des Auftraggebers an das Werk des ‚meisterlichen Künstlers' genügen. Dass dies z. B. bei der Expressivität der Gesichter besonders heikel

1450–65) vgl. auch Scheller, Exemplum (wie Anm. 62), Kat.-Nr. 26, S. 276–291 u. Kat. Nr. 36, S. 371–380.

Abb. 14: Selbstportrait Simon Bening, London, Victoria and Albert Museum, 1558

war, zeigt der eingangs erwähnte Vertrag mit Lorenzo Ghiberti. Ermöglicht wurde diese Form der Produktion allerdings erst mit dem Entstehen städtischer Werkstätten in Zeiten wirtschaftlichen Aufschwungs und veränderter Auftragslage. In den klösterlichen Betrieben ist eine solch hohe Nachfrage nicht nachweisbar. Dass die Buchmaler dann um 1500 denselben Status hatten wie die Leinwandmaler (viele Maler waren auch zugleich Miniaturisten!), bezeugt das Selbstbildnis des Miniaturisten Simon Bening (Abb. 14) ebenso wie dasjenige des Bartolomeo Neroni (1532, Abb. 15), der seinem Auftraggeber, einem Olivetaner Abt, sowie dem Schreiber des Bu-

Abb. 15: Bartolomeo Neroni, Graduale, Cf. 3. 2, fol. 1, Genua, Biblioteca civica Berio, 1532

ches als Künstler auf Augenhöhe entgegentritt – bildwirksam manifestiert in den drei Medaillons am *bas-de-page* eines Graduale.

Abbildungsnachweis

Abb. 1, 9, 10, 11, 15: Legner, Anton, Der artifex. Künstler im Mittelalter und ihre Selbstdarstellung, Köln 2009.

Abb. 2: Wenzelsbibel. König Wenzels Prachthandschrift der deutschen Bibel. Erläutert von Horst Appuhn; mit einer Einf. von Manfred Kramer, Dortmund 1990.

Abb. 3: Thomas, Marcel/Schmidt, Gerhard, Die Bibel des Königs Wenzel. Mit 32 Miniaturen im Originalformat nach der Handschrift aus der Österreichischen Nationalbibliothek, Graz 1989.

Abb. 4, 5: Beckwith, John (Hg.), The Veroli Casket, Victoria and Albert Museum, Museum Monograph no. 18.

Abb. 6: Ornamenta Ecclesiae. Kunst und Künstler der Romanik in Köln, Ausst.-Kat., Bd. 2, hrsg. v. Anton Legner, Köln 1985.

Abb. 7, 8: Glanz und Größe des Mittelalters. Kölner Meisterwerke aus den großen Sammlungen der Welt, hrsg. v. Dagmar Täube / Miriam Verena Fleck, Ausst.-Kat. Köln, München 2011.

Abb. 12, 13: Scheller, Robert W., Exemplum. Model-Book Drawings and the Practice of Artistic Transmission in the Middle Ages, Amsterdam 1995.

Abb. 14: Alexander, Jonathan J. G., Medieval Illuminators and Their Methods of Work, New Haven / London 1992.

NORBERT NUSSBAUM

Vom Planen zum Bauen
Gotische Architektur als integrales Gewerk

I. Bauen als Wagnis

Das Errichten eines großen Steingebäudes war im Mittelalter ein Unternehmen, für dessen Gelingen niemand die Hand ins Feuer gelegt hätte. Zu unüberschaubar waren die Risiken, die mit einem solchen Unterfangen verbunden waren. Bauen in diesen Dimensionen war ein ungeheures Wagnis, das in der Regel scheiterte, legte man denn unsere heutigen Maßstäbe an ein gutes Gelingen an. Wenn gutes Gelingen bedeutet, dass ein Bauwerk überhaupt einmal fertig wird, dann sind alle Kathedralbauprojekte des Hochmittelalters gescheitert, wenn sie nicht wie der Kölner Dom im 19. Jahrhundert durch die Nationalstaaten als deren Symbole vereinnahmt und zu einem monumentalen Ende gebracht wurden. Allen anderen fehlen noch heute mindestens die Turmhelme und große Teile der skulpturalen Fassadenausstattung – also jene Teile, mit denen sie eigentlich im öffentlichen Raum Aufmerksamkeit erregen und wirkungsmächtig in Erscheinung treten sollten. Wiederum andere sind ein Konglomerat unterschiedlichster Bauweisen, weil sich im Lauf der Jahrhunderte viele Generationen an ihrer Vollendung versuchten.

Was machte das Bauen dieser Steinriesen so unwägbar, und welche Kunstgriffe ließen sich anwenden, um das Risiko zu mindern? Kaum ein Bauherr konnte einen Großbau allein finanzieren. Niemand konnte in Zeiten rudimentärer Geldwirtschaft für einen stetigen Fluss der Mittel sorgen. Besonders die großen Kirchen waren Beteiligungsmodelle mit notorisch knappen, oft ganz versiegenden Ressourcen, so dass die Baustellen nur phasenweise betrieben werden konnten. Wenn eine Anschubfinanzierung gefunden war, wurde begonnen und in der Folgezeit eben Dasjenige verbaut, wofür das Geld soeben reichte.[1] Kleinere Projekte, von potenten

[1] Zur schwierigen Mittelbeschaffung für die Großbauprojekte des Mittelalters siehe: Martin Warnke, *Bau und Überbau. Soziologie der mittelalterlichen Architektur nach den Schriftquel-*

Bauherren forciert, konnten hingegen mitunter in durchaus überschaubaren Zeiträumen realisiert werden. So war der Rohbau der von König Ludwig IX. gestifteten Pariser Sainte-Chapelle, der nach 1239 in Angriff genommen wurde, bereits 1245 unter Dach und Fach. Gemessen an den Kosten für den Reliquienschrein (100.000 Pfund) für die Dornenkronenreliquie (135.000 Pfund), welcher die Kapelle als Gehäuse dient, waren die Baukosten von 40.000 Pfund nicht einmal besonders hoch.[2] Wiederum anders verhält es sich mit den großen Stadtkirchen des Spätmittelalters, für die je nach Finanzkraft der Gemeinde – und jene hing in der Regel von den Privatvermögen der Pfarrinsassen ab – bisweilen durchaus ein geregelter Fluss der Mittel auch über längere Zeiten gewährleistet werden konnte. So bieten Finanzierung und Planung des neuen Chores für die große Stadtpfarrkirche St. Lorenz in Nürnberg um die Mitte des 15. Jahrhunderts ein Bild äußerst geschäftstüchtiger Kalkulation und pragmatischer Logistik. Der Bau wurde ausschließlich aus den Einnahmen finanziert, die aus dem Kirchenvermögen flossen. Wenn die Mittel sich verknappten, ruhte der Bau, und das Projekt blieb damit schuldenfrei. Gemessen an dem Wert eines Nürnberger Patrizierhauses in bester Geschäftslage war der aufwendige Neubau geradezu preiswert. Der jährliche Bauetat belief sich lediglich auf etwa die Hälfte dieser Summe, und auch die Gesamtkosten von 25.000–30.000 Gulden bleiben im Rahmen. Nahezu 80 Mitglieder des Nürnberger Patriziats verfügten im Jahr 1443 über ein Vermögen dieser Größenordnung.[3]

Doch selbst dort, wo für einen kontinuierlichen Fluss der Mittel gesorgt war, konnten logistische Probleme den Bau verzögern. Eine der häufigsten Kalamitäten war Materialknappheit. Noch für das frühe 19. Jahrhundert lassen sich viele Belege dafür finden, wie mühsam es war, für eine stetige Steinlieferung zu sorgen, ohne die jede Baustelle zum Erliegen kommt.

len, Frankfurt a. M. 1976, S. 29–45. Zu den sehr stark voneinander abweichenden Baugeschwindigkeiten siehe: Dieter Kimpel/Robert Suckale, *Die gotische Architektur in Frankreich 1130–1270*, München 1985, S. 223–225.

2 Näheres zu den Baukosten bei: Inge Hacker-Sück, La Ste.-Chapelle de Paris et les chapelles palatines du Moyen Age en France, in: *Cahiers archéologiques* 13 (1962), S. 217–257.

3 Vgl. Peter K. Klein, Die Rolle von Patriziat und Klerus bei der Planung und Finanzierung spätgotischer Sakralarchitektur, in: Xavier Barral i Altet, *Artistes, artisans et production artistique au Moyen Age*. Colloque international, Centre National de la Recherche ScientiVque Université de Rennes II. Haute-Bretagne 2.–6. Mai 1983, Vol. III, Fabrication et consommation de l'œuvre, Paris 1990, S. 577–597.

Sehr detailreich und informativ dokumentiert sind etwa die verzweifelten Bemühungen der Kölner Dombauhütte seit 1824, einen geeigneten Haustein für die Vollendung des Domes zu finden und die Steinlieferungen zu verstetigen.[4]

II. Bauen als Prozess

Bauhütten waren wegen dieser Rahmenbedingungen Institutionen ganz unterschiedlicher Größe, deren Betriebsstruktur sich stetig wandelte. Wenn die Mittel und Materiallager so auskömmlich waren, dass man einige Steinmetze über den Winter hinweg halten konnte, während der Bau wegen des Frostes ruhte, dann ließ man die Werkstücke für die kommende Sommerkampagne schon des Winters in der überdachten Bauhütte schlagen.[5]

Die Arbeitsprozesse, die sich aus dieser Konstellation ergeben, sind anhand der Quellen nur schwer rekapitulierbar. Die dokumentarischen Nachlässe der großen Hütten in Form von Rechnungsbüchern und Lohnlisten liefern zwar quantitatives Material, doch geben sie kaum jemals konkrete Nachricht über die Art und Weise der Mittelbewirtschaftung und des Einsatzes der Bauleute. Ausgeklügelte statistische Erhebung ist erforderlich, um solcherlei Information auf indirektem Weg zu erschließen. Eine der wenigen weiterführenden Studien mit einer solchen Ausrichtung legte Richard Jones über die Baustelle von Westminster Abbey im 13. Jahrhundert vor. Anhand differenzierter Kalkulationen ermittelt Jones aus den Baurechnungen die Fluktuation der Belegschaft und den zeitlich versetzten Einsatz spezialisierter Gewerke im Betriebsjahr 1253 und kann auf diese Weise wahrscheinlich machen, dass sich die Rechnungen auf die Vollendung des Chapter House beziehen.[6]

---

[4] Vgl. Thomas Schumacher, *Großbaustelle Kölner Dom. Technik des 19. Jahrhunderts bei der Vollendung einer gotischen Kathedrale*, Diss. Aachen 1991 (Studien zum Kölner Dom 4), Köln 1993, S. 158–226.

[5] Über die Beschäftigungszeiten der Steinmetze und die Größe der Hüttenbelegschaften hat Horst Masuch vorzüglich gearbeitet. Zum Überblick: Horst Masuch, Erkenntnisse zur Steinmetzzeichen-Forschung aus Bauregistern des 14. bis 16. Jahrhunderts von Nürnberg St. Lorenz, Prag St. Veit, Wien St. Stephan und der Münsterkirche in Konstanz, in: *Architectura* 21 (1991), S. 3–8.

[6] Vgl. Richard Jones, Gleanings from the 1253 Building Accounts of Westminster Abbey, in: *Avista-Forum* 11, No. 2 (1998/99), S. 13–32.

Um im Winter Architekturelemente auf Lager produzieren zu können, bedurfte es normierter Größen und Formen – das Prinzip der Vorfertigung wurde von Grund auf neu entwickelt. Es war zunächst Konsequenz einer Ökonomisierung des Bauens und wurde dann Anreiz für eine allgemeine Technisierung und Systematisierung der Verfahren, ohne die das Bewältigen immer größerer Bauvolumina nicht denkbar gewesen wäre. Planung ist deshalb ein großes Thema der gotischen Architektur. Aus der Mitte des 13. Jahrhunderts stammen die ersten überlieferten Pergamentzeichnungen, die als maßstäbliche Baupläne angesprochen werden können.[7] Solche Pläne geben aber nur großformatige Strukturen vor. Sie erfassen das komplexe Gebäude bei weitem nicht in Gänze, so wie wir das aus heutigen Planwerken kennen. Insbesondere mussten alle konstruktiven und technischen Lösungen, also der heutige Ingenieuranteil am Bauen, während der Bauausführung entwickelt werden – mit anderen Worten: Das eigentliche Baukonzept formierte sich erst nach und nach in einer Folge von Versuch und Irrtum, Misserfolg und Bewährung, Prototyp und Serie, Typenbildung und Variation. Das Prozesshafte aller Lösungen – ihre erst allmähliche und keineswegs allgemein gültige Formulierung – ist ein gemeinsames Merkmal aller vorindustriellen Hütten.

III. Arbeit und deren Wertschätzung

Lösungsorientiert arbeiten bedeutet Entwickeln spezialisierter Kompetenzen und damit Arbeitsteilung. Nicht nur die handwerklichen Berufe spezialisierten sich, sondern es spalteten sich die entwerfenden Architekten mehr und mehr von den bauleitenden Werkmeistern ab, mögen beide auch die gleiche Steinmetzausbildung genossen haben. Der Dominikaner Nicolas de Biard weiß die Zuhörer auf seiner Seite, wenn er sich 1261 in einer Predigt darüber erregt, die *magistri cementariorum* legten kaum mehr selbst Hand an, sondern gäben nur noch ihre Anweisungen an die Steinmetzen weiter und nähmen dennoch den weitaus größeren Lohn – worin

[7] Zu den wohl ältesten erhaltenen Rissen dieser Gattung, den sog. Reimser Palimpsesten, grundlegend: Robert Branner, Drawings from a Thirteenth-Century Architect's Shop. The Reims Palimpsest, in: *Journal of the Society of Architectural Historians* 17, H. 4 (1958), S. 9–21.

multi moderni prelati es ihnen gleich täten.[8] In der Tat zeigen uns die in dieser Zeit konzipierten historiografischen Illustrationen großer Baubetriebe die Entwerfer Seite an Seite mit den Bauherren, debattierend und Anweisungen gebend – so etwa in einer Federzeichnung in der Vita der hll. Albanus und Amphibalus, welche die Stiftung von St. Alban's durch den angelsächsischen König Offa wiedergibt. Hier steht der Architekt zwischen Stifter und Bauverwalter, Winkel und Bodenzirkel haltend und die freie Linke Aufmerksamkeit heischend erhoben.[9] Selbstbewusste Architekten wie der in Reims tätige Hugues Libergier lassen sich gar auf ihren Grabplatten als gelehrte Meister im vollen Ornat eines universitären Bildungsstandes abbilden (Abb. 1).[10]

Angesprochen ist hier ein fundamentaler Unterschied der Architektur zu den abbildenden Künsten. Er rückt das Bauen eher an die Seite der Musik als an jene der Bildnerei, was schon die Kunstlehre des Mittelalters so erkannte. Maler und Bildhauer sind Künstler, die ihre Werke selbst ausführen, Architekten und Komponisten hingegen solche, die ihre Konzepte Anderen zur Ausführung übergeben. Was dem Orchester die Partitur, das ist der Bauhütte der Bauplan, und in beiden Fällen trägt das künstlerische Produkt die Handschrift der Ausführenden. Wie regelmäßig die Entwerfer über die Baustelle wachten, ist durchaus fraglich. Im Spätmittelalter schrieb man dies in die Verträge hinein, weil namhafte Architekten schon damals oft mehrere Bauten gleichzeitig planten. So wurden etwa die Entlohnungen gestaffelt in permanent zu zahlende Grundgehälter und

8 Nicolas de Biard, Predigt von 1261: „[...] Magistri cementariorum, virgam et cyrothecas in manibus habentes, aliis dicunt: par ci me le taille, et nihil laborant; et tamen majorem mercedem accipiunt, quod faciunt multi moderni prelati". Zit. nach: Victor Mortet und Paul Deschamps, *Recueil de textes relatifs à l'histoire de l'architecture et à la condition des architectes en France, au moyen âge XIIe–XIIIe siècles*, Bd. 2 (Collection des texts pour servir à l'étude et à l'enseignement de l'histoire), Paris 1929, S. 290–291. Ganz ähnlich ein weiteres Nicolas de Biard zugeschriebenes Dictum: „[...] In istis magnis aedificiis solet esse unus magister principalis qui solum ordinat ipsa verbo, raro aut nunquam apponit manum, et tamen accipit majora stipendia aliis." Ebd., S. 291.

9 Matthew Paris, Vita der hll. Albanus und Amphibalus, um 1250. Dublin, Trinity College, Sign. E.i.40, fol. 59.

10 Die Umschrift der im Nordquerhaus der Reimser Kathedrale bewahrten, aber aus der Reimser Kirche Saint-Nicaise stammenden Platte lautet: „Ci-git Maistre Hues Libergiers qui commensa ceste église, en l'an de l'Incarnation MCC et XXIX le mardi de Pasques, et trespassa en l'an de l'Incarnation MCCLXIII, le samedi d'après Pasques. Pour Dieu, priez pour lui".

Abb. 1: Grabplatte des Hugues Libergier in der Kathedrale von Reims. Umzeichnung.

in solche Vergütungen, die lediglich bei Anwesenheit des Meisters fällig wurden. Auch behielten sich manche Bauherren Nebentätigkeitsgenehmigungen vor.[11] Gleichwohl waren gerade solche Architekten, die als Hofkünstler in fürstliche Dienste traten und für viele landesherrliche Bauunternehmungen gleichzeitig Sorge trugen, ständig unterwegs.[12] Eine eigene technische Kompetenz entwickelte sich deshalb unter den Hüttenmeistern und den erfahrenen Facharbeitern, und ganz folgerichtig schätzte man diese Kompetenz anders ein als diejenige der in den Ateliers tätigen Kunsthandwerker. Die Bildkünste hat man als imitatorische Künste bezeichnet, welche die Natur so nachbilden, wie sie den Sinnen erscheint. Die Bauhandwerker sah man hingegen als Produzenten einer Kunst, welche die Natur in der Weise nachbilden, wie der Verstand sie erfasst – indem er sie durch Maß, Zahl und geometrische Figuration modellhaft abbildet. Die Bauhütten wurden so zu Laboratorien eines neuen Wissens, das als technische Intelligenz neben die von der Theologie geführten Disziplinen trat und diese Position selbstbewusst vertrat.[13] Entstanden ist auf diese Weise eine neue, wissensbasierte Architektur, für deren bahnbrechenden Erfolg Arbeitsteilung und Spezialisierung Bedingung und Konsequenz zugleich waren – das Werk hochbezahlter Könner.

Gearbeitet wurde im Spätmittelalter von Montag bis Samstag, und zwar im Sommer durchschnittlich elf bis zwölf und im Winter acht bis neun Stunden. Damit betrug die wöchentliche Arbeitszeit rechnerisch 67,5 Stunden, doch reduzierte sich diese Zahl durch über 40 kirchliche Feiertage, die auf Wochentage fielen.[14]

Wo die Bauetats des 13. Jahrhunderts differenzierte Aussagen zulassen, erweisen sich die Löhne als höchster Kostenfaktor, gefolgt von den Material- und Transportkosten.[15] An der Spitze der Lohnpyramide standen die

---

[11] Einschlägige Bestimmungen dieser Art referiert: Günther Binding, *Baubetrieb im Mittelalter.* In Zusammenarbeit mit Gabriele Annas, Bettina Jost und Anne Schunicht, Darmstadt 1993, S. 248–260.

[12] Am besten dokumentiert ist die Position Arnolds von Westfalen, den die Wettiner 1471 als ihren „buwemeister" präsentierten. Ebd., S. 256–258.

[13] Konzise Überlegungen zu diesem Prozess bei: Alfred W. Crosby, *The Measure of Reality. Quantification and Western Society, 1250–1600*, Cambridge 1997.

[14] Detaillierte Nachweise bei: Binding, Baubetrieb (wie Anm. 11), S. 137–143.

[15] Vgl. die Aufstellungen für die Kathedralbauhütten der 1290er Jahre in Hereford und Exeter bei: Günther Kowa, *Architektur der englischen Gotik*, Köln 1990, S. 31.

Steinmetzen. Sie vor allem bildeten den Kreis der reisenden und durch Mobilität überregional ausgebildeten Fachkräfte. So belegen die Baurechnungen der englischen Zisterze Vale Royal Abbey aus den Jahren 1278–1280, dass die Fuhrleute, Fundamentarbeiter und Steinbrecher dieser Baustelle fast alle aus der nächsten Umgebung des Klosters stammten, die Schmiede und Zimmerleute immerhin zur Hälfte, die Steinmetzen jedoch nur zu 5–10 %.[16] 1243 erhielt ein Steinmetzmeister in Avignon zwei *solidi* (Schillinge) Tageslohn, 1261 ein Kollege in Saint-Gilles/Provence das Gleiche zuzüglich Verpflegung und beträchtlicher Sondervergütungen.[17] Wie kostspielig die Arbeit der Steinmetzen im Verhältnis zu den anderen Gewerken war, zeigt die Rechnung für ein Maßwerkfenster der Anselmskapelle in der Kathedrale von Canterbury, das 1336 von dem Prior Oxenden gestiftet wurde.[18] Die Gesamtkosten für das Fenster beliefen sich auf 43 Pfund. 8 % davon erhielt der Schmied, 15 % der Glaser, in dessen Entgelt jedoch die Kosten für das Glas enthalten sind. Die restlichen Materialien beanspruchten 24 %. Die übrigen 53 % aber entfielen auf den Steinmetzlohn.

IV. Formgenerierende Faktoren des Bauens

Die Betriebsstruktur der Hütten ist ein eigenes, sehr komplexes Thema, auf das ich hier nicht eingehen möchte. Vielmehr soll überlegt werden, auf welche Weise die in den Hütten entwickelten Pragmatiken des Planens und Bauens die Gestalt der mittelalterlichen Architektur prägten. Dafür ist es ratsam, Planung, Gestaltung, Konstruktion und Bauausführung als Komponenten eines integralen Prozesses der Formfindung anzusehen, in dem die eine Komponente die jeweils anderen substantiell bedingt. Wenn man diese Tatsache vernachlässigt, läuft man Gefahr, Ursache und Konsequenz zu verwechseln. Hierzu ein Beispiel:

Die Langhauspfeiler von St. Florentius in Niederhaslach aus dem frühen 14. Jahrhundert sind quadratisch, doch in die Diagonale gedreht, so dass

[16] Vgl. Douglas Knoop/Gwylim P. Jones, The First Three Years of the Building of Vale Royal Abbey. A Study in Operative Masonry, in: *Ars Quattuor Coronatorum* 44 (1929), S. 5–47, hier S. 11–14, S. 24–25.

[17] Vgl. Binding, Baubetrieb (wie Anm. 11), S. 143–144 mit Quellennachweisen.

[18] Vgl. Robert Willis, *The Architectural History of Canterbury Cathedral*, London 1845. Nachdruck in: Robert Willis, *The Architectural History of Some English Cathedrals. Papers Delivered in the Years 1842–1863*, vol. 1, Chicheley 1972, S. 115–116.

Abb. 2: Niederhaslach, St. Florinus, Pfeilerquerschnitt der Langhausarkaden. Überlagert mit dem Pfeilerquerschnitt der kantonierten Arkadenpfeiler in der Kathedrale von Reims.

eine ihrer Kanten zum Mittelschiff weist (Abb. 2). Die Arkadenarchivolten und Obergadendienste wachsen ansatzlos aus diesem hochgestellten Rhombus heraus. Die Stilgeschichte hat diese Lösung gern als „Abstraktion eines klassischen Bündelpfeilers" beschrieben, der anstelle der vorgelegten Dienste prismatische Flächen präsentiere.[19] Diese Beschreibung sagt mehr über unsere Erfahrungen mit den Prozessen der Formfindung in der Moderne aus als über jene des 14. Jahrhunderts. Befragte man einen Steinmetz dieser Zeit zu den Prozeduren, die zu einem solchen Pfeilerentwurf führen, dann würde er auf das schrittweise Herausstemmen der kurvierten Formen aus dem Rohblock zu sprechen kommen – so jedenfalls das Verfahren nach der damals häufigen Abkehr von *en délit*-Techniken, welche die Dienste dem Kern noch als selbständige Werkstücke vorsetzten. Was wir demnach sehen, ist nicht die Abstraktion eines kompositen Pfeilers, sondern gewissermaßen sein *non finito*, dessen formales Potential allein

[19] So zuletzt: Marc Carel Schurr, *Gotische Architektur im mittleren Europa 1220–1340. Von Metz bis Wien*, München/Berlin 2007, S. 234.

durch die seiner Krone entspringenden Profile deutlich wird. Gezeigt wird ein transitorischer Zustand, ein *work in progress* – ein Hinweis auf die Art und Weise, wie ein gotischer Pfeiler hergestellt wird, und nicht eine durch regressive Verfahren hergestellte Formreduktion. Unser System der Analyse steht somit als Produkt einer uns spezifischen Sehkultur dem eigentlich relevanten, generativen System des Pfeilerentwurfes diametral gegenüber. Stilanalyse erweist sich hier als Falle unserer modernen Perspektive.

IV.1 Chancen und Grenzen schriftlicher Überlieferung

In Kulturen, die sich nicht einer verschriftlichten, sondern einer durch Erfahrungsaustausch vonstatten gehenden Wissensvermittlung bedienen – und als solche ist die Kultur der großen Bauhütten fast ausschließlich anzusprechen – hat man Formen noch am ehesten durch Zeichnung, Schablone oder Modell visualisieren können, wenn wir auch über deren mögliche Verwendung für den Formtransfer vor der Mitte des 13. Jahrhunderts nur mutmaßen können. Was die Weitergabe von Planungsverfahren, Bautechnologien und konstruktivem Wissen angeht, erscheint uns das Bauwesen vor der dann erst einsetzenden Überlieferung von Werkrissen erst recht als eine medienlose Branche – es sei denn, wir nehmen die Produktion von Architektur als mimetischen Prozess ernst, in dem alle Bauschaffenden durch ihr Handeln als Medien fungieren.[20]

Die in augusteischer Zeit verfassten zehn Bücher des Vitruvius zur Architektur sind die einzige zusammenhängend überlieferte Schrift der Antike über Theorie und Praxis des Bauens.[21] Vitruv macht es seinen Lesern nicht einfach. Vieles, was er schreibt, hat er aus anderer Quelle erfahren, und manches davon scheint er selbst nicht ganz verstanden zu haben. In

[20] Das Folgende nach: Norbert Nußbaum, Antike Bautechnik im Mittelalter. Wissenstransfer oder Lernen durch Nachahmen? in: Dieter Boschung/Susanne Wittekind (Hg.), *Persistenz und Rezeption. Weiterverwendung, Wiederverwendung und Neuinterpretation antiker Werke im Mittelalter*, (Schriften des Lehr- und Forschungszentrums für die antiken Kulturen des Mittelmeerraumes – Center for Mediterranean Cultures. 6), Wiesbaden 2008, S. 161–188 sowie Norbert Nußbaum, Form und Technik auf getrennten Wegen? Zum Transfer architektonischer Konzepte im Hochmittelalter, in: *Bericht über die 45. Tagung für Ausgrabungswissenschaft und Bauforschung vom 30. April bis 4. Mai 2008 in Regensburg*, Stuttgart 2010, S. 41–50.

[21] Vgl. Vitruv, Zehn Bücher über Architektur, übers. und mit Anmerkungen vers. von Curt Fensterbusch, Darmstadt 1981[3].

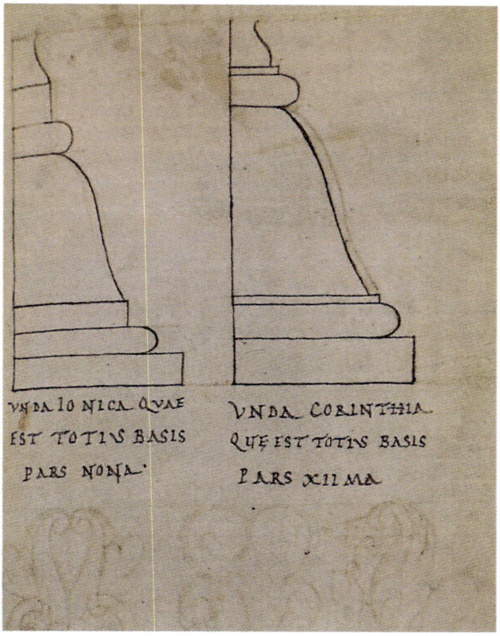

Abb. 3: Schlettstadt, Bibl. Humaniste, MS. 17. Sammelhandschrift mit Vitruvs Zehn Büchern über Architektur. Fol. 35^{r}: Ionische und korinthische Basis.

Franken, 800 Jahre nach der Niederschrift, fordert die zeitliche und räumliche Distanz weiteren Tribut. Einhard, einer der brillantesten Köpfe am Hof Karls des Großen, hat Schwierigkeiten mit den *verba et nomina obscura* bei Vitruv und empfiehlt seinem Schüler Vussin in einem Brief, die Bedeutung des Begriffs *Scenographia* lieber bei Vergil nachzuschlagen.[22]

Im Kontext seines Traktates verweist Vitruv auf mindestens zehn Abbildungen, und sicher gab es weitere, doch alle sind verloren.[23] Die Abschriften blieben bildlos. Lediglich dem Exemplar des frühen 10. Jahrhunderts in

[22] Einhardi ep.56 (840 a.d.14 Mart.); vgl. Julius von Schlosser, *Schriftquellen zur Geschichte der karolingischen Kunst,* (Quellenschriften für Kunstgeschichte und Kunsttechnik des Mittelalters und der Neuzeit, NF 4), Wien 1892, S. 6–7.

[23] Zur Medialität von Vitruvs Traktat siehe: W. Eugene Kleinbauer, Pre-Carolingian Concepts of Architectural Planning, in: Marilyn Joyce Chiat/Kathryn L. Reyerson (Hg.), *The Medieval Mediterranean. Cross-Cultural Contacts,* St. Cloud/Minnesota 1988, S. 67–79, hier S. 71.

der Schlettstädter Humanistenbibliothek sind auf drei separaten Blättern Federzeichnungen beigegeben, die Basen, Kapitelle und Gebälke der Säulenordnungen zeigen (Abb. 3).[24] Die Formen spiegeln den antiken Kanon nur von Ferne. Von den Originalen hatte der Zeichner keine konkrete Vorstellung. Wie mag man dann erst über die bautechnischen Beschreibungen Vitruvs gerätselt haben?

Das Skizzenbuch, das Villard de Honnecourt und zwei weitere, namenlose Autoren um 1235 verfassten,[25] ist neben seiner Einzigartigkeit auch deshalb ein nicht versiegen wollender Quell der Forschung, weil eine plausible Begründung für seine eklatante Fehlerhaftigkeit so schwer fällt.[26] Selbst dort, wo der Zeichner ein großes Interesse an der Form erkennen lässt und Gesehenes überzeugend porträtiert, bleibt er die konstruktive Durchdringung des Aufgenommenen und Vermittelten schuldig. Beispielsweise gelingt ihm ein vorzügliches Bild von Proportion und Anstellwinkel des Reimser Chorstrebewerks, doch dessen Höhenbezug zum Chorgewölbe und seinen Anfängern, also die elementare Angabe für den Lastabtrag, ist ganz falsch wiedergegeben (Abb. 4).[27] Wenn dieser Mangel repräsentativ sein sollte für andere, vielleicht verlorene Traktate, dann war es um die Verwertungsmöglichkeit literarischer Erzeugnisse auch im Baubetrieb der Hochgotik nicht gut bestellt.

Erfinden und Erproben neuer Formen bedeutet vor allem Systematisieren und Normieren der formherstellenden Verfahren, und hierüber wissen wir erschreckend wenig. Zwar hat Bruno Klein recht: Die erst seit dem späten 13. Jahrhundert in größerer Zahl überlieferten Werkrisse sind das Leitmedium, das als entscheidender Multiplikator architektonischer Ideen den Transfer von Formen revolutionierte,[28] doch erzeugte dieser Transfer kom-

[24] Schlettstadt, *Bibliothèque Humaniste*, Ms.17, fol.35^{r}, 35^{v}, 36^{r}.

[25] Paris, Bibliothèque Nationale, *Bauhüttenbuch ms.fr.19093.*

[26] Die Debatte über Ausbildung und Profession Villards und der beiden *magistri* und über die Frage, welcher Gattung das Manuskript zuzurechnen sei, ist außerordentlich komplex. Die ältere, vor allem in der deutschsprachigen Forschung vertretene Auffassung, es handele sich um ein von einem Architekten oder einem baukundigen Dilettanten für den Gebrauch im Baubetrieb verfasstes ‚Bauhüttenbuch', ist in jüngeren Jahren mit guten Argumenten angefochten worden. Eine bis zu seinem Tod 2012 stetig aktualisierte Bibliographie zu Villard erstellte Carl F. Barnes Jr.: http://www.avista.org/villardman/villard-bibliography/.

[27] Bauhüttenbuch ms.fr.19093 (wie Anm. 25), Fol. 32^{v}.

[28] Vgl. Bruno Klein, Internationaler Austausch und beschleunigte Kommunikation. Gotik in

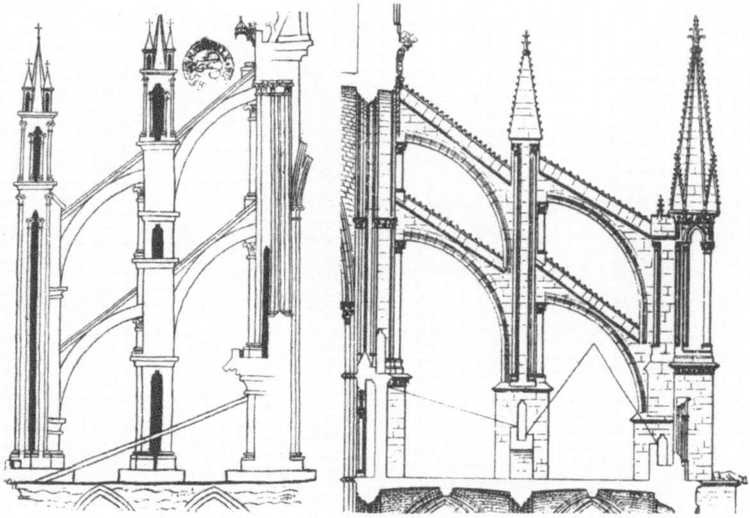

Abb. 4: Chorstebewerk der Kathedrale von Reims. Gegenüberstellung einer Bauaufnahme und der Darstellung im sog. Bauhüttenbuch des Villard de Honnecourt, Paris, Bibl. Nat., ms.fr.19093, Fol. 32$^{v.}$.

plexe kommunikative Milieus, die wir noch nicht verstehen. Warum etwa stammen die erhaltenen Risse ganz überwiegend aus dem Kulturraum des damaligen Reiches und kaum jemals aus anderen Gebieten der internationalisierten Hausteingotik? Waren sie zur Realisierung komplexer Gliederbauten zwingend nötig, und wenn ja, lagen den Entwürfen konventionalisierte Entwurfsverfahren zugrunde? Welche Rolle spielten die Risse im Bauprozess? Dienten sie als Repräsentations- und Visualisierungsmedien oder als Ausführungszeichnungen oder beides zugleich? Konstituieren der Charakter der Medien und die Art und Weise ihrer Konzeption auch den Stil des Gebauten?[29]

Deutschland, in: ders. (Hg.), *Gotik*, (Geschichte der bildenden Kunst in Deutschland. 3), München 2007, S. 9–33.

[29] Konzise Überlegungen zu diesen Fragen entwickelt: Johann Josef Böker, *Architektur der Gotik. Bestandskatalog der weltgrößten Sammlung an gotischen Baurissen (Legat Franz Jäger) im Kupferstichkabinett der Akademie der bildenden Künste Wien. Mit einem Anhang über die mittelalterlichen Bauzeichnungen im Wien-Museum Karlsplatz*, Salzburg 2005.

IV.2 Entwurfsgeometrien und Pragmatiken ihrer Umsetzung

Weil die meisten Risse Kopien der eigentlichen Entwurfszeichnungen zu sein scheinen, in den Originalen wiederum die Konstruktionszeichnungen oft sorgfältig entfernt sein dürften, um die Reinzeichnung nicht zu verunklären, sind Blindrillen, die für eine Rekapitulation von Entwurfsfiguren wirklich hilfreich wären, recht selten. Seit Jahrzehnten schwelt deshalb der Streit zwischen den Geometrikern, die dennoch davon überzeugt sind, die Grundrisse und Fassaden seien durch geometrische Operationen proportioniert, und den Arithmetikern, die im Gegenteil glauben, einzig Streckenmaße, die aus der Multiplikation eines Moduls generiert sind, bestimmten die Maßverhältnisse. Es gibt deutliche Anzeichen dafür, dass die Wahrheit in der Mitte liegt. Schon der Hinweis Sugers von Saint-Denis, sein neuer Chor der Abteikirche sei mit geometrischen und arithmetischen Mitteln dem Altbau angefügt worden,[30] spricht eine klare Sprache.

Der Gelehrtenstreit darüber, ob für die Proportionierung gotischer Gebäude arithmetische oder geometrische Verfahren eingesetzt wurden, geht im Übrigen an der Praxis des gotischen Steinmetzen vorbei. Dessen Werkzeuge sind sowohl Messlatte als auch Zirkel. Erstere produziert überwiegend ganzzahlig teilbare Strecken, letzterer Kreisgeometrien und deren polygonale Derivate. Das Nebeneinander rationaler und irrationaler Maßverhältnisse in gotischen Proportionssystemen ist deshalb allgegenwärtig.

Die Entwurfszeichnung auf Pergament oder später auch auf Papier war zunächst sicher eine Sache der Baugeometrie. Dies gilt selbst noch für die Zeit um 1500. Als Hermann Vischer, Spross der in Nürnberg mit dem Sebaldusgrab befassten Steinmetzfamilie, Albertis Renaissancefassade von S. Andrea in Mantua zeichnet, gibt er sie in Proportionen wieder, die dem Gebauten gar nicht entsprechen. Die von ihm mit Zirkel und Lineal gezeichneten Blätter sind indessen keine missratenen Bauaufnahmen, wie die italianistische Forschung meint, sondern Visualisierungen, die mit der Absicht entstanden sind, die in Italien wahrgenommenen Architektursysteme in solche Systematiken zu transformieren, die mit den Verfahren der gotischen Baugeometrie baubar erscheinen und damit sowohl den Pragma-

[30] Vgl. Suger von Saint-Denis, *Libellus de consecratione ecclesiae St. Dionysii*, in: Andreas Speer/Günther Binding, *Abt Suger von Saint-Denis. Ausgewählte Schriften. Ordinatio, De consecratione, De administratione*, Darmstadt 2000, S. 224.

tiken der nordalpinen Bauhütten angepasst sind als auch die Sehgewohnheiten der dortigen Auftraggeber bedienen. Dem *status quo* wird also ein *status desideratus* entgegengesetzt. Die traditionell baugeometrischen Entwurfsschritte dieser Transformation sind dank der vielen Vorzeichnungsspuren ziemlich präzise zu rekapitulieren.[31]

Geschlossene und alternativlose Systematiken geometrischer Figuration fördert die Spurenlese in den gotischen Werkrissen allerdings nicht zutage, und zwar deshalb nicht, weil die Verfahren gotischer Baugeometrie auf iterativen, gleichsam dynamischen Prozessen beruhten, denen die Teleologie neugotischer Rekonstruktionen abgeht. Lon Shelby hat uns deshalb 1972 ins Stammbuch geschrieben, dass wir nach einer universalen Baugeometrie nicht fahnden sollten: „The nature of that geometry suggests that these canons, when recovered, will not be universal laws which will at last provide *the key* to mediaeval architecture; rather, they will be particular procedures used by particular master masons at particular times and places".[32]

Schon lange gibt es sichere Hinweise darauf, dass die Geometrien der Pergamentrisse auf der Baustelle gern in modulare Maßketten umgesetzt wurden – für das Nachstecken riesenhafter Polygone fehlte das Instrument. Franklin Toker hat dies am Beispiel einer Sieneser Palastfassade gezeigt, für dessen Ausführung um 1340 der Kontrakt mit zeichnerischer Bauanleitung erhalten ist.[33] Peter Kidson wies Gleiches für die Kathedrale von Salisbury nach,[34] und für das 7/12-Polygon des Chorpolygons für die 1259 begonnene Zisterzienserabteikirche Altenberg konnte ich gemeinsam mit Sabine Lepsky zeigen, dass die Arkadenpfeiler je weiter nach Westen, um so mehr aus ihren im Planwerk zunächst geometrisch definierten Posi-

[31] Astrid Lang machte dies zum Anliegen ihrer jüngst verfassten Kölner Dissertation. Astrid Lang, *Die frühneuzeitliche Architekturzeichnung als Medium intra- und interkultureller Kommunikation. Entwurfs- und Repräsentationskonventionen nördlich der Alpen und ihre Bedeutung für den Kulturtransfer um 1500 am Beispiel der Architekturzeichnungen von Hermann Vischer d. J.*, Petersberg 2012.

[32] Lon R. Shelby, The Geometrical Knowledge of the Mediaeval Master Masons, in: *Speculum* 47 (1972) S. 395–421, hier S. 53.

[33] Vgl. Franklin Toker, Gothic Architecture by Remote Control: An Illustrated Building Contract of 1340, in: *The Art Bulletin* 67 (1985) S. 67–95.

[34] Vgl. Thomas Cocke/Peter Kidson, *Salisbury Cathedral. Perspectives on the Architectural History*, London 1993.

tionen treten, weil man schließlich auf dem Bauplatz diese Positionen, vom Scheitel des Binnenchores ausgehend, durch sukzessives Abstecken von 3,5 Pfeilerquerschnitten auf der Kreislinie bestimmte. Die leichte Differenz zwischen Modul und geometrisch ermitteltem Punkt produziert fortschreitende Abweichungen (Abb. 5).[35]

Um die Proportionen der Altenberger Maßwerkfenster festzulegen, wählte man in der ersten, Chor und östliche Querhausjoche umfassenden Baukampagne ganzzahlige Relationen zwischen Fensterbreite und Kämpferniveau der Archivolten (Abb. 6a). Die Ansätze der die Maßwerkfigur bestimmenden Bögen sind aus den Lanzettbreiten, aber auch aus Proportionsfiguren, wie etwa gleichseitigen Dreiecken, ermittelt. Es mischen sich also Streckendefinitionen, die modulare Maßketten produzieren, mit geometrischen Konstruktionen, die irrationale Werte ergeben. Als nach einer Baupause die Hüttenleitung wechselte, bestimmte jene die Höhe der Fensterkämpfer nicht mehr in Abhängigkeit zur Fensterbreite, sondern zur modular bestimmten Jochtiefe des neu geplanten Langhauses (Abb. 6b). Die Fensterbögen setzen nämlich um jene 15 Fuß (à 33,55 cm) über der Wassernase der Sohlbank an, die auch das Jochmaß festschreibt. Die Geschossgliederung der flankierenden Strebepfeiler folgt dem gleichen Prinzip. Höchst aufschlussreich ist nun, dass die Fenster in den westlichen Querhausjochen diesen Paradigmenwechsel nur teilweise vollziehen (Abb. 6c). So wie deren Maßwerkfiguren Übergangsformen zwischen den alten und den neuen Mustern präsentieren, so kreuzen sich in bezeichnender Weise auch in den Proportionsfiguren die alten mit den neuen Verfahren, so dass die Übergänge fließend sind. Die neue Hüttenleitung hatte demnach Kenntnis von den alten Pragmatiken und nutzte sie zum Verschleifen der unvermeidlichen Brüche. Konformität und nahtloser Anschluss der Neubauteile an den Bestand waren wohl oberstes Gebot.[36]

[35] Vgl. Sabine Lepsky/Norbert Nußbaum, *Gotische Konstruktion und Baupraxis an der Zisterzienserkirche Altenberg, Bd. 1: Die Choranlage*, Bergisch-Gladbach 2005, S. 57–59.

[36] Zu den weiteren Konformität stiftenden Maßnahmen der neuen Altenberger Hütte siehe: Norbert Nußbaum, Die Abteikirche Altenberg im 14. Jahrhundert. Modell einer integralen Umplanung, in: Markéta Jarošová u. a. (Hg.), *Prag und die großen Kulturzentren Europas in der Zeit der Luxemburger (1310–1437). Internationale Konferenz aus Anlaß des 660. Jubiläums der Gründung der Karlsuniversität in Prag, 31. März – 5. April 2008*, Prag 2008, S. 209–227.

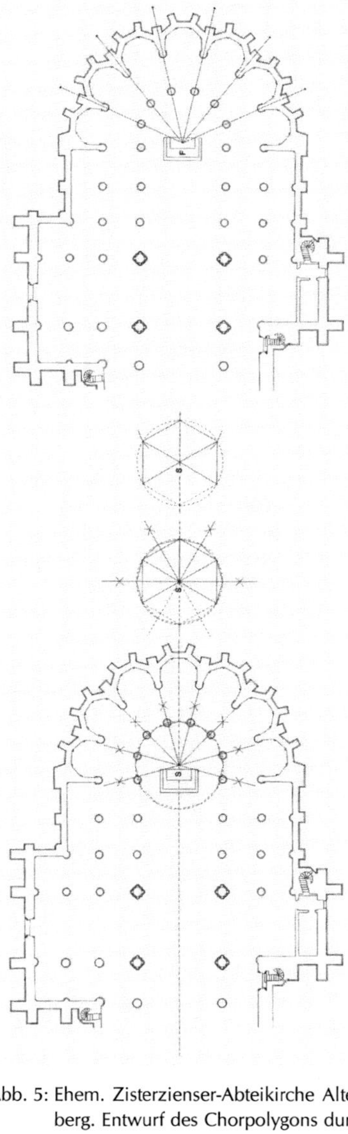

Abb. 5: Ehem. Zisterzienser-Abteikirche Altenberg. Entwurf des Chorpolygons durch Höhenfällung im gleichseitigen Dreieck und Fehlstellung der Arkadenpfeiler im Binnenchor.

Abb. 6: Fenstergeometrien an der ehem. Zisterzienser-Abteikirche Altenberg

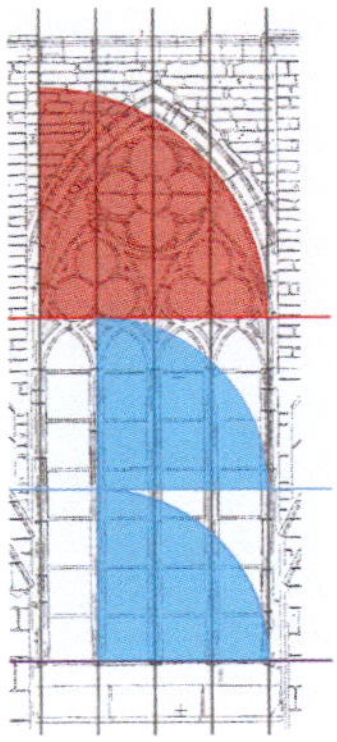

Abb. 6a: Chorobergadenfenster: Definition der Kämpferhöhe durch sechs Achsweiten des Stabwerks; Radius des Fensterbogens aus der Fensterbreite.

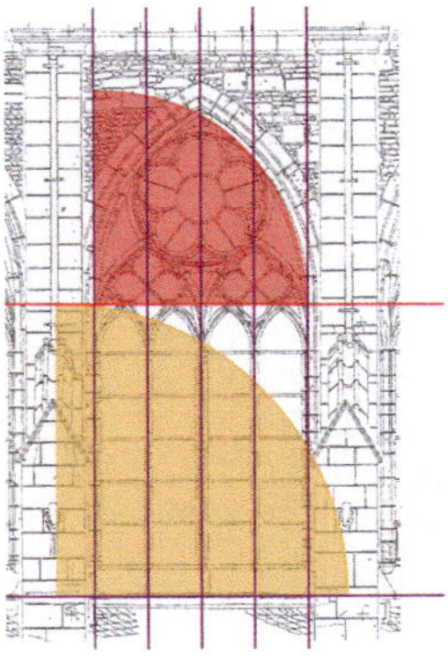

Abb. 6b: Langhausobergadenfenster: Kämpferhöhe eine Jochweite über der Wasserschlagnase der Sohlbank; Radius des Fensterbogens aus der Fensterbreite.

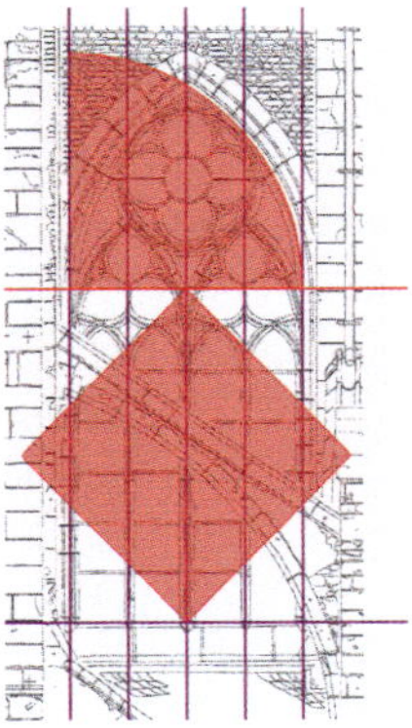

Abb. 6c: Obergadenfenster im nördlichen Querhauswinkel: Definition der Kämpferhöhe durch ein auf die Spitze gestelltes Quadrat über der Fensterbreite, Radius des Fensterbogens aus der Fensterbreite.

Grundsätzlich erfüllen dabei geometrische Proportionsfigur und modular teilbares Streckenmaß die gleiche Funktion: Sie fungieren nicht als idealer, die Gesamtkonstruktion gleichsam verschlüsselnder „Maßgrund", wie die ältere Forschung zu den Grundlagen gotischer Baugeometrie glauben machte,[37] sondern als Hilfe zum Platzieren und Proportionieren variantenreicher geometrischer Formsysteme an einem modular entwickelten Baukörper. Dessen Module bilden gleichsam objektivierende Passpunkte für die Referenzniveaus der Fenstergeometrien. Sie markieren damit die Ankerstellen für das Einbinden der Fenster-‚Implantate' in den Aufriss. Im schriftlosen Informationstransfer, wie er für die hochmittelalterlichen Bauhütten sicher vorausgesetzt werden muss, produziert ein solches Bezugsverfahren an Stelle textlicher Fixierungen Sollwerte, welche die Proportionalität der Planungsgrundlagen für den Prozess der Bauausführung gewährleisten. Sie sind Spuren einer qualitätssichernden Rückbindung von Ausführungsplanung und handwerklichem Bauen an den formgebenden Entwurf.

Die durchgeführten Operationen sind so einfach, dass sie als Merker taugen. Auch folgen immer nur ganz wenige aufeinander. Matthäus Roritzers unzählige Sequenzen zur Herstellung einer Fiale verlangten nach dem Medium des Buchdrucks als *Aide-mémoire* (Abb. 7).[38] Die Altenberger Fenster lassen sich hingegen aus der Erinnerung bauen, und nur wenige Modifikationen ermöglichten dem Langhausmeister die kaum wahrnehmbare Metamorphose der alten Modelle in die neuen.

Inwieweit die in Altenberg gewonnenen Erfahrungen fruchtbar zu machen sind für die Entschlüsselung der großen gotischen Fassaden- und Turmrisse, bleibt abzuwarten. Robert Borks Versuche, die Proportionsfiguren der Werkrisse zu entschlüsseln, sind die derzeit überzeugendsten, denn die von ihm wahrscheinlich gemachten Verfahren sind ebenfalls Produkte einfacher Operationen an primären geometrischen Flächenfiguren und scheinen für die Straßburger und Kölner Fassadenrisse ebenso rele-

---

37 Stellvertretend: Edgar Wedepohl, *Eumetria: das Glück der Proportionen. Maßgrund und Grundmaß in der Baugeschichte*, Essen 1967.

38 Eine knappe und treffende Einführung in die Charakteristik des Fialbüchleins bietet: Lothar Schmitt, Über die schwere Geburt des deutschen Architekturtraktats. Die Wiegendrucke Mathes Roriczers und Hanns Schmuttermayers, in: *Scholion* 3 (2004), S. 168–174.

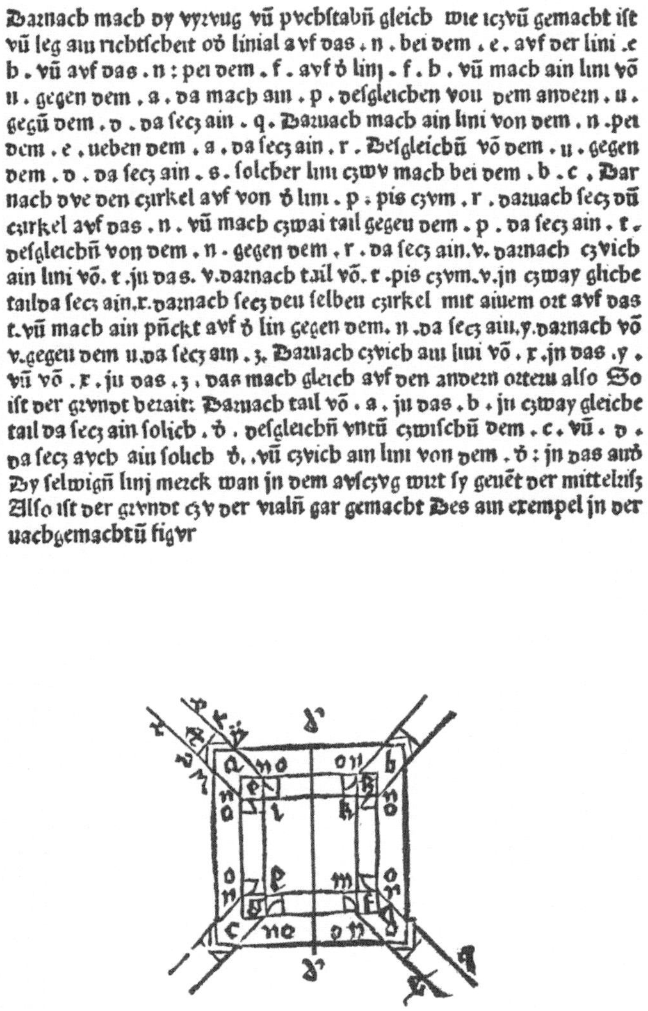

Darnach mach dy vyrvug vñ pvchſtabñ gleich wie iczvñ gemacht iſt
vñ leg ain richtſcheit od linial avf das . n . bei dem . e . avf der lini . e
b . vñ avf das . n : pei dem . f . avf d linj . f . b . vñ mach ain lini võ
n . gegen dem . a . da mach ain . p . deſgleichen von dem andern . n .
gegñ dem . d . da ſecz ain . q . Darnach mach ain lini von dem . n . pei
dem . e . neben dem . a . da ſecz ain . r . Deſgleichñ võ dem . n . gegen
dem . d . da ſecz ain . s . ſolcher lini czwv mach bei dem . b . c . Dar
nach dve den czirkel avf von d lini . p : pis czvm . r . darnach ſecz dñ
czirkel avf das . n . vñ mach czwai tail gegen dem . p . da ſecz ain . t .
deſgleichñ von dem . n . gegen dem . r . da ſecz ain . v . darnach czvich
ain lini võ . t . jn das . v . darnach tail võ . t . pis czvm . v . jn czway gliche
tail da ſecz ain . x . darnach ſecz den ſelben czirkel mit ainem ort avf das
t . vñ mach ain pñckt avf d lin gegen dem . n . da ſecz ain . y . darnach võ
v . gegen dem n . da ſecz ain . z . Darnach czvich ain lini võ . x . jn das . y .
vñ võ . x . jn das . z . das mach gleich avf den andern orten alſo So
iſt der grvndt berait: Darnach tail võ . a . jn das . b . jn czway gleiche
tail da ſecz ain ſolich . d . deſgleichñ vntñ czwiſchñ dem . c . vñ . d .
da ſecz avch ain ſolich d . . vñ czvich ain lini von dem . d : jn das and
Dy ſelwigñ linj merck wan jn dem avſczvg wirt ſy genẽt der mittelriſz
Alſo iſt der grvndt czv der vialñ gar gemacht Des ain exempel jn der
nachgemachtñ figvr

Abb. 7: Matthäus Roritzer, *Büchlein von der Fialen Gerechtigkeit*, Regensburg 1486. Blatt mit der Anleitung zum Entwurf eines Fialenschaftes.

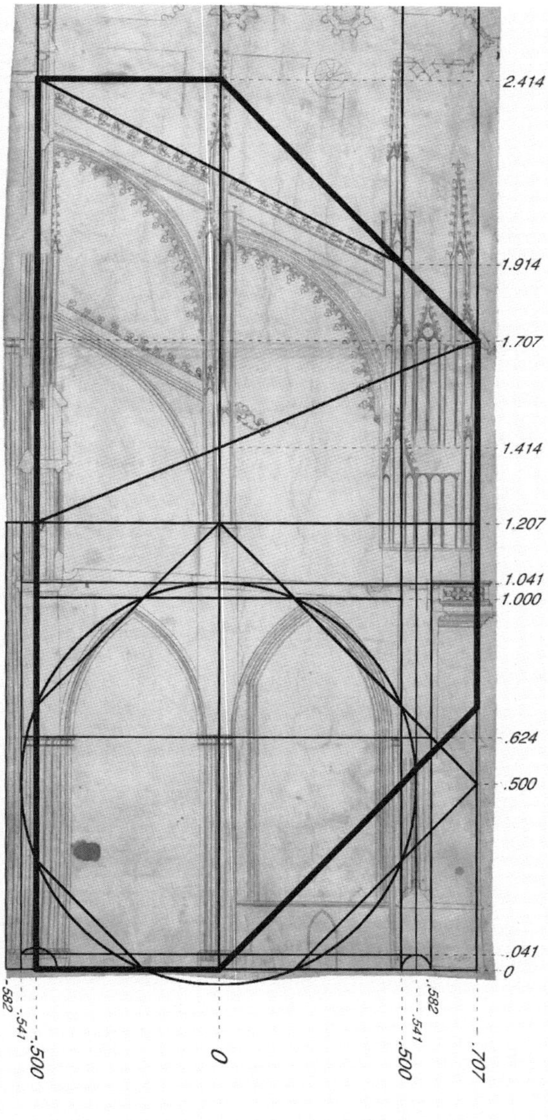

Abb. 8: Proportionsstudie Robert Borks für den Werkriss Nr. 16821 der Wiener Akademie.

vant wie für Pläne der Kathedralen von Clermond-Ferrand oder Prag (Abb. 8).[39] Vielleicht ist Bork tatsächlich einer *lingua franca* der Entwurfskultur im 13. und 14. Jahrhundert auf der Spur, und zur Vorstellung, wie sie von Entwerfer zu Entwerfer weitergegeben wurde, bedarf es keiner großen Phantasie. Allerdings ist die Vorstellung, die Quadrate und Oktogone dieser Konstrukte seien – ins Riesenhafte skaliert – auch für die Umsetzung der Pläne auf der Baustelle maßgebend gewesen, völlig unpraktikabel. Es muss also konventionalisierte transformatorische Praktiken gegeben haben, die Geometrien in modulare Systeme übersetzten oder kohärente Systeme aus beiden Komponenten bildeten, wie die Altenberger Fensterentwürfe es zeigen.

Formen und Entwurfsfiguren waren im Medium der Zeichnung über weite Strecken von Ort zu Ort vermittelbar, nicht aber bautechnologische Kenntnisse. So unterschlagen beispielsweise sowohl die Detaillierungen der Entwürfe auf Pergament als auch die Ritzzeichnungen auf Mauern und Böden, die dem Abgreifen der Ausführungsmaße im Maßstab durch den Steinmetzen dienten, in der Regel Angaben über den zu wählenden Fugenschnitt – und dies aus gutem Grund, denn die Assemblage der Werkstücke musste selbst für ganz konventionalisierte Formzusammenhänge je nach den individuellen Bedingungen von Material, Dimensionierung und in Abhängigkeit von den situativen Konditionen des Einbaus modifiziert werden. Mit anderen Worten: Während die Normativität gotischer Formsysteme durch das Studium der Risse zweifellos gesteigert wurde, war eine Systembildung ihrer technologischen Adaption durch fehlende Medien und durch die Diversität der materiellen Konditionen erschwert. Vielfach folgte sie deshalb den Prinzipien von Versuch und Irrtum.

Beispielsweise wurde die über die Großbauten des Pariser Beckens und den Kölner Domchor nach Altenberg vermittelte Maßwerkfigur des gestapelten Dreipasses nicht allein in Altenberg so lange im Steinschnitt variiert, bis die Stückgrößen bequem zu bearbeiten, bruchsicher zu versetzen und nach Lastaufnahme rissfest waren (Abb. 9).[40] Die Prozesse, in

[39] Robert Bork, Plan B and the Geometry of Façade Design at Strasbourg Cathedral, 1250–1350, in: *Journal of the Society of Architectural Historians* 64 (2005), S. 442–473; ders., Stacking and "Oktature" in the Geometry of Cologne Plan F, in: Alexandra Gajewski/Zoe Opačič, *The Year 1300 and the Creation of a New European Architecture*, (Architectura Medii Aevi 1), Turnhout 2007, S. 89–106.

[40] Vgl. Lepsky/Nußbaum, Gotische Konstruktion (wie Anm. 35), S. 192–193.

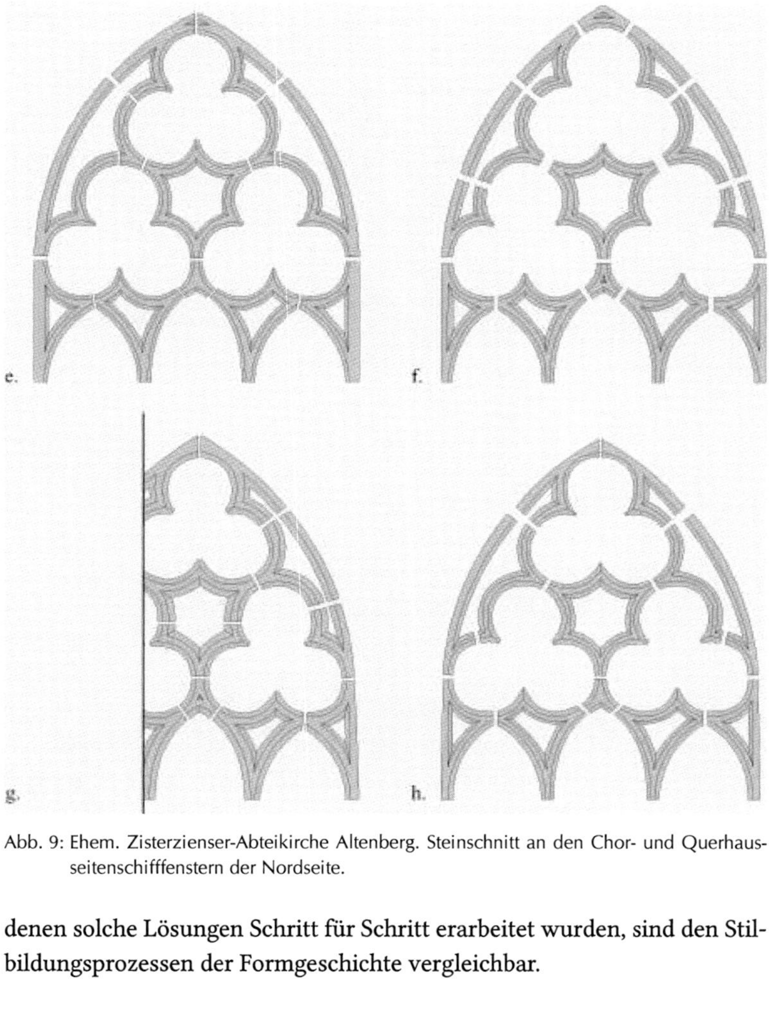

Abb. 9: Ehem. Zisterzienser-Abteikirche Altenberg. Steinschnitt an den Chor- und Querhausseitenschifffenstern der Nordseite.

denen solche Lösungen Schritt für Schritt erarbeitet wurden, sind den Stilbildungsprozessen der Formgeschichte vergleichbar.

IV.3 Technologiestile

Dieter Kimpel hat auf diesem Feld Pionierarbeit geleistet. Er formulierte in verstreuten Vorarbeiten die These, die gotischen Architekten hätten die romanische Horizontalbauweise Schritt für Schritt in zwei unterschiedliche Systeme des Steinverbandes überführt: die Stapelbautechnik und den Lagerfugenplan. Beide Verfahren hätten eine weitestgehende Vorfertigung normierter Elemente zum Ziel gehabt und damit Bauorganisation und -betrieb in revolutionärer Weise ökonomisiert.[41] Diese These ist nicht ohne Brisanz, denn sie stellt der traditionellen Stilentelechie der Gotik die Evolution eines ‚Technologiestiles' an die Seite, der um 1235 am Chor der Kathedrale von Amiens vollständig ausgeprägt scheint. So erreichte der formgebundene Stil nach Kimpel seinen vermeintlichen Zenit gemeinsam mit dem Architektursystem der ‚klassischen' Kathedralen. Die These fasst die Entwicklungen von Form und Technik als parallele Ereignisse – als zwei Seiten einer Medaille – freilich unter den konventionellen Kategorien von Fortschritt und Optimierung.

Man muss Kimpel entgegenhalten, dass in der Hausteingotik des 13. Jahrhunderts nicht allein komplexere Steinschnitte, sondern auch einfachere, lagenhafte Steinverbände ganz unterschiedlich gelöst werden. Als Beispiel mag die Verbindung zwischen Fenstergewänden und den an sie anschließenden Kantenstrebepfeilern dienen – wiederum beobachtet am weiteren und näheren formstilistischen Umkreis des Kölner Domes (Abb. 10). Am Kapellenkranz der Kathedrale von Beauvais, neben Amiens das Bauwerk mit der größten Wirkung auf das Kölner Baukonzept, sind so weit wie möglich identische Schichthöhen an Gewände und Pfeiler gewahrt. Die Wasserschläge der Strebepfeiler haben versetzte Lagerfugen, weil die Nase des Kaffprofils sonst so nahe an die nächsthöhere Lagerfuge herangerückt wäre, dass die Nase zu Bruch gegangen wäre, und aus dem Rahmen fallen auch jene Abschnitte, in welche die Couronnementrahmen der Fenster eingreifen, die einem eigenen Fugenplan folgen. Die Kölner Dombauhütte schichtete indessen Pfeiler und Gewände verbandlos in Stapelbauweise

[41] Vgl. Dieter Kimpel, Le développement de la taille en série dans l'architecture médiévale et son rôle dans l'histoire économique, in: *Bulletin monumental* 135 (1977), S. 195–222; ders., Die Versatztechniken des Kölner Domchores, in: *Kölner Domblatt* 44/45 (1979/80), S. 277–292; ders., Ökonomie, Technik und Form in der hochgotischen Architektur, in: Karl Clausberg u. a. (Hg.), *Bauwerk und Bildwerk im Hochmittelalter. Anschauliche Beiträge zur Kultur- und Sozialgeschichte*, Gießen 1981, S. 103–125; ders., Die Entfaltung der gotischen Baubetriebe. Ihre sozio-ökonomischen Grundlagen und ihre ästhetisch-künstlerischen Auswirkungen, in: Friedrich Möbius/Ernst Schubert (Hg.), *Architektur des Mittelalters*, Weimar 1983, S. 246–272; ders., Reims et Amiens. Étude comparative des chantiers, in: Xavier Barral i Altet, *Artistes, artisans et production artistique au Moyen Age. Colloque international, Centre National de la Recherche Scientifique Université de Rennes II. Haute-Bretagne 2.–6. Mai 1983*, Vol. II, Bd. 2, Paris 1987, S. 349–363.

Abb. 10: Steinschnitt an der Nahtstelle zwischen Fenstergewände und Strebepfeiler.

Abb. 10a: Beauvais, Kathedrale, Chorkranzkapelle.

Abb. 10b: Köln, Dom, Chorkranzkapelle.

Abb. 10c: Bacharach, Wernerkapelle, Ostkonche.

auf. Wiederum anders verfuhr man an der Wernerkapelle in Bacharach, deren Gliederungen allesamt kölnisch sind. Hier greifen die Gewändebossen mit meist versetzten Fugen in die gequaderten Pfeilerflanken ein. Alle drei Bauweisen haben technische und konstruktive Vor- und Nachteile, die hier nicht erörtert werden sollen. Ihnen ließen sich diverse andere Lösungen zur Seite stellen, denn die technischen Varianten, in Stein zu bauen, sind vielfältig. Was für unsere Fragestellung zählt, ist die Kontinuität der Formentwicklung bei je anderem versatztechnischem Konzept.

Wenn sich nun zeigt, dass der Entwurf zwar das Detail erfasste, es aber nicht systematisch und ein für allemal bautechnisch löste, und dass allein deshalb schon die Rezeptionswege für Formen und jene für deren technische Realisierung nicht notwendig synchron verliefen, dann sollte man wohl nur im Falle der Konvergenz technischer und baubetrieblicher Lösungen von Hüttenzusammenhängen sprechen. Sie wären als Netzwerke des Wissens zu fassen, in die das über weite Distanzen verfügbare Formwissen zwar eingebettet war, die aber in hohem Maße der Vermittlung durch handelnde Präsenz der Bauschaffenden selbst bedurften. Die Regularien der Aus- und Weiterbildung durch Wanderschaft, die den Kern der Regensburger Steinmetzordnung von 1459 bilden sollten,[42] gaben diesem Wissenstransfer schließlich den institutionellen Rahmen.

Welchen Gewinn kann man heute aus dem Studium einer solchen oft unsystematisch anmutenden, mühsam erarbeiteten Ansammlung und Vermittlung von Wissen und Können einer vorindustriellen Baupraxis ziehen? Als Walter Gropius vor 90 Jahren das Manifest für das neu zu gründende Weimarer Bauhaus mit einem Blatt Lyonel Feiningers illustrierte, das als programmatische Hommage an die mittelalterliche Bauhütte verstanden sein wollte, war das gemeinsame Lernen aller bauschaffenden Gewerke in einer Zukunftswerkstatt der leitende Gedanke. Doch Manches, was damals großartig begann, erstarrte unter dem Druck ökonomischer und utilitaristischer Zwänge zur normativ kalkulierten Stereotypie – insbesondere in den Boom-Jahren der westlichen Wirtschaft bis zur ersten Ölkrise.

[42] Vgl. Alfred Schottner, *Die „Ordnungen" der mittelalterlichen Dombauhütten. Verschriftlichung und Fortschreibung der mündlich überlieferten Regeln der Steinmetzen*, Münster/Hamburg 1994.

Der Wert der Arbeit, dem sich dieser Band widmet, bemisst sich heute an den Bezugsgrößen der HOAI, die dem Experiment am konkreten Objekt, dem zentralen Studienprojekt der mittelalterlichen Hütten, keinen Raum lässt, und der kreative Irrtum als Weg des Lernens erscheint weitgehend versperrt. Der Anteil von Versuch und Irrtum an der Qualität gotischer Architekturkonzepte war hoch, der Grad an qualitätssichernder Standardisierung vergleichsweise gering, obwohl der Wunsch nach Reproduzierbarkeit zweifellos die Entwurfsprozesse mitbestimmte. Er sollte zu Zeiten des historistischen Zugriffs auf die Gotik zu einem der wichtigsten Argumente der Stilwahl werden und die Systematisierungsabsichten der frühen Stilhistoriker zugleich lenken.

Abbildungsnachweis

Abb. 1: aus: Günther Binding, *Baubetrieb im Mittelalter.*

Abb. 2: Viktor Krefeld, Köln. Vorlage für Niederhalslach: Marc Carel Schurr, *Gotische Architektur im mittleren Europa 1220–1340.*

Abb. 3: aus: *799 – Kunst und Kultur der Karolingerzeit. Karl der Große und Papst Leo III. in Paderborn.* Ausstellungskat. Paderborn 1999, Bd.1, Mainz 1999.

Abb. 4: Richard Hamann-MacLean und Ilse Schüssler, *Die Kathedrale von Reims,* Stuttgart 1993.

Abb. 5, 6a-c, 10: Norbert Nußbaum, Köln.

Abb. 7: Matthäus Roriczer, Das Büchlein von der fialen Gerechtigkeit (Faksimile-Ausgabe 1999).

Abb. 8, 9: Robert Bork, Iowa City.

Vittoria Borsò

Dante Alighieri und die *virtus* der geistigen Arbeit: Übergänge zwischen Materialität und Immaterialität

In der höfischen Gesellschaft war bekanntlich *otium* Indiz für standesgemäße Lebensform. Dagegen galt der Handel, das „*neg-otium*“ – etymologisch die Negation des *otium* – als vulgär, wenn nicht Träger von Bösem. Tatsächlich definiert sich das *negotium* über die Negation der Freizeit, die dem Herrscher – im Gegensatz zum Sklaven – zusteht. Selbst Seneca bemüht sich in *De Otio* (62 n. Chr.) die Freizeit als Wert zu sehen und zu begründen, dass der Rückzug von öffentlichen Geschäften im Sinne der Hinwendung zur *contemplatio* ein Bestandteil der stoischen Doktrin ist. Insgesamt dient der Un-Wert der Arbeit in der höfischen Gesellschaft dazu, dass sich Adel und Klerus gegenüber einem Stand abgrenzen, der vor allem durch eine breite Diffusion des servilen Status charakterisiert war. Für Dante stellt sich dies nicht wesentlich anders dar. Trotz des enzyklopädischen Charakters und der präzisen Auseinandersetzung mit dem Alltagsleben seiner Zeitgenossen ist die Erwähnung manueller Arbeit in Dantes *Comedia* eher spärlich. Die wenigen Hinweise sind von moralischen Argumenten begleitet – etwa wenn er die Arbeiterinnen in öffentlichen Bädern tadelt und sich nostalgisch auf die familienbezogenen Werte der Frauen des antiken Roms zurückbesinnt (vgl. Paradiso XV,121–126) –, und es zeigt sich, dass Dante die aristokratische Geringschätzung der manuellen oder körperlichen Arbeit teilt. Die wenigen Berufe, die Erwähnung finden – etwa Schneider, Koch, Weber und Schmiede, insbesondere auch Goldschmiede –, stammen selbstverständlich aus dem Handwerk, was aber weniger eine Wertschätzung der manuellen Arbeit ist, als vielmehr den Wert ausdrückt, den man im Mittelalter den Materialien zumisst. Ähnlich indifferent ist Boccaccio hinsichtlich des *negotium*, das zu Beginn des 14. Jahrhunderts neben dem Handwerk insbesondere im Zeichen des Handels steht, dem Florenz seinen Reichtum zu dieser Zeit im großen Maße verdankte.

I. Genealogisches zum Begriff von *virtus*: Von den Dingen zum Subjekt

Die Geringschätzung manueller Arbeit als Symptom einer niederen Lebensform mag im christlichen Abendland auch eine politisch-theologische Grundlage haben, ist doch die Arbeit die dem Menschen auferlegte Strafe nach dem Sündenfall und dem Ausschluss aus dem Paradies. In diesem Rahmen ergibt sich um das Jahr 1000 ein Wandel in der Semantik von Arbeit, die als manuelle Tätigkeit im Sinne einer ‚natürlichen' Form des Gehorsams der Kreatur gegenüber dem Schöpfer valorisiert wird. Statt Strafe zu konnotieren, wird dann Arbeit zum Mittel der Bereinigung und Erlösung von der Sünde und gilt somit als Weg der Annäherung an Gott. Diese moralische Neutralisierung der negativen Semantik von Arbeit hebt keineswegs den standesgemäßen und politischen Unterschied zwischen einem sich dem *otium* hingebenden Adel bzw. dem zu Kontemplation und Gebet prädestinierten Klerus auf. Vielmehr gibt diese semantische Verschiebung der politischen Hierarchie auch eine theologische Grundlage. ‚Einfache Menschen' müssen mit manueller Arbeit das vollziehen, was Klerus und Adel durch die „Sorge um sich" ausführen,[1] nämlich Selbstdisziplin walten lassen und als moralische und – ab der Renaissance – intellektuelle Subjekte erstarken. Die mittelalterlichen *virtutes – fides, caritas, spes, justitia, temperantia, fortitudo, prudentia* – entsprechen dem höfischen Ideal des Menschen und beziehen sich auf die Tugenden von Adligen und Herrschern. Erst in humanistischen Kreisen beginnt die Legitimierung der Arbeit durch eine philosophisch-theologische Grundlage, die die Semantik von *virtus* verändert. So sind zunächst im Mittelalter die *virtutes* moralische Eigenschaften der Menschen, während die guten Eigenschaften künstlerischer Produkte die inhärenten Kräfte von Dingen wie Steine

1 Foucault analysiert den doppelseitigen Prozess der Subjektivierung (als Unterwerfung und Autorisierung des Subjektes). Im christlichen Rahmen der neuzeitlichen Kontexte wird diese Subjektivierung durch die sog. Pastoralpraktiken herbeigeführt. Michel Foucault, Le souci de soi (Préface à l'Histoire de la sexualité), in: Michel Foucault, *Histoire de la sexualité*, Bd. III, Paris 1984.

und Edelsteine bezeichnen, deren Substanz an der Natur Gottes partizipiert oder gar wie etwa bei Reliquien die Kraft des Heiligen enthält. Nur im Sinne der *vis* oder *virtus* Heiliger wird dieser Begriff im Singular benutzt. Zu Recht weist Joachim Poeschke in seiner Einleitung zum Sammelband über die *Virtus* des Künstlers in der Renaissance auf die theologischen Grundlagen dieses Konzepts hin, mit dem in der Vulgata der griechische Begriff der δύναμις übersetzt wird.[2] Schon die Humanisten lösen den Begriff der *virtus* vom Heiligen ab und säkularisieren allmählich seine Semantik im Sinne der Kraft des Geistes. Die guten Eigenschaften (*virtutes*) der Dinge, d. h. der Baumaterialien und ihrer Wirkungskraft sowie die moralischen Tugenden des Künstlers, werden dann in den Renaissance-Traktaten zwar nach dem Modell von Vitruv übernommen,[3] z. B. in Leon Battista Albertis Architekturtraktat, doch entscheidend wird im Künstler-Bild der Renaissance – von Albertis *De pictura* (1435) und Lorenzo Ghibertis *Commentari* (1452–1455) bis hin zu den hundert Jahre später verfassten und die Renaissance besiegelnden Künstlerbiographien in Giorgio Vasaris *Vite* (1568) – zunehmend das *divinum ingenium*, bei dem die moralische Dignität der *virtus* von Bedeutung bleibt.[4] Das im Mittelalter komplementär zum Begriff *ars* benutzte *ingenium* als Eigenschaft des Künstlers, gelangt nun ins Zentrum der kunsttheoretischen Reflektion und wird mit den Künstlerbiographien eine geradezu inflationäre Rolle spielen.

Auch das Verhältnis von *fama* und *ingenium* sowie deren Verbindung über den Begriff der *virtus*, werden im Humanismus vorbereitet. 1330 erhält z. B. Giotto das Diplom von König Robert dem Weißen aus Neapel mit Bezug auf die „virtus discretiva“, wie sie Cusanus (Nikolaus von Kues) nennen sollte, aber auch auf die moralischen Tugenden von Giotto. So berichtet Giovanni Villani in seiner Chronik, dass Giotto wegen seiner „virtù e bontà“ von der Stadt Florenz ein festes Gehalt erhalten habe.[5] Die *fama*

---

[2] Vgl. Joachim Poeschke, Einleitung, in: Joachim Poeschke, Thomas Weigel und Britta Kusch-Arnhold (Hg.), *Die Virtus des Künstlers in der italienischen Renaissance*, Münster 2004, S. 9–12, hier S. 11.

[3] Aufgrund der martialischen Implikationen der antiken Allegorien der *virtus* bezieht Alberti diesen Begriff auf mittelalterliche Allegorien.

[4] Vgl. Poeschke, Einleitung (wie Anm. 2), S. 10, weist auf die „santità di costumi“ hin, die Vasari in der Michelangelo-Biographie betont.

[5] Giovanni Villani, Cronica XI, 12, zit. nach Poeschke, Einleitung (wie Anm. 2), S. 9.

ingens,[6] nämlich der Ruhm, der die Produktivkraft des Intellekts begleitet, bewirkt den Bekanntheitsgrad des Künstlers, wobei zunehmend die *virtus* des Künstlers eine entscheidende Rolle spielt, denn die *virtus* begründet die *fama* und die *fama* verschafft der *virtus* eine allgemeine Anerkennung – ein Verhältnis, das den Künstler für die Politik interessant macht.[7] Dies bestimmt den offiziellen Diskurs auch im Florenz der Medici – eine Zeit, in der sich die Figur des Künstlers als soziales Feld voll ausgebildet hat. In den Ästhetiktheorien konnotiert das *ingenium* auch jene moralischen Tugenden, die zuvor dem Adel und den Herrschern vorbehalten waren. Dass dies zu einem Signum der Epoche wird, zeigt sich bereits in der Entscheidung des florentinischen Architekten und Ingenieurs Antonio di Pietro Averlino, der ab 1451 am Hofe der Sforza in Mailand arbeitete und 1464 den Beiname Filarete (aus dem griechischen φιλάρετος, d. h. Liebhaber der Tugend) wählte.[8] Der humanistisch-rinascimentale Diskursrahmen macht also aus der Wirkkraft des Künstlers eine *virtus*, die zwar säkularisiert ist, jedoch weiterhin moralisch konnotiert wird. Die Arbeit des Künstlers wird intellektuell kodiert und mit einer abstrakten Semantik bezeichnet. Zugleich erhält der Künstler in Verbindung mit der *fama* auch einen eigenen gesellschaftlichen Status.

Die moralisch-theologische Rahmung der *virtus intellectualis* ist aber nicht nur genealogisch zu erklären. Sie geht vielmehr auch auf den diskursiven Rahmen des Neoplatonismus von Marsilio Ficino und der platonischen Theologie der *Nuova Accademia* zurück. Das Leben des Geistes als sich selbst bewusste Realisierung des intellektuellen Vermögens im Sinne von *vis* und *virtus* des Geistes wird von Ficino mit Bezug auf Cusanus als ‚Kraft' bezeichnet. Die *mens* ist ein unerschöpfliches Vermögen, wobei Cusanus' Vorstellung des endlichen Geistes als lebendiges Bild des unendlichen göttlichen Geistes (*viva dei imago*) auf einem Substanz-Begriff gründet, der sich von dem plotinischen Bezug von Ficino deutlich differenziert. Denn als *viva substantia* ist der Geist für Cusanus nicht selbstidentisch; seine Aktualisierung ist nur im Zusammenhang mit der produktiven Un-

6 Vgl. Francesco Petrarca mit Bezug auf Giotto (*Familiarum rerum libri V*, 17, 5–7), zit. nach Poeschke (wie Anm. 2), S. 12.

7 Poeschke, Einleitung (wie Anm. 2), S. 12.

8 Vgl. Hans W. Hubert, Filarete – Der Architekt als Tugendfreund, in: Poeschke u. a., Die Virtus des Künstlers (wie Anm. 2), S. 31–54, hier S. 33 ff.

bestimmtheit des Phänomenalen möglich, so dass die materielle, sinnliche Welt für die künstlerische Gestalt ebenso entscheidend ist wie die Perfektion der Form.[9] In der Einführung seiner Übersetzung von Plotins *Enneadi* bezeichnet Ficino seine Rezeption von Plotin als einen Akt der Vorsehung. Plotins Rezeption durch Marsilio Ficino führt indes zur Immaterialisierung des Begriffs der *virtus*, der bei Cusanus noch materiell-sinnlich konnotiert war. Ficino übernimmt nämlich Plotins Geringschätzung der Materie, die zwar als Substrat der Verwirklichung der Form notwendig ist, doch als ‚das Andere' der mit der Form zusammengedachten und deshalb „durchleuchteten Substanz" gilt, welche nach der Gestalt des wahren Seins in der suprarationalen Welt situiert ist. Dagegen gilt die Materie der sinnlichen Welt als „noch nicht gut".[10] Bei Plotin wie bei Ficinio ist die Unbestimmtheit der Materie lediglich die Alterität des in der Form enthaltenen göttlichen Vollzugs des Geistes. Die auf diese Weise erfolgende Abtragung der Materialität aus dem Denken der *virtus* des Künstlers immaterialisiert auch das Verständnis der *virtus creativa*,[11] die die Renaissance von Cusanus übernimmt. Die *virtus*, die bereits an der Schwelle zum Manierismus Synonym von Virtuosität im modernen Sinne wird, konnotiert durchaus Wertevorstellungen, die sich durch moderne Begriffe wie Genialität und Innovativität umschreiben lassen.[12] Die materielle Arbeit des Schriftstellers, des Bildhauers und Malers wird damit nobilitiert und zugleich zu einem abstrakten Vermögen transformiert. Das *Ingenium*, die Erfindungskraft des

---

9 Nicolai de Cusa, Idiota de mente, in: Nicolai de Cusa, *Opera omnia. Jussu et auctoritate Academiae Litterarum Heidelbergensis ad codicum fidem edita*, Vol. V, Hamburg 1983, I nn, 11, 13, S. 19 f.: „Omnis enim intellectus appetit esse, suum esse est vivere, suum vivere est intelligere, suum intelligere est pasci sapientia et veritate."

10 „Die Bewegung nun und die Andersheit, die aus dem Ersten kommen, sind unbestimmt und bedürfen seiner, um zur Bestimmheit zu gelangen; sie werden bestimmt wenn sie sich zu Jenem umwenden: davor war die Materie unbestimmt, sie war das ‚Andere' und noch nicht gut, sondern unerleuchtet von jenem. [...] es muss das Licht als etwas von sich Verschiedenem haben, wenn anders es von einem anderen stammt." Vgl. Plotin, Die beiden Materien, in: Sigrid G. Köhler, Hania Siebenpfeiffer und Martina Wagner-Egehafft (Hg.), *Materie – Grundlagentexte zur Theoriegeschichte*, Berlin 2013, S. 58–62, hier S. 61. Genau diese Andersheit der Materie als Funktion des Zu-sich-Kommens des Geistes wurde u. a. von Irigaray und Judith Butler demontiert. Butlers Materialität hat dieses Paradigma (mit Bezug auf Foucault) umgekehrt; vgl. Judith Butler, *Körper von Gewicht*, Berlin 1995, S. 31.

11 Vgl. Nicolai de Cusa, *Trialogus de possest* 3, 12, zit. nach Poeschke, Einleitung (wie Anm. 2), S. 12.

12 Vgl. Poeschke, Einleitung (wie Anm. 2), S. 9.

Künstlers, wird zur hohen Tugend, die Leon Battista Alberti im 9. Buch des Architekturtraktats erstmalig gleichberechtig mit den moralischen *virtutes (humanitas, facilitas, modestia, probitas)* bezeichnet.

Es müsste indes gefragt werden, inwieweit die Immaterialisierung, die die neoplatonischen Diskurse nahegelegt haben, tatsächlich Bestand hat, oder ob die materialistischen Komponenten des Substanz-Begriffs aus der *Physik* von Aristoteles und die phänomenalen Implikationen dieses Begriffes bei Cusanus nicht stärker die Konzeption der Arbeit des Intellektes modelliert haben, wie dies die Bildwissenschaft für das Bildwissen der Renaissance gezeigt hat. Eine derartige Frage leitet die nachfolgende Analyse der Semantik dieses Begriffes im Zusammenhang des bei Dante bestehenden Aristotelismus im *Convivium* und in seinen poetischen Schriften ein. Hier wird nach der Poetologie gefragt, die den ‚neuen Dichter' kraft seines Schreibens erstmals etabliert und mit der höchsten *virtus* ausstattet: der Fähigkeit, das Göttliche im Menschen darzustellen.

II. Dantes Inszenierung des Künstlers

Im Dantefresko, das Domenico di Michelino, ein Schüler Fra Angelicos, 1465 für den Dom von Florenz malte, erscheint Dante als *poeta laureatus* (Abb. 1). Nicht aber Dante, sondern Francesco Petrarca wurde 1341 in Rom mit dem Lorbeerkranz zum Zeichen seiner Bedeutung als Nationaldichter gekrönt. Und erst mit Petrarca bedeutet der Lorbeerkranz die öffentliche Anerkennung des Aufstiegs des Schriftstellers, ein Aufstieg, den Petrarca mit einer zielstrebigen Symbolik betreibt, und quasi als *self promoter* einleitet, als er 1336, mit den *Confessiones* von Augustinus in der Hand, den Mont Ventoux besteigt.[13] Dante wurde nicht als *poeta laureatus* gekrönt. Den Lorbeerkranz erhielt er nur in der Wahrnehmung der Renaissance, wo – etwa im Architekturtraktat von Filarete – der Lorbeerbaum ein Attribut der rinascimentalen Allegorie der *virtus* ist.[14] Erst unter der Bedingung des

[13] Vgl. u. a. Vittoria Borsò, Materialität und Medialität von Schrift und Bild: Francesco Petrarca und die Genealogie von Erinnerungskulturen der italienischen Renaissance, in: Andrea von Hülsen-Esch (Hg.), *Medien der Erinnerung in Mittelalter und Renaissance*, Düsseldorf 2009, S. 113–140.

[14] Antonio Averlino detto Il Filarete, *Trattato di architettura*, hg. von Anna Maria Finoli und Liliana Grassi, 2 Bde., Mailand 1972, Bd. 2, S. 533, zit. nach Poeschke, Einleitung (wie Anm. 2), S. 12. Vgl. auch Hubert, Filarete (wie Anm. 8).

Abb. 1: Domenico di Michelino, Dante als Dichter der Göttlichen Komödie, 1465 (Florenz, Dom)

in der Renaissance etablierten Werts des Künstlers konnte Dante im Fresko von Domenico di Michelino nachträglich als *poeta laureatus* stilisiert werden. Der Weg ist bereit, den Bembo gehen wird, wenn er Dante zu einem der *tre corone* der Italienischen Literatur erkoren und in der Geschichte der *Questione della Lingua* zum Vorbild des Italienischen erhebt. Das Dantebild des *Cinquecento* bindet den Dichter des Spätmittelalters an das symbolische Kapital des Künstlers, der sich durch den Wert seiner schöpferischen Tätigkeit auszeichnet. Wie wir gesehen haben, ist gerade im *Cinquecento* die *virtus* des Künstlers zugleich Anerkennung der Produktivität des Geistes und Bestätigung moralischer Tugenden.

Das Fresko aus dem Bildzyklus der *uomini e donne illustri* (ca. 1450) aus der Florentiner Villa Carducci[15] von Andrea del Castagno zeigt einen Dan-

[15] Die heute in den Uffizien in Florenz ausgestellten Fresken wurden abgenommen und auf Holz übertragen.

Abb. 2: Andrea del Castagno, Dante, um 1450 (Florenz, Uffizien)

te, der auf der Schwelle steht und mit einem Buch in der Hand nach außen schreitet (Abb. 2). Auch dies bezeugt den gesellschaftlichen Wert des Schriftstellers im 15. Jahrhundert, der die eigene *virtus* und *fama* im gesellschaftlichen System bezeugt. Die Arbeit des Intellekts ist aber im frühen 14. Jahrhundert noch nicht als Wert etabliert. Wie Petrarca als *poeta laureatus* an der Institutionalisierung des symbolischen Kapitals des Künstlers systematisch arbeiten wird, so muss Dante im frühen 14. Jahrhundert den Weg zur Konstitution dieses Wertes erst finden, ein Weg, auf dem er zum Bewusstsein der Möglichkeit eines solchen Wertes kommt. Auf diesem Weg treten drei im Folgenden näher zu betrachtende Momente hervor: a) die Positionierung des Begriffes der Naturphilosophie innerhalb der *artes liberales*; b) die Rolle der Imagination in Dantes Poetologie; c) die Materialität der Arbeit der Imagination.

II.1 Verschiebungen in der Topographie der *artes liberales*

In *La felicità mentale. Nuove prospettive per Cavalcanti e Dante*[16] untersucht Maria Corti den Glücksbegriff und dessen Funktion für Guido Cavalcanti und Dante als spezielle Positionierung innerhalb der Philosophie des Spätmittelalters. Im Zusammenhang mit dem IV. Traktat von *Il Convivio* will Corti eine Zäsur zwischen einer frühen Position von Dante, in der der Aristotelismus und der Averroismus herrschen, und einer späteren, thomistischen Position erkennen, die in die theologische Orientierung der *Comedia* münde. In dieser Evolutionslinie, bei der Corti das Oppositionspaar Rationalismus vs. Mystizismus von Luigi Pietrobono durch Aristotelismus vs. Thomismus ersetzt,[17] soll das IV. Traktat des *Convivio* einen Bruch herbeigeführt haben. Die Liebe zur Philosophie im *Convivio* sei eine Schwelle zwischen den Verlockungen der Donna Gentile bzw. der Rückkehr zu Beatrice in *Vita Nova* und dem Besingen der erleuchteten Beatrice bzw. deren Führung des Pilgers in das Paradies. Die starre Opposition zwischen Aristotelismus und Thomismus wird heute ebenso wie eine etwaige Teleologie in Dantes Denken und *Œuvre* zurückgewiesen; wie schwierig die Annahme einer solch linearen Entwicklung ist, zeigt etwa die Debat-

---

[16] Maria Corti, *La felicità mentale. Nuove prospettive per Cavalcanti e Dante*, Turin 1983.

[17] Vgl. Luigi Pietrobono, *Il Poema sacro. Saggio d'una intepretazione generale della Comedia*, Bologna 1915.

te in der italienischen Philologie, die sich um die These des *rifacimento* entzündet hat, nämlich der Neubearbeitung des Frühwerks seitens Dante zum Zwecke der Konstruktion einer diskurslogischen Hinführung zur *Comedia.* Die Fronten zwischen Luigi Pietrobono und Michele Barbi, der sich in seiner Einleitung zu *Il Convivio* als Teil der 12 Bände im Verlag Le Monnier von der *rifacimento*-These distanziert und die zeitweise Abkehr Dantes von Beatrice zugunsten der Donna Gentile als Zeichen der Unreife und der Jugend bewertet,[18] haben lange Jahre die philologischen Diskussionen geleitet, die mit immer neuen Argumenten zur philologischen Evidenz des „rifacimento" die internen Widersprüche des *Œuvre* und des Denkens Dantes zu glätten versucht haben.[19]

Die scheinbaren Inkohärenzen zwischen Früh- und Spätwerk Dantes sind erklärbar mit Bezug auf die Koexistenz des Theologischen und Philosophischen in Dante selbst und in seinem Kontext und gehen auch auf die Komplexität der thomistischen Philosophie zurück. Das Bedenken dieser Diskontinuität und der phänomenologische Rahmen der Fragen, die an eine philologische Lektüre gestellt werden, haben in neueren Studien den Weg für die Erkenntnis der Produktivität eben dieser Widersprüche geebnet.[20] Was den *Convivio* betrifft, gilt die Suche nach dem *summum bonum* der Philosophie als unumstrittenes Symptom einer im *Convivio* zentralen Frage betreffend das Verhältnis zwischen Philosophie, Erkenntnis und Glückseligkeit. Zweifellos ist in *Convivio* die Philosophie, bewegt durch die Liebe zum Wissen, der Zugang zum Glück – so Dante schon im dritten Traktat in Bezug auf die „morale filosofia":

> Ultimamente, in massima laude di sapienza, dico lei di tutto madre [e di moto] qualunque principio, dicendo che con lei Iddio cominciò lo mondo e spezial-

[18] Vgl. Michele Barbi, Introduzione, in: Dante Alighieri, *Il Convivio*, ridotto a miglior lezione e commentato da G. Busnelli e G. Vandelli con introduzione di Michele Barbi, 2 Bde., Bd. I, Florenz 1934, S. XVI–LXVIII.

[19] Zu dieser Debatte vgl. Robert Pogue Harrison, *The Body of Beatrice*, Baltimore und London 1988, insbesondere Kap. 8: „Vision and Revision: The Provisional Essence of the *Vita Nuova*" (S. 144 ff.). Harrison nennt diese Debatte als „almost parodic parade of an Italian academic style, a style that would seem to be vanishing among present-day Italian dantisti, who can now look back on those episodes with a degree of cinism" (S. 148).

[20] Ebd., S. 19, demonstriert Harrison mit einer phänomenologischen Fragestellung, wie die Materialität der Schrift von *Vita Nova* die körperliche Präsenz von Beatrice rekonstruiert; zur Phänomenologie als Methode vgl. S. 12 f.

> mente lo movimento del cielo, lo quale tutte le cose genera e dal quale ogni movimento è principiato e mosso, dicendo: Costei pensò chi mosse l'universo. Ciò è a dire che nel divino pensiero, ch'è esso intelletto, essa era quando lo mondo fece; onde seguita che ella lo facesse.[21]

Durch die Philosophie gelangt der Mensch zur ewigen Glückseligkeit. So auch im 4. Traktat, in dem neben den elf „virtù morali" („vita attiva"), die Dante im aristotelischen Sinne definiert,[22] auch die „virtù intellettuali" („vita contemplativa") den Weg zum Glück darstellen (IV, XVII, 1). Zwar zweifelt Dante, abweichend von der rein albertinischen Interpretation von Corti,[23] an der Fähigkeit des menschlichen Intellekts, Gott zu verstehen, glaubt aber an die Fähigkeit zur Vervollkommnung des Intellekts kraft der *virtus*.[24] Diese wird als die Potenz des Möglichen verstanden, nämlich als die potentielle Fähigkeit der Philosophie, Glückseligkeit herbeizuführen. So Dante im IV. Traktat des *Convivio*:

> La quale [l'anima sensitiva], incontanente produtta, riceve dalla vertù del motore del cielo lo intelletto possibile; lo quale potenzialmente in sè adduce tutte le forme universali, secondo che sono nel suo produttore, e tano meno quanto più dilungato dalla prima Intelligenza esso è.[25]

Die menschliche, damit sinnliche Seele sei zwar ungenügend („incontanente produtta"), doch zugleich durch die von Gott erhaltene *virtus* zur intellektuellen Kraft befähigt, das Mögliche zu erfassen. Wir erkennen darin den Anschluss an Aristoteles insoweit, als nach Aristoteles die Seele von Lebewesen zwar im Sinne einer vom Leib getrennten Wesenheit als abstraktes Prinzip gilt, nicht jedoch die menschliche Seele. Und auch Thomas von Aquin bezieht sich auf Aristoteles, wenn er die Mittlerstelle der Seele als eine an Geist und Leib beteiligte Entität betont: „Iam autem supra ostensum est, quod intellectus est virtus animae quae est actus corporis."[26]

---

[21] Dante, Il Convivio (wie Anm. 18), III, XV, 14–15.

[22] Vgl. Dante, Il Convivio (wie Anm. 18), IV, XVII, 3.

[23] Vgl. Cesare Vasoli, Dante, Alberto Magno e la scienza dei 'peripatetici', in: Patrick Boyde / Vittorio Russo (Hg.), *Dante e la Scienza*, Ravenna 1995, S. 55–70.

[24] Vgl. Adriana Diomedi, Dante e la necessita di perfezione: verso la felicita ultima, in: *Rivista di Studi Italiani*, 17 (2), 1999, S. 1–19; auch Adriana Diomedi, *Il principio di perfezione nel pensiero dantesco*, Leicester 2005.

[25] Dante, Il Convivio (wie Anm. 18), IV, XXI, 5.

[26] Thomas von Aquin, *Über die Einheit des Geistes. Gegen die Averroisten. De Unitate intellectus contra Averroistas. Über die Bewegung des Herzens. De motu cordis*, hg. von Wolf-Ulrich Klünker, Stuttgart 1987, S. 87.

Die Seele bildet also eine Ausnahme innerhalb der ‚intellektuellen Substanzen' und befindet sich in einer eigentümlichen Ambivalenz. Als materiell individualisierter Intellekt, der eine Einheit mit dem Leib bildet,[27] hat die ‚Sinnesseele' die Fähigkeit, beide kognitive Vermögen zu verknüpfen, das sinnliche, körperbezogene, und das Vermögen des Intellekts, welches individuelle Formen erkennt und mit dem Universellen verbindet.

Am Ende des der menschlichen Seele gewidmeten Kapitels XIX des IV. Traktats mündet Dantes Argumentation in das Zitat eines Psalmes von König David (Ps. 8, 2.), den Dante aufruft, um erneut die Stärke der menschlichen Seele in Folge der zahlreichen spirituellen und sinnlichen Potenzen zu betonen.[28] Gerade diese Spannung zwischen Potenz und Grenzen eines spirituell und sinnlich erfassten Vermögens des Intellekts führt auch bei Dante zur beunruhigenden Differenz von Erkennen und Begehren, die die Produktivität der abendländischen Liebeslyrik nicht unwesentlich bestimmt. Diese Differenz konfiguriert sich im *Convivio* zugunsten des Topos' des glücklichen Weisen in Abgrenzung von der theologischen Vorstellung des Ideals der religiösen Glückseligkeit. Dabei ist die Suche nach einer neuen, zumindest partiell von der Theologie unabhängigen Definition des *summum bonum* für unsere Analyse von Bedeutung. Darin ist nämlich auch ein Begehren erkennbar, der Philosophie einen hohen Platz innerhalb der spätmittelalterlichen *artes liberales* zuzuweisen und die geringere ökonomische und gesellschaftliche Bedeutung der ‚Arbeit des Intellekts' anzuheben.

Diese Verschiebung umfasst auch den Begriff der *virtus* erkennbar. Mit Bezug auf den Kommentar von Thomas von Aquin zur *Ethik* von Aristoteles wird schon zu Beginn des VIII. Kapitels des IV. Traktats die Qualität der *discretio* (Unterscheidungsvermögen) als der schönste Zweig der Vernunft

[27] Zwar führt bei Thomas von Aquin der *appetitus sensitivus* nicht zur (aristotelischen) Substanz, doch ist auch hier (wie in aktuellen Theorien) die mit den Sinnen verbundene Lust ein Motor für den Willen zu der über den *appetitus intellectivus* vermittelten universellen Erkenntnis. Vgl. dazu Rafael Capurro, Ein Grinsen ohne Katze. Von der Vergleichbarkeit zwischen ‚künstlicher Intelligenz' und ‚getrennten Intelligenzen', in: *Zeitschrift für philosophische Forschung* 47, 1993, S. 93–102.

[28] Die Engel seien zwar näher zu Gott und daher göttlich, der Mensch nur ein „animale divino"; gerade deshalb verfügt er aber über eine größere Anzahl von Potenzen und *virtutes* (Dante, Il Convivio (wie Anm. 18), III, II, 14). Vgl. Kommentar zu Dante, Il Convivio (wie Anm. 18) IV, XIX, 6–7.

betont: „conoscere l'ordine d'una cosa ad altra è proprio atto di ragione, e è questa discrezione".[29] Tatsächlich wird die *virtus* im Laufe des *Convivio* nicht nur zu einer den moralischen Tugenden ebenbürtigen intellektuellen Fähigkeit, sondern der „virtù" als materieller und immaterieller Qualität des Menschen wird am Ende des IV. Traktats auch die Kraft zugesprochen, die allgemeine und virtuelle Disposition des Menschen zur *nobilitas* zu aktualisieren:

> Dice dunque: Sì com'è 'l cielo dovunqu'è la stella, e non è questo vero e converso, cioè rivolto, che dovunque è cielo sia la stella, così è nobilitade dovunque è vertude, e non vertude dovunque nobilitade.[30]

Das Gleichnis der Sterne, die die Potenz des Himmels erst sichtbar machen, ist nicht nur abstrakt zu verstehen. Vielmehr widmet sich Dante im zweiten Traktat der Physik und der Metaphysik als Teil der Physik entsprechend dem thomistischen Kommentar zu Aristoteles. Als Teile der „Scienza Naturale" behandeln beide die Substanz, die im Falle der Physik die sensiblen, sichtbaren und korrumpierbaren Dinge, mit der Metaphysik dagegen die unkorrumpierbaren, unsichtbaren und nicht wahrnehmbaren Phänomene umfasst.[31] Dante beschreibt die konkrete Topographie von neun Himmelsphären, die zusammen mit der Sphäre des Mondes – nach dem Ptolomäischen Modell – die Erde umgeben und rekonfiguriert durch den Vergleich mit dem *Trivium* und *Quadrivium* die Ordnung der *artes liberales* selbst. Denn in dieser Topographie stehen die Physik und Metaphysik an der Spitze der sichtbaren Sterne, sind nämlich dem Fixsternenhimmel zugeordnet und kommen unmittelbar nach dem „cielo cristallino", jenem unsichtbaren Himmel, dem „Primo Mobile", der der „Morale Filosofia" entspricht und die Bewegung aller anderen bestimmt.[32] Zwar steht das Empyreum als Sitz Gottes über allem, so dass der Horizont dieser Topographie weiterhin hierarchisch und theologisch ist, doch ist im *Convivio* das Empyreum für die philosophisch kodierte Glückseligkeit von geringerer Bedeu-

---

[29] Dante, Il Convivio (wie Anm. 18), IV, VIII, 1.

[30] Dante, Il Convivio (wie Anm. 18), IV, XIX, 5. Dante zitiert hier das Justinianische *Digestum*, speziell die Glosse von Accursius, die im Kontext von Dante als der *ratio scripta* bzw. dem Gesetz gleichwertig betrachtet wurde. Vgl. Dante, Il Convivio (wie Anm. 18), Kommentar zu IV, XIX, 4–5.

[31] Ich verweise auf den entsprechenden Kommentar von Busnelli und Vandelli in: Dante, Il Convivio (wie Anm. 18), S. 213.

[32] Ebd., II, XIV, 14.

tung. Auch nach Cortis Argumentation verrät Dantes Suche nach einem philosophischen *summum bonum* den Versuch, Glückseligkeit in Übereinstimmung mit einer höheren Bedeutung von Philosophie und deren Wert innerhalb des gesellschaftlichen Wertesystems zu konzipieren – ein Befund auch von Luca Bianchi in seiner Untersuchung des Aristotelismus im Spätmittelalter.[33] Deshalb kommt es für Dante besonders darauf an, die intellektuelle Fähigkeit zu betonen, ja gar mit der Potenz des eigenen Intellekts den materiellen und politischen Benachteiligungen zu entgehen.

Die ungelöste und in deren Komplexität unlösbare Spannung zwischen dem aristotelischen und thomistischen Erkenntnisbegriff, die im *Convivio* virulent ist, sichert jedenfalls die Positionierung der Arbeit des Geistes neu innerhalb des spätmittelalterlichen Wertesystems. Es wäre dabei unzureichend, den Aristotelismus des *Convivio* als eine frühe Stufe von Dantes Philosophie zu sehen, deren Zäsur nach Corti in der zeitlichen und geistigen Entfernung vom Aristotelismus nach dem IV. Traktat des *Convivio* zu finden wäre. Der Aristotelismus ist vielmehr als eine naturphilosophische Komponente eben dieser Philosophie zu sehen, soweit sie das Wissen des Seienden betrifft. Die aristotelische Physik ist auch im Zusammenhang mit dem Status der Bewegung für die Lehre des materiell Seienden als Lehre beweglicher Körper bei Dantes Lektüre der thomistischen Interpretation von Aristoteles grundlegend. Bewegliche Körper stehen in der Spannung von Materie, Form und Bewegung (oder Bewegungsentzug). Dieses Prinzip übernimmt Dante einmal in der Symbolik seiner Topographie. So ist auch die Zahl von 2.022 Sternen des Fixsternenhimmels zu verstehen: Die Zahl Zwei symbolisiert Bewegung, Zehn ist die perfekte Zahl; 22 meint die Verdoppelung der perfekten Bewegung; Tausend ist Symbol für das Anwachsen (der Philosophie, des Intellekts), das ebenfalls hyperbolisch verdoppelt wird.[34] Die Philosophie überragt also in vielfacher Hinsicht die *artes libera-*

[33] Luca Bianchi, *Studi sull'aristotelismo del Rinascimento*, Padua 2003. Corti spricht hier nicht von Potenz des Intellekts, sondern von „Überschätzung" eines das Verstehen Gottes befähigten Intellekts nach dem Albertinischen Modell.

[34] „[...] che in nome, cioè questo 'mille', è lo maggiore numero, e più crescere non si può se non questo multiplicando. E questi tre movimenti soli mostra la Fisica, sì come nel quinto del primo suo libro è provato.", Dante, Il Convivio (wie Anm. 18), II, XIV, 4, S. 216. Diese drei Bewegungen nach den thomistischen Kommentaren der aristotelischen Physik definieren in perfekter Weise die Bewegung als Potentialität. So zitieren Busnelli und Vandelli Thomas' Kommentar zur Physik, I.3, lec.2: „Motus est actus existentis in potentia in quan-

les. Mit diesem Gestus bezweckt es Dante, auch die Arbeit des Geistes und letztendlich den eigenen Berufstand gegenüber einer klerikalen und aristokratischen Hierarchie zu positionieren. Die Bewegung als Prinzip allen Lebens wird bei Dante die herausragende Stellung der Liebe begründen. Diese gilt im *Convivio* der Donna Gentile, die in der *Vita Nova* Dante von der Erinnerung an Beatrice so abzulenken vermag, dass er zeitweise der irdischen Liebe verfallen ist. Im *Convivio* beherrscht die Donna Gentile und mit ihr die irdische Liebe den Schriftsteller. Die Spannung zwischen der sinnlichen Liebe für letztere und der sublimierten Liebe für Beatrice, die in der *Comedia* den Weg zur göttlichen Liebe zeigt, gehört zu den ungelösten Widersprüchen des *Œuvres*. So ist die Dauer des Verliebtseins in der *Vita Nova* mit wenigen Tagen beziffert, während im *Convivio* die Rede von einigen Jahren ist.[35] Obwohl in der *Canzone*, die das dritte Traktat eröffnet, die göttliche Tugend der Donna Gentile besungen wird, erfolgt die Beschreibung der Liebe im ersten Kapitel im Sinne eines glühenden Begehrens.[36] Gewiss ist auch eine allegorische Lektüre, wie sie die italienische Philologie vornehmlich vorschlägt, mit den markierten Intertexten Aristoteles' und Thomas von Aquin angelegt, [37] doch ist mit der Konkretheit der Liebe auch die materiell-sinnliche Dimension der Philosophie – im Gegensatz zur suprarationalen Dimension der Theologie – betont. Das Begehren – sei es die irdische Liebe zur Donna Gentile oder die göttliche Liebe ist der *motus*, der alles bewegt.[38]

---

tum huismodi", so dass, „per id quod dicitur in *potentia existentis*, designetur ordo eius ad ulteriorem actum." Ebd.

[35] Vgl. Dante, Il Convivio (wie Anm. 18), II, XII, 1–9.

[36] Die Metaphern der sinnlichen Liebe bestimmen den Diskurs. Es ist die Rede von „ardore" „a guisa di fuoco" che „di picciolo in grande fiamma s'accese " (ebd., III, I, 1), „multiplicato incendio" (ebd. II, I, 3); ebd., S. 256–258.

[37] Dante, Il Convivio (wie Anm. 18), III, 4–7. Zur Präferenz einer allegorischen Lektüre vgl. die Besprechung des Forschungsstandes in Zygmunt G. Baránski, Io sento sì d'Amor la gran possanza, in: Dante Alighieri, *Le quindici canzoni. Lette da diversi* I, 1–7, Lecce 2009, S. 145–211.

[38] Mit Bezug auf die Aussage Beatrices, wenn sie in das Purgatorium herabsteigt, um Dante abzuholen: „Amor mi mosse, che mi fa parlare." betont Robert Harrison Pogue: „In the final analysis there are two kinds of motion in the world for Dante: the predetermined orderly motion of the cosmos, which revolves around the Godhead, and the undetermined motion of the human will, which is free to choose where to direct its desire – either toward the self or toward God. Yet be it self-love or love of God (love of neighbor is a declension of the latter), what moves the heavens is the same force that moves both

II.2 *Vita Nova* (1293–1295): Das Neue Leben und das Begehren als Konstituent von Subjektivität

> In quella parte del libro de la mia memoria, dinanzi alla quale poco si potrebbe leggere, si trova una rubrica la quale dice: Incipit vita nova.

Vita Nova, eine Sammlung von Sonetten und Kanzonen, die von Prosa-Kommentaren begleitet sind, ist trotz konkreter Beschreibung von Liebesschmerz weit davon entfernt, der einfache Ausdruck der jugendlichen Herzensergießungen im Namen einer ‚vortrefflichen' Geliebten zu sein. Als autobiographisch markierter Text ist das Leben des Dichters hier ebenso wie in den weiteren Werken durch und durch konstruiert. Einmal ist im mittelalterlichen Text der literarische Raum nicht ausdrücklich an die Gesetze der Mimesis gebunden, so dass hier das Erlebte mit den Formen zusammenfällt, in denen die Kultur das Erlebte hervorgebracht hat. Zum anderen gehorchen die *res fictae* einer inneren Kohärenz, nämlich der Notwendigkeit, eine zu gründende intellektuelle Biographie zu konstruieren. Obwohl das Meiste wenig gesichert ist – selbst die von Boccaccio erstmals genannte Entsprechung Beatrices mit der historischen Figur einer gewissen Beatrice Portinari ist ungewiss –, ist der Dichter sichtlich bemüht, „l'effet de réell" einzubauen, also den Eindruck reeller Ereignisse zu vermitteln. Ein solcher Effekt ist das penibel präzise genannte Datum von Beatrices Tod am 12.06.1290.

Vita Nova bezeichnet gemeinhin die Erneuerung der Troubadourlyrik und der sizilianischen Dichterschule, die zur Hervorbringung des *Dolce Stil Novo* transformiert werden. Die angebetete Frau wird zu einem engelsgleichen Wesen; die Liebe zu ihr überdauert ihren frühen Tod und erhält – entgegen den sinnlichen Zügen der provenzalischen Sänger – neoplatonische Merkmale. Der Dichter wirbt um einen bloßen Gruß der Geliebten; Eros als Gott der Liebe hat Eigenschaften der Dreifaltigkeit. Soweit die These der platonischen Sublimation. Liebe wird hypostasiert und stellt ein abstraktes und universelles Ideal dar. Doch die übermäßige Präsenz von Beatrice und

---

sinners and saints alike, namely amor." Robert Harrison Pogue, The love that moves, in: http://www.salempress.com/Store/pdfs/inferno_critical_insights.pdf, S. 48 (letzter Aufruf 29.10.12); auch: ders., Dante: The Most Vivid Version, in: *The New York Revue of Books* (14.10.2013), S. 1.

all ihre Figurationen in Dantes *Vita Nova* – „as Christ figure, as angel, as number nine,[39] as phantasma, as beatifier, as Ciceronian friend"[40] – sowie die historische Alterität dieser Figur machen ihre Dichte und Komplexität aus, und gerade diese Präsenz, die sich in der materiellen Textur manifestiert, unterscheidet Beatrice von den sublimierten Gestalten des *Dolce Stil Novo*. Überdies zeigt eine Analyse der intratextuellen Beziehungen dieses Textes mit dem *Convivio*[41] und der *Comedia*, dass eine abstrahierende und allegorische Interpretation im Sinne des Diskurses dieses neuen Stils unzureichend wäre.

Zunächst sei auf korrelierende Leerstellen hingewiesen, die die *Vita Nova* mit der *Comedia* in einen Zusammenhang bringen. Neuere Analysen haben wiederkehrende, unter Umständen auch psychoanalytisch zu deutende Lücken in der imaginären Konfiguration der Schriften Dantes hervorgehoben.[42] Beispielsweise wird in der *Vita Nova* zwar der Tod von Beatrice erwähnt, jedoch nicht beschrieben. Diese Lücke korrespondiert mit einer – bisher kaum bemerkten – Leerstelle im dichten Netz der Bezüge auf antike Motive in der *Comedia*. Eurydike wird dort an keiner Stelle genannt, obgleich der Reim Beatrice und Euridice eng verbindet und sich die Geschichte Dantes in der *Comedia* wie ein Chiasmus des Orpheus-Mythos präsentiert: Nicht der Dichter steigt hinab in die Hölle, um die Geliebte zu retten, ohne es mangels *prudentia* zu können, sondern Beatrice steigt vom Paradies in das Purgatorium herab, um den Dichter zu retten. Die

---

[39] Die Nummer Neun ist in der Zahlensymbolik von Dante heilig und symbolisiert die Dreifaltigkeit (vgl. *Vita Nova*, XXIV). Zur Symbolik der Zahl Neun vgl. Gugliermo Gorni, *Dante. Storia di un visionario*, Rom/Bari 2008, S. 116 f.

[40] Robert Harrison Pogue, Dante vs. Stilnovists, in: *Dante. Bloom's major poets*, hg. und eingeleitet von Harold Bloom, New York 2001, S. 25 f., hier S. 25.

[41] Die übermäßige Präsenz im *Convivio* wird etwa am Schluss der das dritte Traktat eröffnende, an sich die sublimierte Liebe besingende Kanzone zum Ausdruck gebracht: „e quando poi, a lei ti rappresenta:/ dirai: ‚Madonna, s'ello v'è a grato,/ io parlerò di voi in ciascun lato". Dante, Il Convivio (wie Anm. 18), III, Canzone seconda, S. 255.

[42] Vgl. Gorni, Dante (wie Anm. 39). In dieser Studie erscheint Beatrice anders als im Sinn eines reinen und abstrakten Ideals. Vielmehr ist sie eine sonderbare Mischung physischer Passion und theologischer Transposition. Zur körperlichen Präsenz von Beatrice vgl. auch Pogue, The Body of Beatrice (wie Anm. 19), S. 98: „In ‚Sì, lungiamente' Dante's frail soul seeks from Beatrice strengh and reassurance, which she provides by the power of her presence: ‚Questo m'avvene ovunque ella mi vede.'" In der dichterisch performierten, physischen Konsistenz der abwesenden Beatrice, sieht Harrison eine Analogie zu Petrarca.

Rettungsgeschichte gelingt, aber auf Kosten eines anderen Verlustes: Vergil, der den Dichter in der Hölle und im Purgatorium geführt hatte, wird in der Logik der *Comedia* am Ende der Reise in diesen zwei Sphären geopfert. Vergil verschwindet vor den Augen des Dichters, wie Eurydike vor Orpheus' Blick,[43] wenn er sich umdreht, um nach ihm bzw. ihr zu schauen:

> Ma Virgilio n'avea lasciati scemi
> di sé, Virgilio dolcissimo patre,
> Virgilio a cui per mia salute die'mi;
> (Purgatorio XXX, 49–51)

Der Mythos, wie er von Ovid erzählt wird, drückt das Begehren des Dichters aus, die Tote Eurydike von der Anonymität des Totenreichs zu retten; die Sorge um Eurydike führt Orpheus an der Schwelle zur irdischen Welt zur Überschreitung des Verbots, in das nicht erblickbare Reich der Toten zu schauen. Aber gerade hier, mit dem Blick von Orpheus in das Unmögliche, so Maurice Blanchot, beginnt das Schreiben.[44] Dante schreibt, weil er sich in der christlichen Neuzeit berufen fühlt, die in den Himmel entrückte Geliebte wiederzusehen. Das *summum bonum* ist hier vom Schreiben und vom Erfolg einer Schrift abhängig, die das Vermögen haben wird, das Scheitern des antiken Dichters Orpheus durch ein neues optisches Regime zu überwinden: Dante ‚sieht' Beatrice im Paradies von Angesicht zu Angesicht, während es Vergil ist, der antike Schriftsteller, der dem Blick Dantes entzogen wird. Vergil zahlt als Vater den Preis dafür, dass sich der Sohn, der Dichter, der sich in der *Vita Nova* konstituiert hatte, nun als selbständiger *auctor novus*, als Schriftsteller einer neuen, christlichen Zeit, behaupten kann, und zwar kraft seines Schreibens, seines Blicks und seiner Imagination. Die Leerstelle in der intertextuellen Beziehung zu Orpheus ist eine Geste der Selbstautorisierung Dantes als Dichter. Aber schon die *Vita Nova* bereitet diese Autorisierung vor.

---

[43] Zum Verschwinden von Vergil in Analogie zum Orpheus-Mythos bei gleichzeitigem Gendertausch gegenüber Ovid vgl. Rachel Jacoff, At the Summit of the Purgatory, in: Allen Mandelbaum u. a. (Hg.), *Lectura Dantis. Purgatorio. A Canto-by-Canto Commentary*, Berkeley/Los Angeles 2008, S. 341–352.

[44] Vgl. Maurice Blanchot, Écrire commence avec le regard d'Orphée, in: Maurice Blanchot, *L'espace littéraire*, Paris 1988, S. 184. Vgl. Auch Andreas Gelhard, *Das Denken des Unmöglichen: Sprache, Tod und Inspiration in den Schriften Maurice Blanchots*, München 2005, S. 222.

II.3 Imagination und Blick: Die *virtus* der Schrift

Die *ars amandi* der *Vita Nova* ist keineswegs eine Technik, die geradewegs zur Bereinigung der Leidenschaften führt. Entgegen des neoplatonischen Zugs in der Poetologie selbst des *Dolce Stil Novo* handelt *Vita Nova* von der Unfähigkeit, die Gunst der Liebenden durch einen platonisch geformten Blick zu empfangen. Das Schreiben ist deshalb ein langer Bericht, eine lange Dramatisierung des eigenen Leidens. Denn die erneuernde Kraft der Liebe, die im *Incipit* von *Vita Nova* versprochen wird, lässt in diesem Werk auf sich warten. Der Weg zur neuen *ars amandi* ist beschwerlich. Die Mehrheit des Textes beschreibt konkret die psychosomatischen Krankheitszustände des Liebenden, der zunächst leidet, weil er von der Angebeteten vermittels Amor getadelt wird, dann seine Liebe dissimuliert, weshalb er direkt vom Blick der Geliebten bestraft wird. Dabei ist Beatrices Tod der Beginn eines langen Wegs, der nach dem Abstieg *ad inferos* über das Purgatorium erst an der Schwelle zum Paradies zum Anblick von ihr erneut führen wird. In der *Vita Nova* gelingt dies dem Dichter nicht. Noch am Ende ist er vom Todeswunsch erfasst, weshalb das Ende der *Vita Nova* zum Entschluss kulminiert, nicht weiter zu sprechen, „bis ich in würdigerer Weise von ihr berichten könnte".[45]

Der Verlust der Gunst der Geliebten führt also sowohl zur Liebeskrankheit als aber auch zur Notwendigkeit, durch eine restlose Hingabe des Dichters zur Geliebten und durch ihr wiederholtes Lob, die Gunst der Geliebten zurück zu erobern. Wie Scheherazade gegen den Tod erzählt, so dichtet Dante gegen das eigene Todesbegehren als Symptom der Liebeskrankheit. Das Resultat ist ein völlig neuer Weg, den Dante in der *Vita Nova* begeht. Die Verschiebung der Funktion des Dichters ist bemerkenswert. War in der sizilianischen Lyrik der Liebesschmerz die bloße Akzidenz einer geläuterten Substanz, für deren Gewinnung die Sinne zurückgewiesen werden, damit der Dichter sich der *virtus* der Geliebten unterwirft, so ist bei Dante der Geist des Liebenden stolz und hat die Kraft *(vis)*, den tadeln-

[45] Dante Aligheri, *La Vita Nova. Das neue Leben*, kommentiert von Luca Carlo Rossi und Gugliemo Gorni, übersetzt von Thomas Vormbaum, Berlin 2007, S. 182, XLII. „Appresso questo sonetto apparve a me una mirabile visione, ne la quale io vidi cose che mi fecero proporre di non dire più di questa benedetta, infino a tanto che io potesse più degnamente trattare di lei. "

den Blick der Geliebten auszuhalten, so Dante in der programmatischen Canzone XIX „*Donne ch'avete intelletto d'amore*".[46]

Dass Dante in der *Vita Nova* das Subjekt der Schrift inszeniert und nicht die innere Wahrheit im Sinne des autobiographischen Pakts sucht, wird vom Dichter reflektiert, wenn er auf das Vermögen der Poeten aufmerksam macht, Belebtes und Unbelebtes in Dialog miteinander zu bringen und wahre ebenso wie unwahre Dinge zum Gegenstand des Textes zu machen:

> [...] li poete ànno parlato alle cose inanimate sì come se avessero senso o ragione, e fàttele parlare insieme; e non solamente cose vere, ma anche cose non vere, cioè che detto ànno, di cose le quali non sono, che parlano, e detto che molti accidenti parlano, sì come se fossero sustanzie ed uomini;[47]

Die Fähigkeit, die Dinge zu verändern, verweist auf die Kraft der Imagination. Nach Aristoteles ist die Imagination eine Bewegung, die aus den Sinneseindrücken entsteht und es vermag, die natürliche Vernunft mit über das menschliche Verstehen hinausgehenden Fähigkeiten auszustatten. Schon im zweiten Kapitel der *Vita Nova* erkennt man die Nähe von Imaginationskraft und den Funktionen der Schrift. Nach dem bereits zitierten *Incipit* beginnt dieses Kapitel mit der dreifachen Erwähnung der Erscheinung Beatrices „[...] apparve prima la gloriosa donna de la mia mente".[48] Nach genauer Beschreibung der Wirkung in den unterschiedlichen Kammern des Geistes – der Geist des Lebens liegt in der geheimsten Kammer, wo das zitternde Herz residiert, der „animalische" Geist, der sich in der hohen Kammer der Wahrnehmung befindet, die die Augen anspricht, und schließlich der „natürliche Geist", in dem der Intellekt residiert – kommt der Dichter zur Situierung der Imagination in dem Verhältnis von Lieben und Schreiben. Die Imagination ist der Motor, der das Schreiben am Leben hält. Nicht die Erinnerung als Abschrift des Urbilds der Jugendzeit im Gedächtnis, sondern die Macht der Imagination ist es, die es Amor möglich macht, die Seele zu beherrschen. Die Einbildungskraft befähigt deshalb den Dichter, mit den Worten Homers zu wetteifern:

[46] „De li occhi suoi, come ch'ella li mova,/escono spirti d'amore inflammati, /che fèron li occhi a qual che allor la guati,/e passan sì che 'l cor ciascun retrova:/voi le vedete Amor pinto nel viso,/là 've non pote alcun mirarla fiso." Dante, Vita Nova (wie Anm. 45) XIX, 51–56.

[47] Dante, Vita Nova, (wie Anm. 45) XXV. Zur Rolle der Imagination vgl. auch Harrison, The Body of Beatrice (wie Anm. 19), S. 30 f.

[48] Dante, Vita Nova (wie Anm. 45) II, S. 8–11.

> D'allora innanzi dico che Amore segnoreggiò la mia anima, la quale fu sì tosto a lui dispensata, e cominciò a prendere sopra me tanta sicurtade e tanta signoria per la vertù che li dava la mia imaginazione, che me convenia fare tutti li suoi piaceri compiutamente. Elli mi comandava molte volte che io cercasse per vedere questa angiola giovanissima; onde io ne la mia puerizia molte volte l'andai cercando, e vederla di sì nobili e laudabili portamenti, che certo di lei si potea dire quella parola del poeta Omero: Ella non parea figliuola d'uomo mortale, ma di deo.[49]

Das Schreiben wird durch die Dramatisierung und Aufrechterhaltung des Leidens am Leben erhalten. Dies wird ebenso deutlich markiert wie die Tatsache, dass der Wille zum Schreiben in dem Maße des Fortschreitens des Leidens des Liebenden wächst. So etwa in XVI:

> Appresso ciò, che io dissi questo sonetto, mi mosse una volontade di dire anche parole, ne le quali io dicessi quattro cose ancora sopra lo mio stato, le quali non mi parea che fossero manifestate ancora per me. La prima de le quali si è che molte volte io mi dolea, quando la mia memoria movesse la fantasia ad imaginare quale Amore mi facea. La seconda si è che Amore spesse volte di subito m'assalia sì forte che'n me non rimanea altro di vita se non un pensero che parlava di questa donna.[50]

Sprache, Imagination und sinnlicher Blick sind die Instrumente im Werkzeugkasten des Schriftstellers. Darin ist der neue Weg der *Vita Nova* zu finden und dieser Weg läuft nicht über die thomistische Naturphilosophie, in der die Transformation des Blicks im Sinne der Anschauung des Göttlichen die natürliche Neigung zum Glück erfüllt, sondern über die Ethik von Thomas von Aquin und die Naturphilosophie von Aristoteles. So präferiert etwa Dante die These der thomistischen Ethik, nach der in unserer menschlichen Erfahrung eine solche Perfektion nicht erreicht werden kann, da das Göttliche ein vollständigeres Verstehen erfordert als die Menschen überhaupt erreichen können. Wenn Dante in der *Vita Nova* im Anschluss an die thomistische Ethik die Grenzen des Intellekts bedenkt, geschieht dies, um diese ethische Kautel zu ignorieren. Er kann nicht der Verführung widerstehen, die Erfüllung des Begehrens zu suchen. Im *Convivio* wird diese Erfüllung im Sinne des philosophischen Begehrens erfolgen. Die Donna Gentile als Verkörperung der Philosophie ist dabei der Ausdruck der phi-

---

[49] Ebd.

[50] Ebd., XVI, S. 62–65.

losophischen Potenz, die es ermöglicht, das natürliche Verstehen zu überschreiten.[51]

In der *Vita Nova* und der *Comedia* ist die Einbildungskraft jene Macht, die es Amor möglich macht, über die Seele zu herrschen und das Begehren am Leben zu halten. Es ist die Kraft, die Dante „virtú" nennt, und die der durch die Imagination bewegten Seele entspringt. So führt die Imagination die Feder des Dichters dort, wo das Gedächtnis an das Urbild versagt. Die aristotelische Fähigkeit der Imagination, welche natürliches Verstehen mit übermenschlichen Kräften ausstattet, überschreitet gewissermaßen die thomistische Skepsis hinsichtlich des menschlichen Verstandes. Immer wieder hebt zwar Dante eine Unterscheidung zwischen menschlichem Glück und dem Glück hervor, das durch die Gnade erreicht werden kann – beide Positionen wechseln sich im dantesken Dialog zwischen Theologie und Philosophie ab –, doch poetologisch überwiegt das Glück, der Abwesenheit des materiell Seienden durch die Imagination zu trotzen. Die *Virtus* des Schriftstellers wird zur Fähigkeit, die Präsenz des Materiellen in der Schrift wieder herzustellen. Das Werkzeug hierfür ist der Blick. Der Blick beherrscht geradezu den Willen des Dichters, wenn er ab Kap. XXXV der *Vita Nova* die Donna Gentile entdeckt, wie sie ihm aus einem Fenster zuschaut.[52] Ist in der *Vita Nova* der Konflikt zwischen der Erinnerung an die verstorbene Geliebte und dem sinnlichen Begehren des Anblicks der Donna Gentile, wenn auch temporär, der Motor für das Schreiben, und erreicht es der Dichter durch die Imagination, den Anblick der Beatrice wiederherzustellen,[53] so wird im *Convivio* der Anblick der Donna Gentile zum Motor der Suche nach dem *summum bonum* der

[51] So erlangen die natürlichen Dinge die Perfektion durch die Perfektion der Ratio. Dante, Il Convivio (wie Anm. 18) III, XV, 34.

[52] So weiter in Kap. XXXVIII: „Ricovròmi la vista di quella donna in sì nuova condizione, che molte volte ne pensava sì come di persona che troppo mi piacesse; e pensava di lei così: ‚Questa è una donna gentile, bella, giovane e savia, e apparita forse per volontade d'Amore, acciò che la mia vita si riposi.' E molte volte pensava più amorosamente, tanto che lo cuore consentiva in lui, cioè nel suo ragionare." Dante, Vita Nova (wie Anm. 45), S. 166.

[53] In Kapitel XXXIX heißt es: „Contra questo avversario de la ragione si levoe un die, quasi ne l'ora de la nona, una forte imaginazione in me; che mi parve vedere questa gloriosa Beatrice con quelle vestimenta sanguigne co le quali apparve prima a li occhi miei ; e pareami giovane in simile etade in quale io prima la vidi. Allora cominciai a pensare di lei". Dante, Vita Nova (wie Anm. 45), S. 170.

Philosophie.[54] In der Comedia ist die Funktion des Blickes radikaler. Durch den Blick autorisiert sich das Subjekt zur Überschreitung der Grenzen zum Anderen.

Welch beachtlichen Weg Dante von der *Scuola Siciliana* hin zur *Vita Nova* und zur *Comedia* beschritten hat, sieht man an den Verschiebungen in der Topographie des Blicks. Guido Guinizelli (1230–1276) hatte eine medizinische und kosmologische Definition der Liebe als quasi mystische Sprache charakterisiert, die die Potenz der Geliebten zelebriert, welche fähig ist, den Geist des Liebenden zu erheben, wenn sie dem göttlichen Licht in ihren Augen folgt, wie der Himmel Gott gehorcht. So in seiner programmatischen Kanzone „Al cor gentil rempaira sempre amore":[55]

> Splende in la intelligenzïa del cielo
> Deo crïator, più che 'n nostri occhi 'l sole;
> ella intende suo fattor oltra 'l cielo,
> e 'l ciel volgiando, a Lui obedir tole;
> e con' segue, al primero,
> del giusto Deo beato compimento,
> così dar dovria, al vero,
> la bella donna, poi che ['n] gli occhi splende
> del suo gentil, talento
> che mai di lei obedir non si disprende.
> (V. 41–50)

Der Himmel strahlt die Schönheit aus, und die *virtus* des Dichters liegt in der Fähigkeit, diese andere Schönheit zu empfangen, die für menschliche Augen schöner ist als die Sonne selbst. Während Guido das Ich als gehorchende Entität konfiguriert, ist für Dante das Sehen eine aktive Tätigkeit des Blickes, die erst die Dinge zum Leuchten bringt. Die Transzendenz der Liebe Gottes wird bei Dante zur Erfahrung des Göttlichen *im* Menschen.

Schauen wir uns die Blickereignisse bei der Begegnung von Dante und Beatrice im Gesang XXX des Purgatoriums an. Nachdem beim Anblick Beatrices die alte Flamme, die Amor entzündet hatte, den Blick und die

---

54 „[Q]uella gentile donna, cui feci menzione ne la fine de la *Vita Nuova*, parve primamente accompagnata d'Amore a li occhi miei, e prese luogo alcuno de la mia mente". Dante, Il Convivio (wie Anm. 18), II, II, 1.

55 Guido Guinizelli, Al cor gentil rempaira sempre amore, in: Gianfranco Contini, *Poeti del Duecento*, 2 Bde., Bd. I, Mailand/Neapel 1960, S. 460.

Erkenntnis erblinden lässt,[56] und Dante bei Vergil weint und die Stimme von Beatrice den verstörten, in die „Unreife" der Jugend zurückgefallenen Dichter zur inneren Ruhe auffordert, damit Vergil Dante verlassen kann, findet das Ereignis der Blickbegegnung statt:

> vidi la donna che pria m'appario
> velata sotto l'angelica festa,
> drizzar li occhi ver' me di qua dal rio.
> (Purgatorio, XXX, V. 64–66)
>
> [...]
>
> „Guardaci ben! Ben son, ben son Beatrice.
> Come degnasti d'accedere al monte?
> non sapei tu che qui è l'uom felice?".
> Li occhi mi cadder giù nel chiaro fonte;
> ma veggendomi in esso, i trassi a l'erba,
> tanta vergogna mi gravò la fronte.
> (Purgatorio, XXX, V. 73–78)

Wie in *Vita Nova* muss der Dichter lernen, den Blick zu senken, muss das richtige Regime eines von Wollust oder Trauer befreiten Blickes finden. Darauf fordert ihn Beatrice, die den Dichter im XXXI. Gesang mehrmals tadelt, zuerst im Gespräch mit den Engeln, dann im nächsten Gesang direkt. Dies ist auch die Lektion, die Dante am Ende des *Purgatorio* zu erlernen hat. Zwar zitiert damit Dante die hochscholastische Lehre, nach der Gott als Schöpfer und der Maler als Widerspiegelung der Schöpferkraft Gottes zu gelten hat, doch tragen die Visionen nicht nur in Bezug auf die Höllenbilder des Irdischen eine Differenz zum Göttlichen, die diejenige Bildkomposition erfordern, welche erst bei Michelangelo vorliegt.[57] Den Blick, der schon in der *Vita Nova* auch den tadelnden Blick von Beatrice nicht fürchtete, richtet Dante im *Inferno* auf die verbotenen Exzesse der Sünden hin. Mit seiner Lust, an die Grenzen des Menschlichen zu kommen, ist er oft genug überfordert; Symptom dafür ist die Tatsache, dass er wiederholt in Ohnmacht fällt, nachdem er die materiellen Bedingungen der Sünden und die

[56] Die Analogie zur gewaltigen Macht der Liebe für die Donna Gentile in Dante, Il Convivio (wie Anm. 18), insbesondere in der Kanzone „Io sento sì d'Amor la gran possanza" ist vielfach beobachtet worden; vgl. auch Anm. 37.

[57] So etwa Jean-Pierre Barricelli, *Dante's Vision and the Artist. Four Modern Illustrators of the Comedia*, New York u. a. 1992.

schrecklichen Formen des „contrapasso“ geschaut hat.[58] Aber auch im Paradies herrscht trotz der dominanten Erfahrung einer transzendenten Vision stets das Maß des menschlichen Auges, dessen Sehkraft vermittels des Blicks von Beatrice zwar gesteigert wird, doch Ausdruck des das Menschliche übersteigenden Vermögens der dichterischen Visionen ist. Das Prinzip der Bilder in der Hölle und im Paradies – und dies ist erstaunlicher – ist die Anpassung an die menschliche Natur, so Dante, explizit mit einer Reminiszenz an Horaz' *Ars poetica*:

> natura o arte fè pasture
> da pigliare occhi, per aver la mente
> in carne umana o nelle sue pitture
> (Paradiso XXVII, V. 91–93)

Dieses optische Regime hat schon im *Cinquecento* dazu geführt, dass Dante als ein Prophet der Renaissance bezeichnet wurde. Der Wunsch, das materiell Seiende der Natur zu erfahren, führt Dante zu einer Poetologie, die auch im Paradies Bilder *nach der Natur* konzipiert, und zwar selbst dann, wenn die Bilder übernatürliche Visionen darstellen. Immer wieder muss zwar Dante seine Visionen mit einem theologischen Diskurs einrahmen, etwa wenn er Christus mit einem Gärtner vergleicht und auf die Hierarchie zwischen Schöpfer und Kreatur anspielt. So sät Christus Blumen und entwirft einen Garten, in dem z. B. der Heilige Petrus eine Pflanze, Dante selbst ein Blatt ist. Doch wird auch hier die Blume penibel *nach der Natur* dargestellt, und zwar so, dass die Paradiesdarstellungen eher mit dem Naturspektakel von Botticelli vergleichbar sind. Mit der Insistenz auf das Schauen ist deshalb der Text der *Comedia* mehr als nur eine allegorische Anspielung an die Läuterung und Vorbereitung auf das Göttliche. Vor dem Blick des Dichters erhalten Dinge und Materialien ein eigenes, ja ein magisches Leben.

Durch die optische Expressivität, die Rolle der Imagination und die schöpfende Funktion des Schreibens positioniert sich Dante ganz hoch oben auf dem Feld der *virtutes*. Ja, die moralischen Tugenden werden bei ihm – umgekehrt als in den kunstästhetischen Traktaten des *Quattrocento* und *Cinquecento* – zu einem Mittel für die materielle Akzeptanz einer *vir-*

[58] Vittoria Borsò, Dalí begegnet Dante: Transposition des Blickes und Abenteuer der Augen, in: *Deutsches Dante Jahrbuch* 73 (1998), S. 153–180.

tus als Potenz des Intellekts und als einer Arbeit, die nun in der *Comedia* den *poeta* gar als Richter über Monarchen und Priester setzt.

Abbildungsnachweis

Thomas Schulze Altcappenberg (Hg.), Sandro Botticelli. Der Bilderzyklus zu Dantes Göttlicher Komödie, Ostfildern-Ruit 2000: Abb. 1.

Steffi Roettgen, Wandmalerei der Frührenaissance in Italien 1400–1470, München 1996: Abb. 2.

Roger Lüdeke

Arbeit am Theater der Frühen Neuzeit William Shakespeares Kaufmann von Venedig

I.

Bis zur Frühen Neuzeit waren Handel und Kommerz kulturell negativ bewertet. Noch im Spätmittelalter trägt Arbeit die christliche Konnotation von Drangsal, Last und Not im nach-paradiesischen Jammertal; aus dem Caritas-Gedanken heraus war ökonomischer Gewinn ohnehin nur durch Rückführung an die Gemeinschaft zu legitimieren, Profit um der Arbeit selbst willen stand nahe dem Hauptlaster der *luxuria* und war dementsprechend diskreditiert.[1] Auch im anglikanischen Kontext unterliegt die Arbeit einer christlichen Fundamentalkritik, insbesondere wenn man die protestantische Diskreditierung guter Werke im Rahmen der Gnadenökonomie Luthers berücksichtigt, der zufolge das Gnadengeschenk Gottes dem Menschen nur durch den Glauben, nicht aber aufgrund ‚lohnender' Handlungen gegeben wird. Im höfischen Zusammenhang schließlich galt Arbeit traditionellerweise als diesem gesellschaftlichen Stand unangemessene Tätigkeit, als Bruch des gesellschaftlichen *decorum*.[2]

Im Elisabethanischen Zeitalter setzt dagegen eine massive Aufwertung kommerzieller Tätigkeiten ein. Insbesondere Seefahrer und Freibeuter wie Sir Walter Raleigh oder John Hawkins erhalten die „Aura von Volkshelden".[3] Es ist dieser wirtschaftsgeschichtliche Einschnitt, auf den auch Shakespeares *Merchant of Venice* (1596–98) reagiert. Für die in dem Stück sedimentierte historische Semantik von Handel und Kommerz ist hierbei insbesondere „der Aufstieg der neuen Manufaktur-, Handels- und Finanz-

---

[1] Vgl. Ricarda Bauschke-Hartung, *Der Wert der Arbeit. Zur historischen Semantik von mittelhochdeutsch arbeit, dienest, lôn und wert*, in diesem Band.

[2] Vgl. Barbara Haupt, *Eine Kaiserfamilie und die Arbeit. Zur Faustinian-Erzählung in der deutschen Kaiserchronik*, in diesem Band.

[3] Christian Enzensberger, *Literatur und Interesse. Eine politische Ästhetik mit 2 Beispielen aus der englischen Literatur, Bd. 2: Beispiele: William Shakespeare, Der Kaufmann von Venedig, Charles Dickens, Oliver Twist*, München 1977, S. 27.

kapitalisten"[4] von Bedeutung. In dem für uns entscheidenden Zeitraum beginnen diese sich zunehmend in Gilden und Companies zu organisieren und sich damit vom Kleinhandel und -handwerk zu trennen. Dadurch kommt es zu Monopolbildung sowohl im Binnenhandel als auch im Außenhandel. Handel ist hier vor allem Seehandel, der dank der durch ihn erzielten Zollabgaben zur wichtigsten Einnahmequelle des Staats avanciert. Beispiele für den neuen Stellenwert des Seehandels zeigen Handelsfahrten von William Hawkins jr. oder Francis Drake von 1577–80, die bei einem Kapitaleinsatz von 5.000 £ einen Profit von 600.000 £ abwarfen.[5]

Diese kulturelle Renobilitierung von Kommerz und Handel erklärt auch eine im historischen Rückblick merkwürdig anmutende Passage in Shakespeares Stück. Tatsächlich ist nämlich die gesamte Liebeshandlung zwischen Portia und Bassanio von ökonomischen Termini durchzogen. Nicht nur seine Reise zu ihr beschreibt Bassanio im Gespräch mit Antonio als Handelsfahrt, auch bei der Werbung um Portia muss Bassanio sich vor allem anderen als *merchant* bewähren. Und er hat als Einziger Erfolg, denn er allein wählt das bleierne Kästchen und nicht das goldene oder das silberne:

> The first, of gold, who this inscription bears,
> 'Who chooseth me shall gain what many men desire;'
> The second, silver, which this promise carries,
> 'Who chooseth me shall get as much as he deserves;'
> This third, dull lead, with warning all as blunt,
> 'Who chooseth me must give and hazard all he hath.'
> How shall I know if I do choose the right?[6]
> (II/7, S. 4–10)

Der Handel befindet sich hier offensichtlich auf der semantisch positiv konnotierten Seite von Risikobereitschaft, bedingungslosem Einsatz und Mut. Und auch der nach der bestandenen Probe einsetzende Liebesdialog zwischen Bassanio und Portia fantasiert vom Zusammenleben radikal egalitärer *homines oeconomici*, die sich ohne Rücksicht auf Verluste einander hingeben bzw. ineinander investieren:

> PORTIA [...] Beshrew your eyes,
> They have o'erlook'd me and divided me;

[4] Ebd.

[5] Vgl. ebd.

[6] William Shakespeare, *The Merchant of Venice*, hg. von John Russell Brown, London 2006.

One half of me is yours, the other half yours,
Mine own, I would say; but if mine, then yours,
And so all yours [...] (ebd, III/2, 14–18)
BASSANIO Madam, you have bereft me of all words,
Only my blood speaks to you in my veins;
And there is such confusion in my powers,
As after some oration fairly spoke
By a beloved prince, there doth appear
Among the buzzing pleased multitude;
Where every something, being blent together,
Turns to a wild of nothing, save of joy,
Express'd and not express'd.
(II/7, S. 175–183)

Als Gegenbegriff zum solchermaßen nobilitierten Handel kann in der Shakespeare-Zeit der Wucher gelten. In unserem Stück macht dies bereits die Zuordnung dieses semantischen Bereichs zum Juden Shylock deutlich. War der Schauplatz der Handlung, Venedig, zu dieser Zeit europaweit zwar das den Juden gegenüber wohl toleranteste Land, so konnten infolge der Judenvertreibung von 1291 die jüdischen Bevölkerungsteile am Aufführungsort in England nur mehr als ausgegrenzte Minderheit gelten.

Schon in der weiteren christlichen Tradition aber, das zeigen etwa die Studien Jacques Le Goffs, wurde der Wucher gewöhnlich scharf verurteilt. Exemplarisch hierfür mag etwa die folgende Passage aus Thomas von Aquins *Summa theologica* (1265–1273) stehen:

> Das Geld aber ist [...] vornehmlich erfunden, um Tauschhandlungen zu tätigen, und so besteht der eigentliche und hauptsächliche Gebrauch des Geldes in seinem Verbrauch oder im Ausgeben des Geldes, sofern es für Tauschgegenstände aufgewandt wird. Und deshalb ist es an sich unerlaubt, für den Gebrauch des geliehenen Geldes eine Belohnung zu nehmen, die man Zins nennt.
> (IIa–IIe, q. LXXVIII, Art. 1, respondeo)[7]

Entscheidender im vorliegenden Zusammenhang sind hingegen genuin ökonomische Gründe für die gesellschaftliche Stigmatisierung. Noch Karl Marx nennt den Wucher eine der

[7] Zit. nach: Jacques Le Goff, *Wucherzins und Höllenqualen. Ökonomie und Religion im Mittelalter*, Stuttgart 1988, S. 42; vgl. Sarah Kofman, *Konversionen. Der Kaufmann von Venedig unter dem Zeichen des Saturn*, übers. von Monika Buchgeister, Wien 1989, S. 75 f.

> antediluvianischen Formen des Kapitals, die der kapitalistischen Produktionsweise lange vorhergehn und sich in den verschiedensten ökonomischen Gesellschaftsformationen vorfinden. [...] Der Wucher zentralisiert Geldvermögen, wo die Produktionsmittel zersplittert sind. Er ändert die Produktionsweise nicht, sondern saugt sich an sie als Parasit fest und macht sie miserabel. Er saugt sie aus, entnervt sie und zwingt die Reproduktion, unter immer erbärmlichern Bedingungen vorzugehn.[8]

Das Horten von Geld und die damit verbundene Erschwerung der Geldzirkulation kann gerade auch im frühkapitalistischen Zusammenhang als Gegenprinzip verstanden werden, das die Dynamik der neuen Manufaktur-, Handels- und Finanzkapitalisten blockiert, hat das Handelskapital doch „den Austausch zu suchen, es braucht Freizügigkeit, Beweglichkeit und [...] Wagemut und Risikobereitschaft."[9] Dementsprechend ist Handelskapital an niedrigen Zinsen interessiert. Hierzu dienten in England seit Edward VI. besondere *joint ventures* und mehr noch die Gilden, die eine sog. *common box* besaßen, welche ihren Mitgliedern zinslosen Kredit ermöglichte.[10]

> SHYLOCK I hate him for he is a Christian,
> But more for that in low simplicity
> He lends out money gratis and brings down
> The rate of usance here with us in Venice.
> (I/3, S. 37–40)

Das ‚gemeinsame Dritte' (im Sinne Jacques Derridas also: die *différance*) von Wucher und Handel, so die These der folgenden Überlegungen, ist in einer sie beide umfassenden ökonomischen Dynamik von Arbeit zu verorten. Das in Shakespeares dramatischer ‚Dekonstruktion' zutage tretende frühneuzeitliche Konzept von Arbeit ist jedoch anders als später bei Marx noch nicht auf Rendite und Mehrwert ausgelegt, aber auch nicht auf den genuin schöpferischen Umgang des Menschen mit seiner Umwelt, d. h. auf Selbstverwirklichung in Gebrauch- statt Tauschwerten, welche Marx zufolge erst durch eine post-kapitalistische Gesellschaftsordnung möglich

[8] Karl Marx, Das Kapital. Kritik der politischen Ökonomie, Bd. 3: *Der Gesamtprozess der kapitalistischen Produktion*, in: ders./Friedrich Engels, Werke, Bd. 25, Berlin 1964, S. 607–610.

[9] Enzensberger, Literatur (wie Anm. 3), S. 23.

[10] Vgl. ebd., S. 26.

wird, die den Menschen in einer höheren Wesensbestimmung des *animal laborans* restituiert.[11] Stattdessen legt der frühneuzeitliche Begriff von Arbeit, der aus der frühkapitalistischen *différance* von Wucher und Handel wahrnehmbar wird, eine Ökonomie der radikalen (Selbst-)Verausgabung frei.[12]

Shakespeares *Merchant of Venice* ‚bearbeitet' also einen genealogischen Grund der frühkapitalistischen Bedeutungsproduktion, das Stück ‚arbeitet' diesen Grund aber auch – etwa im psychoanalytischen Sinne von Freuds *Erinnern, Wiederholen und Durcharbeiten* (1914) – ‚durch', weil es latente Spannungspotentiale in dieser historischen Rekonzeptualisierung von ‚Arbeit' offenbart, die auf eine typische Haltlosigkeit (früh-)neuzeitlicher Handels- und Tauschsubjekte verweisen.[13] Schließlich zeigt sich im theatralen Zugang zur Arbeit eine interessante Eigenschaft des seinerzeit noch jungen Leitmediums der frühneuzeitlichen Unterhaltungsindustrie: Die nähere Lektüre wird ergeben, dass das im Entstehen begriffene Theater der Shakespeare-Zeit seine eigenen ästhetischen Produktionsbedingungen ebenfalls aus der von ihm selbst freigelegten Verausgabungsökonomie heraus rekonstruiert.[14]

---

[11] Dies ist m. E. auch der spät-idealistische Fluchtpunkt von Enzensbergers ansonsten beeindruckender Studie zum *Kaufmann*, der die vorliegenden Überlegungen viel verdanken. Vgl. Enzensberger, Literatur (wie Anm. 3).

[12] Vgl. auch Jacques Derridas Diskussion der archaisierenden Philosophie der *dépense* von Georges Bataille: Jacques Derrida, *Ein bedingungsloser Hegelianismus*, in: ders., Die Schrift und die Differenz, Frankfurt a. M. 1972. Wenngleich nicht auf Verausgabung, sondern gewohnheitsgemäß auf Systemerhaltung abstellend, gesteht auch Luhmann dem Begriff der Arbeit unter Verweis auf Michel Serres' Konzept des Parasiten den Status eines„‚eingeschlossene[n] ausgeschlossene[n] Dritte[n]'" zu. Die davon betroffene Opposition bildet in Luhmann Darstellung jedoch die ökonomische Leitdifferenz von Reichtum und Armut (die Luhmann erst im späten 18. Jahrhundert durch die Unterscheidung Kapital/Arbeit abgelöst sieht): Demzufolge bildet „Arbeit das eingeschlossene ausgeschlossene Dritte, jenes Moment, in dem der Gegensatz seine Grenzen, seine Überwindung fand. Arbeit schafft Eigentum; aber doch nur als bestimmtes Eigentum, als Nichteigentum der anderen. Arbeit reproduziert die Codierung und hebt sie nicht auf." Niklas Luhmann, *Die Wirtschaft der Gesellschaft*, Frankfurt a. M. 1988, Anm. 69.

[13] Vgl. Abschnitt II.

[14] Vgl. Abschnitt III.

II.

Die Logik der Handlung will es, dass Antonio seinen Freund Bassanio finanziell bei der Werbung um Portia unterstützen möchte, dies aber nicht kann, weil all sein Kapital in den Seehandel investiert ist und auf den Ozeanen der Welt umherirrt. Da er grundsätzlich kreditwürdig ist, fragt er den Juden Shylock um ein Darlehen. Der gewährt es ihm, fordert als Bürgschaft aber ein Pfund Fleisch, das er Antonio gegebenenfalls bei lebendigem Leib herausschneiden will. Damit ist der Umschwung der Komödienhandlung des *Kaufmanns* ins Tragische angelegt. Die *peripeteia* ereignet sich, als sämtliche Schiffe Antonios (vermeintlich) verlorengegangen sind und ihr Besitzer ruiniert ist. Denn nun fordert Shylock sein Pfand.

Gelöst wird dieser Handlungskonflikt um einen hohen Preis. Portia und ihre Dienerin Nerissa verkleiden sich als Rechtsgelehrte und kommen als Schiedsrichter zu dem Prozess, in dem sich das Schicksal von Antonio vor dem Dogen von Venedig entscheiden soll:

> PORTIA [...] Therefore, Jew,
> Though justice be thy plea, consider this,
> That, in the course of justice, none of us
> Should see salvation: we do pray for mercy;
> And that same prayer doth teach us all to render
> The deeds of mercy. I have spoke thus much
> To mitigate the justice of thy plea.
> (IV/1, S. 193–199)

Nachdem sie zunächst auf Gnade und Barmherzigkeit Shylocks gepocht hat, aber erfolglos bleibt, versucht sie es mit juristischen Manövern und Finten, die auch im frühneuzeitlichen Kontext jeder Rechtsgrundlage entbehren. In Gestalt des Rechtsexperten stellt Portia willkürlich neue Regeln auf, die Shylocks Unterfangen verhindern sollen: Er dürfe kein Blut vergießen und schneide er mehr oder weniger als ein Pfund, werde er seiner Besitztümer und seines Lebens beraubt. Zuletzt wird ihm die Existenzgrundlage tatsächlich entzogen, die Hälfte seines Vermögens geht an Antonio, die andere an den venezianischen Stadtstaat, Shylock bleibt am Leben.

Die Lösung, die das Stück zu vollziehen hat, um das komödienspezifische Happy-Ending zu garantieren, sichert die radikal egalitäre Sozialordnung jener riskanten Selbst-Verausgabung, die wir an den *homines oeconomici* aus Shakespeares Stück bereits beobachten konnten. Das Stück riskiert bei der von ihm vollzogenen Lösung alles. Denn die Konfliktlösung bedeutet, dass die eingangs vorgebrachten und im Scheitern vorgeführten moraltheologischen Prinzipien von Gnade und Barmherzigkeit letztlich zugunsten der weitgehend harmonischen Lösung freigiebig mit veräußert werden. Damit ist der Plot jedoch noch nicht an sein Ende gelangt. Aus der Lösung der Shylock-Handlung hat sich narratives Konfliktpotential für die Liebeshandlung zwischen Portia und Bassanio ergeben. Das Stück, das zu diesem Zeitpunkt keine Komödie mehr ist, endet mit einem kurzen fünften Akt, der alles zu heilen hat.

> PORTIA Come on, Nerissa; I have work in hand
> That you yet know not of: we'll see our husbands
> Before they think of us.
> (III/4, S. 57–59)

Portia und ihre Dienerin kehren auf ihr Schloss in Belmonte zurück und erwarten ihre Verlobten (zeitgleich mit Bassanio hat auch sein Diener sich mit der Dienerin Portias, Nerissa, verlobt). Als Nerissa und Portia sich ihrem Schloss im Dunkel nähern, sieht Portia ein Licht:

> PORTIA That light we see is burning in my hall.
> How far that little candle throws his beams!
> So shines a good deed in a naughty world.
> NERISSA When the moon shone, we did not see the candle.
> PORTIA So doth the greater glory dim the less:
> A substitute shines brightly as a king
> Unto the king be by, and then his state
> Empties itself, as doth an inland brook
> Into the main of waters. Music! hark!
> NERISSA It is your music, madam, of the house.
> PORTIA Nothing is good, I see, without respect:
> Methinks it sounds much sweeter than by day.
> NERISSA Silence bestows that virtue on it, madam.
> (V/1, S. 89–101)

Portia entwirft hier einen für die Frühe Neuzeit Englands typischen Perspektivismus, der erkennt, dass die Bedeutung von Dingen nur relational entsteht und so der substanziellen Rückverankerung entbehrt. Ihr „Nothing is good, I see, without respect" (V. 1, S. 89–101) verweist – selbst semantisch höchst ambivalent – neben dem mangelnden Respekt vorm Geltenden und Gegebenen zugleich auf das Prinzip des *respicere*, des fortwährenden Rückschauens also, der Rücksicht und der andauernden Reflexion. Nur der Hintergrunds-Vergleich von Etwas mit seinem potentiell Anderen mündet in relative Seins-, Erkenntnis- und Handlungsgewissheit. Aber diese Gewissheit bleibt insofern kontingent, als sie keine endgültige Stabilität garantiert, weil sie jederzeit mit einem Anderen des Anderen von Etwas abgeglichen werden kann, wodurch sich die erzielten Bewertungs- und Bedeutungsmuster schon wieder radikal ändern können.

Dies zeigt auch der letzte Handlungs- und Entscheidungskonflikt, den Shakespeares *emplotment* zu bewältigen hat. Bassanio und sein Diener haben ihre Verlobungsringe als Zahlungsmittel eingesetzt, um den *deus ex machina*-gleichen Richter (also Portia) und seinen Adlatus (also Nerissa) für ihre Bemühungen zu entlohnen, ohne freilich zu ahnen, mit wem sie es zu tun hatten. Noch das kulturell vermeintlich stabile Symbol des Eherings hat seine Verbindlichkeit verloren. Das kulturelle Zeichen-Repertoire unterliegt einer fundamentalen Drift, weil es je nach Situation uminterpretiert werden kann, vom Liebespfand zum Arbeitslohn.

Als die Lage zu eskalieren droht, hilft dem Handlungsabschluss nur, dass Antonio sich erneut selbst aufs Spiel setzt. Er bietet sich, wie zuvor schon dem Juden, nun auch Portia als leibhaftiges Pfand an, das er mit dem eigenen Tod zu bezahlen bereit ist, solle sein Freund Bassanio noch einmal fehlgehen. Antonio opfert hier aber nicht nur seinen Körper, sondern seine Seele, ein publikumswirksames Skandalon, auf das einige Jahre zuvor schon der *Doctor Faustus* von Christopher Marlowe gesetzt hatte.

> ANTONIO I am the unhappy subject of these quarrels. [...]
> I once did lend my body for his wealth;
> Which, but for him that had your husband's ring,
> Had quite miscarried: I dare be bound again,
> My soul upon the forfeit, that your lord
> Will never more break faith advisedly.
> (V/1, S. 238–253)

Die kulturellen Geltungsbereiche des jüdischen Wucherers und des venezianischen Händlers gehen somit schließlich ineinander über. Denn Antonios zwanghafter Selbst-Einsatz stellt das Gesetz Shylocks zugunsten der Aufrechterhaltung der frühkapitalistischen Gegenordnung auf Dauer. Am Boden einer weltinterpretierenden Dynamik, die sich in der stetigen Konstruktion und Destruktion von Werten verausgabt, zeigt sich ein gemeinsamer Grund, der die jüdische und die christliche Ökonomie miteinander verbindet. Antonio wie Shylock entpuppen sich zuletzt als Menschen der Auslöschung, der Verausgabung und des Opfers.[15] Beide wählen die vernichtende Todesgefahr.[16] Ganz entgegen dem Satz von der „Heiligkeit des Lebens", wie es etwa das liturgische Gottesprädikat *rozeh bachajim* („der das Leben wollende Gott") zur Sprache bringt,[17] sind beider Selbstentwürfe auf radikale Indifferenz gegenüber der kulturellen oder religiösen Wertschätzung von Leben gegründet. Diese jüdisch-christliche Fundamentalökonomie ist jederzeit bereit, Leben radikal aufs Spiel zu setzen. Christlicher Handel und jüdischer Wucher erweisen sich im Rahmen einer radikalen Arbeit am Selbstopfer miteinander verbunden.[18]

III.

Der notorische Melancholiker Antonio, der das Stück mit einem „In sooth, I know not why I am so sad" (I/1, 1) eröffnet, ist durch eine Haltung der Gleichgültigkeit und der Indifferenz gekennzeichnet. Antonios Melancholie, so wird sich im Folgenden zeigen, ist einerseits mit der beschriebenen Verausgabungs-Ökonomie und ihrer Tendenz zur Gleichgültigkeit korreliert, andererseits aber steht sie einer Form von ästhetischer Indifferenz (im Sinne einer fiktionalen Enthebung vom lebensweltlichen Ernst) nahe, wie sie gerade für das Theater der Shakespeare-Zeit als frühkapitalistische Erholungsform kennzeichnend ist:

[15] Vgl. Kofman, Konversionen (wie Anm. 7), S. 47.

[16] Vgl. ebd., S. 41.

[17] Walter Benjamin, *Zur Kritik der Gewalt,* in: ders., Zur Kritik der Gewalt und andere Aufsätze. Mit einem Nachwort von Herbert Marcuse, Frankfurt a. M. 2003, S. 61 ff.; Hans Jonas, *Materie, Geist und Schöpfung*, Frankfurt a. M. 1988, S. 57.

[18] Vgl. auch die hier nicht weiter zu verfolgenden Bezüge zu Michel Foucaults These einer sich in der Frühen Neuzeit etablierenden ‚Lebensmacht' und Gouvernementalisierungsform, deren Techniken darauf zielen „Kräfte hervorzubringen, wachsen [zu] lassen und zu ordnen, anstatt sie zu hemmen, zu beugen oder zu vernichten." Michel Foucault, *Der Wille zum Wissen. Sexualität und Wahrheit 1,* Frankfurt a. M. 1977, S. 163. Für den Hinweis danke ich Vittoria Borsò.

GRATIANO You look not well, Signior Antonio;
You have too much respect upon the world:
They lose it that do buy it with much care:
Believe me, you are marvellously changed.
ANTONIO I hold the world but as the world, Gratiano;
A stage where every man must play a part,
And mine a sad one.
(I/1, S. 73–79)

Auch Antonios melancholischer Blick auf die kulturellen Sachen, Zeichen und Werte steht unter dem Signum des ambivalenten *respect*. Inwieweit er mit der beschriebenen Verausgabungsökonomie korreliert ist, ließe sich über den frühneuzeitlichen Status des Geldes begründen. Seit dem ausgehenden 16. Jahrhunderts gilt: „Weil das Gold Geld ist, ist es kostbar, nicht etwa umgekehrt. Das Geld erhält seinen Wert aus der reinen Funktion als Zeichen. Die Güter nehmen in Beziehung zueinander Wert an und das Metall gestattet lediglich, diesen relational entstehenden Wert zu repräsentieren."[19] Aber gerade weil es nur noch Tauschwert hat, relational und arbiträr wie das sprachliche Zeichen nach Saussure, werden die mit Geld erzielten Wertbildungen halt- und substanzlos.[20] Diese auch zeichentheoretisch zu fassende Verausgabungsdynamik bildet den gemeinsamen Grund von Antonios Doppelnatur als Händler und als Melancholiker. Der an Tauschwerten orientierte Blick des melancholischen Händlers lässt die Gegenstände selbst absterben, an Bedeutung bleibt ihnen nur das, was der *Merchant* in ihren Sinn investiert.[21] Im Trauerspiel-Buch spricht Benjamin von einer aus solchen melancholischen Blicken resultierenden „Ertötung der Affekte, mit der die Lebenswellen verebben".[22] Zum melancholischen Symptom der ‚Depersonalisation' wird diese Erfahrung von Entfremdung, so Benjamin weiter, „weil die natürliche und schaffende Beziehung" zu den

[19] Michel Foucault, *Die Ordnung der Dinge. Eine Archäologie der Humanwissenschaften*, Frankfurt a. M. 1974, S. 222.

[20] Ein Sachverhalt, der sich bis zum heutigen Tag in zyklisch wiederkehrenden und von der Realwirtschaft weitgehend abgekoppelten Finanzkatastrophen Bahn bricht. Vgl. Joseph Vogl, *Das Gespenst des Kapitals*, Zürich/Berlin 2010.

[21] Die Formulierung orientiert sich an der Beschreibung des frühneuzeitlichen Melancholikers in Walter Benjamins Trauerspiel-Buch. Vgl. Walter Benjamin, *Ursprung des deutschen Trauerspiels*, Frankfurt a. M. 1963, S. 161.

[22] Ebd., S. 121.

Dingen fehlt und so zur „pathologischen Verfassung“ als „schwere[r] Grad des Traurigseins“ führt.[23]

Anders als noch in der christlichen Tradition, in der die traurige Lethargie der *acedia* dem Rang einer Hauptsünde gleichkam und auf Gottesferne verwies, besitzt die Melancholie in der Frühen Neuzeit aber auch eine zunehmend produktive Dimension. Diskursgeschichtlich ist diese Option seit Aristoteles (oder Theophrast) belegt, der den Melancholikern in einem überlieferten Fragment eine dem göttlichen Wahn (*mania*) nahestehende Kreativität und Produktivität zuschrieb. Aufgegriffen wurde diese Traditionslinie bekanntlich in der italienischen Renaissance des späten 15. Jahrhunderts (etwa durch M. Ficino).[24] Dies erklärt, warum Antonios melancholische Entfremdung im vorhergehenden Zitat *per similitudinem* den ästhetischen Kreativitätsbereich des Theaters aufruft. Gilt dem kapitalistischen Melancholiker nichts mehr als notwendig und alles als möglich, so partizipiert die frühneuzeitliche Bühnenkunst an dieser Kontingenzerfahrung ästhetisch, indem sie die prinzipielle Wandelbarkeit von Bedeutungen und von Wirklichkeit inszeniert.

Der real-ökonomische Warenwert der frühneuzeitlichen Bühne kommt der hier beschriebenen Dynamik entgegen. Dramatische Produktion betrifft in der Frühen Neuzeit auch und gerade die massive Kommerzialisierung und technische Neuausstattung der Theater. Dies legt abschließend die Frage nahe, wie das Shakespeare-Theater arbeitet, was Arbeit in diesem institutionellen Rahmen genau bedeutet, welcher Arbeitsökonomie das frühneuzeitlich explodierende Theaterwesen selbst unterliegt.

Einerseits ist das Theater nicht einfach Nicht-Arbeit, vielmehr wird es im Anschluss an seine Lösung aus handwerklichen, moralisch-erbaulichen und religiösen Kontexten ein gerade wirtschaftlich entscheidender Faktor. Andererseits ist das Theater in der Frühen Neuzeit, besonders im höfischen und neubürgerlichen Kontext, der ja einen Großteil der Theaterbegeisterten beisteuerte, Teil der Muße und des Müßiggangs. *Loisir* und *oisiveté* mussten aber weder im adligen noch im frühbürgerlichen Bereich durch Arbeit gerechtfertigt werden. Wer ästhetischen Genuss in Anspruch

---

[23] Ebd.

[24] Vgl. Raymond Klibansky, *Saturn und Melancholie. Studien zur Geschichte der Naturphilosophie und Medizin, der Religion und der Kunst*, Frankfurt a. M. 1990.

nimmt, ohne diesen Genuss durch Arbeit rechtfertigen zu können, rangierte hier noch nicht (wie heute geradezu zwangsläufig) als „ennemi de l'ordre",[25] so die schöne Formulierung Luhmanns.

Im Rahmen des Stücks zeigt sich diese Ambivalenz daran, dass es im Sinne seiner Selbstthematisierung nicht scheut, die dramatisch aufgedeckte Verausgabungsdynamik auf die eigene ästhetische Produktion anzuwenden. Gerade die handlungstechnisch so entscheidende Brautwerbung inszeniert Theater im Theater. Eines ums andere Mal wird die Kästchenwahl in Anlehnung an die tatsächlichen Theatergepflogenheiten mit Aufzug eines Vorhangs und Erklingen von Musik eingeleitet. Das Zentrum dieser binnentheatralen Bühne bilden die Kästchen, aus denen Bassanio zu wählen hat. Was aber sieht Bassanio auf der Bühne seiner Brautwerbung, was sieht er in der Guckkastenoptik des bleiernen Kästchens? Und was sieht der Zuschauer in diesem metatheatralen Spiel?

> BASSANIO Look on beauty,
> And you shall see 'tis purchased by the weight;
> Which therein works a miracle in nature,
> Making them lightest that wear most of it:
> So are those crisped snaky golden locks
> Which make such wanton gambols with the wind,
> Upon supposed fairness, often known
> To be the dowry of a second head,
> The skull that bred them in the sepulchre.
> (III/2, S. 88–96)

Die Wahl des bleiernen Kästchens setzt also die Selbst-Negation des schönen Scheins und seiner Wunderwerke voraus („Which therein works a miracle in nature" (III/2, 90)). Diese sind der göttlichen Schöpfung im Rahmen einer wenn auch nur noch vage anzitierten *chain of being* ohnehin immer unterlegen. In barock-paradoxal anmutendem Wechselspiel von Sprachschönheit und dadurch ausgedrückter Sachnichtigkeit[26] wird dabei deutlich, dass das Theater der Verausgabungsdynamik, die es in seiner Geschichte vom *merchant adventurer* repräsentiert, selbst nicht entgeht. Das Schauspiel im Spiel zeigt sich zwar auch hier in seiner ganzen ästhetischen Virtuosität, dennoch ist es zugleich dazu verdammt, an seiner kultur-

[25] Luhmann, Wirtschaft (wie Anm. 12), S. 218.

[26] Vgl. Hugo Friedrich, *Der fremde Calderón*, Freiburg. i. Br. 1955, S. 29.

geschichtlich gerade erst etablierten Setzungskraft und Autonomie schon wieder radikal zu (ver)zweifeln. In schonungslosem Selbsteinsatz hat das Theater der Frühen Neuzeit sich in einem Atemzug das wieder abzusprechen und zu veräußern, was es sozioökonomisch besonders und einzigartig attraktiv machen könnte: die ethisch-verbindliche, erkenntnisrelevante Schönheit der eigenen Produktion.

Timo Skrandies

„So haben wir allmählich die komplizierteste Maschine ohne die geringste Unklarheit für den Verstand oder die Augen dargestellt“ Arbeit: Schuld/Wert – Messbarkeit, Darstellbarkeit

I. Schuld/Wert

Kapitalismus als Religion, das von Walter Benjamin notierte Fragment, kann – in all seiner Verdichtung (und Radikalität) – (auch) als Hinweis darauf verstanden werden, dass der „Wert der Arbeit“ nicht hinreichend klar zu sehen ist, ohne den Kontext der „Schuld“ bedacht zu haben, in den sowohl „Wert“ als auch „Arbeit“ verwoben sind. Max Weber war in seinen religionssoziologischen Studien zu der Einsicht gelangt, der Kapitalismus sei entstanden, indem sich das berufliche Ethos der Askese und das geldökonomische Handeln aus religiösen Zusammenhängen emanzipiert habe. Benjamin greift in seinem nur wenige Seiten langen Text von 1921 diesen Gedanken mit der Formulierung auf, Weber habe die „Struktur des Kapitalismus“ als eines „religiös bedingten Gebildes“[1] erkannt. Doch ist der Kapitalismus dies eben „nicht nur“, anders gesagt: Er wäre damit noch nicht hinreichend bestimmt. Hierzu bedarf es der Darstellung des Kapitalismus als „einer essentiell religiösen Erscheinung“.[2]

Kapitalismus so, also *als* Religion zu verstehen, ergibt sich Benjamin zufolge aus vier strukturellen (Grund-)Zügen. Erstens stellt der Kapitalismus eine reine Kultreligion dar („er kennt keine spezielle Dogmatik, keine Theologie“) – alles, was unter kapitalistischen Vorzeichen geschieht, ist dem Kultus geweiht, hat nur in Beziehung auf diesen „Bedeutung“. Zweitens ist dieser Kultus ohne Unterlass zu Gange, er wird in „permanente[r] Dauer“ zelebriert. Der dritte Zug des Kapitalismus als Kult-Religion besteht in seiner verschuldenden Qualität: Handeln, ja Leben im Kapitalismus ist

[1] Walter Benjamin, Kapitalismus als Religion, in: ders., *Gesammelte Schriften*, hg. von Rolf Tiedemann/Hermann Schweppenhäuser, Bd. VI, Frankfurt a. M. 1991, S. 100.

[2] Ebd.

per se bzw. – mit Bezug auf Benjamins Formulierung ausgedrückt – ist ‚strukturell verschuldend' – im zweideutigen Sinn des Wortes: finanziell und moralisch; und kein Handeln vermag diese Schuld zu entsühnen, im Gegenteil: es perpetuiert sie. Schließlich, so könnte man sagen, folgt aus dem dritten ein vierter Zug: Jener Gott, der aus der Transzendenz „gefallen" und „ins Menschenschicksal einbezogen" ist, jener Gott, nennen wir ihn *Kapital*, muss im Kultus verheimlicht und darf erst „im Zenith seiner Verschuldung angesprochen werden".[3]

Im werkgeschichtlichen Kontext Benjamins ist *Kapitalismus als Religion* Teil einer großen, aber in Gänze nie realisierten Arbeit über das Politische. Hierfür stehen, neben *Kapitalismus als Religion*, einige weitere Fragmente und insbesondere die zeitgleich entstandene Schrift *Zur Kritik der Gewalt* ein. Es ist hier nicht der Anlass, dies weiter auszuführen.[4] Insofern aber die Einschätzung richtig ist, dass „Arbeit" eine der produktivsten, destruktivsten[5] und permanentesten Handlungsformen des Menschen ist, die nur in der Praxis, genauer: als Praxis kulturelle und anthropogene Bedeutung gewinnt, hervorbringt und genießt, lohnt es sich, mit Benjamin, an den Zusammenhang von „Schuld" zu erinnern, die, in gewisser Perspektive betrachtet noch jede Produktivität, und damit auch „Arbeit", regiert.

Zu diesem dritten Zug der „Struktur" der Kapitalreligion, dem Zug der Verschuldung also, notiert Benjamin:

> Der Kapitalismus ist vermutlich der erste Fall eines nicht entsühnenden, sondern verschuldenden Kultus. Hierin steht dieses Religionssystem im Sturz einer ungeheuren Bewegung. Ein ungeheures Schuldbewusstsein, das sich nicht zu entsühnen weiß, greift zum Kultus, um in ihm diese Schuld nicht zu sühnen, sondern universal zu machen, dem Bewußtsein sie einzuhämmern und endlich und vor allem den Gott selbst in diese Schuld einzubegreifen, um endlich ihn selbst an der Entsühnung zu interessieren. Diese ist hier also nicht im

[3] Ebd., S. 101.

[4] Das Fragment ist mehrfach kommentiert und auch in werkgeschichtlicher Hinsicht ausgelegt worden, vgl. etwa: Uwe Steiner, Kapitalismus als Religion. Anmerkungen zu einem Fragment Walter Benjamins, in: *Deutsche Vierteljahrsschrift für Literaturwissenschaft und Geistesgeschichte* 72 (1998), S. 147–171. ders., 'Kapitalismus als Religion', in: Burkhardt Lindner (Hg.), *Benjamin Handbuch. Leben – Werk – Wirkung*, Stuttgart 2006, S. 167–174. Auch: Dirk Baecker (Hg.), *Kapitalismus als Religion*, Berlin 2003.

[5] „Destruktiv" ist Arbeit im Maß ihrer Beteiligung am so genannten „Fortschritt" und damit – wie bei Schumpeter gedacht – an einem Prozess „schöpferischer Zerstörung". Vgl.: Joseph Alois Schumpeter, *Kapitalismus, Sozialismus und Demokratie*, Tübingen 2005, bes. 134–142.

> Kultus selbst zu erwarten, noch auch in der Reformation dieser Religion, die an etwas Sicheres in ihr sich müßte halten können, noch in der Absage an sie. Es liegt im Wesen dieser religiösen Bewegung, welche der Kapitalismus ist, das Aushalten bis ans Ende, bis an die endliche Verschuldung Gottes, den erreichten Weltzustand der Verzweiflung auf die gerade noch *gehofft* wird. Darin liegt das historisch Unerhörte des Kapitalismus, daß Religion nicht mehr Reform des Seins, sondern dessen Zertrümmerung ist. Die Ausweitung der Verzweiflung zum religiösen Weltzustand, aus dem die Heilung zu erwarten sei.[6]

Benjamin arbeitet hier bewusst mit der „dämonische[n] Zweideutigkeit"[7] des Begriffs „Schuld": Sie verweist zum einen auf den finanziellen Aspekt, dass man verpflichtet ist, Geld zurück zu zahlen, das man schuldet, und sie impliziert zugleich ein moralisches bzw. rechtliches Moment, dass man Schuld an etwas hat bzw. jemandem etwas schuldig ist, was wiederum durch Buße, Sühne oder „Wergeld" entsühnt werden könne. Die Religion namens Kapitalismus ist allerdings, so Benjamin, ein nicht entsühnender, vielmehr permanent verschuldender Kultus. Und er ist ein solcher, ein auf Permanenz des Kultus gestellter Zusammenhang (*religio*) nur – wie Werner Hamacher gezeigt hat[8] –, weil der entscheidende und herrschende Zug der Kapital-Religion die Schuldigkeit ist. Benjamins Beschreibung des Schuldzusammenhangs, wie er im Kapitalismus agiert, temporalisiert die „Struktur" der genannten Züge: Dass die Kapital-Religion „verschuldend" ist, besagt zum einen, dass weder die „permanente Dauer" noch die pragmatische Handlungsform des Kultus die Schuld je wird aufheben können – im Gegenteil: dauerhaft (im Sinne des Unabgesetzten und Unausgesetzten, des nicht Aussetzenden) und performativ kultisch ist der Kapitalismus, *weil* er verschuldend ist. Dies wiederum besagt zum anderen aber auch, dass Benjamin damit eine „Struktur" von Geschichte bzw. Geschichtlichkeit anzeigt.

> In der ätiologischen Struktur von Zeit und Geschichte, die Benjamin vorschwebt, ist jeder Weltzustand insofern Schuld, als er einen defizienten anderen Zustand aus sich entläßt und an ihm die Schuld trägt. Jeder Weltzustand ist deshalb ein unfertiger und moralisch oder rechtlich mangelhafter Zustand.

6 Benjamin, Kapitalismus (wie Anm. 1), S. 100 f.

7 Ebd., S. 102.

8 Vgl. Werner Hamacher, Schuldgeschichte, in: Dirk Baecker (Hg.), *Kapitalismus als Religion*, Berlin 2003, S. 77–119, hier S. 93 f.

> Schuld ist die höchste Kategorie der Geschichte, weil sie Kategorie der Herkunft zwischen Defizienten ist. Deshalb muß gelten: Geschichte ist Schuld, sie ist Geschichte nur, sofern sie Schuldgeschichte, sofern sie Geschichte der Schuld ist. Schuld nämlich kann es nur geben, wo Geschichte geschieht: jede Geschichte ist ein Defizienzphänomen; Geschichte wiederum kann es nur geben, wo ein Zustand oder Geschehen sich von einem anderen ablöst, ohne seine Beziehung zu ihm völlig aufzugeben: Schuld ist eine defizitäre Relation, ein Verhältnis zu dem, das fehlt und verfehlt.[9]

Daraus folgt aber nicht unmittelbar, jede einzelne (konkrete) Handlung eines jeden einzelnen Menschen als „schuldig" im moralischen Sinne zu beurteilen oder zu bewerten.[10] Geschichte ist Schuldgeschichte nicht, weil ‚schuldige Individuen' in ihr agierten. Vielmehr andersherum: Die handelnden Akteure bzw. Individuen produzieren und reproduzieren den Schuldzusammenhang des Lebens immer wieder neu, weil die generische Qualität der Kapitalreligion, und damit die grundlegende Qualität ihrer historisch-temporalen Dynamis überhaupt, die Schuld (in ihrer „Zweideutigkeit") ist. Der Mensch findet seine (zweideutige) Schuld in den „Sorgen, Qualen, Unruhen"[11], die ihn umtreiben und von denen ihm vom Kapitalismus (wie von allen Religionen) Entsühnung versprochen wird – durch die dauerhafte Realisierung seines Kultes. Ad ultimum.[12]

> Alle Geschichte ist deshalb Geschichte der Schuld in dem Sinn, daß die Form – und nur darum auch der Inhalt – der Geschichte von Schuld bestimmt ist. Es gibt keine Geschichte, die nicht von Schuld handelte, keine, die nicht verschuldet wäre von etwas Anderem und nicht ihrerseits schuldig an Anderem wäre, das seinerseits wiederum nur Geschichte und Schuld sein kann. Geschichte, kurzum, ist der Prozeß der Verschuldung, da in ihr mit jeder Veranlassung das Nicht-mehr-sein von etwas bewirkt wird. Schuld ist Schuld an einem Nicht. Deshalb ist Geschichte, einschließlich der Wissenschaft von ihr, Ätiologie: die Rede von einem Geschehen als Verschuldung eines Defekts.[13]

In dieser Perspektive von *Kapitalismus als Religion* rückt „Arbeit" nicht nur überhaupt prominent in den Blick (wenngleich von Benjamin nicht

9 Ebd., S. 81.

10 Ebd., S. 83.

11 Benjamin, Kapitalismus (wie Anm. 1), S. 100.

12 Werner Hamacher (wie in Anm. 8) arbeitet in seiner Auslegung des Fragments und dessen Werkkontext auch Benjamins Kritik an der Schuldmechanik heraus – wie diese die Möglichkeit menschlicher Freiheit mythologisch verstellt, wenngleich nicht undenkbar macht.

13 Hamacher, Schuldgeschichte (wie Anm. 8), S. 81.

benannt), sondern „Arbeit" zeigt sich nun auch anders als in ihrer institutionellen Form der „Lohnarbeit" – nun eben nicht mehr ‚nur' als ein unternehmerisches Abhängigkeitsverhältnis (anhand dessen sich immerhin einige grundlegende Strukturen und Bedingungen von Industrialisierung und Kapitalismus verstehen lassen),[14] sondern grundlegender, als jenes produktive Medium, das den generationellen und ätiologischen Schuldzusammenhang sowohl performativ ins Leben setzt als auch dauerhaft versichert. Arbeit ist generisches, hervorbringendes, auslösendes, auch vorführendes – in diesem Sinn allgemein: produktives – Handeln und Verhalten und damit Paradigma von Kulturalität und von Geschichtlichkeit per se.[15] Die Produktivität von Arbeit ist aber nicht ein-malig, sondern reproduktiv, sie ist eine auf Reproduktion hin angelegte Produktivität. Was *mit* ihr und *in* ihr hervorgebracht wird, ersetzt Anderes, Vorhergehendes, so gesehen Defizientes und ruft, jene „Struktur" der Kapital-Religion perpetuierend, zugleich dazu auf, ‚weiter zu machen' – nämlich den in Form von Arbeit „vorgeschossenen", akkumulierten (Marx) Wert zu verwandeln (!) in kapitalen Mehrwert. Nochmals also: Das macht „Arbeit" zu Motor, Medium und Enzym des ätiologischen Schuldzusammenhangs der Kapitalreligion. Und hinzuzufügen ist nun: Die Antwort auf die Frage nach dem Wert von Arbeit ist geborgen und verborgen in einer Geschichte, deren ätiologische Produktivkraft jene „Zweideutigkeit" der Schuld ist, wie sie sich in der „Struktur" der Kapital-Religion zeigt.

Doch damit nicht genug: Dem Wert scheint eine der Schuld ganz ähnliche, ja äquivalente „Zweideutigkeit" zu Eigen zu sein. Mehr noch: Am Wert kann unterdessen eine doppelte, eine in sich verdrehte Zweideutigkeit ausgemacht werden, deren zweite Drehung wiederum eine Verbindung mit Arbeit und Schuld konstituiert. Wie das?

Der Wert ist noch da, in unserem Leben – einerseits. Von einem Produkt im Supermarkt sagen wir, es sei sein Geld wert, und kaufen es; wir hören von der Fernseh-Werbung, der Grund, dieses Shampoo zu kaufen liege darin: „Weil Sie es sich Wert sind"; „Das ist es mir nicht Wert" behaupten wir, wenn etwa eine Reise organisatorisch, finanziell oder ökologisch

[14] Vgl. etwa: Robert Castel, *Die Metamorphose der sozialen Frage. Eine Chronik der Lohnarbeit*, übers. von Andreas Pfeuffer, Konstanz 2000.

[15] Nur sicherheitshalber sei angemerkt, dass der obige Satz, auf den sich diese Fußnote bezieht, nicht für jeden Fall emphatisch gemeint ist.

zu aufwändig würde; wir spüren, wann und ob es angemessen ist, eine Freundschaft, den Augenblick einer Begegnung oder auch die Tatsache, eine innige sinnliche Erfahrung gemacht zu haben (z. B. einen Tango zu tanzen) als „wertvoll" zu beschreiben, und was diese Charakterisierung im Unterschied zur Einschätzung eines Schmuckstücks als „wertvoll" bedeutet; schließlich glauben wir zu wissen, was jemand meint, der in linguistischer Hinsicht die Bedeutung eines Wortes als dessen „Wert" für einen semantischen Kontext bezeichnet. Das sind Beispiele für ganz verschiedene Erfahrungen, Beschreibungen oder Aussagen; sie verweisen darauf, dass „Wert" einen ausdifferenzierten semantischen Hof besitzt, mit ökonomischen, ethischen, ästhetischen und sozialen Schattierungen. Doch vergegenwärtigt man sich – andererseits nun – die (Begriffs-)Geschichte von „Wert", so kann der Eindruck entstehen, die heutige Rede vom Wert rette ihn so eben noch als „Epigonen des Preises" (Simmel), und bewahre uns mittels dieses diskursiven und metaphysischen Tricks davor, gänzlich in eine Weltbetrachtung – in ein „Weltbild"[16] – abzuschwenken, die den Zusammenhang, die Wechselwirkung bzw. die Relationen von Preisen, Waren, Arbeit etc. nurmehr ebenso *funktionalistisch* auffasst, wie es die entsprechende Theoriebildung im Laufe des 20. Jahrhunderts längst vollzogen hat. Mit der „Orientierung der modernen Nationalökonomie am Postulat der ‚Wertfreiheit'",[17] wie sie sich etwa mit Gottl oder Weber zu Eingang des 20. Jahrhunderts etabliert, wird

> auch die ethische Verankerung obsolet [...], auf der die verschiedenen Varianten des ökonomischen W[ert]-Begriffs beruhten. [...] Mit der seit A. A. Goncourt üblichen Bestimmung der Nachfrage als Funktion der Preise und der Behandlung der Einzelpreise als Variable in einem System simultaner Gleichungen hat die mathematische Preistheorie inzwischen gänzlich auf den vielfach vorbelasteten W[ert]-Begriff verzichtet.[18]

Ein nationalökonomischer Funktionalismus auf der Theorieebene, der sich selbst als ‚wertfrei' versteht, besagt selbstverständlich nichts für die Exis-

[16] Martin Heidegger, Die Zeit des Weltbildes, in: ders., *Holzwege*, Frankfurt/M. 1971, S.75–113.

[17] Klaus Lichtblau, Art. „Wert/Preis", in: Joachim Ritter u. a. (Hg.), *Historisches Wörterbuch der Philosophie*, Bd. 12, Darmstadt 2004, S. 586–591, hier: S. 590. Hier auch der Hinweis auf Simmel.

[18] Ebd., siehe auch: David Throsby, *Economics and Culture*, Cambridge 2001. Michael Hutter/David Throsby (Hg.), *Beyond Price. Value in Culture, Economics, and the Arts*, Cambridge 2008.

tenz und Lebhaftigkeit des „Werts“ in der alltäglichen Lebens- und Markt-Praxis. Insbesondere für die Relation von Produzenten und Konsumenten kann von einer „Moralisierung der Märkte“, in diesem Sinne also von einer sach- *und* wert-geleiteten Relation gesprochen werden:

> Waren und Dienstleistungen haben nicht mehr nur einen ökonomischen Wert, sondern ihnen wird auch – wie z. B. der Solarenergie – ein moralischer Wert zugeschrieben oder – wie man das heute wohl von der Atomenergie sagen kann – abgesprochen. [...] In der Welt der Waren und Dienstleistungen finden [infolgedessen] nicht nur bestimmte gesellschaftliche Beziehungen ihren Ausdruck, sondern in den Dienstleistungen und Waren oder dem Ruf von Produzenten und Anbietern manifestieren sich gesellschaftliche Werte und Normen. Die Ökonomie ist damit nicht nur ein Austausch von Waren, die einen Wert haben, sondern auch ein Austausch von Werten (Georg Simmel). Gleichzeitig wird die Entwicklung hin zu einer Moralisierung der Märkte Bestandteil der Produktions- und Konsumtionsprozesse. [...] Die Moralisierung der Märkte wird auf diese Weise zu einem sich selbst realisierenden und verstärkenden Prozess, an dem auch diejenigen Akteure teilhaben, die sich aufgrund ihrer eigenen Werte nicht unbedingt mit der Transformation des Marktgeschehens identifizieren. Es ist ihr tatsächliches Marktverhalten, das schlussendlich auch zu einer Einstellungsveränderung führt. Schließlich sorgen die Prozesse der Globalisierung für eine weltweite Moralisierung der Märkte, insbesondere infolge einer rapiden Zunahme des Welthandels seit den 70er-Jahren, globaler Werbekampagnen und weltweit zugänglicher Kommunikationsmedien wie dem Internet.[19]

Schon in der Stoa, so lässt sich begriffsgeschichtlich rekonstruieren, wurde auf die ökonomisch-ethische Relationalität und die Problematik der Situationsabhängigkeit von Wert reflektiert: Die hier entfaltete, dreifache Bedeutung von „Wert“ („die Schätzung und Ehre an sich“, „der Schätzwert des sachkundigen Prüfers“, „Auswahlwert oder Vorzugswert“)[20] macht schon klar, welche Antinomien im Wert-Begriff bzw. in den Relationen seiner Bedeutungsentfaltung liegen. Im lebenspraktischen Vollzug kann die Orientierung an einer allgemeinen Geltung (sei sie theologisch oder ethisch motiviert) in Relation etwa zu ästhetischer Sachkundigkeit oder finanzieller Wahlnotwendigkeit zu Reibungen, Paradoxien oder Aporien führen. So sieht schon die Stoa, dass es in einer „konkreten Handlungssituation“ da-

[19] Nico Stehr, *Die Moralisierung der Märkte. Eine Gesellschaftstheorie*, Frankfurt a. M. 2007, S. 12 f.

[20] Art. „Wert“ (diverse Autoren), in: Ritter, Historisches Wörterbuch (wie Anm. 17), S. 556–586, hier S. 556.

zu kommen kann, „ein naturgemäßes Gut nur haben [zu können], indem man ein anderes preisgibt oder Unwerthaftes in Kauf nimmt. Richtig abzuwägen und richtig zu wählen unter den naturgemäßen Dingen ist darum Ziel des menschlichen Lebens. Werthaft in diesem Sinne ist nur das, wofür sich der erfahrene, sachkundige Prüfer entscheiden würde: Es hat W[ert] im Sinne des Schätzwerts des sachkundigen Prüfers."[21]

Damit manifestiert sich historisch früh schon, wie gesagt, auch für den „Wert" (als unheimlicher Nachbar der „Schuld") ein erster Zug seiner „dämonische[n] Zweideutigkeit": Wie das Motiv der Schuld uns aus ökonomischen, ethischen, juristischen und psychologischen Motiven proaktiv an Produktivität bindet, so auch der Wert. Er ist eine Aussage über und in Relationalität, über und in Vergleichbarkeit. Vielleicht muss man so weit gehen zu sagen, dass die Schuld die Produktivkraft der ätiologischen Qualität von Geschichte und Leben ist und der Wert deren Mitteilbarkeit – die Mitteilbarkeit, die mediale Bedingung, dass wir beobachten und einschätzen können, von welcher Form und Qualität die Relation dessen ist, was im Produktionsparadigma von Schuld als ein Nächstes oder Differentes aus ‚defizientem' Früheren oder Anderen hervorgeht. Wert macht die Außenbeziehungen der Produkte zueinander (seien es sogenannte Werke, Subjekte oder Handlungen und sei es temporal oder systemisch) beobachtbar und allererst relational.[22] Als Mitteilbarkeit von Relationalität hat Wert also eine Wirksamkeit, die latent bleibt. Sie ermöglicht, dass in der Materialisierung der Aussagen die ökonomisch-ethisch-ästhetische Mehrdeutigkeit mitgleitet – so ist in einer Rede vom ‚faktischen', ökonomischen Wert eines Preises oder einer Kaufsumme immer auch dessen Geltung benannt, die ethische Wertschätzung, die Güte oder ästhetische Qualität jener Sache, jenes Subjekts, jener Handlung (und umgekehrt, wird mit Geltung auch stets etwas über Ökonomisierbarkeit ausgesagt).[23]

So lange uns solcherart Aussageformen möglich bzw. selbstverständlich sind – und folgt man den oben zitierten Ausführungen Nico Stehrs, sieht es nicht so aus, als habe es bald ein Ende damit, im Gegenteil („Prosumer"!) –, wird das Register des „Werts" es uns zugestehen, etwas als verbesserungs-

[21] Ebd.

[22] Vgl. hierzu auch: Dirk Baecker, *Wozu Kultur?*, Berlin 2001.

[23] Vgl. begriffsgeschichtlich: „Wert" (wie Anm. 17).

würdig und -fähig zu beurteilen, es zu bearbeiten, durchzuarbeiten und zu überarbeiten („sustainability", „enhancement" etc.), kurz (und nochmals mit Benjamin gesprochen): den Kultus permanent fortzusetzen.

Wenngleich Martin Heidegger nicht gerade als, sagen wir ‚Sozial- und Kulturtheoretiker der Arbeit' in Anspruch zu nehmen ist (außer vielleicht in einem sehr speziellen, quasi fatalen Sinne des damaligen ‚deutschen Geistes')[24], wird man an dieser Stelle mit ihm doch auf eine Antinomie, und damit auf die weit oben schon angekündigte zweite Volte der Zweideutigkeit im Arbeits-Wert-Verhältnis aufmerksam machen können. Denn jenseits des sonstigen Diskurses zu Status, zur Ausdifferenzierung, zum Verschwinden oder zur Renaissance des Werts, zum Wert des Werts mithin, weist Heidegger auf die Idee eines ‚wert-freien' Denkens hin: „Gegen die Werte denken, heißt daher nicht, für die Wertlosigkeit und Nichtigkeit des Seienden die Trommel rühren, sondern bedeutet: gegen die Subjektivierung des Seienden zum bloßen Objekt die Lichtung der Wahrheit des Seins vor das Denken bringen"[25], den Menschen also in seiner Existenzialität zu verstehen, ohne ihn schon als ein in Subjekt-Objekt-Zuordnungen gebundenes Wesen vorauszusetzen. Zwar erkenne ein „Wertdenken" immerhin – wie Heidegger an anderer Stelle, hier in Auseinandersetzung mit Nietzsches Metaphysik- und Nihilismus-Kritik schreibt – das Seiende als solches an, aber mit der „Deutung des Seins als Wert" verharrt ein solches Wertdenken in Metaphysik und gerät in die „Unmöglichkeit, das Sein als das Sein auch nur in den fragenden Blick zu bekommen."[26] Was wäre mit einem solchen Blick zu sehen?

Dem existenzial-ontologischen Blick zeigt sich der Wert in einem abkünftigen Status. Der kulturellen Wirksamkeit und Präsenz des Werts, wie sie sich etwa in den von Benjamin (und in gewisser Weise auch von Heidegger) hervorgehobenen lebenspraktischen Umständen der Kapital-Religion in Form von „Sorgen, Qualen, Unruhen" manifestieren (bei Heidegger sind „Wille, Wunsch, Hang und Drang" genannt),[27] geht etwas voraus, was

[24] Vgl. hierzu: Werner Hamacher, „Arbeiten Durcharbeiten", in: Dirk Baecker (Hg.), *Archäologie der Arbeit*, Berlin 2002, S. 155–200.

[25] Martin Heidegger, „Brief über den Humanismus", in: ders., *Wegmarken*, Frankfurt a. M. 1967, S. 145–194, hier S. 180.

[26] Martin Heidegger, *Nietzsche II*, in: ders., *Gesamtausgabe*, I/6, 2, Frankfurt a. M. 1997, S. 306.

[27] Martin Heidegger, *Sein und Zeit*, Tübingen 1993, S. 182; ausführlicher dazu, siehe: S. 193 ff.

Heidegger die „Sorge“ nennt. Gemeint ist damit keine empfindsame Regung im Sinne der Besorgnis oder Sorglosigkeit.[28] Vielmehr zeigt dieser Terminus der Heideggerschen Daseinsanalytik ein existenziales Grundphänomen an: Der Mensch ist – und findet sich – in seinem Tun und Verstehen immer schon in und bei der Be-Sorgung von Welt vor. Anders gesagt: Wir haben grundsätzlich ein gestisches Selbstverhältnis. „Sorge“ ist hier das Wort für das gestische „Sich-vorweg-sein“ und das „Sein-bei“ des Menschen, in bzw. mit dem er zum (anthropologisch verstandenen und konkretisierten) Subjekt wird.[29] Insofern ist „Sorge“ (ontologisch) immer „‘früher‘“[30] als etwa die ontischen „Sorgen, Qualen, Unruhen“, mit denen wir unumgehbar im lebenspraktischen Zusammenhang von Schuld und Wert stehen.

Eine naheliegende Fehlinterpretation dieses skizzierten Verhältnisses von daseinsanalytisch verstandener „Sorge“ und Wert könnte nun darin bestehen, in jener „Sorge“ einen Habitus der Befreiung vom Schuld-Wert-Komplex und dem damit einhergehenden, modernen (wenn nicht gar kapitalistischen) Arbeits-Paradigma zu sehen oder zu erhoffen. Das Gegenteil ist der Fall, wie man mit Heidegger (und gegen ihn) sagen kann: Die gestische Form der Sorge unserer Selbst- und Welthabe weist ontologisch eine Vorgriff-Struktur auf, der im anthropologischen Register all jene Praktiken entsprechen, mit denen wir im modernen Sinn Produktivität verbinden und zu denen auch die Arbeit gehört. Es ist unsere, des modernen Subjekts sinnlich-leibliche Praxis, die, im Verbund mit den Dingen, hervorbringend, weltschaffend agiert. Das ist nicht ab- oder auszusetzen, da in diesem Agieren die Vorgriff-Struktur immer schon darauf verweist, dass das Produkt, das Werk eine Fortsetzung, eine Verbesserung oder Änderung schuldet, dass sein Wert relational – und damit änderbar – ist.

Doch *gibt* es ja die ‚fertigen‘ Produkte und Werke, oder genauer: jene Produkte und Werke, die von sich behaupten, ‚fertig‘ zu sein, einen Preis haben, geschätzt, be- und gewertet werden können. Was also bezüglich des Werts mit dem modernen Arbeits-Paradigma Einzug hält – und das ist dessen oben angekündigte, zweite Volte einer „dämonische[n] Zweideu-

[28] Ebd., S. 192.

[29] Ebd., S. 196.

[30] Ebd., S. 194.

tigkeit“, die hier vielleicht eher als eine „unheimliche“ bezeichnet werden sollte –, ist ein Problem der *Darstellbarkeit*: Die ökonomische Markt-Einschätzung eines Produktes, sein Preis, ist Ergebnis der Zusammenführung verschiedener Momente wie abgegoltene Arbeit, Arbeitszeit, Materialwert und -beschaffenheit etc. In einer solchen ökonomischen Perspektive stehen Arbeit und Wert noch in keinem kritischen Verhältnis zueinander, denn hier erhält das Produkt seinen Wert dadurch, dass alle Arbeit in ihrer Messbarkeit abgegolten und dies im Preis repräsentiert ist.[31] Doch das, was Grund eines Produktes ist, was Grund seiner Existenz und Bewertbarkeit ist, die eigentliche Produktivität der Arbeit selbst, ihre Performativität und ihr Gestisches, ihr Vorgriff in die körperliche oder intellektuelle Materialisierung hinein, der Lebensakt, bleibt im Produkt, und damit nach Maßen aus Wert, undarstellbar.[32] Damit wohnt aber dem Wert, wie er sich aufs Produkt bezieht, eine diskursive Leerstelle inne, die nicht zu füllen, nicht aufzuholen ist und zugleich permanente Verfolgung verlangt. Resultat jenes Paradigmas der Hervorbringung, das wir Arbeit nennen, ist je das fertige Produkt (ein so vorläufiges Teilchen in einer noch so großen Produktionskette es auch sein mag), das ein solches ist, da es wiederum in seiner Materialisierung jene Arbeit, aus der es hervorgegangen ist, hinter sich zurück lässt und dissimuliert, undarstellbar macht. Arbeit ist bzw. wird in diesem Sinne wert-los.[33]

II. Messbarkeit

Die *Principles of Scientific Management* des Tennisprofis (Sieger des Herrendoppelwettbewerbs bei den ersten *U.S. National Championships*, 1881; zusammen mit Clarence Clark), gelernten Werkzeugmachers, Stahlarbeiters, studierten Ingenieurs (Fernstudium!), Unternehmensberaters und Erfinders, schließlich Privatdozenten in Harvard: Frederick Winslow Taylor, 1911 erstmals publiziert, richteten sich vornehmlich an Ingenieure und Ma-

[31] Siehe zusammenfassend zum Verhältnis von Wert, Preis und Arbeit in der historischen Entwicklung: Lichtblau, „Wert/Preis“ (wie Anm. 17).

[32] Vgl. zum Motiv der Verbergung der Arbeit hinter dem „Wert als Produkt“: Joseph Vogl, *Kalkül und Leidenschaft. Poetik des ökonomischen Menschen*, Berlin 2004, bes. S. 340 ff.

[33] Naheliegend zu überlegen, welche Beziehung künstlerisch-ästhetische Praktiken und Strategien zu diesem gesellschaftlichen Problem der Darstellbarkeit von Arbeit haben. Siehe auch die bibliographischen Hinweise in den Anmerkungen 49 und 51.

nager, und fanden ihren Anstoß, geschrieben zu werden, und ihre Emphase in nichts Geringerem als jener Bestandsaufnahme des damaligen Präsidenten der Vereinigten Staaten von Amerika, Roosevelt, der höchstpersönlich darauf hingewiesen hatte, dass „the conservation of our national resources is only preliminary to the larger question of national efficiency."[34]

Heutzutage, wo das Problem von Effizienz der Frage nach den Möglichkeiten globaler „Nachhaltigkeit" im Umgang mit natürlichen Ressourcen Platz gemacht zu haben scheint (Oder ist „Nachhaltigkeit" nur ‚unsere' ökologische Variante von „Effizienz"?), mag Taylors Emphase einer Durchorganisierung aller gesellschaftlichen Räume und Praktiken nach Effizienzkriterien etwas altmodisch (weil längst Realität geworden) erscheinen. Doch man darf sich daran erinnern, dass die Arbeitsorganisation und die Durchführungsweisen der Produktion in den (Groß-)Betrieben, wie sie Taylor in seinen Studien und eigenen Arbeitsverhältnissen vorfand, immer noch durch die „rule of thumb" bestimmt war. Über den fachlichen Kontext der Industriebetriebe hinaus, verband Taylor mit seinen Ausführungen die Hoffnung, „that it will be clear to other readers that the same principles can be applied with equal force to all social activities: to the management of our homes; the management of our farms, the management of the business of our tradesmen, large and small; of our churches, our philanthropic institutions, our universities, and our governmental departments."[35] Taylors Vorhaben lief darauf hinaus, das moderne Paradigma „Arbeit" zu verändern.

In dem durch Smith, Ricardo, Hegel und Marx sichtbar gemachten kapitalistischen Produktionssystem wird „Arbeit" als der Ort erkannt, an dem durch die sinnliche Praxis des Einzelnen zugleich ökonomischer, sittlicher und anthropologischer Wert produziert wird. Das führt einen neu entstehenden Blick auf Arbeit mit sich und legt eine der Moderne eigene Widersprüchlichkeit oder Antinomie frei. Einerseits ist Arbeit von nun an als anthropologische Grundbedingung der Subjektkonstitution festgeschrieben – demnach emanzipiert sich der Mensch in der individuellen sinnlichen Produktivität von der Natur und bringt sich so erst als Wert an sich selbst hervor. Andererseits gerät der Mensch gerade im industriell und ka-

[34] Frederick Winslow Taylor, *The Principles of Scientific Management*, New York 1967, S. 5.

[35] Ebd., S. 8.

pitalistisch organisierten System der Produktionsformen von Arbeit in ein Abhängigkeitsverhältnis, das ihn der Automatisierung, der Entfremdung und dem Warenfetischismus unterwirft.

So muss der obige Satz, dass Taylors Vorhaben darauf hinaus lief, das moderne Paradigma „Arbeit" zu verändern, spezifiziert werden: Es hatte sich bereits um 1800 aufgrund von dispositiven Verschiebungen in und Wechselwirkungen von Produktion (Industrialisierung, Reproduzierbarkeit), Materialität (Mechanisierung des Organischen, Artifizialisierung) und Wissen (Biopolitik, Politische Ökonomie, Institutionen) etabliert. Hierin agiert auch Taylor. Innerhalb also dieses Paradigmas wird es ihm – und nicht nur ihm – darum gehen, die Arbeit als Praxis in ihrer Messbarkeit nicht nur darstellbar zu machen, sondern darüber hinaus diese Praxis selbst damit auch zu verändern – kurz: sie ‚effizienter' zu machen. Ein Weg, „slow work" zu eliminieren, besteht demnach in der

> substitution of scientific for rule-of-thumb methods in even the smallest details of the work of every trade. The enormous saving of time and therefore increase in the output which it is possible to effect through eliminating unnecessary motions and substituting fast for slow and inefficient motions for the men working in any of our trades can be fully realized after one has personally seen the improvement which results from a thorough motion and time study, made by a competent man.[36]

Wenngleich Taylor keinen Zweifel daran lässt, dass seine vorgeschlagenen Veränderungen Verbesserungen auch für die wirtschaftliche Stärke eines jeweiligen Unternehmens erbringen wird, das sich auf die „principles of scientific management" bzw. das „task management" einlässt, sind die „Principles" doch von keiner – um es zeitgenössisch zu sagen – ‚Heuschrecke' geschrieben. Taylor will mit seiner betriebsorganisatorischen Methode nicht über ein Unternehmen herfallen, es einer scharfen Selektion unterziehen, sodass größerer Gewinn erzielt werden kann, koste es ‚die Arbeiter' was es wolle (und sei es die Arbeitslosigkeit oder den körperlichen Ruin). Der *sound* seiner Abhandlung ist gemischt aus einem Glauben an die gute Seite des technisch-mechanischen Fortschritts und dessen positive bzw. produktive Auswirkungen für die Akteure in den Unternehmen und für „the whole country",[37] einer Hoffnung, die Bedingungen der Arbeiter und

[36] Ebd., S. 24.

[37] Ebd., S. 142.

die ‚Stimmung' zwischen den Hierarchieebenen des Betriebs zu verbessern und – so möchte man im Sinne der Trias des Korintherbriefs ergänzen – einer Liebe zum Effizienzversprechen der Messung.[38]

Wie geht das vor sich? Die „general steps"[39] bestehen darin, erstens eine begrenzte Anzahl freiwilliger Arbeiter in verschiedenen Betrieben auszusuchen, deren Arbeitsplätze und -prozesse zum Feld der Untersuchung und der exemplarischen Einführung der neuen Methoden werden. Zweitens sollen die Elementarbewegungen bzw. -vorgänge der Arbeiten möglichst genau untersucht werden. Drittens: „Study with a stop-watch the time required to make each of these elementary movements and then select the quickest way of doing each element of the work." Viertens ist entscheidend, „all false movements, slow movements, and useless movements" zu eliminieren. Fünftens soll dann an die Stelle der alten eine kohärente neue Serie schnellster und bester Bewegungen bzw. Vorgänge implementiert werden, die dann schließlich – zum Zweck der Erhebung der Vergleichswerte, der Standardisierung und der Schulung – an allen ausgesuchten Arbeitsplätzen einzuführen ist. Diese – an sich schon standardisierte – Vorgehensweise der „general steps" wird begleitet von Elementen des „mechanism of management", wie etwa „Time study", „standardization of all tools", „Instruction cards", „Mnemonic systems", die Taylor hier aber nur stichwortartig oder exemplarisch ausführt.[40]

Selbstverständlich ist Taylor historisch gesehen nicht der erste, der sich für die Messung von Arbeitsabläufen interessiert. Sigfried Giedion weist auf Charles Babbage und den von diesem wiederum zitierten Jean Rodolphe Perronet hin. Beide nehmen Zeitmessungen und tabellarische Darstellungen von Arbeitsabläufen der Nadel-Fabrikation vor. Der Zweck liegt hier aber lediglich darin, Zahlen zu erheben, mit denen Produktivität bzw. Kosten berechnet werden können. Giedion markiert die Differenz zu Taylor:

> Es wäre historisch falsch gesehen, hier von Vorläuferschaft oder gar von einer Vorwegnahme der Taylorschen Methode zu sprechen. Die Verwendung

[38] Wem das zu pathetisch klingt, sei eingeladen, nur mal die letzten Seiten des Buches zu lesen: Ebd., S. 140 ff. Ähnlich die Fußnote ebd., S. 130.

[39] Zu den folgenden Schritten, siehe: Ebd., S. 117 f.

[40] Vgl. die Liste: Ebd., S. 128 ff.

> einer Uhr ist eine Äußerlichkeit. [...] Die Zeitbestimmung bei Babbage sollte die Vorteile der Arbeitsteilung belegen. Der Zeitfaktor in der wissenschaftlichen Betriebsführung [Taylors] dagegen dient dazu, in die Elemente des Bewegungsvorganges hinabzutauchen.[41]

Die Bedeutung von Taylors Arbeiten liegt insofern

> in einer weiteren Steigerung der mechanischen Leistungsfähigkeit. Er ist der Typ des Spezialisten um 1900: Er sieht sein Forschungsobjekt – den Betrieb – als einen geschlossenen Organismus und als Zweck an sich. Was in ihm hergestellt wird und zu welchem Zweck, liegt außerhalb seines Blickfeldes.[42]

Erst Frederick Winslow Taylor wird es also sein – und das verschafft ihm die seltene historische Ehre, dass aus seinem Nachnamen ein *-ismus* gebildet wurde –, der, über bloße Messung hinausgehend, ein *System der Messbarkeit* entwickelt und in Unternehmen implementiert, das den Hervorbringungsakt der sinnlichen Arbeitspraxis als Ausgangs- bzw. Angelpunkt nimmt, das Funktionieren des gesamten Betriebes (und letztlich der Volkswirtschaft) nach Maßgabe von Organisationslehre bzw. Management messbar, darstellbar, wissenschaftlich verstehbar, schließlich flexibel gestaltbar zu machen. In einem Vorort Detroits, Highland Park, wird dieses neue Arbeitsdispositiv 1910 in Form der *Ford Motor Company Plant*, viergeschossig, 22 Meter breit, 262 Meter lang, ein erstes materialisiertes und kaum zu übersehendes Sinnbild erhalten.[43]

Mit Taylors System erreicht „Arbeit" den Status eines Paradigmas moderner Kulturalität. Anders gesagt: Während seit um 1800 ein poietisches Arbeits-Paradigma sich formiert, das in der Produktivität der sinnlichen Praxis des Menschen den Kern des gesellschaftlichen Wirtschaftens und der Hervorbringung von Wert(en) erkennt, stellt sich um 1900 immer drängender die – nicht nur mechanistisch, sondern ebenso psycho-physiologisch, mithin biopolitisch verstandene – Frage, wie jene Produktivität gesteigert werden kann. Und Taylor ist mit seinen Leuten der erste, der dieses ‚Problem' systematisch untersucht, strukturiert und die neu gefundenen,

[41] Sigfried Giedion, *Die Herrschaft der Mechanisierung. Ein Beitrag zur anonymen Geschichte*, Frankfurt a. M. 1982, S. 138 f.

[42] Ebd., S. 124.

[43] Vgl. etwa: Ursula Muscheler, *Haus ohne Augenbrauen. Architekturgeschichten aus dem 20. Jahrhundert*, München 2007, S. 56–69. Zum technikhistorischen Hintergrund: Giedion, Mechanisierung (wie Anm. 41), bes. S. 101–152.

betriebs-, organisations- und arbeitswissenschaftlichen Methoden appliziert: Zur Produktions- und Produktivitätssteigerung werden höhere Maschinen- und Prozess-Effizienz, betriebliche Reformen mit der Messbarkeit der Elastizität, der Rhythmisierbarkeit[44] und der Mechanisierbarkeit des menschlichen Leistungs-Körpers gekoppelt.

Bekanntermaßen sind Taylors „stop-watch" und „instruction cards" nicht das Ende in der Entwicklung medientechnologischer bzw. wissenschaftlicher Verfahren zur Messbarkeit von Arbeit. Heutzutage stehen für Zeitmessung und Bewegungsanalyse zum Zweck der Verdichtung, Vereinfachung und Rationalisierung von Arbeitsabläufen sogenannte *predetermined motion time systems* (Systeme vorbestimmter Zeiten – „SVZ") zur Verfügung.[45] Noch zu Taylors Zeiten ist es vor allem das Ehepaar Frank Bunker Gilbreth und Lillian Moller Gilbreth, das die Verfahren der Messbarkeit radikalisieren, ausdifferenzieren und in die Dimension der Bewegung als einer temporalen Kategorie bzw. Qualität und deren Darstellbarkeit hinein erweitern. Dies zu tun, bedurfte es nicht nur verfeinerter, sondern auch anderer, neuer Technologien: An die Stelle der „stop-watch" Taylors tritt eine eigens für die Zeitmessung der fließenden Bewegungen entwickelte Uhr („Gilbrethuhr"[46]); die Beobachtung der Arbeits-Bewegung und -Abläufe durch das menschliche Auge wird durch kinematographische bzw. zyklographische Aufnahmen und Studien („Bewegungsbild"[47]) ersetzt ; die beobachteten Arbeiter werden während der Bewegungsstudien verkabelt und mit einer am Körper verteilten Kette von kleinen Glühbirnen versehen. Der Vergleich der zeitlich und filmisch bzw. photographisch festgehaltenen und gemessenen Lichtbewegungslinien vor und nach der Veränderung des Arbeitsablaufs zeigt dann die Optimierung, also Effizienzsteigerung der Tätigkeit. Gilbreth schlussfolgert: „[E]rst was gemessen ist, kann verglichen werden."[48]

---

44 Vgl. Inge Baxmann u. a. (Hg.), *Arbeit und Rhythmus. Lebensformen im Wandel*, München 2009.

45 Vgl. etwa: http://www.dmtm.com, http://www.work-factor.de.

46 Colin Ross, Das Wesen der wissenschaftlichen Betriebsführung, in: Frank Bunker Gilbreth, *Das ABC der wissenschaftlichen Betriebsführung*, Berlin 1920, S. 1–15, hier S. 6.

47 Gilbreth, Betriebsführung (wie Anm. 46), S. 18. „Bewegungs-Bild" wird – neben „Zeit-Bild" – bei Gilles Deleuze zu einem Kernbegriff der Kino-Theorie. Vgl.: Gilles Deleuze, *Das Bewegungs-Bild. Kino 1*, Frankfurt a. M. 1997 und ders., *Das Zeit-Bild. Kino 2*, Frankfurt a. M. 1997.

48 Ebd., S. 18.

Wenngleich Gilbreth mit Film gearbeitet hat, wurden die Bewegungen der illuminierten Arbeiter zumeist allerdings nicht filmisch, sondern photographisch festgehalten: Eine für die Dauer der Bewegung belichtete Platte machte nach ihrer Entwicklung den Kurvenverlauf der Arbeitsgesten sichtbar – und speicherbar.[49] Und Gilbreth ging noch weiter: Er übertrug die photographisch festgehaltene Zyklographie in ein dreidimensionales Drahtmodell, in die Spur einer Spur mithin. Und im Vergleich der ‚schlechteren' und ‚besseren' eigenen Bewegungs-Gestik, die ihm nun als entäußertes Ding gegenübertrat, konnte der Arbeiter üben und verstehen, welche choreographischen Änderungen ihn effizienter (lies: wertvoller) machen würden.[50] Choreographisch-zyklographische Körperschulung, *Messbarkeit* und mediale *Darstellbarkeit* gehen hier ineinander über, anders gesagt: Im Messbarkeits-System Gilbreths muss man nicht mehr von „Arbeit" sprechen und sich damit mühevoll um das Können und die spezifische Praxis von Fleischern, Schmieden, Maurern, Metallarbeitern etc. je einzeln bemühen, sondern kann von einem allgemeinen technologisch-biopolitischen Dispositiv ausgehen,[51] deren Parameter weniger Disziplin,

[49] Das ist selbstverständlich eine chronographische Auffassung und Nutzung der Medien Photographie und Film, wie sie seit Ende des 19. Jahrhunderts von Eadweard Muybridge und Etienne-Jules Marey entwickelt und eingesetzt wurden. Vgl. etwa: Phillip Prodger, *Time Stands Still. Muybridge and the Instantaneous Photography Moment*, Oxford 2003; Marta Braun, *Picturing Time. The Work of Etienne-Jules Marey*, Chicago 1992.

[50] Bei den Gilbreths heißt das „motion-minded". Vgl. Giedion, Mechanisierung (wie Anm. 41), S. 127 f.

[51] Hans-Christian von Hermann zeigt, wie die psycho-physiologischen Bewegungs-Studien Taylors, Gilbreths und anderen darin kulminieren, von Nikolai Alexandrowitsch Bernstein erstmals mathematisiert bzw. formalisiert worden zu sein – „Arbeit" wird damit zu „programmgesteuerte[r] Operationalität". Hans-Christian von Hermann, „Pensum – Spur – Code. Register der Arbeitswissenschaft bei Taylor, Gilbreth und Bernstein", in: Ulrich Bröckling/Eva Horn (Hg.), *Anthropologie der Arbeit*, Tübingen 2002, S. 193–208, hier S. 208. Bernstein war im Laboratorium für Biomechanik des Moskauer *Zentralinstituts für Arbeit* (CIT) tätig. Und es ist just in diesem von Aleksej Gastev gegründeten, interdisziplinären Institut, wo die Geschichte der Bewegungsforschung auf ganz eigene Weise weitergeführt wurde: Man suchte hier nach den Verbindungen von Arbeit, Taylorismus, Biomechanik und Künsten bzw. Ästhetik. Vgl. hierzu: Siegfried Zielinski, *Archäologie der Medien. Zur Tiefenzeit des technischen Hörens und Sehens*, Reinbek 2002, bes. S. 262–291. Nicoletta Misler, Taylorismus, Biomechanik, Jazz. Moskau um 1925, in: Inge Baxmann/Franz Anton Cramer (Hg.), *Deutungsräume. Bewegungswissen als kulturelles Archiv der Moderne*, München 2005, S. 95–115. Inge Baxmann, Der Körper als Gedächtnisort. Bewegungswissen und die Dynamisierung der Wissenskulturen im frühen 20. Jahrhundert, in: Ebd., S. 15–35. Claus Pias, *Computer Spiel Welten*, München 2000, bes. S. 29–56.

Individualkörper, Mechanik, Stärke bzw. Kraft und ähnliches sind, die in der „Fabrik" verdichtet werden, als vielmehr solche wie Kontrolle, Motivation, Geschicklichkeit, Synchronisierung, Evaluation wie sie sich in einem „Unternehmen" vernetzen. So Gilles Deleuze:

> Foucault hat die Disziplinargesellschaften dem 18. und 19. Jahrhundert zugeordnet; sie erreichen ihren Höhepunkt zu Beginn des 20. Jahrhunderts. Nun werden die großen Einschließungs-Milieus organisiert. [...] Das ideale Projekt der Einschließungsmilieus [ist] in der Fabrik besonders deutlich sichtbar: konzentrieren; im Raum verteilen; in der Zeit anordnen; im Zeit-Raum eine Produktivkraft zusammensetzen, deren Wirkung größer sein muß als die Summe der Einzelkräfte [...] Die Einschließungen sind unterschiedliche Formen, Gußformen, die Kontrollen jedoch sind eine Modulation, sie gleichen einer sich selbst verformenden Gußform, die sich von einem Moment zum anderen verändert [...]. [...] Die Fabrik war ein Körper, der seine inneren Kräfte an einen Punkt des Gleichgewichts brachte, mit einem möglichst hohen Niveau für die Produktion, einem möglichst tiefen für die Löhne; in einer Kontrollgesellschaft tritt jedoch an die Stelle der Fabrik das Unternehmen, und dieses ist kein Körper, sondern eine Seele, ein Gas. Gewiß war auch in der Fabrik schon das System der Prämien bekannt, aber das Unternehmen setzt eine viel tiefgreifendere Modulation jedes Lohns durch, in Verhältnissen permanenter Metastabilität, zu denen äußerst komische Titelkämpfe, Ausleseverfahren und Unterredungen gehören. [...] Die Fabrik setzte die Individuen zu einem Körper zusammen, [...] das Unternehmen jedoch verbreitet ständig eine unhintergehbare Rivalität als heilsamen Wetteifer und ausgezeichnete Motivation, die die Individuen zueinander in Gegensatz bringt, jedes von ihnen durchläuft und in sich selbst spaltet.[52]

[52] Ein Schelm, der hier daran denkt, Deleuze könnte mit diesen Worten auch einige aufschlussreiche Hinweise für das Verstehen der heutigen ‚unternehmerischen Universität' gegeben haben (Evaluationswesen, Studiengangs-Akkreditierungen und Reakkreditierungen, Besetzungspolitik, Prüfungs- und Drittmittelprämien etc.). Gilles Deleuze, Postskriptum über die Kontrollgesellschaften, in: ders., *Unterhandlungen 1972–1990*, Frankfurt a. M. 1993, S. 254–262, hier S. 254, S. 256 f.

III. Darstellbarkeit

Zwei junge Geschäftsmänner telefonieren per Handy. In großstädtischer Umgebung ist der eine zu Fuß unterwegs, der andere sitzt auf einer Caféterrasse. Der Standarddialog der Mobilfunktelefonie läuft auch hier wieder ab: man versichert sich gegenseitig des Standortes – ist dann aber überrascht, den anderen in London bzw. Paris zu wissen, obwohl man ihn in Tokio bzw. Boston vermutet hatte. Nun: „change of plans", teilt der eine dem anderen fast gelangweilt mit, nichts besonderes, ein Auftrag wollte es so – fast, wie bei James Bond. Dass die beiden immaterielle Arbeit und Dienstleistung verrichten wird schnell klar, da der eine dem anderen von Änderungen berichtet – neue Vertragsbedingungen, neue technische Daten. In Sekundenbruchteilen vom Palm auf den Laptop durch halb Europa gesendet, wird die Aufgabe erkannt und, flexibel, die Arbeitsplanung der nächsten Geschäftsorte modifiziert: „change of plans" – man sieht sich in New York bzw. L. A. und tauscht noch scherzhaft französische und japanische Floskeln aus. Aber wieso heißt es „see you", wenn dann doch zwei verschiedene Städte genannt werden? Globale Fernkommunikation in Echtzeit ist so in Fleisch und Blut übergegangen, als sei sie direkte Anwesenheit. Und dass das alles so gar nicht aufregend ist, sondern Routine, bekommen wir mit, als der dritte im Bunde, den wir bislang für einen schlecht gekleideten Agenten oder einen Müßiggänger gehalten hatten und der sich über den Inhalt der Kommunikation erkundigt, gesagt bekommt, das alles sei wie gewöhnlich. Eben „on demand business".

Was bis hierher beschrieben wurde, ist ein Werbeclip der Firma IBM, der vor wenigen Jahren in Szene gesetzt wurde, um die zeitlich und räumlich flexibilisierten und – in gewisser Weise – abstrahierten neuen Arbeitsformen und die mit ihnen einhergehenden technologiefundierten Kommunikationsprozesse ‚irgendwie' darstellbar zu machen. Begleitend zum Clip, gab die Homepage des Unternehmens darüber Auskunft, worin jenes „on demand business" bestehe und welches die auch im Clip kaum zu übersehenden bzw. zu überhörenden Vorteile seien:

> Es ist ein ganz neuer Weg, ein Unternehmen zu betreiben – schneller, effizienter, auf die geschäftlichen Vorteile konzentriert. On Demand Unternehmen sind auf Veränderungen ausgerichtet, sie erkennen Marktveränderun-

gen schneller, reagieren bereits im Vorfeld. Sie vermeiden Risiken und nutzen neue Chancen, ohne langsamer oder aufwändiger zu arbeiten.[53]

Die moderne Gesellschaft war eine Arbeitsgesellschaft, weil sie – wie Thomas Welskopp zusammenfasst – „auf der Summe der gesellschaftlichen Tätigkeiten zur Beschaffung und Verwertung von Ressourcen aller Art beruhte".[54] Die Form dessen, stellte sich für den Einzelnen, der strukturell in gesellschaftliche Anforderungen und Sicherungssysteme eingebunden war, als – oft lebenslange und routinierte – Lohn- bzw. Erwerbsarbeit dar.[55] Der Begriff „Arbeitsgesellschaft" zeigt insofern die Möglichkeit eines normierenden und kollektivierenden, man könnte auch sagen: biopolitischen Verständnisses des Menschen als ein durch und durch in rationale und ökonomische bzw. ökonomisierbare Handlungsprozesse (und den damit verbundenen Status- und Wertzuweisungen) eingebundenes Wesen. Dies wird in dem Augenblick diskursiv und konflikthaft, da die Selbstverständlichkeit dieser als „Arbeitsgesellschaft" bezeichneten kulturellen Gesamtrealität verloren geht und die Arbeit und ihr Wert selber „Gegenstand des gesellschaftlichen Verteilungskonfliktes" werden.[56]

Man erkennt an den drei Herren aus dem IBM-Clip ganz gut, dass wir es hier mit dem zu tun haben, was Richard Sennett als „Corrosion of Character" im Spannungsfeld von Industrie- und Informationsgesellschaft bezeichnet. Sennett erörtert die Flexibilitätsanforderungen, die von einem neuen, nun global und informatorisch agierenden Kapitalismus der Institutionen an die Subjekte gestellt werden. Es wird klar, dass dies mittels einer Konzentration von Macht ohne Zentralität geschieht. Deren Methode ist es, Befehle zu kommunizieren in einer nicht-hierarchisch gegliederten

[53] So lautete die – inzwischen vom Netz genommene – Beschreibung auf der IBM-Homepage zu Zeiten, als der Clip ausgestrahlt wurde (Zugriff damals, 13. November 2006: http://www-5.ibm.com/e-business/at/basicsondemand/). Für einen aktuellen Überblick zu „on demand business" aus Firmenperspektive, vgl.: http://www.ibm.com/developerworks/ibm/library/i-ebodov/index.html.

[54] Thomas Welskopp, Der Wandel der Arbeitsgesellschaft als Thema der Kulturwissenschaft – Klassen, Professionen und Eliten, in: Friedrich Jäger/Jörn Rüsen (Hg.), *Handbuch der Kulturwissenschaften*, Bd. 3, Stuttgart 2004, S. 225–246, hier S. 225.

[55] Vgl. Castel, Metamorphose (wie Anm. 14).

[56] Welskopp, Arbeitsgesellschaft (wie Anm. 54), S. 225. Vgl. auch: Hartmut Kälble, *Sozialgeschichte Europas. 1945 bis zur Gegenwart*, München 2007, bes. S. 75–86.

Machtstruktur.[57] Kommunikationsstrukturen werden kurzfristig aufgebaut und ebenso wieder gekappt bzw. umgebaut, Zuständigkeiten bestimmt und wieder entzogen, man arbeitet nurmehr in „Projekten", planerisch, evaluierend, sich stets selbst kontrollierend, bereit, sich virtuell hinzugeben, gegebenenfalls auch global. Neben dieser „Hinnahme von Fragmentierung" der Persönlichkeit ist es die Bereitschaft, das „Fehlen langfristiger Bindungen" zu akzeptieren, was den flexiblen Menschen bzw. Charakter ausmacht.[58] Sennett fragt:

> Wie [...] können langfristige Ziele verfolgt werden, wenn man im Rahmen einer ganz auf das Kurzfristige ausgerichteten Ökonomie lebt? [...] Wie bestimmen wir, was in uns von bleibendem Wert ist, wenn wir in einer ungeduldigen Gesellschaft leben, die sich nur auf den unmittelbaren Moment konzentriert?[59]

Mit den so annoncierten gesellschaftlichen Modifikationen zeichnet sich ein Gegenmodell zum modernen Produktionssystem des Fordismus (der den Taylorismus nutzt) ab. Sennett bezeichnet es – mit einer Anleihe bei Michael Piore und Charles Sable – als „Strategie der permanenten Innovation".[60] Diese Strategie ist geprägt durch den Einsatz von Hochtechnologie, die Geschwindigkeit moderner Kommunikation, schnelle Entscheidungen, kleine Arbeitsgruppen und durch die „Akzeptanz entschiedenen, abrupten, irreversiblen Wandels".[61]

Was bedeutet das für die Arbeitssituation des Einzelnen? Michael Hardt und Antonio Negri fassen es 2004 in ihrem Buch *Multitude* so zusammen:

> Von manchen Ökonomen werden die Begriffe Fordismus und Postfordismus verwendet; sie sollen die Verschiebung beschreiben von einer Ökonomie, deren Charakteristikum die für die Fabrikarbeiter typische stabile Langzeitbeschäftigung ist, zu einer, die von flexiblen, mobilen und prekären Arbeitsverhältnissen geprägt ist: flexibel, weil die Arbeiter sich verschiedenen Aufgaben anpassen müssen, mobil, weil häufigere Wechsel der Arbeitsstellen notwen-

[57] Der Begriff der „Macht ohne Zentralität" stammt von Bennett Harrson (Vgl.: Richard Sennett, *Der flexible Mensch. Die Kultur des neuen Kapitalismus*, übers. von Martin Richter, Berlin 1998, S. 72).

[58] Ebd., S. 79.

[59] Ebd., S. 12. Ergänzend dazu: ders., *Die Kultur des neuen Kapitalismus*, übers. von Michael Bischoff, Berlin 2005.

[60] Zu Piore und Sable vgl. ebd., S. 208, Fußnote 8.

[61] Ebd., S. 64 f.

> dig werden, und prekär, weil es keine Arbeitsverträge gibt, die stabile und langfristige Beschäftigung garantieren würden.[62]

Taylors und Gilbreths Frage nach dem, wie die Performativität von Arbeit, ihre sinnliche Praxis und ihre betriebliche Organisation so in Form gebracht und optimiert werden können, dass ihre Vollzüge effizient und der kapitalistischen Wirtschaftsform kongruent werden, wurde hier als Problem der *Messbarkeit* bezeichnet und behandelt. Und nimmt man die obige Skizze zur „Arbeitsgesellschaft" bis hierhin (inklusive des IBM-Clips) als akzeptable Bestandsaufnahme unserer eigenen Gegenwart (was eben das Imaginäre eines Clips nicht ausschließt) am Übergang von der Industrie- zur Informations- bzw. Wissensgesellschaft, sieht es so aus, als sei neben die Frage nach der Messbarkeit jene zu stellen, bei der es darum geht, was in unserer Kultur medial und visuell historisch geschehen ist und heute geschieht, um eine solche Arbeit *darstellbar* zu machen. Und dieses Problem der Darstellbarkeit von Arbeit stellt sich aus mindestens zwei Gründen. Erstens: Das Gesamt der gesellschaftlichen Selbstverständigungs- und Selbstvergewisserungsprozesse, das wir „Kultur" nennen, ist an Produktions-, Darstellungs- und Wahrnehmungsbedingungen von Medien(verbünden) geknüpft bzw., etwas härter ausgedrückt: durch diese bedingt. Das ist soweit weder eine neue noch eine besonders aufregende Nachricht. Für den hiesigen Kontext besagt sie: Möchte man etwas über „Arbeit" als kulturelles Paradigma erfahren, möge man sich (unter anderem) mit ihrem medienästhetischen ‚Design', ihrer Formierung und visuellen Darstellung befassen. Die Analyse einer Medienästhetik der Arbeit adressiert das *Wie* unserer Wahrnehmung und kulturellen Selbstvergewisserung auch in Sachen „Arbeit". Hat man sich dem einmal zugewandt, lässt sich – zweitens – eine besondere Spannung von „Arbeit" und „Bild" feststellen: (Die) Bilder der Arbeit wiederholen „Arbeit" nicht einfach, als würden jene diese nur repräsentieren, ab-bilden bzw. mimetisch nach-bilden. Wenn es ein Verhältnis des Mimetischen hier gibt, besteht es in dem, was man einen Parallelprozess nennen könnte: Arbeit ist – zumindest im modernen Deutungsmuster – als eine Praxis der Wert-, Werk- und (kulturell-zivilisatorischen) Bedeutungs-Schöpfung (Semiose) angesehen. So gesehen

62 Michael Hardt/Antonio Negri, *Empire. Die neue Weltordnung*, übers. von Thomas Atzert und Andreas Wirthensohn, Frankfurt a. M. 2002, S. 130 f.

wird klar, dass Arbeit uns als Subjekten nicht ganz zu- oder angehört, sie ist nicht einfach ‚unsere' Praxis. Wir selbst, das, was wir unter unserer Subjektivität verstehen, ist bereits Antwort darauf, was diese poietische Akteurin, die wir „Arbeit" nennen, aus uns gemacht hat als wir sie machten. Auf die berühmte Frage Hannah Arendts, was wir tun, wenn wir tätig sind (also z. B. arbeiten), ließe sich also etwa antworten, dass wir versuchen Antwort zu geben auf die „Schuld"-Frage (s. o.), die uns gestellt wird und dass dieser Antwortversuch, dies Begehren nach einer Antwort darin besteht, uns als rational agierende Subjekte zu entwerfen und zu begreifen. Die damit etablierte Relationalität, die „Arbeit" *ist,* ist aber selbstverständlich nicht in-formell und ortlos: Existenziell liegt sie im spezifischen Tonus ihrer leiblich-körperlichen Erfahrung, ökonomisch (im Sinne eines allgemeinen Systems des Tausches) liegt sie in der Formung ihrer Messbarkeit (s. o.) und ästhetisch liegt sie in den Strategien und Medien ihrer Darstellbarkeit.

Was insofern die zweite, die ästhetische Seite jenes „mimetischen Parallelprozesses" angeht, lässt sich mit William John Thomas Mitchell zusammenfassen:

> Bilder sind unsere Art, einen Zugang zu den Dingen zu bekommen, was auch immer diese sein mögen. Sie sind, noch nachdrücklicher gesprochen (und wie der Philosoph Nelson Goodman es ausdrückt), ‚Weisen der Welterzeugung', nicht bloß Spiegelungen der Welt. Poetik (im Sinne von ‚machen', ‚schaffen', ‚erzeugen', von poiesis) ist wesentlich für das (Ab-)Bilden. [...] [Eine] Poetik der Bilder wendet sich Bildphänomenen so zu, wie Aristoteles es vorschlug: als würde es sich bei ihnen um lebendige Wesen handeln, um eine zweite Natur, welche die Menschen um sich herum geschaffen haben. [...] Die Frage, die vom Standpunkt einer Poetik gegenüber Bildern zu stellen ist, lautet daher nicht einfach was sie bedeuten oder bewirken, sondern was sie wollen – welche Ansprüche sie uns gegenüber geltend machen und wie wir auf diese antworten sollen. Das verlangt aber zugleich, auch danach zu fragen, was wir von Bildern wollen.[63]

Kurz: Bilder der Arbeit wiederholen Arbeit an sich selbst – und an uns. Die Beziehung, die wir mit ihnen eingehen, eröffnet einen „Schauplatz wechselseitigen Begehrens".[64] Es ist klar, dass die Bild-, Medien- und Motivge-

[63] William John Thomas Mitchell, *Das Leben der Bilder. Eine Theorie der visuellen Kultur,* übers. von Achim Eschbach, Anna-Victoria Eschbach und Mark Halawa, München 2008, S. 13.

[64] Ebd., S. 13 (und vgl. ebd. S. 13–15 und bes. S. 78–101).

schichte von „Arbeit“ viel zu ausdifferenziert ist, als sie hier auch nur annähernd angemessen als jenen „Schauplatz“ rekonstruieren oder würdigen zu können. Aber Fülle und Ausdifferenziertheit sind ja keine unbedingten Darstellungskriterien. Für hier ist wichtiger zu erinnern: Mit den (früh-)modernen Diskursverschiebungen und -brüchen von „Arbeit“ (s. o.) gehen auch neue *Darstellungsweisen* von Arbeit einher, die die moderne Bildsprache des Industrie- und Informationszeitalters dann erst möglich machen.

Um das in Form einer historischen Spannung zu formulieren: Durch die diskursive Verknüpfung von „Arbeit“ mit der Vorstellung *individueller* sinnlicher und ökonomischer Produktivkraft, mit Fleiß, Eigentum und Disziplin, findet sich ab dem 16. Jahrhundert auch die Eigenständigkeit von Arbeit als Motiv und Thema ein – wie etwa in der *Allegorie der Arbeit* von Maarten van Heemskerck, schon 1571.[65] Und ab Mitte des 19. Jahrhunderts haben wir das frei entfaltete Arbeitsbild. Sei es im Sinne des spektakulären Industrie- bzw. Fabrikbildes, wie etwa bei Adolph Menzels *Eisenwalzwerk* von 1872/75 oder Bildern von François Bonhommés schon ab den 1840er Jahren, sei es angelegt als Darstellung sozialer bzw. politischer Implikationen der modernen Arbeitsverhältnisse, wie etwa bei Carl Wilhelm Hübners *Schlesischen Webern* (1844) oder Johann Peter Hasenclevers *Arbeiter und Stadtrath* von 1848/49.[66]

Doch *zwischen* dem Auftauchen des Bildthemas „Arbeit“ im Sinne einer individuellen wertproduktiven Praxis in der Neuzeit einerseits und dem von begleitenden bzw. rahmenden allegorischen, narrativen oder motivischen Kontextualisierungen ‚befreiten‘ Industriebild des 19. Jahrhunderts andererseits, dazwischen, an der Schwellenphase der Industrialisierung im 18. Jahrhundert liegt etwas, was man eine ikonische bzw. piktoriale Selbstvergewisserung nennen könnte. Diesbezüglich seien zumindest zwei Bild-Strategien kurz skizziert.

[65] Dem Wuppertaler Soziologen Klaus Türk kommt das unschätzbare Verdienst zu, weite Teile der Bildgeschichte der Arbeit gesichtet, gehoben und systematisiert zu haben. Diese Arbeit ist u. a. dokumentiert in: Klaus Türk, *Bilder der Arbeit. Eine ikonografische Anthologie*, Wiesbaden 2000. ders., *Mensch und Arbeit. 400 Jahre Geschichte der Arbeit in der bildenden Kunst*, Milwaukee/Wisconsin 2003. Online: http://www.bilder-der-arbeit.de. Auf diese Publikationen beziehen sich meine weiteren Ausführungen immer wieder. Zu der angesprochenen Allegorie von van Heemskerck vgl. Türk, *Bilder der Arbeit*, S. 128.

[66] Vgl. zu Menzel und Bonhommé: Ebd., S. 172 f. und S. 164 f., vgl. zu Hübner und Hasenclever: Ebd. S.166–168.

Da ist zum einen die Einbettung der Arbeitsthematik (also etwa die Darstellung von Fertigungsvorgängen) in Landschaftsmalerei. Die gemalte Landschaft kontextualisiert das arbeitsmäßige Geschehen je nach Bildidee in mythologische oder biblische Narrationen. Auch kann dem Industriellen einfach die Anmutung einer ursprünglichen Natur oder mittelalterlichen Ideallandschaft zur Seite gestellt werden. Türk weist bspw. auf eine von 1780/90 stammende Bildreihe hin, die Teil eines Zyklus von Johann Weiss bzw. Benedikt Werkstätter ist. Hier sind die angesprochenen Bildstrategien aus der Landschaftsmalerei ebenso wiederzufinden und noch etwas weiteres tritt hinzu: Die Teildarstellungen der Arbeitshandlungen und Produktionsprozesse sind nicht – wie man etwas paradox sagen könnte – „nach der Natur" gemalt, sondern zeitgenössischen Fachbüchern zur Montanindustrie entnommen, die hier der malerischen Aneignung und Übersetzung als Vorlagen dienten. Teils bedient sich ein Bild mehrerer dokumentarischer Quellen. Die Arbeitsprozesse sind zwar detailliert in Szene gesetzt, doch durch Farbgebung und naturromantische Dramatisierung verliert der Aspekt des Informativen, wie er in den ursprünglichen Dokumentarbänden vorlag, hier an Bedeutung. Stattdessen kann durch eine solche Collagetechnik die Spannung von Maschinenrealität und natürlichem Kosmos herausgearbeitet werden, die der Mensch als arbeitendes Subjekt eigens produziert und erfährt.[67]

Von diesen hier angedeuteten Bildstrategien der beginnenden Industrialisierung lässt sich sagen, dass sie Arbeit und die zu ihr gehörenden Technologien der Kontextualisierung einer spezifischen Bildtradition (etwa der Landschafts- oder Bibeldarstellung) unterziehen. Ein ganz anderes Bildinteresse finden wir im Zusammenhang der *Encyclopédie Française*, die von zahlreichen Rückschlägen und Veränderungen begleitet, zwischen 1747 und 1780 von Diderot und teils D'Alembert herausgegeben wurde. Bekanntermaßen gehören zu diesem riesigen Werk, das den aufklärerischen Anspruch hatte, eine Darstellung des gesamten praktischen und theoretischen Wissens der eigenen Zeit zu sein, auch eine Reihe von Bildbänden. In ihnen ist auch Bildmaterial ausgebreitet, das den damaligen Stand der Produktionsvorgänge und Arbeitstechnologien darstellt. Sind zahlreiche Artikel zu diesen Techniken von den jeweiligen Fachleuten und Praktikern

[67] Vgl. ebd., S. 152 ff.

geschrieben worden und die bildliche Umsetzung war entsprechend einfach zu erstellen, gab es andere Handwerke und Arbeitstechniken, die tief ins praktische Wissen der Generationen eingelassen waren und die noch nie eine Diskursivierung erfahren hatten. Hierzu schreiben Diderot und D'Alembert in ihrer Einleitung:

> Es gibt indessen so eigenartige Berufe und so verzwickte Handhabungen, daß man schwerlich einen genauen Bericht über sie geben kann, ohne selbst in ihnen gearbeitet, ohne eigenhändig die Maschine bedient und das Werk unter den eigenen Händen entstehen sehen zu haben. Verschiedentlich war es daher notwendig, Maschinen zu beschaffen, sie aufzustellen und Hand anzulegen, sozusagen also zum Lehrling zu werden und höchstpersönlich eine schlechte Arbeit zustande zu bringen, um dann andere darüber belehren zu können, wie man gute anzufertigen hat.[68]

Das ist ein fast schon neurotisch zu nennendes Interesse an der Bergung, Erfassung und Diskursivierung der technologischen Möglichkeiten von Arbeit der eigenen Zeit. Und das gilt selbstverständlich auch für die Darstellungen ganzer Produktionsabläufe in Fabriken. Louis-Jacques Goussier hatte als Enzyklopedie-Autor den Artikel zur Papierherstellung verfasst und war dabei von dem damals europaweit avanciertesten Produktionsstandort L'Anglée bei Montargis ausgegangen. Jene der Bildbände der Enzyklopädie eingefügten Graphiken einer Stecknadelmanufaktur,[69] verzichteten ebenso wie Darstellungen zur Papierherstellung[70] gänzlich auf die Illustration der ergonomischen Umstände – also etwa: die Gefährlichkeit der Säuren, den allgegenwärtigen Schmutz, den unerträglichen Gestank beim Vermodern und Verkochen alter Stoffreste für den Papierbrei und so weiter. Fast tänzerisch und wohlgeordnet, ohne Last, Mühe oder Eile scheinen die Produktionsvorgänge hier ihren genau bestimmten Gang zu gehen. In den Darstellungen der gesamten Fertigungsprozesse im Überblick, angeordnet, ja inszeniert in lichten Fabrikhallen, korrespondiert der Exaktheit und Rationalität der graphischen Linienführung der Stiche auf paradoxe

[68] D'Alembert, *Einleitung zur „Enzyklopädie"*, übers. von Annemarie Heins und rev. von Günther Mansching, Frankfurt a. M. 1989, S. 109.

[69] Vgl. Türk, Bilder der Arbeit (wie Anm. 65), S. 151.

[70] Belinda Tammaro, Die Papierherstellung im Spiegel der ‚Encyclopédie', in: *sph Kontakte* 84 (Dezember 2006), S. 1–5. Auch Sennett kommt im Zusammenhang seiner Erörterung der Arbeits-„Routine" auf die Papierherstellung in L'Anglée zu sprechen: Sennett, Mensch (wie Anm. 57), bes. S. 39–56.

Weise das Absehen von realistischer Dokumentation. Das also, dass Arbeit „schwere Arbeit" sei, dass Männer, Frauen und Kinder bei der Arbeit körperlich leiden und zu Grunde gehen, dass der Maschinenpark Überhand nimmt, die Arbeit mechanisiert wird und der Mensch schließlich – wie Hegel dann formulieren wird – von der Arbeit „wegtreten und an seine Stelle die *Maschine* eintreten kann"[71] – alles das, was wir vom industriellen Paradigma des modernen Arbeits-Epistems so gewohnt sind, fehlt hier. Diese Autoren und Zeichner interessiert anderes.

Hier geht es um das bloße Erfassen dessen, was machbar ist – und was gemacht wird. Die technische Rationalität und der Versuch ihres Verstehens und ihrer Veröffentlichung als Phantasma von Aufklärung sind hier (auf ästhetischem Weg) zu beweisen. Schnelligkeit, Genauigkeit, Routine, Arbeitsteilung, Ökonomisierbarkeit sind die modernen, bereits auf Taylor vorausweisenden Wert-Konzepte bzw. Deutungsmuster, auf die Diderot in seinen Beschreibungen zurückgreift. Und hierzu passt nicht zuletzt die exakte und zugleich alles andere als dokumentarische Bildsprache und der Verzicht auf landschaftliche oder soziale Kontextualisierungen. Der Gesamtansicht des Arbeitsvorgangs werden stets Detail- bzw. Fragmentzeichnungen beigegeben und mit einer schriftlichen Legende versehen. Man kennt diese Bildordnung seit Andreas Vesalius' *De humani corporis fabrica* insbesondere von anatomischen Atlanten her. Über ihre Bildstrategie berichten die beiden Herausgeber in ihrer Einleitung:

> Ein Blick auf den Gegenstand selbst oder auf seine bildliche Darstellung ist aufschlußreicher als eine seitenlange Besprechung. Wir haben Zeichner in die Werkstätten geschickt. Man hat die Maschinen und Werkzeuge skizziert und nichts unberücksichtigt gelassen, was zur Verdeutlichung dienen konnte. Sobald eine Maschine infolge der Wichtigkeit ihres Gebrauchs oder wegen der Mannigfaltigkeit ihrer Einzelteile eine detaillierte Darstellung lohnte, sind wir von der einfachen zur mehrteiligen Zeichnung übergegangen. Wir stellten zunächst in einem ersten Bild so viele Bestandteile zusammen, wie man ohne Schwierigkeiten zu übersehen vermag. In einem zweiten Bild sieht man außer den gleichen Bestandteilen noch einige weitere. So haben wir allmählich die komplizierteste Maschine ohne die geringste Unklarheit für den Verstand oder die Augen dargestellt.[72]

[71] Georg Wilhelm Friedrich Hegel, *Grundlinien der Philosophie des Rechts. Werke in zwanzig Bänden*, Bd. 7, Frankfurt a. M. 1970, (§ 198), S. 352 f.

[72] D'Alembert, Einleitung (wie Anm. 68), S. 110 f.

Hier nun, in den einen quasi-anatomischen Blick auf Arbeit und ihre Maschinerie bietenden Graphiken, spricht sich erneut die dokumentarische, ganz auf Sichtbarkeit und Darstellbarkeit abstellende Haltung des enzyklopädischen Großprojekts aus, mit den rationalisierten und kühlen Darstellungen von Arbeitsprozessen ein Wissen von Arbeit, ihren Formen und ihrem Wert für eine aufgeklärte Gesellschaft allererst visuell zu produzieren.

Der Zusammenhang von Arbeit, Wert und Darstellbarkeit entsteht allerdings nicht erst mit der Aufklärung (wenngleich erst hier in seiner modernen Fassung). Wie insbesondere Gerhard Jaritz herausgearbeitet hat, spielt, was die mittelalterlichen Bildwerke angeht, insbesondere die Kontextualisierung von Arbeitsdarstellungen für die Deutung bzw. Bewertung der dargestellten Arbeit eine wichtige Rolle[73]: Arbeitsszenen im Kontext von Feiertagschristus-Darstellungen bewerten nicht die Arbeit als solche als falsch oder schlecht, sondern weisen auf den falschen Zeitpunkt des Arbeitens (also: Sonntag) hin; die Darstellung eines jungen Bauern, der mit der Sense das Getreide erntet, weist auf das falsche Werkzeug hin – denn Getreide wurde, anders als Heu, mit Sicheln geschnitten; allzu fein gekleidete Herren beim Ernten oder Schmieden weisen uns auf die rechte Arbeit, getan von den falschen Personen hin; die Gottesmutter beim Nähen verbildlicht das Ideal weiblicher Arbeit. Solche Kontextualisierungen haben „motivierende oder didaktische Ziele".[74] Wie überhaupt zahlreiche Arbeitsdarstellungen die Thematik traktieren, was die rechte Handlung ist, wer dafür in Frage kommt und zu welcher Zeit dies geschehen soll.

Der Jahreszyklus der *Très Riches Heures*, das Stundenbuch des Duc de Berry, begonnen zwischen 1410 und 1416 von den Brüdern von Limburg, stellt hierzu sicher das berühmteste Beispiel dar. Nachdem das Januarblatt den Jahreslauf mit einer festlichen Szene aus dem Neujahrsempfang des Herzogs beginnen lässt, der Februar kontrastierend eine bäuerliche Situation des Innehaltens in kalter und tiefverschneiter Winterlandschaft zeigt, greift das dritte Blatt erstmals für den Jahresumlauf die nun für März ange-

[73] Für das Folgende vgl.: Gerhard Jaritz, Der Kontext der Repräsentation oder: Die ‚ambivalente' Verbildlichung von Arbeit im Spätmittelalter, in: Verena Postel (Hg.), *Arbeit im Mittelalter. Vorstellungen und Wirklichkeiten*, Berlin 2006, S. 245–263.

[74] Ebd., S. 259.

messenen und notwendigen Arbeiten in der Landwirtschaft auf: das Weiden der Schafe, das Schneiden der Weinstöcke, das Pflügen des Ackers, die Weiterverarbeitung des Korns. Alles geschieht unter der sich auf jedem der Monatsblätter wiederholenden Lünette, die mit Sternenhimmel und Sternzeichen den entsprechenden Monat anzeigt. Außerdem werden die Arbeitsdarstellungen vor je wechselnder Architektur wie auf einer Bühne präsentiert – der März zeigt Château de Lusignan, begleitet von der Glück verheißenden Melusine über dem rechten Turm. Gerhard Jaritz fasst in diesem Sinne für mittelalterliche Arbeitsdarstellungen zusammen:

> 'Arbeit im Bild' ist nie neutral; und es geht wohl auch nie allein um die Arbeit an sich. Dadurch musste die durch das Bild ermöglichte Wahrnehmung von Arbeit sehr verschiedenen Charakter tragen und konnte kontextbedingt in unterschiedliche Richtungen führen.[75]

Die Bildwerke geben hierzu nicht nur die nötige Orientierung, Information und Dokumentation, sondern binden Arbeit auch an die kanonisierten Mythen, Heiligenviten oder biblischen Erzählungen an (etwa Turmbau zu Babel, Vertreibung aus dem Paradies etc.) und initiieren und versichern so die Darstellbarkeit von Arbeit und Wert.

Und auch auf theoretischer Ebene zieht sich die Frage nach dem Wert der Arbeit des Menschen wie ein roter Faden durch die philosophischen und theologischen Reflexionen über die Stellung des Menschen im Kontext einer göttlichen Ordnung. Verena Postel fasst diesen Diskurs so zusammen:

> Wer auf der Basis eines positiven Menschenbildes zu der Entscheidung gelangt war, dass dem Menschen und seiner (freiwilligen) Betätigung in der Welt mindestens ein Anteil am Erwerb des Heiles zukomme, für den konnten ‚labor' und ‚opera' der Menschen besondere Bedeutung gewinnen, als heilswirksames Verdienst (meritum) beurteilt werden. Der Gedanke einer ‚ratio laboris' (Ambrosius), eines Wägens der Leistungen eines Menschen durch Gott im Jüngsten Gericht als Grundlage für die Entscheidung, ob ein Mensch zu den Verworfenen oder den Erwählten zu rechnen sei, konnte sich entfalten. Wer jedoch mit dem späten Augustin der Auffassung war, dass das Heil des nach dem Sündenfall verdorbenen und nicht mehr von sich aus aufgrund freier Willensentscheidung zum Guten fähigen Menschen allein von der unverdienbaren Gnade Gottes abhinge, musste, wenn überhaupt, andere Begründungen für den Wert der Arbeit geben. Meist wurde Arbeit in solchen

[75] Ebd., S. 263.

> Kontexten als Strafe für den Sündenfall begriffen. Die Entscheidung über Heil oder Verdammnis im Jüngsten Gericht traf Gott unabhängig von den Verdiensten (merita) des Menschen allein aufgrund seiner Gnade.[76]

Ein letztes Beispiel – es wird, mit Hilfe eines methodischen, bildwissenschaftlichen Tricks vom Mittelalter in unsere eigene Gegenwart und deren Problematik von Darstellbarkeit zurückführen. Der ‚Trick' besteht darin, ‚Bild' und ‚Medium' auseinanderzuhalten, um sowohl vom Mittelalter (im Folgenden nun zugegebenermaßen nicht mehr einem imaginären, sondern fiktiven) als auch ‚gleichzeitig' von unserer Gegenwart sprechen zu können: Auf der *Bild*ebene bleiben wir in der Vergangenheit und werden Quasi-Zeugen, von welch zentraler Bedeutung Arbeit und Produktivität schon von der beginnenden Zivilisation an bis ins hohe Mittelalter mit seinen städtischen Strukturen war. Das darzustellen, benötigt man mit digitalen Medien nicht mehr als rund anderthalb Minuten. Denn *andererseits* befinden wir uns auf der Ebene des *Mediums* inmitten unserer eigenen Gegenwart: Das folgende Beispiel stammt aus dem Feld der Computerspiele und ist die Beschreibung eines Trailers für eine Version des Spiels *Siedler*, das 2007 auf den Markt kam.[77]

Die Geschichte wird etabliert mit dem Anflug auf ein Gelände, wie aus unzähligen Filmen bekannt – wenngleich diese vorzugsweise die Skyline einer amerikanischen Großstadt und seltener ein Gelände scheinbar unberührter Natur zeigen. Doch so unberührt ist das hier gar nicht: Bevor der romantische Vogelflug nach rechts in die Baumschneise einkurvt, sehen wir am linken Bildrand, ganz kurz nur, ein eingezäuntes Gehege. Hier hat Zivilisation also schon stattgefunden, hier hat bereits jemand Hand an die Natur gelegt, hat gearbeitet und kultiviert.

Das geht so weiter mit der ersten Person, die uns entgegentritt. Aus Subsistenzgründen schießt der Jäger ein Wild (wobei uns der Akt des Tötens als solcher erspart bleibt), präpariert das Fleisch und schleppt es in das nahegelegene Dorf. Dass der Mann das Fleisch auf dem Rücken tragen muss, ist – dem geübten Spieler entgeht diese Message des Trailers nicht – ein Hinweis darauf, dass dieser Mensch ein unterrangig arbeitender ist. Ihm

---

[76] Verena Postel, *Arbeit und Willensfreiheit im Mittelalter*, Stuttgart 2009, S. 9; vgl. auch ebd., S. 171–175.

[77] Siehe den Trailer unter: http://www.youtube.com/watch?v=stFTf5hQsgo.

steht noch kein Karren oder gar Pferdewagen zur Verfügung. Diese müsste er sich erst durch Arbeiten und kluges Wirtschaften bzw. Investieren, anders gesagt: durch erfolgreiches Spielen erwerben. Doch weiter: Wir folgen dem Jäger durch den Ort und kommen vorbei an einem Haus, vor dem zwei Frauen Hausarbeit verrichten, Wäsche waschen oder ähnliches. Sodann verliert sich unser Protagonist in der beginnenden Betriebsamkeit der Siedlung und der Blick (die Animation des Trailers simuliert einen Kameraschwenk) wird gelenkt auf einen anderen Arbeiter, den Fleischer. Will sagen: Was eben noch frisch erlegtes Wild auf dem Rücken des Jägers war, liegt jetzt bereits auf dem Arbeitstisch des Fleischers und wird weiterverarbeitet. Die ‚Kameraführung' passt dazu: Mit der Ausdifferenzierung der kulturproduzierenden Tätigkeiten erweitert sich auch unser Blick aufs Geschehen. Von der Nahen ein Zoom in die Totale und während des simulierten Zoomens wächst die dörfliche Siedlung (in der Animation) wie von Geisterhand – gespenstisch? – zu einem kleinen Ort, schließlich zu einer befestigten Stadt mit einer ausdifferenzierten Infrastruktur im Inneren und den Neuankömmlingen *extra muros*, die in nur wenigen Zivilisationsschritten, da können wir sicher sein, der „Siedlung" zu ansehnlicher Bedeutung in diesem Kosmos verholfen haben werden.

Von Anfang des Trailers an sind wir Zeugen – und als Spieler: Akteure – des Aufbaus von Zivilisation. Etwas genauer gesagt: Die Arbeit stellt (wie es in der Hegelschen Rechtsphilosophie heißt) im „System der Bedürfnisse" eine Vermittlung dar, „den *partikularisierten* Bedürfnissen angemessene, ebenso *partikularisierte* Mittel zu bereiten und zu erwerben".[78] Das Fortschreiten dieser Partikularisierungen wird bewirkt durch die „Abstraktion" der Arbeit, durch die Spezifizierung der Produktion, Arbeitsteilung und Mechanisierung. Wohlgemerkt: Wir haben es hier im Plot des Spiels mit einem vor- bzw. frühmodernen Arbeitsparadigma zu tun – ihr Verhältnis zur Natur findet die im Trailer gesehene Arbeit nur darin (nochmals mit Hegel gesagt), „das von der Natur unmittelbar gelieferte Material für [die] vielfachen Zwecke durch die mannigfaltigsten Prozesse"[79] zu spezifizieren. Zugleich werden diese Produktionsbedingungen für heute lesbar gemacht, indem Taylorsche Parameter (die auch im sogenannten Post-

---

[78] Hegel, Rechtsphilosophie (wie Anm. 71), (§ 196), S. 351.

[79] Ebd.

fordismus noch Geltung besitzen) wie Partikularisierung, Flexibilität der Persönlichkeit und genaues Zeitregime auf der Ebene des Mediums (Computerspiel mit Konsole) für zeitgenössische Darstellbarkeit sorgen.[80]

So mag es nicht verwundern, dass die Bewegungen des Fleischers, der vor seinem Haus an der Schlachtbank stehend die Keule bearbeitete, irgendwie bekannt oder zumindest vertraut vorkommen. Der Fleischer zeigt normierte Bewegungen des ziel- und zeitgenauen Handwerkens, die ein Körper-Schema bedienen, wie es uns aus dem Bildgedächtnis der Moderne etwa von Eadweard Muybridge oder Étienne-Jules Marey überliefert ist. Bei Muybridge waren es bspw. Schmiede, hier ist es der Fleischer. Claus Pias schreibt in diesem Zusammenhang:

> Normierung (oder in Anlehnung an Jürgen Link: Normalisierung) bedeutet die Gesamtheit der Regulierungen und Diskurse, die an der Eichung des Subjekts auf einen historisch jeweils als ‚normal' geltenden Toleranzbereich arbeiten. Die Normierung setzt dazu vor allem technische Standards, die nicht mehr der Naturalisierung, sondern nur noch der Effektivität zur Legitimation bedürfen, um zu definieren, was als ‚normal' Geltung beanspruchen darf.[81]

Geregelte Körperbewegungen und deren eintrainierte Zergliederung in detaillierte Mechanik, die Anordnung von Arbeitsmaterial und Werkzeug, gestoppte Zeitsequenzen einzelner Arbeitsschritte und Ermüdungen und die zeitliche Rahmung des Arbeits*tages* durch das Stempeln der Stechuhr: Der Wert der Arbeit und der Wert des Subjekts wird in der Moderne auch daran gemessen werden und messbar gemacht, inwieweit der Einzelne fähig und willens ist, sich hierin einzupassen – und die Chronophotographie unter anderem, zudem die bei Taylor, Gilbreth etc. eingesetzten Medien dokumentieren und ‚be-weisen' die prinzipielle arbeitsmäßige Leistungsfähigkeit hierfür nicht nur, sondern sind Agenten ihrer *Messbarkeit und Darstellbarkeit.*

Der Trailer des Computerspiels entführt uns auf der *Bild*ebene in den fiktiven Beginn und Aufbau von Zivilisation qua Arbeit und Wertschöpfung und des wie von selbst sich hieraus ergebenden Mittelalters. Und diese erfolgreiche ‚Fortschrittsgeschichte' ließe sich auf *medialer* Ebene im Spiel

---

[80] Vgl. Pias, Computer (wie Anm. 51). Ähnlich: ders., Wie die Arbeit zum Spiel wird. Zur informatischen Verwindung des thermodynamischen Pessimismus, in: Ulrich Bröckling/Eva Horn (Hg.), *Anthropologie der Arbeit,* Tübingen 2002, S. 209–229.

[81] Ebd., S. 31.

fortsetzen und darstellen durch die geschickte Ausführung von Tätigkeiten im Sinne der arbeitswissenschaftlichen Normierungen des modernen Arbeitsparadigmas. Der Trailer erzählt uns von jener kulturhistorischen Fiktion, von jenem urgeschichtlichen Augenblick, an dem durch Arbeit die Differenz von Natur und Kultur in die Welt tritt. Was folgt, ist im Plot eine Erfolgsgeschichte des Fortschritts, des Fortschreitens und Ausdifferenzierens menschlicher Vermögen und Rationalität. Die Frage nach dem, was für uns Kultur ist, scheint ohne das Arbeitsparadigma kaum zu beantworten zu sein (übrigens ja ein marxscher Gedanke) – und umgekehrt gilt ebenso: Die *cultura*, im begrifflichen Ursprung als Arbeit des Ackerbaus verstanden, markiert performativ eine Differenz zur *natura* und macht mit der begrifflichen Herkunft deutlich, dass das Paradigma der „Arbeit" in die Frage nach der historischen Menschwerdung und seines Zur-Welt-Kommens als problematischer Grenzbegriff zwischen Natur und Kultur eingetragen ist. An der Arbeit, in ihren Zwecken, Zielen, Produkten und den mit ihr verbundenen sogenannten Zivilisations-Techniken, entscheidet sich demnach, was Kultur, was Natur und damit – im Zweifelsfall – Mensch ist.

IV. Schluss

Und unsere eigene, gegenwärtige Erfahrung von Arbeit? Das Paradigma „Arbeit" verdichtet sich im Epistem der Moderne auf spezifische Weise: Mit der Fügung und Fügbarkeit ihrer Praktiken in die technische Messbarkeit durch Dispositive der Arbeitswissenschaft und der Organisationslehre, mit den ästhetischen Möglichkeiten ihrer Mimikry an und Wiederholbarkeit in (inter-)medialen Formen ihrer gesellschaftlichen Repräsentation bzw. Darstellbarkeit und mit den unternehmerischen und gouvernementalen Möglichkeiten, die arbeitenden Körper den jeweiligen Anforderungen gemäß zwischen Flexibilität und Disziplinierung justieren zu können, kann der „Wert" der Arbeit danach bemessen werden, welchen Beitrag sie je nach dem zur Perpetuierung und Performativität der von Benjamin skizzierten „dämonischen Zweideutigkeit" des Schuldzusammenhangs namens Kapitalismus *leistet.*

Möglichkeiten, hierüber zu Aussagen kommen zu können, sind wiederum gerade durch Messbarkeit und Darstellbarkeit von Arbeit zugleich gegeben wie auch verstellt. Denn im Medium der Arbeit, in ihrer ‚Verwirklichung', materialisieren wir Wert-Relationen unserer Kultur. Diese liegen dann aber nicht schlicht auf der Ebene von Wahrnehmung und Darstellung bzw. im Register der Sichtbarkeit. Vielmehr sind sie im Prozess kultureller „Sorge" (Heidegger) und Materialisierung latent am Werk. Damit aber nimmt unsere eigene Erfahrung von „Arbeit" vorerst die Form der Frage nach ihrer Darstellbarkeit an. Sie wird – mit allen politischen Implikationen, die das hat – zu einer ästhetischen Erfahrung von Arbeit als bildgewordener Gegenwart: Rätsel und Reales zugleich.